當代新儒學叢書

郭齊勇 高柏園
主編

李明輝新儒學論文精選集

李明輝 著

臺灣 學生書局 印行

當代新儒學叢書序

　　現當代新儒學思潮是從中國文化自身的大傳統中生長出來的、面對強勢的西方文化的挑戰應運而生的、20 世紀中國最具有根源性的思想文化的流派，是在現代中國反思與批判片面的現代性（包括全盤西化或俄化）的思想流派，也是在現代中國積極吸納西學、與西學對話，又重建傳統並與傳統對話的最有建設性與前瞻性的思想流派。這一思潮是非官方、非主流的，其代表人物都是在野的公共知識分子，故深具批判性與反思性，又是專家、學者兼教師，在哲學、史學與教育界等領域有著卓爾不群的建樹。這一思潮發揚中國傳統的人文精神，既有終極性的信念信仰，又不與自然或科學相對立，堅持社會文化理想與具體理性，揚棄工具理性，開啟了 21 世紀中國重釋、重建傳統與批判現代性弊症的文化走向，又延續至今，在中國思想文化界繼續發揮著積極健康的作用。在西化思潮席捲全球、包舉宇內的時代，國人把儒學棄之如敝屣，洋人視儒學為博物館、圖書館，當此情勢下，有現當代新儒家興焉。這一思潮的代表人物正視儒學為活的生命，真正能繼承、解讀、弘揚儒學的真精神，創造性地轉化包括儒家、道家、佛教等思想資源在內的傳統文化，把中華文明的精華貢獻給全人類，積極參與世界與中國現代文明的建構，其功甚偉！所以，這一學派雖然很小，影響力有限，在臺灣也是寂寞的，但因思想深刻，不隨波逐流，值得人們珍視。

　　現當代新儒學思潮形成於 1915-1927 年發生的東西文化問題論戰與 1923 至 1924 年發生的「科學與人生觀」論戰期間。最早的代表人物是梁漱溟、張君勱、熊十力、馬一浮等。以上也可以視為本思潮發展的第一階段。以後的三個階段，時空轉移，頗有意思。第二階段發生在抗戰時期與勝利之後的中國大陸，第三階段發生在 1950 至 1970 年代的臺灣與香港地區，第四

階段發生在 1970 至 1990 年代的海外（主要是美國），改革開放後又由一些華人學者帶回中國大陸。第一階段可以簡稱為五四以後的新儒學（家），第二階段可以簡稱為抗戰時期的新儒學（家），第三階段可以簡稱為港臺新儒學（家），第四階段可以簡稱為海外新儒學（家），改革開放後返輸中國大陸。其代表人物包括三代四群十六人：第一代第一群：梁漱溟、熊十力、馬一浮、張君勱；第一代第二群：馮友蘭、賀麟、錢穆、方東美；第二代第三群：唐君毅、牟宗三、徐復觀；第三代第四群：余英時、杜維明、劉述先、成中英、蔡仁厚。此外，現代新儒家陣營中，還應包括如下人物：陳榮捷、陳大齊、謝幼偉、張其昀、胡秋原等。

隨著對現當代新儒學思潮與人物研究的開展，兩岸三地湧現出一批專家學者及其研究成果。

2015 年，友人、學者高柏園教授與我商量在臺灣學生書局出版當代新儒學叢書事，他提出了本叢書的構想、計畫及兩岸三地的作者人選。當時柏園兄擔任校長職，公務繁忙，諸事請學生書局主編陳蕙文女史籌畫。陳蕙文主編很有眼光，又很幹練，很快寫出本叢書出版與編輯計畫書，全面闡述了出版緣由及具體方案，祈望本叢書的出版，能更進一步闡明現當代新儒家學說，以利儒家思想之傳播，為民族復興盡綿薄之力。

本叢書名為：當代新儒學叢書。叢書主編是高柏園教授與在下。擬收輯臺灣、大陸、香港、海外學者共 30 位。每本字數：25-30 萬字。叢書各冊為論文集形式，各篇論文多寡長短不限，也不論其是否曾經發表出版。每冊書後附作者簡介，與該作者新儒學研究論著目錄。

本叢書各冊擬於 2020 年及以後陸續出版，衷心感謝各位作者及學生書局各位同仁的辛勤付出，懇望得到學術界、讀書界的朋友們的指教！

是為序。

郭齊勇

2019 年夏天於山東嘉祥

當代新儒學叢書序

　　子曰：必也正名乎！今逢《當代新儒學叢書》開始陸續出版之際，正可對「當代新儒學」一名之意義做一說明，並指出其中可能的發展與價值之所在。

　　儒學可大分為三期，其一為孔孟荀為主軸的先秦儒學，其核心關懷是周文疲弊的問題。其二為宋明新儒學，牟宗三先生認為其新有二義，其一是宋明理學之伊川朱子學，此為歧出轉向之新，其二是伊川朱子學之外者，其乃調適上遂之新。宋明儒學的核心關懷是回應佛老在文化與學術上之挑戰，並積極建構儒學自身的學問系統。今日所言之當代新儒學乃是屬於中國哲學史上第三期儒學，其代表性人物有熊十力、梁漱溟、張君勱、唐君毅、牟宗三、徐復觀等人，其核心關懷乃是中國及其文化，在面對西方文化入侵與挑戰之時，如何一方面靈根自植，真實護持中國文化之價值，另一方面遍地開花，對文化、民主、科學等問題，予以全面性、整體性的批判、回應與建構。其實，這樣的關懷並非當代新儒家的專利，也是當代中國人的共同關懷，而當代新儒家之為當代新儒家，乃是對此問題有其特殊的角度與立場，此即是當代新儒學的特質所在，也可以說是當代新儒學的理論性與系統性所在。

　　儒釋道三教是中國文化的主要內容，而三教之為三教在其有各自的教相，也就有其特殊性與系統性，缺少系統性就無法成為一套特殊的立場與教相。當代新儒家的教相或系統性有三個重點：其一是道德的理想主義，理想主義可以有不同型態，而當代新儒家乃是以道德為首出的理想主義。道德的理想主義不但不排除任何客觀知識，反而是要吸收、消化客觀知識，以幫助其道德理想之實現，因此當然不是反智論。同時，道與德乃是對所有人開放

的存在，因此也沒有人有絕對的優位性去宰制他人，反而是尊重每個人對道德的體會與價值的實現，當代新儒家在此排除了良知的傲慢與文化的自大，而是重視對話、溝通與和諧。以道德的理想主義為基礎，當代新儒家特別強調生命實踐之學的重要與必要。道德的理想主義不只是一種理念，更是一種實踐的方向與內容，而此方向與內容也就落在日常生活中加以實現，也就是一種生命的學問，一種生命實踐之學。如佛經所謂「說食不飽」，生命之學不只是知道聖賢之道，而更要成為聖賢，具體真實地善化、實現、圓滿我們的生命。因為生命之學的推動，道德的理想主義才在具體的實踐中彰顯天道性命之永恆與普遍。更進一步，則無論是道德的理想主義或是生命實踐之學，都是在仁心無限的基礎上展開。仁者親親仁民愛物，其心一方面自覺、自在、自由，一方面則以一切存在為其所關懷、參與、與轉化的對象與內容，此即所謂自由無限心。此自由無限心之圓滿境界，即是天人物我合一之學，此義分四層，天是指超越界，說明儒家並非只是侷限在人間世，而保有一定的超越性。此超越性也呈現為一種無限性與絕對性，滿足儒家的宗教性。地則說明人與存在之關係，所謂「萬物皆備於我」、「大人者與天地萬物為一體」，接著強調人與自然、人與環境的本一與合一。本一就存在說，合一就價值說，其本一也。如果只是偏指自然環境，則人便是特指人文社會的存在，也就是文化的內容。孔子盛讚周文之郁郁乎文哉，其實也正是強調人文化成的價值與重要。人固然是活在自然環境之中，然而人也同時活在人文世界、意義世界之中，人是以其傳統文化為其前理解，進而與世界進行溝通與互動。而當代新儒家之重視道德，其實也就是重視文化，重視我們生命不可或缺也無可逃的前理解。這樣的態度並不是一種封閉的命定主義，而是指出歷史文化的必然影響，當我們如是說時，其實也說明我們對歷史文化已有充分的自覺與反省，這也就成為我們由繼承而創造，日新又新的動力與基礎所在。道德是自覺，而理想主義就表現為動力與目標，知行一也。知行無他，即是我之知、我之行，也就是人的主體性與主體自覺之問題。主體並非憑空而至，它乃是在歷史文化與生活世界中，逐步成長的存在。它具有歷程性、開放性與超越性，它是在我們的道德實踐的過程中，逐步形成的價值內

容的創造者與參與者，它具價值義與實踐義。所有的道德工夫修養，皆是依心而發，也就是主體性的自我實現的自覺表現。

　　孟子讚孔子為聖之時者，今由天地人我合一之學觀之，則當代新儒家除了繼承並發揚傳統文化之價值之外，尤其重視時代的感受與回應。21 世紀的人類文明與宗教問題，這是天；人與環境、自然之關係，這是地；人與社會、家庭之關係，這是人；人與自己的心靈、身心之關係，這是我。我想，面對 21 世紀當代新儒家並未缺席，反而更積極地參與世界的改造與進化。以中華文化、孔孟思想、宋明理學、當代新儒家為前理解，以獨特的思想提供給人類社會，這是我們的責任與義務，也是我們的價值與喜悅。

　　《當代新儒學叢書》得以出版，要感謝學生書局陳仕華教授的倡議，郭齊勇教授的支持，學生書局陳蕙文小姐與其團隊的努力，以及所有學者的共襄盛舉。叢書的出版一方面是總結成果之豐碩，更重要的是它將成為我們了解儒學之前理解，從而將迎來更令人讚歎的學術文化迴響，人能宏道，非道宏人。且讓我們以豪傑之士自許，雖無文王，而儒學猶興。

　　　　　　　　　　　　　　　　　　　　高柏園
　　　　　　　　　　　　　　　　　　序於淡江大學中文系
　　　　　　　　　　　　　　　　　　2019 年 8 月 1 日

李明輝新儒學論文精選集

目　次

當代新儒學叢書序 …………………………………… 郭齊勇　I

當代新儒學叢書序 …………………………………… 高柏園　III

前　言 …………………………………………………………… 1

康德與中國哲學

康德哲學在現代中國 ……………………………………………… 5

王國維與康德哲學 ………………………………………………… 39

張東蓀對康德倫理學的理解 ……………………………………… 65

康德論「通常的人類知性」——兼與杜維明先生的「體知」說相比較 ‥ 71

儒家、康德與德行倫理學 ………………………………………… 89

再論儒家、康德倫理學與德行倫理學——評唐文明的《隱秘的顛覆》‥ 103

牟宗三的哲學思想

略論牟宗三先生的康德學 ………………………………………… 127

牟宗三先生的哲學詮釋中之方法論問題 ………………………… 139

牟宗三先生與中西比較哲學 ……………………………………… 157

如何繼承牟宗三先生的思想遺產？ ……………………………… 173

牟宗三與「生命的學問」 ………………………………………… 185

牟宗三誤解了康德的「道德情感」概念嗎？——與方旭東教授商榷 ‥ 195

儒家與宗教

徐復觀論儒家與宗教 …………………………………………… 211

儒家人文主義與宗教 …………………………………………… 229

儒家與人文主義 ………………………………………………… 243

中國哲學研究的方法論

中國沒有哲學嗎？──與費德西先生論「中國哲學」 ………… 257

當代中國哲學研究前景 ………………………………………… 267

中西比較哲學的方法論省思 …………………………………… 273

再論中國哲學的「創構」問題 ………………………………… 281

省思中國哲學研究的危機──從中國哲學的「正當性問題」談起……… 295

關於「中國哲學之正當性問題」的一個註腳 ………………… 303

劉述先先生與中西比較哲學 …………………………………… 315

儒家思想的現代命運

儒家傳統在現代東亞的命運與前景 …………………………… 327

當代新儒家「儒學開出民主論」的理論意涵與現實意義 …… 335

「實踐必然性」與「內在要求」──回應陳瑞麟教授 ……………… 345

儒學知識化與現代學術 ………………………………………… 373

評論臺灣近來有關「中華文化基本教材」的爭議 …………… 385

附　錄

一、李明輝簡介 ………………………………………………… 405

二、李明輝新儒學研究論著目錄 ……………………………… 406

前　言

　　多年來筆者的研究重點之一是儒家思想，包括中國傳統儒學、現代儒學與韓國儒學。筆者的儒學研究有一項特色，即是比較的——或者說，跨文化的——視野。由於筆者的另一項研究重點是康德哲學，故康德哲學構成筆者的跨文化視野之重要思想資源。這些研究成果多半已經以專書的形式發表，包括《儒家與康德》、《儒學與現代意識》、《康德倫理學與孟子道德思考之重建》、《當代儒學之自我轉化》、《孟子重探》、《四端與七情——關於道德情感的比較哲學探討》、《儒家視野下的政治思想》、《儒家思想在現代中國》（德文）及《儒家人文主義——跨文化脈絡》（德文）、《儒學：其根源與全球意義》（英文）。但仍有不少相關的論文散見於各種期刊與論文集之中，尚未結集成書。

　　這次臺灣學生書局委請郭齊勇與高柏園教授主編《當代新儒學叢書》，並邀請筆者提供書稿。筆者便想到這批尚未結集的論文，經整理之後，共得27 篇，依主題性質分為以下五大類：康德與中國哲學、牟宗三的哲學思想、儒家與宗教、中國哲學研究的方法論、儒家思想的現代命運。

　　這些論文中最早發表的可上溯到 1991 年，距今已 28 年了。它們是在各種不同的機緣（如研討會、邀稿、論戰）中發表的。筆者在整理這批論文時，很自然地回顧其內容，發現它們迄今尚未過時，依然有參考價值。此書之出版也可以顯示筆者在這 28 年之間的學思歷程。

　　在這 28 年間，臺海兩岸的社會都經歷了急劇的變化。中國大陸在 1989 年天安門事件之後重新出發，逐漸融入世界經濟體制，目前已成為僅次於美國的經濟強權。相形之下，中共在政治改革方面的進展依然相當有限。不過，由於政治與經濟力量之茁壯，大陸人民的自信心也隨之提高，反映出來

的現象是民間與知識界對中國傳統文化的日益重視，而出現了「國學熱」與「儒學熱」。在這種情勢之下，很自然地浮現一個問題：儒家傳統在中國未來的政治發展中應扮演什麼角色？對於這個問題，大陸的儒家群體、自由派與新左派有不同的想像，而爭論不休。

臺灣在 1987 年解嚴之後，至今已經歷了三次政黨輪替。民主化對傳統文化有何影響？對於民主政治而言，傳統文化究竟是正面因素還是負面因素？在 1950 年代，港臺新儒家與臺灣的自由派曾針對這些問題展開激烈的辯論。但歷史往往不是依循特定的理論而發展。促成臺灣民主化的因素並非單一的，而是錯綜複雜的。經常被提到的因素有《中華民國憲法》所提供的政治架構、蔣經國晚年的決心、自由派的鼓吹、臺灣本土意識的興起，乃至新儒家的「儒學開出民主」之說。及至臺灣民主化之後，問題就變成：在一個多元化的民主社會中，中國傳統文化（尤其是儒家文化）應發揮什麼作用？應如何自我定位？許多研究與觀察都顯示：在東亞的華人社會之中，臺灣社會保存了最多的中國文化因素。但長久以來，臺灣人對此習以為常，反而不容易意識到這點，誠所謂「不識廬山真面目，只緣身在此山中」。

近年來筆者經常到大陸開會或訪問。筆者每次到大陸，都有媒體訪問筆者，要求筆者針對儒家傳統的問題表示意見，並且在網路上引發熱烈的討論。但在另一方面，不少大陸知識分子對儒家傳統能否在大陸復興，仍不免憂心忡忡。研究顯示：在大陸北方的農村地區，基督教的影響力日益高漲。在一些農村，甚至全村都信了基督教。反觀在臺灣，儒家傳統很少成為公共議題，也從未有媒體記者針對儒家傳統的問題訪問筆者。這與大陸的情況正好形成一種奇怪的對比。

此外，對於儒家傳統，臺灣知識界與民間的態度也有很大的反差。臺灣民間依然保存了不少儒家傳統。所以，王才貴推動的「兒童讀經運動」在臺灣民間引起了很大的迴響。但是在知識界，迄今依然有人將儒家傳統與國民黨的政治意識形態綁在一起，甚至荒謬地視之為外來文化。因此，馬英九政府要將「中華文化基本教材」恢復為高中必選課，就有一些學者出來反對。臺灣的學術界似乎還未準備面對這個無法迴避的問題。本書之出版或許可為

此提供一些思考的線索。

　　最後要說明的是，由於這些論文涵蓋的時間極長，故筆者對各篇論文的引用資料多少有所更新，並且在文字表達及體例方面略有修改，但大體的內容並無改變。讀者今後若要引用這些論文，請以本書的更新版本為準。

康德與中國哲學

康德哲學在現代中國

一、康德哲學開始傳入中國

關於康德哲學在現代中國的輸入與傳播，目前已有一些學者進行研究，如黃見德等四人合著的《西方哲學東漸史》（武漢：武漢出版社，1991年）與黃見德單獨撰寫的《西方哲學在當代中國》（武漢：華中理工大學出版社，1996 年）及《二十世紀西方哲學東漸問題》（長沙：湖南教育出版社，1998 年），此外還有幾篇論文[1]。這些著作對於康德著作在現代中國的傳播與翻譯，以及中國學術界對於康德哲學的研究情況，提供了相當詳細的資料。本文無意重複這些討論，而是擬在這些著作所提供的基礎上，進一步探討康德哲學與二十世紀中國的主要思潮間的關係。在二十世紀中國思想界中最具有影響力的思潮有三股，即是以重建儒家思想為職志的當代新儒學、

---

[1] 這些論文包括：

　1) 賀麟：〈康德、黑格爾哲學在中國的傳播——兼論我對介紹康德、黑格爾哲學的回顧〉，收入賀麟：《五十年來的中國哲學》（北京：商務印書館，2002 年），頁 78-129。

　2) 陳兆福、陳應年：〈康德哲學著作在解放前出版和研究情況〉，《哲學研究》，1981 年第 5 期，頁 77-79。

　3) 楊河：〈20 世紀康德、黑格爾在中國的傳播和研究〉，《廈門大學學報》，2001 年第 1 期，頁 49-56。

鼓吹英、美議會民主的中國自由主義和以俄國革命為師的中國馬克思主義。
故本文之主要目的在於探討康德哲學與這三股思潮間的關係。但在開始討論
這項課題之前，我們不妨稍微回顧一下康德哲學最初傳入中國時的情況。

　　康德哲學之傳入中國可上溯至十九世紀末。康德哲學最初傳入中國時，
主要是透過日文書刊之轉介。我們在此可以舉康有為（1859-1927）、梁啟
超（1873-1929）與章太炎（1869-1936）三人為例。康有為撰有《諸天講》
一書。他在 1886 年已完成此書之初稿。1926 年他在上海創辦天遊學院時，
為門人講授諸天之論，乃將此稿加以整理，準備付梓。但次年他即辭世，故
遲至 1930 年，此書始刊行問世。此書遍論東西方之天文學說。其〈地篇第
二〉「地為氣體分出」章寫道：

> 德之韓圖、法之立拉士發星雲之說，謂各天體創成以前是朦朧之瓦斯
> 體，浮游于宇宙之間，其分子互相引集，是謂星雲，實則瓦斯之一大
> 塊也。[2]

此即康德與拉普拉斯（Pierre-Simon Marquis de Laplace, 1749-1827）之「星
雲說」。然此處僅涉及康德的天文學說，尚未涉及其哲學。

　　此書〈上帝篇第十一〉「歐洲哲學家之言上帝」章寫道：

> 康德言之，上帝之存在，存在判斷也，存在判斷起于後天，起于經
> 驗，而吾人于經驗之中，無固不可知，有亦不敢說，故在存在之說，
> 無驗證可求也。[3]

康德在前段引文譯作「韓圖」，由譯名之不統一可以證明此書並非撰於一
時。康有為在此涉及的是康德在其《純粹理性批判》一書的〈先驗辯證論〉

---

[2]　康有為：《諸天講》（北京：中華書局，1990 年），頁 14。

[3]　同上書，頁 168。

中對於傳統神學的上帝論證之批判——更嚴格地說，對於「存有論的上帝論
證」（ontologischer Gottesbeweis）之批判。「存有論的上帝論證」源於中
世紀的英國神學家安塞姆（St. Anselm of Canterbury, 1033-1109），其後笛
卡爾（René Descartes, 1596-1650）、斯賓諾莎（Benedictus de Spinoza, 1632-
1677）、萊布尼茲（Gottfried Wilhelm Leibniz, 1646-1716）都使用過這種論
證。簡言之，這種論證是從上帝作為「最實在的存有者」（ens
realissimum）之定義出發，從概念上推論「上帝」之必然存在；因為如果
「上帝」不包含「存在」此一屬性，他便不是最實在的存有者，而與「上
帝」的概念相矛盾。但是康德指出：這種論證的根本錯誤在於將「存在」
（existieren）一詞視為表述事物之屬性的謂詞（Prädikat），而其實，此詞
有如「是」（sein）一樣，是個繫詞（Kopula），其作用在於聯繫概念與對
象，而對概念之內涵無所增益。因此，無論我們在概念上如何界定上帝，我
們仍可有意義地問：這種存有者是否存在？要斷定概念所指涉的對象之存
在，不能僅憑藉概念之推衍，而必須憑藉直接或間接的經驗。康德將這種論
證比喻為一個商人在其帳面上多加幾個零，就自以為增加了自己的財富[4]。
康有為在此所述，雖然略嫌簡略，但大體無誤。

　　接著，在同篇「上帝之必有」章，康有為又寫道：

> 然奈端、拉伯拉室派以其所推吸拒力之論，大攻康德之尊上帝為神
> 秘，上帝幾為搖撼者。[5]

此處提到的「奈端」即是英國科學家牛頓（Isaak Newton, 1643-1727），
「拉伯拉室」即是上文所說的「立拉士」，「吸拒力」即是所謂的「引力」
（gravitation）。從這段話看來，康有為似乎並不完全了解康德的思想。因

---

[4]　關於對於「存有論的上帝論證」之批判，請參閱 Immanuel Kant: *Kritik der reinen Vernunft* (以下簡稱 *KrV*), hrsg. von Raymund Schmidt (Hamburg: Felix Meiner, 1976), A592/B620ff.（A＝1781 年第一版，B＝1787 年第二版）

[5]　康有為：《諸天講》，頁 170。

為根據康德的觀點，牛頓物理學與拉普拉斯天文學所構成的自然世界屬於「現象」（Erscheinung）的領域，而上帝之存在與意志之自由、靈魂之不朽同屬於「物自身」（Ding an sich）的領域，故我們不能以一者否定另一者。康德批判哲學的宗旨便在於為知識與信仰畫清界線。所以，他有一句名言說道：「我必須揚棄**知識**，以便為**信仰**取得位置。」（*KrV*, BXXX）

關於梁啟超與康德哲學的關係，黃克武有〈梁啟超與康德〉一文[6]，論之極詳。以下所述，主要參考此文。梁啟超對康德哲學的介紹主要見於他在1903 至 1904 年分期發表於《新民叢報》的〈近世第一大哲康德之學說〉一文[7]。梁啟超在該文按語中聲明：「茲篇據日人中江篤介所譯法國阿勿雷脫之《理學沿革史》為藍本，復參考英人、東人所著書十餘種，彙譯而成。」[8]據近人的考證，《理學沿革史》即法國人 Alfred Jules Émile Fouillée 的*Historie de la Philosophie*（Paris: Librairie Ch. Delagrave, 1875）一書，中江篤介即中江兆民[9]。此文分別介紹康德的知識論、形上學、道德哲學、法哲學，而結之以其《論永久和平》。梁啟超在按語中不時藉佛學與宋明儒學的概念來闡述康德的思想，而引起賀麟的批評：

> 梁啟超那文章〔……〕不是客觀介紹康德，而是和他所了解的佛學唯識論任意加以比較，康德在他那裡不免被佛學、王陽明良知說有所附會甚或曲解，可以說不是德國的康德，而是中國化了的康德。[10]

6　此文刊於《中央研究院近代史研究所集刊》，第 30 期（1998 年 12 月），頁 101-148。

7　此文刊於《新民叢報》第 25、26、28、46/47/48 號，後收入《飲冰室文集》第 3 冊（臺北：臺灣中華書局，1983 年），但遺漏第 28 號所載〈申論道學可以證自由〉一節。

8　《新民叢報》，第 25 號（1903 年），頁 5。

9　參閱黃克武：〈梁啟超與康德〉，前引書，頁 113。至於梁啟超所參考的其他「英人、東人所著書十餘種」，請參閱同上文，頁 114-115。

10　賀麟：〈康德、黑格爾哲學在中國的傳播——兼論我對介紹康德、黑格爾哲學的回顧〉，《五十年來的中國哲學》，頁 95。

但此言未免過當，因為梁啟超此文中凡是藉佛學與宋明儒學來闡釋康德哲學之處，均出之以按語的形式，他並未將他對康德思想的客觀陳述與他自己所作的發揮混為一談。至於他所發揮的部分是否有「附會甚或曲解」之處，則是見仁見智之事。以下我們不妨舉出一個例子來考慮其間的得失。

康德在《純粹理性批判》的〈先驗辯證論〉中藉「現象」與「物自身」之區分來化解「自由」與「自然底必然性」之「背反」（Antinomie），以保存意志之自由。梁啟超在按語中則說：

> 案佛說有所謂「**真如**」；真如者即康德所謂真我，有自由性者也。有所謂「**無明**」，無明者即康德所謂現象之我，為不可避之理所束縛，無自由性者也。[11]

他接著將朱子之說與康德、佛家之說加以比較：

> 〔……〕朱子分出義理之性與氣質之性，其注《大學》云：「明德者，人之所得乎天，而虛靈不昧，以受眾理而應萬事者也。案即佛所謂真如也，康德所謂真我也。但為氣稟所拘，人欲所蔽，則有時而昏。案即佛所謂無明也，康德所謂現象之我也。」然佛說此真如者，一切眾生所公有之體，非一人各有一真如也；而康德謂人皆自有一真我，此其所以為異也。故佛說有一眾生不成佛，則我不能成佛，為其體之為一也，此其於普度之義較博深切明。康德謂我苟欲為善人，斯為善人，為其體之自由也，此其於修養之義亦較切實而易入。若朱子之說明德，既未能指其為一體之相，是所以不逮佛也。又說此明德者為氣稟所拘，人欲所蔽，其於自由之真我，與不自由之現象我，界限未能分明，是所以不逮康德也。[12]

---

[11] 《新民叢報》，第 26 號（1903 年），頁 8。

[12] 同上註，頁 9。

相較於朱子，梁啟超認為王陽明的學說更接近康德的道德哲學。他在闡述了康德的道德哲學與自由理論之後，加上了一段按語：

> 案康氏此論實兼佛教之真如說、王陽明之良知說而會通之者也。陽明曰：「未能知，說甚行？」蓋以為非知則不能行也。康德之言，則以為既知則必能行，人人皆能知，故人人皆能行也。其下手工夫，則陽明似更有把握；其鞭辟近裡，則康德似更為直截。[13]

　　儘管梁啟超像康有為一樣，對康德哲學並未作過第一手的研究，而是主要透過日文書刊之轉介來理解它，但從以上引述的幾段文字，我們卻發現：其中包含令人驚訝的洞見。對康德哲學與宋明儒學均有深入研究的牟宗三（1909-1995）後來藉康德的「現象」與「物自身」之區分來表示知識域與超越域（價值域）之區分，以構成一個「兩層存有論」的思想間架，並且借用《大乘起信論》「一心開二門」──由一「真心」開出「心生滅門」與「心真如門」──之說來說明這個間架。他又根據康德的「自律」（Autonomie）──意志之自由即是其自我立法──之義來分判宋明儒學的系統，判定陽明學為孟子學，而朱子學是「別子為宗」。此外，筆者曾有〈從康德的實踐哲學論王陽明的「知行合一」說〉一文[14]，詳細比較康德的實踐論與王陽明的「知行合一」說，發現其間有若合符節之處。對於這些後續的研究，梁啟超此文可謂孤明先發，無怪乎早有學者注意到梁啟超與當代新儒學在思想上的關聯[15]。

　　章太炎於 1906 年赴日本主編《民報》期間，透過日文書刊廣泛涉獵西方各家的哲學。他在《民報》第 16 號（1907 年）發表了〈五無論〉一文，

---

[13] 《新民叢報》，第 28 號（1903 年），頁 4。

[14] 原刊於《中國文哲研究集刊》第 4 期，頁 415-440；修訂版刊於王中江主編：《中國觀念史》（鄭州：中州古籍出版社，2005 年），頁 507-529。

[15] 參閱黃克武：〈梁啟超與康德〉，《中央研究院近代史研究所集刊》，第 30 期，頁 108，註 8。

並且在文中提到康德的「星雲說」：

> 世界初成，溟濛一气，液質固形，皆如煙聚。佛謂之金藏雲，康德謂
> 之星雲，今人謂之瓦斯气，儒者則以大〔太〕素目之。爾後漸漸凝
> 成，體若孰〔熟〕乳，久之堅鞭，則地球於是定位，次是乃有眾生滋
> 長。[16]

　　無獨有偶，章太炎也像康有為、梁啟超一樣，論及康德的上帝論證。他
在《民報》第 8 號（1906 年）發表〈無神論〉一文。此文從佛教的觀點批
判印度及西方的「有神之說」。章太炎於文中分別批判了耶教的一神論、吠
檀多派的梵天說、斯賓諾莎的泛神論及哈特曼（Eduard von Hartmann, 1842-
1906，章太炎譯作「赫而圖門」）的「神即精神」說之後，話鋒一轉說：

> 夫有神之說，其無根據如此，而精如康德，猶曰神之有無，超越認識
> 範圍之外，故不得執神為有，亦不得撥神為無，可謂千慮一失矣！[17]

康德在《純粹理性批判》中反駁傳統形上學的三種上帝論證（存有論論證、
宇宙論論證、目的論論證），認為我們憑思辨理性，既無法肯定、亦無法否
定上帝之存在。但章太炎認為：神（上帝）是由「比量」（推理）而知，出
於「分別執」，「既以分別而成，則亦可以分別而破」[18]；而康德僅歸諸不
可知之域，可謂「千慮一失」。
　　在章太炎看來，此「千慮一失」為有神論留下了空間。故他又於《民
報》第 9 號（1906 年）發表〈建立宗教論〉一文，進一步申論道：

---

[16] 見《太炎文錄初編》（收入《民國叢書》第 3 編〔上海：上海書店，1991 年〕，第
　　83 冊），〈別錄〉，卷 3，頁 34。
[17] 同上註，頁 6 上。
[18] 同上註，頁 6 下。

> 又如康德既撥空間、時間為絕無，其於神之有無，亦不欲遽定為有，
> 存其說於《純粹理性批判》矣。逮作《實踐理性批判》，則謂自由界
> 與天然界範圍各異，以修德之期成聖，而要求來生之存在，則時間不
> 可直撥為無；以善業之期福果，而要求主宰之存在，則神明亦可信其
> 為有。夫使此天然界者，固一成而不易，則要求亦何所用？知其無得
> 而要幸於可得者，非愚則誣也！康德固不若是之愚，亦不若是之誣，
> 而又未能自完其說。[19]

康德在《純粹理性批判》中雖然反駁了西方傳統的上帝論證，但在《實踐理性批判》中卻提出他自己的「道德論證」，其論證過程約略如下：我們的實踐理性必然要求「最高善」，即德行與幸福之一致。但在現實世界中，有德者未必有福，而實踐理性之要求又不可能是虛假的；這便使我們不得不「設定」（postulieren）靈魂在來世的繼續存在，使德行與幸福有可能在來世達成一致。而為了要保證德行與幸福之一致，我們又必須「設定」一個全知全能的存有者——即上帝——之存在。

　　對於康德的這套道德論證，章太炎的質疑包含兩點：一、如果康德承認靈魂在來世的存在，時間便可延續到來世，康德便沒有理由否定時間的實在性；二、康德既然堅持自然世界毫無例外地受制於自然法則，那麼即使實踐理性要求德行與幸福之一致，也無法改變現實世界中德行與幸福不一致的事實，此種要求又有何意義？其實，這兩點質疑並未擊中要害。就第一點而言，康德將時間視為感性之主觀形式，承認它在現象中具有實在性，故具有「經驗的實在性」（empirische Realität），但同時否認它對於物自身具有實在性，亦即承認它具有「先驗的觀念性」（transzendentale Idealität），這兩者是一體之兩面。對康德而言，靈魂在來世的繼續存在屬於物自身的領域，時間在此不具有實在性，故可「直撥為無」。再就第二點而言，康德大可為自己辯護說：既然靈魂在來世的繼續存在及上帝的存在屬於物自身的領域，

19　同上註，頁 11 下。

則在屬於現象界的自然世界中德行與幸福之不一致並不足以否定實踐理性對德行與幸福之一致的要求（或期待）；反之，人在現世的道德努力固然無法保證德行與幸福之完全一致，卻至少可以朝此目標而進，孰曰無益於得？

二、蔡元培、張君勱與康德哲學

如上一節所述，在康德哲學傳入中國的最初階段，中國的知識界主要是透過日文書刊之轉介來了解康德哲學。但到了第二階段，中國的知識分子開始直接透過德文閱讀康德著作，甚至親赴德國研究康德哲學。以下我們以蔡元培（1868-1940）與張君勱（1887-1968）兩人為例，來說明他們如何研究康德哲學，並且根據康德哲學建立他們自己的哲學觀點。

蔡元培曾先後擔任北洋政府的教育總長（1912）、北京大學校長（1917-1923）及中央研究院院長（1928-1940），是中國知名的教育家。1907 年夏，他前往德國柏林學習德語。次年 10 月，他遷往萊比錫，就讀於萊比錫大學，直到 1911 年 11 月他因辛亥革命成功而返國為止，他在萊比錫大學共就讀了六個學期。在萊比錫大學就讀期間，蔡元培聽了不少關於美學、美術史、心理學、文學史、哲學史、文化史、民族學的課。根據現有的記錄，他在第一學期聽過「自康德至現代之新哲學的歷史」的課，在第六學期聽過「康德哲學」的課[20]。他在其〈自寫年譜〉中寫道：

> 我於課堂上既常聽美學、美術史、文學史的講〔演〕，於環境上又常受音樂、美術的熏習，不知不覺的漸集中心力於美學方面。尤因馮德講哲學史時，提出康德關於美學的見解，最注重於美的超越性與普遍性，就康德原書，詳細研讀，益見美學關係的重要。[21]

---

[20] 關於蔡元培在萊比錫大學所聽過的課程，請參閱高平叔：〈蔡元培生平概述〉，收入《蔡元培文集：自傳》（臺北：錦繡出版公司，1995 年），頁 241-242。

[21] 同上書，頁 51。

蔡元培在此提到的「馮德」即是德國哲學家兼心理學家 Wilhelm Wundt
（1832-1920），他在萊比錫大學建立了世界第一所實驗心理學研究所。
1913 年 10 月，蔡元培因「二次革命」失敗，攜眷赴法國，居住於巴黎近
郊，直到 1916 年 10 月他返國擔任北京大學校長為止。1916 年，他在法國
編寫《歐洲美學叢述》，撰成〈康德美學述〉一文[22]。

　　在這種背景下，蔡元培提出了有名的「以美育代宗教」之主張。這個主
張最早是他在 1917 年 4 月 8 日於北京神州學會主辦的學術演講會中所提
出，而後其講稿以〈以美育代宗教說〉為題，在《新青年》第 3 卷第 6 號
（1917 年 8 月 1 日）、《學藝雜誌》第 1 年第 2 號（1917 年 9 月）刊出[23]。
此說之大旨如下：人類精神的作用主要包含知識、意志、感情三者，最初均
由宗教包辦。然隨著社會文化之進步，知識作用逐漸脫離宗教，而讓位於科
學。繼而近代學者應用生理學、心理學、社會學來研究道德倫理，使意志作
用亦脫離宗教而獨立。於是，與宗教關係最密切者僅剩下情感作用，即所謂
「美感」。但美育附麗於宗教，常受宗教之累，而失其陶養之作用，反以刺
激情感為事，因為所有宗教都有擴張己教、攻擊異教之傾向；甚至為了護
法，不惜於共和時代附和專制。因此，蔡元培歸結道：

　　　　鑒激刺感情之蔽，而專尚陶養感情之術，則莫如捨宗教而易之以純粹
　　　　之美育。純粹之美育，所以陶養吾人之感情，使有高尚純潔之習慣，
　　　　而使人我之見，利己損人之思念，以漸消沮者也。[24]

在這篇講稿中，康德美學的影響明顯可見，譬如，蔡元培論「美」的普遍
性，論「美」不能有利害之關係，論「都麗之美」（das Schöne）與「崇閎
之美」（das Erhabene），均出於康德的《判斷力批判》。

---

[22]　此文之前半部收入《蔡元培文集：美育》（臺北：錦繡出版公司，1995 年），頁 60-
　　　68；後半部則已佚失。

[23]　此文收入同上書，頁 69-75。

[24]　同上書，頁 72。

　　至三十年代，蔡元培又多次重提「以美育代宗教」之說[25]。其要旨大體相同，唯其重點由人類精神之作用轉向教育之功能。蔡元培指出：宗教最初包辦德、智、體、美四育，但隨著社會文化的發展，德、智、體三育逐漸脫離宗教而獨立，故美育終究也要脫離宗教而獨立。他甚至反對「保留宗教，以當美育」，因為他認為美育與宗教在本質上是對立的。他說：

　　一、美育是自由的，而宗教是強制的；

　　二、美育是進步的，而宗教是保守的；

　　三、美育是普及的，而宗教是有界的。[26]

此外，他在〈美育〉一文中也特別提及美學經包姆加敦（Alexander Gottlieb Baumgarten, 1714-1762）與康德之研究而成立，以及詩人席勒（Friedrich Schiller, 1759-1805）在其《美育書簡》（*Briefe über die ästhetische Erziehung*）中詳論美育之作用，甚至指出：中文的「美育」一詞即譯自德文之 ästhetische Erziehung。這些事實進一步證明康德美學是蔡元培提出「以美育代宗教」說之思想背景。

　　與蔡元培一樣，張君勱也有留學德國的背景。他於 1913 年 5 月抵達柏林，就讀於柏林大學，直到 1915 年 9 月他離開德國為止。但在這段留學期間，他主要攻讀政治學與國際法，而非哲學。歐戰結束後，張君勱於 1919 年隨梁啟超訪問歐洲，主要目的是到巴黎協助出席凡爾賽和約的中國代表團反對列強加諸中國的不平條約，順便考察戰後的歐洲局勢。次年元月，張君勱與梁啟超、蔣百里一起到耶拿（Jena）拜訪德國哲學家倭伊鏗（Rudolf Eucken, 1846-1926）。與倭伊鏗會面之後，張君勱對倭伊鏗的「生命哲學」極感興趣，便決定留在耶拿，從學於倭伊鏗。張君勱在耶拿停留期間，除了

---

[25] 在這段期間內，蔡元培先後有〈以美育代宗教〉（1930 年 12 月）、〈以美育代宗教——在上海基督教青年會講演詞〉（1930 年 12 月）、〈美育〉（1930 年）、〈美育與人生〉（1931 年左右）、〈美育代宗教〉（1932 年）諸文，均收入同上書。

[26] 蔡元培：〈以美育代宗教〉，同上書，頁 278。

研究倭伊鏗的哲學之外，還與他合著了《中國與歐洲的人生問題》一書[27]。

　　張君勱與倭伊鏗的這段交往進一步促成了德國哲學家杜里舒（Hans Driesch, 1867-1941）訪問中國之行。1920 年梁啟超以講學社的名義邀請倭伊鏗到中國訪問，但倭伊鏗當時年事已高，不堪旅途勞累，婉拒邀請。梁啟超便改邀杜里舒。杜里舒接受了邀請。他於 1922 年 10 月抵達上海，開始為期九個月的中國之行，由張君勱隨行擔任翻譯。1923 年 2 月杜里舒在北京訪問期間，張君勱於同月 14 日在清華大學以「人生觀」為題，發表了一場演講。在這場演講中，張君勱從五方面將科學與人生觀加以對比：

> 第一，科學為客觀的，人生觀為主觀的；
> 第二，科學為論理學的方法所支配，而人生觀則起於直覺；
> 第三，科學可以以分析方法下手，而人生觀則為綜合的；
> 第四，科學為因果律所支配，而人生觀則為自由意志的；
> 第五，科學起於對象之相同現象，而人生觀起於人格之單一性。[28]

由這五點對比，他歸結道：「科學無論如何發達，而人生觀問題之解決，決非科學所能為力，惟賴諸人類之自身而已。」[29]這篇講稿接著發表於《清華週刊》第 272 期。同年 4 月，丁文江在《努力週報》第 48 及 49 期發表〈玄學與科學——評張君勱的「人生觀」〉，強烈批評張君勱的觀點，於是引發了所謂的「科學與人生觀論戰」，許多知名學者都加入論戰。

　　這場論戰的經過與得失，論者甚多，筆者在此無意續貂。筆者感興趣的是張君勱〈人生觀〉一文的思想背景。當然，最直接的思想淵源是倭伊鏗的哲學，因為「人生觀」一詞（Lebensanschauung）便是出自倭伊鏗，他有一部著作便名為《偉大思想家的人生觀》（*Die Lebensanschauungen der großen*

---

[27]　Rudolf Eucken/Carsun Chang: *Das Lebensproblem in China und Europa*. Leipzig: Quelle & Meyer, 1922.

[28]　見張君勱等著：《科學與人生觀》（濟南：山東人民出版社，1997 年），頁 35-38。

[29]　同上書，頁 38。

Denker, 1890）。倭伊鏗哲學的核心概念是 Leben，此詞在不同的脈絡中可分別譯為「人生」、「生命」或「生活」。此外，還有法國哲學家柏格森（Henri Bergson, 1859-1941）的影響，因為柏格森特別強調直覺與「生命衝動」（élan vital），與倭伊鏗一樣反對主智論（intellectualism）。但論者往往忽略雖然間接、但影響更為深遠的思想背景，即康德哲學的影響。在「科學與人生觀論戰」事過境遷將近三十年之後，張君勱撰寫〈我之哲學思想〉一文[30]，回顧這場論戰。在文章開頭他便提到：「回想當年『人生觀』論戰，起於我一篇『人生觀』演講。〔……〕時我方自歐洲返國，受柏格森與倭伊鏗之影響，鼓吹『人類有思想有自由意志』之學說。」[31]接著，他分別闡述他自己對於科學、哲學與形上學的見解。在討論哲學部分時，他寫道：

〔……〕二、三百年來，西歐人之心理上但知側重知識，且以為知識愈進步，人類幸福殆無止境。然自兩次大戰以還，歐美人深知徒恃知識之不足以造福，或且促成世界末日，於是起而討論科學之社會的任務。伸言之，知識之用，應歸於利人而非害人，則道德價值之重要，重為世界所認識矣。經百六七十年前之康德，除著《純粹理性》一書批判知識外，同時又有《實踐理性》一書，說明道德之由來。康氏二者並重，與儒家之仁智兼顧，佛家悲智雙修之途轍，正相吻合。而康德則為現代人中認定此宗旨之傑出者。

我初窺哲學門徑，從倭伊鏗、柏格森入手。梁任公先生遊歐，途經耶納，與倭氏匆匆一晤，引起我研究倭氏哲學之興趣。同時每年一度去巴黎，兼讀柏氏著書。然倭氏、柏氏書中，側重於所謂生活之流，歸宿於反理智主義，將一、二百年來歐洲哲學系統中之知識論棄之不顧。故我初期治兩家學說後，心中即有所不慊，乃同時讀康氏著作於新康德派之所以發揮康氏者。此為我心理中潛伏之態度。倭氏、柏氏

---

[30] 此文發表於香港《再生》，第 4 卷第 17 期（1953 年 7 月 15 日），收入程文熙編：《中西印哲學文集》（臺北：臺灣學生書局，1981 年），上冊，頁 37-62。

[31] 程文熙編：《中西印哲學文集》，上冊，頁 38。

> 提倡自由意志、行動與變之哲學，為我之所喜，然知有變而不知有
> 常，知有流而不知潛藏，知行動而不知辨別是非之智慧，不免為一幅
> 奇峰突起之山水，而平坦之康莊大道，擯之於視野之外矣。倭氏雖念
> 念不忘精神生活，柏氏晚年亦有道德來源之著作，然其不視知識與道
> 德為文化中之靜定要素則一也。[32]

　　張君勱的這段告白足以證明：他在這場論戰中所要維護的「意志自由」
之說可上溯至康德哲學。在康德哲學之中，「意志自由」是聯繫其知識論與
倫理學的環節。在《純粹理性批判》中，康德保存了「意志自由」的邏輯可
能性，使它不致與因果律的普遍效力相牴牾。在《實踐理性批判》中，康德
進一步透過道德法則之事實性賦予意志自由一種實踐上的實在性。正是在這
一點上，張君勱看到了康德哲學與儒家思想之間的聯繫點[33]。故他曾明白地
表示：

> 哲學，我喜歡德國的。〔……〕大家都認為我一向提倡中國儒家哲
> 學。〔……〕說我維護中國儒家思想，卻是真的。因儒家思想與康德
> 哲學有相同之處。[34]

　　1949 年中國大陸易幟之後，失去政治舞臺的張君勱開始到世界各地講
學，致力於弘揚儒家思想。他先後以英文撰述了《新儒家思想史》[35]與《王

---

[32] 同上書，頁 44-45。

[33] 關於張君勱思想中康德與儒家思想的關係，請參閱薛化元：《民主憲政與民族主義的
辯證發展——張君勱思想研究》（臺北：稻鄉出版社，1993 年），頁 251-259。

[34] 張君勱：《社會主義思想運動概觀》（臺北：張君勱先生獎學金基金會，1978
年），頁 4-5。

[35] Carsun Chang: *The Development of Neo-Confucian Thought* (New York: Bookman Asso-
ciates, 1957/1962). 此書有中譯本，於 1979 年由臺北張君勱先生獎學金基金會出版。

陽明：十六世紀中國的唯心論哲學家》[36]，並刊行《義理學十講綱要》（臺北：華國出版社，1955 年）、《比較中日陽明學》（臺北：中華文化事業出版委員會，1954 年）等書。在傳統儒學中，張君勱特別注意到陽明學與康德哲學的親緣性。譬如，在其以英文發表的〈王陽明的哲學〉一文中，他如此理解王陽明良知學所說的「意」：「他所強調的『意』是『誠意』，而他所謂的『誠意』與康德所謂的『善的意志』，在意涵上極為雷同。」[37]又說：「王陽明的系統中所強調的是『意』與『知』的密切關聯——這種哲學理論的細緻僅見諸康德的實踐理性之中，而康德幾乎認為實踐理性即是意志。」[38]這些闡述雖然要言不煩，卻顯示出張君勱對康德哲學與陽明學的深刻理解。但張君勱並非僅是以「格義」的方式對康德哲學與陽明學作簡單的比附，他也看出兩者間的重要區別：

> 由於其存有論的唯心論，王陽明並不承認康德對理體（noumenon）與事相（phenomenon）之區分：也不將知識離析為既存實在之要素與心對於這種實在的組構（也就是說，他並不將知識離析為感覺與感性及知性之形式）。對王陽明而言，知的活動或過程與所知的東西是同一個實在；理是基本的本質，而理是透過心的活動而被認識。[39]

張君勱對康德哲學與陽明學的洞見後來在牟宗三有關陽明學的闡釋中得到進一步的發揮[40]。這使他成為由梁啟超過渡到當代新儒家（尤其是牟宗三）的

---

[36] Carsun Chang: *Wang Yang-ming: Idealist Philosopher of Sixteen-Century China* (New York: St. John University Press, 1962). 此書有江日新的中譯本，於 1991 年由臺北東大圖書公司出版。

[37] Carsun Chang: "Wang Yang-ming's Philosophy", *Philosophy East & West*, Vol. 5, Nr. 1 (April 1955), p. 11.

[38] 同上註，頁 12。

[39] Carsun Chang: *Wang Yang-ming: Idealist Philosopher of Sixteen-Century China*, pp. 13f.

[40] 參閱牟宗三：《從陸象山到劉蕺山》（臺北：臺灣學生書局，1979 年），頁 215-265；《牟宗三先生全集》（臺北：聯經出版事業公司，2003 年），第 8 冊，頁 177-218。

一個重要環節。

杜里舒的訪華也在中國引發了康德研究的熱潮。他於 1923 年在北京訪問期間，以〈康德以前之認識論及康德之學術〉為題，發表了一場演講，由張君勱口譯。該演講稿後來刊載於《文哲學報》第 3 及 4 期（1923 年 3 月及 10 月出刊）。次年適逢康德誕生兩百周年，《學藝雜誌》第 6 卷第 5 期以「康德哲學專刊」的名義刊出了 20 篇論文。1925 年，《民鐸雜誌》第 6 卷第 4 期也以「康德專號」的名義刊出了 13 篇論文。

鄭昕（1905-1974）與蔡元培、張君勱一樣，也曾留學德國。他於 1927 年赴德國柏林大學留學，兩年後轉到耶拿（Jena）大學，師從新康德學派的包赫（Bruno Bauch, 1877-1942）。他於 1932 年學成回國，任教於北京大學哲學系。他對中文世界的康德研究之最大貢獻是《康德學述》一書（上海：商務印書館，1946 年）之作。雖然在他之前，已有丘陵的《康德生活》（上海：世界書局，1929 年）、范壽康的《康德》（上海：商務印書館，1926 年）與南庶熙的《康德》（上海：世界書局，1934 年）出版，但這些著作的通俗性多於學術性。鄭昕的《康德學述》是第一部探討康德哲學的嚴格學術著作，誠如賀麟所說：「鄭昕先生是吾國第一個對康德作精深的研究，而能夠原原本本專門地、系統地、融會地介紹康德哲學的人。」[41]此書包括〈康德對玄學之批評〉與〈康德論知識〉兩個部分，以及附錄〈真理與實在〉。

在這個階段的康德研究，康德原著的中譯只有以下幾本：

周暹、尉禮賢（Richard Wilhelm）合譯：《人心能力論》（"Von der Macht des Gemüths durch den bloßen Vorsatz seiner krankhaften Gefühle Meister zu sein"）。上海：商務印書館，1914 年。

瞿菊農譯：《康德論教育》（*Kant über Pädagogik*）。上海：商務印書館，1926 年。

胡仁源譯：《純粹理性批判》（*Kritik der reinen Vernunft*）。上海：商

---

[41] 賀麟：《五十年來的中國哲學》，頁 33-34。

務印書館，1931 年。

張銘鼎譯：《實踐理性批判》（*Kritik der praktischen Vernunft*）。上
　　海：商務印書館，1936 年。

唐鉞重譯：《道德形上學探本》（*Grundlegung zur Metaphysik der
　　Sitten*）。上海：商務印書館，1937 年。

關琪桐譯：《優美感覺與崇高感覺》（*Beobachtungen über das Gefühl
　　des Schönen und Erhabenen*）。上海：商務印書館，1940 年。

此外，日本學者桑木嚴翼的《康德與現代哲學》也由余又蓀譯為中文（上
海：商務印書館，1935 年）。此書於 1967 年由臺灣商務印書館重印，對臺
灣的康德研究有一定的影響。

三、牟宗三與康德哲學

在當代新儒家當中，與康德哲學關係最密切的無疑是牟宗三。筆者在多
年前出版的德文著作《儒家思想在現代中國》中有一章專門介紹牟宗三的生
平及其哲學，其副標題便是「在儒家思想與康德思想之間」（"Zwischen
Konfuzianismus und Kantianismus"）[42]。關於牟宗三與康德哲學的關係，筆
者在〈牟宗三哲學中的「物自身」概念〉與〈牟宗三思想中的儒家與康德〉
兩篇論文[43]中曾有詳細的討論，以下所述主要以此為根據。讀者如欲知詳
情，可參考這兩篇論文。

牟宗三第一部直接討論康德哲學的著作是兩巨冊的《認識心之批判》。
這部著作雖遲至 1956 及 1957 年始分冊由香港友聯出版社出版，但其實完稿

---

[42] Ming-huei Lee: *Der Konfuzianismus im modernen China* (Leipzig: Leipziger Univer-
sitätsverlag, 2001), S. 65ff.

[43] 這兩篇論文均收入拙著《當代儒學之自我轉化》（臺北：中央研究院中國文哲研究
所，1994 年）；簡體字版：《當代儒學的自我轉化》（北京：中國社會科學出版
社，2001 年）。

於 1949 年；其部分章節甚至已先以單篇論文的形式發表[44]。此書主要是順著康德對知性（Verstand）之機能所作的說明，來融攝羅素（Bertrand Russell, 1872-1970）、維根斯坦（Ludwig Wittgenstein, 1889-1951）等人關於邏輯及數學的理論。但此書在絕版多年之後，於 1990 年由臺灣學生書局重印時，牟宗三在〈重印誌言〉中對此書表示了不滿。他寫道：「最大的失誤乃在吾那時只能了解知性之邏輯性格，並不能了解康德之『知性之存有論的性格』之系統。」

此後，牟宗三有三部著作直接涉及康德哲學，分別為《智的直覺與中國哲學》（1971 年出版）、《現象與物自身》（1975 年出版）、《圓善論》（1985 年出版）。在《智的直覺與中國哲學》一書中，他先順著海德格（Martin Heidegger, 1889-1976）在《康德與形上學問題》（*Kant und das Problem der Metaphysik*）一書中對於康德哲學的詮釋，釐清「現象」、「物自身」、「智的直覺」（intellektuelle Anschauung）、「先驗對象」（transzendentaler Gegenstand）等概念的涵義。接著，他指出：雖然康德不承認我們人類有智的直覺，而將它僅歸諸上帝，但是在中國傳統哲學中，儒、釋、道三教為了體證人類所具有的無限心（儒家的本心良知、道家的道心、玄智，以及佛家的真常心），必然承認人類有智的直覺。因此，他認為：唯有承認人類有智的直覺，康德哲學所涵蘊、但卻無法建立的「道德的形上學」才能真正完成，而海德格的「基本存有論」則不足以擔當此任務。在《現象與物自身》一書中，牟宗三進一步檢討康德哲學中「現象」與「物自身」之區分，據以建立其「兩層存有論」（即「執的存有論」與「無執的存有論」，或者說，「現象界的存有論」與「本體界的存有論」）的架構。他特別指出：由於康德不承認人類有智的直覺，他無法穩定並極成其「現象」與

---

[44] 這些論文包括：

1) 〈傳統邏輯與康德的範疇〉，《理想與文化》，第 8 期（1946 年 5 月）；

2) 〈時空與數學〉，《學原》，第 2 卷第 6 期（1948 年 10 月）；

3) 〈生理感中心中之生起事之客觀化〉，《理想與文化》，第 9 期（1950 年 5 月 1 日）；

4) 〈認識論之前題〉，《學原》，第 3 卷第 2 期（1950 年 10 月）。

「物自身」之區分。在《圓善論》一書中，牟宗三順著康德的「最高善」（圓善）問題，來說明儒、釋、道三教中的「圓教」型態，藉以解決康德在《實踐理性批判》中所提出的「德福如何一致」之問題。這三部著作均表現出他藉康德哲學以會通中西哲學的用心。這種用心也見諸他在臺灣大學哲學研究所講授的兩部課程講義《中國哲學十九講》（1983 年出版）及《中西哲學之會通十四講》（1990 年出版）中。

此外，牟宗三也根據英文本翻譯了康德的主要著作。首先，《實踐理性批判》和《道德底形上學之基礎》二書之中譯本於 1982 年以《康德的道德哲學》之名由臺灣學生書局出版。其中，《實踐理性批判》之譯本附有不少註解，在這些註解中他不時將儒家與康德的觀點加以對比，論其異同，成為此譯本的重要特色。次年，《純粹理性批判》一書之中譯本亦由臺灣學生書局出版。但此書的〈先驗方法論〉部分並未譯出，故非全譯本。最後，《判斷力批判》一書之中譯本上下兩冊先後於 1992 及 1993 年由臺灣學生書局出版。牟宗三在此譯本的前面附上長達 89 頁的〈以合目的性之原則為審美判斷力之超越的原則之疑竇與商榷〉一文，對康德的美學觀點提出質疑。

牟宗三對於康德哲學的研究，並非一般專家式的研究，而是著眼於中國傳統思想（尤其是儒家思想）與西方哲學之會通。他在《中西哲學之會通十四講》一書的第十四章綜論康德的「現象與物自身」之間架後歸結道：「〔……〕西方哲學與東方哲學之會通，只有通過康德的這一個間架才可能，其他都是不相干的。康德這個間架合乎大乘起信論所說的『一心開二門』。」[45]由此可見他研究康德哲學的旨趣之所在。至於他藉以會通儒家思想與康德哲學的契合點，以下依拙作〈牟宗三思想中的儒家與康德〉一文中所述，分別就「一心開二門」的思想間架、「實踐理性優先於理論理性」的觀點，以及「自律倫理學」的概念三方面來討論。

---

[45] 牟宗三：《中西哲學之會通十四講》（臺北：臺灣學生書局，1990 年），頁 225（《全集》，第 30 冊，頁 230）；參閱頁 95、111（同上，頁 95、111）。亦參閱其《中國哲學十九講》（臺北：臺灣學生書局，1983 年），頁 298（《全集》，第 29 冊，頁 301）。

　　先論「一心開二門」的思想間架。學過西方哲學史的人都知道：康德有「現象」與「物自身」（或「理體」與「事相」）之區分。但是他將「物自身」（理體）視為一個「界限概念」，指涉人類知識所不能及、而又必須設想的領域[46]，卻在他以後的德國哲學引發了一連串的質疑與討論[47]。牟宗三也有類似的質疑，故他重新詮釋康德的「物自身」概念，將它從一個事實概念轉換成一個具有價值意味的概念，即從一個知識論的概念轉換成一個價值論的概念。他強調：儘管康德並未明白地表示此義，但這是康德哲學應有之義。他接著指出：要穩住這個具有價值意味的「物自身」，我們就得承認我們人類具有自由的無限心（即智的直覺），可以讓物自身直接呈現於我們自己的意識之中。他將經過這樣重新詮釋後的「現象與物自身」之間架與《大乘起信論》所說的「一心開二門」相提並論，視之為中西哲學共通的思想間架。他根據這個思想間架來比較中西哲學，並且指出：中國哲學在現象界方面的態度是消極的，在物自身方面的態度是積極的；反之，康德哲學在現象界方面的態度是積極的，在物自身界方面的態度是消極的。

　　次論「實踐理性優先於理論理性」的觀點。康德以前的西方形上學，基本上屬於「思辨形上學」，亦即透過思辨理性所建立的形上學。他在《純粹理性批判》中全面批判這種形上學，否定其有關上帝存在、靈魂不滅與意志自由的論證。但在《實踐理性批判》一書的〈辯證論〉中，他楬櫫「純粹實踐理性在與純粹思辨理性聯結時的優先性」，藉由實踐理性重新肯定上帝存在、靈魂不滅與意志自由三個「設準」（Postulat）。牟宗三根據這項觀點來解決傳統儒學在內聖與外王的關係上的糾結，以回答「何以儒家傳統未發展出民主與科學（所謂「新外王」）？」的問題。他認為：中國過去之所以未產生民主政治與科學，是由於理性之運用僅偏於實踐理性一面，而於理論理性這一面的表現有所不足。為了說明此義，他提出了三組對比性概念：在《歷史哲學》一書中，他提出了「綜和的盡理之精神」與「分解的盡理之精

---

[46]　*KrV*, A254f./B310f.

[47]　參閱 Wilhelm Windelband: *Lehrbuch der Geschichte der Philosophie* (Tübingen: J.C.B. Mohr, 1935), § 41, S. 483-497.

神」這組概念；在《政道與治道》一書中，他則提出了「理性之運用表現與
架構表現」和「理性之內容的表現與外延的表現」兩組概念。其實，這三組
對比性概念所表達的是同一件事，即是由實踐理性與理論理性之對比所撐起
的立體間架，亦即上文所提到的「一心開二門」的間架。依牟宗三之見，中
國過去的內聖之學是實踐理性之表現，而科學與民主之實現卻需要憑藉理論
理性，所以內聖之學所肯定的道德主體（本心、良知）必須自覺地「自我坎
限」（自我否定），始能成就建立民主與發展科學的現代化大業。

　　最後論「自律倫理學」的概念。康德倫理學以「意志的自律」作為「道
德的最高原則」，所以它往往被稱為「自律倫理學」。在康德倫理學中，
「意志的自律」包涵兩層意義：第一、我們的意志應服從道德法則；第二、
道德法則是我們的意志為自己所制定的[48]。牟宗三在《圓善論》一書中藉
「自律」概念詳細疏解《孟子・告子上》的相關章節。根據其分析，告子將
決定道德法則的判準置於對象中，代表「他律」的觀點；孟子將此判準置於
道德主體（本心、良知）中，代表「自律」的觀點。在《心體與性體》第一
冊第一部〈綜論〉第三章〈自律道德與道德形上學〉中，牟宗三詳細闡述康
德的「自律」之義。接著，他據此分判宋明儒學內部的義理系統。依其分
判，北宋的周濂溪、張橫渠、程明道三家和其後的陸象山、王陽明一系及胡
五峰、劉蕺山一系大體均能繼承孔、孟、《中庸》、《易傳》的義理方向，
代表自律道德；而伊川、朱子一系代表他律道德，故為歧出。綜合以上三方
面的討論，筆者在此重述過去的評斷：

　　　　牟先生並非簡單地套用康德哲學底概念和思想間架來詮釋儒家思想，
　　　　而是從哲學思考底高度上比較其異同，分判其型態。故其詮釋工作本
　　　　身即是一種哲學思考，並且包含一種新的判教。[49]

---

[48] 關於康德「自律倫理學」之意涵，請參閱拙作：〈存心倫理學、形式倫理學與自律倫
　　理學〉，收入拙著：《儒家視野下的政治思想》（臺北：臺灣大學出版中心，2005
　　年），頁133-162；簡體字版（北京：北京大學出版社，2005年），頁88-108。
[49] 請參閱拙作：〈存心倫理學、形式倫理學與自律倫理學〉，收入拙著：《儒家視野下

四、中國馬克思主義與康德哲學

在 1949 年以前中國學術界對康德哲學的吸收已累積了不少成果。然而，1949 年共產黨在中國大陸取得政權，馬克思主義成為官方意識形態之後，情況產生了很大的轉變。不但在政治、經濟各領域、甚至在學術領域，中共都是以俄為師。蘇共理論家日丹諾夫（Andrey A. Zhdanov, 1896-1948）為「哲學史」所下的定義成為整個人文與社會科學研究必須奉行的教條。這個定義是：

> 科學的哲學史，是科學的唯物主義世界觀及其規律底胚胎發生與發展的歷史。唯物主義既然是從〔與〕唯心主義派別鬥爭中生長和發展起來的，那麼，哲學史也就是唯物主義與唯心主義鬥爭的歷史。[50]

其後，中共主管意識型態的部門又從這個教條引申出四條更具體的律則：

1) 自有階級社會以來，社會上的上層建築，即貫穿著唯物主義與唯心主義這兩條路線鬥爭的歷史；
2) 唯物主義路線代表著上昇時期進步的新興階級的利益，而唯心主義則代表著沒落時期反動的行將滅亡階級的利益；
3) 在階級社會中，每一哲學家、文學家、藝術家和政治家，不是加入唯物主義陣營，就是加入唯心主義陣營，各自為自己所屬的階級及其利益而拼搏，中間的道路是沒有的；
4) 階級社會的歷史，就是唯物主義路線不斷克服和戰勝唯心主義路線的鬥爭史。[51]

的政治思想》，頁 133-162；簡體字版，頁 88-108。

[50] 轉引自瞿志成：〈日丹諾夫的陷阱〉，見其《當代新儒學史論》（臺北：允晨文化實業公司，1993 年），頁 312。

[51] 同上註。

　　在上述教條的影響下，被畫歸於唯心主義陣營的康德哲學之命運也就可想而知了。在此，我們不妨引述陳修齋的一段回憶：

> 〔……〕在斯大林的個人迷信、日丹諾夫關於哲學史的講話和「定義」，以及蘇聯學術界當時嚴重的教條主義風氣的影響下，當時我國的哲學史工作中也存在著嚴重的教條主義和片面性、簡單化等弊病，如把全部哲學史只簡單地歸結為唯物主義和唯心主義「你死我活」鬥爭的歷史，對這兩條路線只能講鬥爭而不能講同一，而對唯心主義則採取全盤否定的態度，一律斥之為「反動的」和「絕對錯誤」的。即使對於像亞里士多德和康德、黑格爾等在馬克思主義經典著作中有過明確的肯定評價的哲學家，也只能勉強肯定其中包含的一點唯物主義因素和辯證法的「合理內核」，即使對此也還必須跟著立即聲明他們最終仍陷入唯心主義或其辯證法也被唯心主義體系「悶死」了。否則就會有被目為吹捧唯心主義哲學家之虞。[52]

　　從 1949 年到 1970 年代末期，存在於大陸哲學界的這種情況基本上沒有太大的改變；唯一的例外是 1956 年「百花齊放，百家爭鳴」運動期間。該年 5 月 26 日，中共中央宣傳部長陸定一公開表示：「在人民內部，不但有宣傳唯物主義的自由，也有宣傳唯心主義的自由。只要不是反革命分子，不管是宣傳唯物主義或者是宣傳唯心主義，都是自由的。兩者之間的辯論，也是自由的。」此一政策之宣示不久便在大陸哲學界引起了一片「開放唯心主義」的呼聲，知名學者如賀麟（1902-1992）、馮友蘭（1895-1990）、朱光潛（1897-1986）、鄭昕、任繼愈（1916-2009）都以各種理由呼籲大陸哲學界正確地評估唯心主義。以賀麟為例，他當時便先後發表了〈為什麼要有宣傳唯心主義的自由？——對百家爭鳴政策的一些體會〉（與陳修齋合著）、〈對

---

[52] 陳修齋：〈論賀麟先生對唯心主義的評價〉，見宋祖良、范進編：《會通集：賀麟生平與學術》（北京：三聯書店，1993 年），頁 300。

於哲學史研究中兩個爭論問題的意見〉、〈關於哲學史上唯心主義的評價問題〉、〈必須集中反對教條主義〉諸文[53]，為研究唯心主義辯護。在〈為什麼要有宣傳唯心主義的自由？〉一文中，他為康德研究提出了如下的辯護：

> 康德的「先驗邏輯」不是不滿意於形式與內容不一致的形式邏輯，而從唯心論的觀點提出一個與認識論相統一的邏輯，而為黑格爾的辯證邏輯準備條件嗎？康德的辯證法因素，難道就僅僅限於在早期提出的星雲說，而他的「理性的矛盾」，或「二律背反」中的辯證法因素就不值得加以發掘嗎？他的承認「物自體」，難道就僅僅是對唯物主義的一點無可奈何的讓步嗎？這一系列的問題，在我們看來，就都是值得重新很好地研究而可能得出比現在一般的看法較為全面和公正的結論的。[54]

但是這些卑微的呼籲在緊接下來的反右運動中完全被壓制下去，而教條主義依然主導中國大陸的哲學研究，直到文革時達於極點[55]。

由於上述的原因，在 1949 年至 1970 年代末長達三十年的期間內，康德哲學與馬克思主義在中國大陸並未產生真正的對話[56]。這種對話要等到李澤厚（1930-）的《批判哲學的批判——康德述評》一書於 1979 年 3 月由人民出版社出版後才真正出現。此書出現於文革結束不久，中國大陸開始對外開放，思想界之空白尚待填補，知識分子殷切渴求新知之際，所以一出版便有

---

[53] 這些文章均收入賀麟：《哲學與哲學史論文集》（北京：商務印書館，1990 年）。

[54] 同上書，頁 511。

[55] 關於「百花齊放，百家爭鳴」運動期間有關唯心主義的爭論，請參閱黎漢基：〈如何評估唯心主義？——中共鳴放運動的一個片斷〉，《臺大文史哲學報》，第 56 期（2001 年 5 月），頁 1-30。

[56] 依熊自健的看法，朱光潛是個例外，因為他從馬克思主義的觀點消化了康德美學。對於這個看法，筆者有所保留。熊自健的觀點見諸其論文〈朱光潛如何成為一個馬克思主義者〉、〈朱光潛與康德美學的對話〉、〈「文革」後朱光潛的學術風範及其成就〉，均收入其《當代中國思潮述評》（臺北：文津出版社，1992 年）。

洛陽紙貴之勢，初版三萬本很快便賣光了。在 1984 年第二版的〈再版後記〉中李澤厚透露了他撰寫此書的背景與動機。首先他承認：他的德文不行，只能透過英譯本進行研究，所以沒資格當康德專家，只能算是「外行客串」。接著，他自述他之所以願意「客串」的主要推動力：

> 這就是當時我對馬克思主義哲學的極大熱忱和關心。當看到馬克思主義已被糟蹋得真可說是不像樣子的時候，我希望把康德哲學的研究與馬克思主義的研究聯繫起來。一方面，馬克思主義哲學本來就是從康德、黑格爾那裡變革來的；而康德哲學對當代科學和文化領域又始終有重要影響，因之如何批判、揚棄，如何在聯繫康德並結合現代自然科學和西方哲學中來瞭解一些理論問題，來探索如何堅持和發展馬克思主義哲學，至少是值得一提的。[57]

這段話極為扼要地道出了他撰寫此書的動機與旨趣。

李澤厚對康德哲學的「批判」其實是一種「重建」（reconstruction）的工作——這裡所說的「重建」係採取德國哲學家哈柏瑪斯（Jürgen Habermas, 1929-）在其《論歷史唯物論之重建》一書中所使用的意義。哈柏瑪斯在該書開宗明義便表明：「重建」既非「復原」（Restauration），亦非「復興」（Renaissance）。他說：

> **復原**乃意謂回到此刻已衰敗的最初狀態：但是我對於馬克思與恩格斯的興趣並非教條主義的，亦非歷史考證學的。**復興**乃意謂更新一種此刻已被拋棄的傳統：馬克思主義不需要復興。在我們這個脈絡當中，**重建**意謂：我們將一套理論拆解，再以新的形式將它重新組合起來，以便更妥善地達成它所設定的目標。對於一套在若干方面需要修正、但其推動潛力（始終）仍未枯竭的理論來說，這是正常的（我認為：

---

57 李澤厚：《批判哲學的批判——康德述評》（臺北：三民書局，1996 年），頁 465。

對於馬克思主義者而言，也是正常的）處理方式。[58]

　　要為這部厚達四百多頁的著作扼要地勾畫出其基本思想，並非易事。所幸李澤厚曾在 1981 年康德《純粹理性批判》出版兩百週年紀念會上以〈康德哲學與建立主體性論綱〉為題，扼要地闡述了他自己的基本論點，再加上他後來陸續撰寫的〈關於主體性的補充說明〉、〈關於主體性的第三個提綱〉、〈主體性第四個提綱〉[59]，可以幫助我們概括其基本思路。

　　李澤厚對康德哲學的重建基本上是環繞著「主體性」的概念。他的提問從「人性是什麼？」出發。他否定「人性是階級性」、「人性是動物性」與「人性是社會性」這三種觀點。他自己為「人性」提出一個定義：

> 人性應該是感性與理性的互滲，自然性與社會性的融合。這種統一應是〔……〕感性（自然性）中有理性（社會性），或理性在感性中的內化、凝聚和積澱，使兩者合二為一，融為整體。這也就是自然的人化或人化的自然。[60]

進而言之，如果人性只是自然性，便不會有主體與客體的區別。正因為人與自然有所區別，所以人性便是主體性的內在面。至於「主體性」的內容與含義，李澤厚解釋說：

> 〔……〕「主體性」概念包含有兩個雙重內容與含義。第一個「雙重」是：它具有外在的即工藝—社會的結構面和內在的即文化—心理的結構面。第二個「雙重」是：它具有人類群體（又可區分為各種社會、時代、民族、階級、階層、集團等等）的性質和個體身心的性

---

[58] Jürgen Habermas: *Zur Rekonstruktion des Historischen Materialismus* (Frankfurt/M.: Suhrkamp, 1976), S. 9.

[59] 這四篇論綱均收入李澤厚：《我的哲學提綱》（臺北：三民書局，1996 年）。

[60] 李澤厚：〈康德哲學與建立主體性論綱〉，同上書，頁 101。

質。這四者相互交錯滲透，不可分割。而且每一方又都是某種複雜的組合體。[61]

李澤厚認為：康德先驗哲學的價值與意義在於突出了人類的主體性問題。故他分別從認識論、倫理學、美學與目的論（相當於三大批判的主題）三方面來討論主體性問題。

在認識論方面，康德提出時、空（感性直觀之形式）及範疇（純粹知性概念），視之為先天的認識形式。對於這些先天的認識形式，李澤厚卻從歷史唯物論的觀點來理解，視之為人類使用工具、製造工具這種基本的實踐活動之產物。他甚至強調：「實踐失去了歷史具體地使用、創造工具和物質生產這一基本方面，便可以走向唯意志論和主觀唯心主義。」[62]

在倫理學方面，康德提出超越一切現實條件的、純形式的「定言令式」（kategorischer Imperativ）或「絕對命令」作為道德的準則。就這一點而言，李澤厚承認：「康德的倫理學卻比功利主義的倫理學更深入地接觸到道德的本質，接觸到人類主體性行為的核心和通由道德教育以建立意志結構的重要性。」[63]但他還是從歷史唯物論的觀點來解釋這種「絕對命令」。他指出：

> 康德的解釋是唯心主義的。但如果從人類學本體論的實踐哲學看，它的價值和意義在於：這是對個體實踐要求樹立主體性的意志，這是要求個體應有擔負全人類的存在和發展的義務和責任感。這樣一種責任感和道德行為作為人類主體的意志結構（心理形式），表面看來似乎超越任何時代、社會、民族的具體功利之上，好像是先驗〔天〕的能力，其實卻仍然是歷史的成果、社會的產物。[64]

---

[61] 李澤厚：〈關於主體性的補充說明〉，同上書，頁119。
[62] 李澤厚：〈康德哲學與建立主體性論綱〉，同上書，頁106。
[63] 同上註，頁110。
[64] 同上註，頁109。

在《判斷力批判》中，康德提出「自然之合目的性原則」這項先驗原則來說明「美」之本質，並藉以溝通自然界與自由界。對此，李澤厚提出了如下的解釋：

> 美作為自由的形式，是合規律和合目的性的統一，是外在的自然的人化或人化的自然。審美作為與這自由形式相對應的心理結構，是感性與理性的交溶統一，是人類內在的自然的人化或人化的自然。它是人的主體性的最終成果，是人性最鮮明突出的表現。在這裡，人類（歷史總體）的東西積澱為個體的，理性的東西積澱為感性的，社會的東西積澱為自然的。原來是動物性的感官自然人化了，自然的心理結構和素質化成為人類性的東西。[65]

李澤厚甚至將這種統一視為中國古代哲學所說的「天人合一」的境界[66]——但卻是在一個歷史唯物論的架構中所理解的「天人合一」！

　　李澤厚對於康德哲學的「重建」有何得失？此一問題無法在本文的有限篇幅內討論。筆者在此僅提出一點評論。筆者曾將西方哲學家的「實踐」概念區分為兩種型態：康德式的與黑格爾式的。對康德而言，真正的「實踐」表現道德主體的自由，而這種自由無待於任何經驗成分，故超越一切歷史情境與社會條件。但黑格爾在《法哲學大綱》（*Grundlinien der Philosophie des Rechts*）中卻提出「道德」（Moralität）與「倫理」（Sittlichkeit）之區分，藉以批判康德的實踐觀。依黑格爾之意，「道德」表示一種觀點，在這種觀點下，個體被視為能自我立法、但也與外在現實無涉的理性主體；「倫理」則表示另一種觀點，在這種觀點下，實踐理性被視為在外在現實（家庭、社會、國家，乃至世界史）中取得歷史實在性的原則。對黑格爾而言，在康德哲學中作為「實踐」之真正基礎的自由意志僅是「主觀的意志」，僅

---

[65] 同上註，頁 113。

[66] 同上註，頁 114。

屬於「道德」的範圍，尚在抽象狀態中，而未充分落實，故不能代表真正的「實踐」；「實踐」的真實意義在於「倫理」──換言之，脫離了歷史條件與社會脈絡，道德主體的自由便無充分的真實性。若以「實踐的意義能否在超越歷史情境及社會條件的主體中充分顯現」這點為判準，我們可以將柏拉圖、斯多亞學派的實踐觀視為「康德式的」，而將亞里斯多德與馬克思的實踐觀視為「黑格爾式的」[67]。當李澤厚根據歷史唯物論的觀點，從人類使用工具、製造工具的活動來理解「實踐」的意義時，他事實上採取了「黑格爾式的」實踐觀，並且對康德的實踐觀點作了根本的翻轉。這樣的「重建」有如將馬克思主義的酒倒進康德哲學的酒瓶裡，只有形式上的雷同，而其實質內容則已大異其趣！

五、中國自由主義與康德哲學

　　儘管中國的自由主義與馬克思主義在政治立場上是死對頭，但是雙方對於從康德到黑格爾的德國理念論（Deutscher Idealismus）[68]卻是同仇敵愾。不過，雙方所持的理由並不相同。馬克思主義者敵視德國理念論的理由在上一節已討論過了。但要了解中國自由主義者何以反對德國理念論，則必須考慮東西冷戰的時代背景。

　　二次大戰之後，為了探討納粹主義與法西斯主義興起之因，並為了對抗共產主義之威脅，有一批西方自由主義學者致力於探討極權主義的思想根源，塔爾蒙（Jacob Leib Talmon, 1916-1980）、波柏（Karl R. Popper, 1902-1994）、柏林（Isaiah Berlin, 1909-1997）是其中最著名的例子。塔爾蒙區分近代西方的兩個民主傳統：其一是由盧梭（Jean Jacques Rousseau, 1712-1778）開其端，經過法國思想家之鼓吹而導致法國大革命，其後由德國理念

---

[67] 關於這兩種「實踐」概念，請參閱拙作〈當前儒家之實踐問題〉，見拙著：《儒學與現代意識》（臺北：臺灣大學出版中心，2016 年，增訂版），頁 33-41。

[68] Idealismus 一詞在此無論譯為「觀念論」還是「唯心論」，均不恰當，故筆者一向譯為「理念論」，以避免誤解。

論（尤其是黑格爾）加以繼承，再延伸到馬克思、恩格斯而導致共產革命；其二是由洛克（John Locke, 1632-1704）開其端，經英國自由主義思想家與美國開國諸元老之鼓吹，奠定了英、美兩國之民主憲政。他將第一個傳統所代表的民主觀稱為「極權民主」（totalitarian democracy）或「政治彌賽亞主義」（political messianism），而將第二個傳統所代表的民主觀稱為「自由民主」（liberal democracy）[69]。波柏在其名著《開放社會及其敵人》（*Open Society and Its Enemies*, 1945）中追溯極權主義在柏拉圖、黑格爾與馬克思的哲學思想中之根源。柏林在其《自由四論》（*Four Essays on Liberty*, 1969）中一方面探討「歷史必然性」的概念，藉以批判黑格爾、馬克思等人的歷史目的論，另一方面提出「積極自由」（positive liberty）與「消極自由」（negative liberty）之區分[70]，並且以「消極自由」的概念來反對「積極自由」的概念。所謂「消極自由」，是指「一個人能不受他人之阻礙而行動的範圍」；所謂「積極自由」，則是不依靠任何外在力量而自作主宰的自由[71]。柏林之所以提倡消極自由，以反對積極自由，其主要理由在於：消極自由只涉及行動的層面，而在價值抉擇上保持中立，故其涵義明確，而可以「基本自由」或「權利清單」的方式加以列舉，不易被歪曲；反之，積極自由必須涉及價值內涵及目標抉擇之層面，甚至因而涉入形上學問題（譬如意志自由的問題），這便可能予極權統政者以可乘之機，可以藉意識形態的理由來干涉人民的行動自由。

　　二十世紀五十年代，當代新儒家與中國自由主義者曾針對中國傳統文化與民主政治的關係展開論戰。這場論戰主要發生於自由主義者殷海光、張佛

---

[69] 塔爾蒙寫了兩部名著，探討第一個民主傳統，分別為 *The Origins of Totalitarian Democracy* (London: Secker & Warburg, 1952) 和 *Political Messianism: The Romantic Phase* (London: Secker & Warburg, 1960)。

[70] Isaiah Berlin: "Two Concepts of Liberty", in idem, *Four Essays on Liberty* (Oxford: Oxford University Press, 1969), pp. 118-172.

[71] 同上書，頁 122, 131ff.。

泉等人與當代新儒家徐復觀、唐君毅、牟宗三等人之間[72]。爭論的焦點並不
在於中國是否該採行民主政治，因為雙方基本上都同意中國應採行英、美等
西方國家所發展的議會民主制度。但是在這個共同前提之下，他們對於民主
政治的哲學基礎卻有南轅北轍的看法。大體而言，新儒家深受德國理念論的
影響，自由主義者則承襲英、美古典自由主義的傳統。對新儒家而言，政治
自由必須預設道德自由；或者說，消極自由必須預設積極自由。他們承認道
德與政治之分際，但不認為這兩者是不相干的。他們也承認政治自由與道德
自由不可混為一談，並且承認民主政治之建立不能僅建立在道德自由之上。
但是他們反對割棄道德基礎、單從政治層面上主張自由與人權的自由主義。
在他們看來，這種自由主義是無根的，根本不足以防範並對抗極權主義。由
於受到英、美古典自由主義傳統的影響，臺灣的自由主義學者反對以道德自
由作為政治自由的基礎。張佛泉在其《自由與人權》一書中也提出「積極自
由」（或形式自由）與「消極自由」（或實質自由）之區分。此書出版於
1953 年，較諸柏林最初發表〈自由的兩種概念〉一文，還要早五年[73]，而他
反對「積極自由」的理由亦與柏林不謀而合，如出一轍。

　　西方的自由主義學者在檢討極權主義的思想根源時，往往將批判的矛頭
指向黑格爾，而較少針對康德。然而，臺灣的自由主義學者卻將批判的矛頭
籠統地指向整個德國理念論，當然也包括康德哲學在內。譬如，代表自由主
義的刊物《自由中國》為了紀念五四運動，於 1958 年 5 月 1 日刊出了一篇
題為〈跟著五四的腳步前進〉的社論（第 18 卷第 9 期），其中有一段話說
道：

　　　　玄學的文化主義者襲取黑格爾的發展程序，執著菲希特的唯我主義，

72　關於這場論戰的始末及其所涉及的問題，請參閱拙作〈徐復觀與殷海光〉，收入拙
　　著：《當代儒學之自我轉化》（正體字版），頁 89-127；簡體字版，頁 81-117。
73　柏林於 1958 年 10 月 31 日首度於牛津大學發表以〈自由的兩種概念〉為題的演說；
　　參閱 Michael Ignatieff 著，高毅、高煜譯：《他鄉：以撒・柏林傳》（臺北：立緒文
　　化事業公司，2001 年），頁 344-349。

強調主體意識，托起康德的架構，糅雜孔孟，立腳于狹隘的民俗殘壘，來保衛這個「中學之體」。照這類人士看來，西學為「用」是可以的，因這是「外在的」東西，像換一件衣服似的，換換沒有關係——無損于尊嚴。但是，如果我們說一個人頭腦裡裝的東西有問題，那就觸及他人格構成的核心，有損其尊嚴，他會冒火，一定發展出一套「自我防衛的機制」作用的。近若干年來，反五四思想的言論，以及強調文化傳統的作品，都是這一心理機制作用的產品，並非知識的產品。

這篇社論的作者是殷海光。所謂「玄學的文化主義者」顯然是指新儒家，尤其是唐君毅與牟宗三。因為眾所周知，黑格爾對唐君毅的影響[74]，猶如康德對牟宗三的影響。無論是對於中國自由主義第一代的胡適而言，還是對於第二代的殷海光、張佛泉等人而言，包括康德哲學在內的整個德國理念論都包含極權主義的要素。

中國自由主義者對於德國理念論的這種敵視態度到了第三代的林毓生、張灝，才有了轉變。譬如，張灝就曾明白地表示：

〔……〕德意志觀念論〔按：即德國理念論〕不一定會產生意識形態上的極權主義，同樣的，新儒家在哲學觀念上有與德國觀念論相通之處，並不意味著它一定會產生那一種政治意識形態。[75]

這種轉變或許與英、美當代政治哲學自 1970 年代以後的發展不無關係。美

---

[74] 關於黑格爾哲學與唐君毅的關係，請參閱蔣年豐：〈戰後臺灣經驗與唐君毅、牟宗三思想中的黑格爾〉，收入賴澤涵、黃俊傑主編：《光復後臺灣地區發展經驗》（臺北：中央研究院中山人文社會科學研究所，1991 年），頁 37-100；亦收入蔣年豐：《文本與實踐（一）：儒家思想的當代詮釋》（臺北：桂冠圖書公司，2000 年），頁 25-98。

[75] 張灝：《幽暗意識與民主傳統》（臺北：聯經出版事業公司，1989 年），頁 221。

國政治哲學家羅爾斯（John Rawls）於 1971 年發表《正義論》（*A Theory of Justice*）一書，為自由主義提出一種康德式的證立（justification），這具體地顯示康德哲學可以成為自由主義的思想資源。因此，當社群主義（communitarianism）的代表沈岱爾（Michael J. Sandel）在其 1982 年出版的《自由主義與正義之界限》（*Liberalism and the Limits of Justice*）一書中批判羅爾斯《正義論》的哲學預設時，也直接關聯著康德哲學的基本預設。康德哲學與自由主義之間的這種理論關聯，自然不是第一代與第二代的中國自由主義者所能想像，遑論理解！

六、結語

康德哲學傳入中國，已超過了一個世紀。本文將中國知識界吸收康德哲學的過程區分為三個階段：在第一個階段，康德哲學之傳入主要是依靠日文書刊為媒介，較著名的例子有康有為、梁啟超、章太炎等人，或許也包括王國維在內。他們對康德哲學的詮釋往往帶有明顯的「格義」特色，即借用中國傳統哲學的概念與思想（尤其是儒家與佛教的概念與思想）來詮釋康德哲學。當一個文化開始吸收外來思想時，「格義」的詮釋方式是自然的，也是必要的。這種情形不但見諸佛教在東漢、魏、晉開始傳入中國的時期，也見諸西元一世紀到八世紀以希臘哲學的概念與思想來詮釋耶教信仰之「教父哲學」（patristic philosophy）。到了第二個階段，中國知識界對康德哲學的研究不再透過日文書刊之轉介，而是開始直接憑藉德文文獻，甚至有人親赴德國學習康德哲學，較著名的例子是蔡元培、張君勱、鄭昕等人。在其康德研究中，他們將「格義」深化為「比較研究」，並且針對中國當時的情境與需要，提出他們自己的觀點與主張。在第三個階段，馬克思主義、自由主義與新儒學三足鼎立之勢已形成。1949 年中國大陸易幟之後，馬克思主義在中國大陸取得了主導的地位、自由主義與新儒學則在臺灣、香港及海外繼續發展。由於思想特質及客觀情境之不同，康德哲學與這三大思潮間的關係也各不相同。

　　大體而言，新儒學與康德哲學在思想特質上最具有親緣性，這點在梁啟超與張君勱的思想發展中已可見其端倪；而在牟宗三的哲學思想中，康德哲學與儒家思想之間產生了真正的哲學對話。相較之下，當馬克思主義在中國大陸成為僵化的意識形態之際，它與康德哲學之間也形同水火，兩者之間因而不可能產生有意義的對話。直到二十世紀七十年代末，中國大陸重新對外開放之際，李澤厚的《批判哲學的批判——康德述評》才為這種對話撞擊出第一顆火花。不過，在筆者看來，此書所呈現之「借題發揮」的意味遠多於「對話」，遑論真正意義的「批判」！至於臺灣的自由主義者，由於受到西方冷戰思維的影響，他們將德國理念論（當然也包括康德哲學）視為極權主義的思想根源。但事實上，他們對康德哲學既無興趣，亦無研究。二十世紀五十年代在臺、港發生於新儒家與自由主義之間的論戰便反映出雙方對德國理念論的不同態度。羅爾斯《正義論》一書之出版，不但為自由主義與康德哲學的對話提供了一個例證，也證明了康德哲學可以成為自由主義的思想資源。這無異間接佐證了新儒家的思想方向。

　　鄭昕在《康德學述》的〈弁言〉中寫道：「超過康德，可能有新哲學，掠過康德，只能有壞哲學。」康德哲學在近代西方哲學的發展中有其獨特的地位，因為此後的西方哲學流派，無論其方向為何，都得對康德所提出的哲學課題採取某種立場，而無法完全迴避。在現代中國的三大主要思潮當中，唯有新儒家能真正面對並回應康德所提出的哲學課題；而馬克思主義者與自由主義者過去受限於其政治意識型態，未能正視康德哲學的意義。但從二十世紀七十年代以後，這種情況已有了轉變的契機，往後的發展如何，且讓我們拭目以待。

（原收入黃俊傑編：《中華文化與域外文化的互動與融合》（一）〔臺北：喜瑪拉雅研究發展基金會，2006 年 4 月〕，頁 89-134。）

王國維與康德哲學

一、王國維研究康德哲學的歷程

多年前，筆者曾發表〈康德哲學在現代中國〉一文[1]，詳細討論中國知識界自十九世紀末以來吸納康德（Immanuel Kant, 1724-1804）哲學的歷程。在該文中，筆者將康德哲學傳入中國的過程分為三個階段：在第一階段，其傳入主要憑藉日文書刊之轉介，以康有為（1859-1927）、梁啟超（1873-1929）、章太炎（1869-1936）等人為代表；在第二階段，中國知識界不再以日文書刊為媒介，而是開始直接閱讀德文原典，甚至有人親赴德國學習康德哲學，其代表有蔡元培（1868-1940）、張君勱（1887-1968）、鄭昕（1905-1974）等人。到了第三階段，現代中國最具影響力的三大思潮——馬克思主義、自由主義與新儒學——鼎立之勢已形成，它們對康德哲學各持不同的立場。但該文略過了王國維（1877-1927）對康德哲學的吸納與評介。本文之作，即是要彌補這項闕漏。

依照這三期的區分，王國維對康德哲學的吸納介乎第一階段與第二階段之間。因為一方面，他像康有為、梁啟超、章太炎等人一樣，藉由日本學者的著作來了解康德哲學。但另一方面，他與康、梁、章不同的是，他可以閱讀康德著作的英、日文譯本。

---

[1] 此文收入黃俊傑編：《中華文化與域外文化的互動與融合》（一）（臺北：喜瑪拉雅研究發展基金會，2006 年），頁 89-134；今收入本論文集。其刪節版以〈康德哲學與現代中國思潮〉為題，刊於北京《世界哲學》，2002 年增刊，頁 159-174。此文另有德文版 "Kants Philosophie im modernen China", in: Ming-huei Lee, *Konfuzianischer Humanismus. Transkulturelle Kontexte* (Bielefeld: transcript, 2013), S. 53-76.

　　王國維通日文及英文，這證諸他所翻譯的各種日文及英文著作。羅振玉於 1898 年（光緒二十四年，戊戌）3 月在上海創立東文學社，這是近代中國第一所日文專科學校。王國維是該校的第一批學生，當時他二十二歲。他在該校就讀的兩年半期間，除了學日文之外，亦學英文[2]。1902 年（光緒二十八年，壬寅）2 月，他在羅振玉的資助下，赴日本東京留學，「晝習英文，夜至物理學校習數學。留東京四五月而病作，遂於是夏歸國。」[3]但是在其傳記資料中，迄今並無任何關於他學習德文的證據。因此，我們有理由推斷：王國維閱讀康德與叔本華（Arthur Schopenhauer, 1788-1860）的著作，係根據英譯本，並參考日譯本。

　　王國維研究康德哲學的過程並不順利，而是歷經了一番波折。在《靜庵文集續編》的〈自序一〉中，王國維對這個過程有詳細的敘述。他談到他在東文學社的求學生涯時寫道：

　　　　是時社中教師為日本文學士藤田豐八、田岡佐代治二君。二君故治哲
　　　　學。余一日見田岡君之文集中有引汗德、叔本華之哲學者，心甚喜
　　　　之。顧文字睽隔，自以為終身無讀二氏之書之日矣。〔……〕留東京
　　　　四五月而病作，遂於是夏歸國。〔……〕自是始決從事於哲學，而此
　　　　時為余讀書之指導者，亦即藤田君也。次歲春，始讀翻爾彭之《社會
　　　　學》、及文之《名學》、海甫定《心理學》之半。而所購哲學之書亦
　　　　至，於是暫輟心理學而讀巴爾善之《哲學概論》、文特爾彭之《哲學

---

[2]　《靜庵文集續編·自序一》云：「蓋余之學於東文學社也，二年有半，而其學英文亦一年有半。時方畢第三讀本，乃購得第四、第五讀本，歸里自習之。日進一二課，必以能解為度，不解者且置之。」（見謝維揚、房鑫亮編：《王國維全集》〔杭州：浙江教育出版社／廣州：廣東教育出版社，2009 年〕，第 14 卷，頁 119）以下引用此書時，簡稱《全集》，連同卷數及頁數，直接標注於引文後面，而不用腳註。王國維的原著無現代標點，故引用時不完全依照《全集》之標點。

[3]　同上註。關於王國維赴日的時間，幾種傳記與年譜的說法互有出入，本文根據袁英光、劉寅生編：《王國維年譜長編（1877-1927）》（天津：天津人民出版社，1996年），頁 27。

史》。當時之讀此等書，固與前日之讀英文讀本之道無異。幸而已得
讀日文，則與日文之此類書參照而觀之，遂得通其大略。既卒《哲學
概論》、《哲學史》，次年始讀汗德之《純理批評》。至〈先天分析
論〉，幾全不可解。更輟不讀，而讀叔本華之《意志及表象之世界》
一書。叔氏之書，思精而筆銳。是歲前後讀二過，次及於其《充足理
由之原則論》、《自然中之意志論》及其文集等。尤以其《意志及表
象之世界》中〈汗德哲學之批評〉一篇，為通汗德哲學之關鍵。至二
十九歲，更返而讀汗德之書，則非復前日之窒礙矣。嗣是於汗德之
《純理批評》外，兼及其倫理學及美學。至今年從事第四次之研究，
則窒礙更少，而覺其窒礙之處大抵其說之不可持處而已。此則當日志
學之初所不及料，而在今日亦得以自慰藉者也。（《全集》，XIV:
119-120）

　　在這段文字中，「汗德」即康德，所提到的著作之作者、原書名及出版
資料如下：

「翻爾彭之《社會學》」：

Arthur Fairbanks (1864-1944), *Introduction to Sociology*. New York 1896.

「及文之《名學》」：

William Stanley Jevons (1835-1882), *Elementary Lessons in Logic: De-
　　ductive and Inductive. London 1870.[4]

「海甫定《心理學》」：

Harald Höffding (1843-1930), *Outlines of Psychology*, translated by Mary E.
　　Lowndes, London: Macmillan, 1891.[5]此書之原文為丹麥文，在作者
　　的共同參與下由 F. Bendixen 根據丹麥文本第二版譯為德文，即
　　Psychologie in Umrissen auf Grundlage der Erfahrung (Leipzig: Fues's

---

4　此書有王國維的中譯本，題為《辨學》，於 1908 年由益森印刷局出版。
5　此書有王國維的中譯本，題為《心理學概論》（上、下冊），於 1907 年由商務印書
　　館出版。

Verlag, 1887)，英譯本再由此一德文本譯出。

「巴爾善之《哲學概論》」：

Friedrich Paulsen (1846-1908), *Introduction to philosophy*. Translated by Frank Thilly, New York: Henry Holt, 1895. 此書之原文為德文，題為 *Einleitung in die Philosophie* (Berlin: Hertz, 1892).

「文特爾彭之《哲學史》」：

Wilhelm Windelband (1848-1915), *A History of Philosophy*. New York: Macmillan, 1893. 此書之原文為德文，題為 *Geschichte der Philosophie* (Freiburg i. Br. 1892).

王國維自述：他讀這些書時，「與日文之此類書參照而觀之」。由此我們可推斷：他閱讀康德與叔本華的著作時，也是將英譯本與日譯本對照著讀。這裡提到康德的《純理批評》[6]與叔本華的《意志及表象之世界》[7]、《充足理由之原則論》[8]、《自然中之意志論》[9]。但我們不知道王國維當年閱讀康德與叔本華的著作時，用的是哪些英譯本與日譯本。

根據王國維的這番自述，他前後有四次研究康德哲學。第一次是他就讀於東文學社時，由田岡佐代治的著作引發了他對康德哲學的興趣。但當時他的日文與英文能力均不足，故無法進行研究。第二次是他從日本歸國後的第二年，即 1903 年[10]。他開始讀康德的《純粹理性批判》，讀到〈先驗分析

6　即《純粹理性批判》（*Kritik der reinen Vernunft*, 1781, 2. Aufl. 1787）。

7　即《作為意志與表象的世界》（*Die Welt als Wille und Vorstellung*, 1819/1844）。

8　即《論充足理由律的四重根源》（*Über die vierfache Wurzel des Satzes vom zureichenden Grunde*, 1813）。

9　《論自然中的意志》（*Über den Willen in der Natur*, 1836）。

10　王國維是在 1902 年夏季自日本返國。他在上引的〈自序一〉中，先是說：「次歲春，始讀翻爾彭之《社會學》〔……〕」，接著說：「次年始讀汗德之《純理批評》。」這很容易讓人誤以為他是在 1904 年開始讀康德的《純粹理性批判》。但在《靜庵文集》的〈自序〉中，他卻明白表示：「癸卯春，始讀汗德之《純理批評》，苦其不可解，讀幾半而輟。」（《全集》，I: 3）癸卯年是 1903 年。

論〉（"Transzendentale Analytik"）[11]時，完全不能理解。他便改讀叔本華的《作為意志與表象的世界》。此書第一冊的附錄是〈對康德哲學的批判〉（"Kritik der Kantischen Philosophie"）。王國維透過這個附錄才理解康德哲學。他第三次研究康德哲學，是在他二十九歲時，即 1905 年[12]。由於他透過叔本華對康德哲學的批判，他這次不再感到《純粹理性批判》之難解。他還提到：除了讀《純粹理性批判》之外，他還「兼及其倫理學及美學」。他第四次研究康德哲學，則是在他寫這篇自序時，即 1907 年。由於上一次打下的基礎，這次他更能理解康德哲學，窒礙之處更少。

　　上文提到：王國維在第三次研究康德哲學時，「兼及其倫理學及美學」。究竟他讀了康德的哪些倫理學與美學著作呢？對此，王國維本人並未交代，但我們可由一項間接的資料約略推知。在《教育世界》第 126 號（1906 年 6 月）刊出一篇未署名的譯稿〈汗德詳傳〉。文末有譯者跋語曰：「右英人阿薄德之汗德小傳，揭于其所譯汗德倫理學上之著作之首者也。」（頁 93）此篇可斷定為王國維所譯[13]，發表之時正是他第三次研究康德哲學之次年。跋語中提到的「阿薄德」係指愛爾蘭康德專家 Thomas Kingsmill Abbott（1829-1913），而所謂「其所譯汗德倫理學上之著作」則是指他所譯的 *Kant's Critique of Practical Reason and Other Works on the Theory of Ethics*。此書的第一版於 1873 年出版。王國維所根據的可能是 1889 年的第四版或 1898 年的第五版，〈汗德詳傳〉則是摘譯自阿薄德置於該書譯文前面的 "Memoir of Kant"。阿薄德的這個譯本包含康德下列著作的翻譯：

　　1)《道德底形上學之基礎》（*Grundlegung zur Metaphysik der Sitten,*

---

[11] 王國維稱之為「先天分析論」，係將 a priori 與 transzendental 二詞混為一談。

[12] 王國維在《靜庵文集》的〈自序〉中說：「今歲之夏，復返而讀汗德之書。嗣今以後，將以數年之力，研究汗德。」（《全集》，I: 3）此序作於光緒三十一年（1905）。

[13] 參閱佛雛：《王國維哲學譯稿研究》（北京：社會科學文獻出版社，2006 年），頁 207-224。

1785）；

2) 《實踐理性批判》（*Kritik der praktischen Vernunft*, 1788）；

3) 《道德底形上學》（*Metaphysik der Sitten*, 1797）第 1 部《法權論之形上學根基》：〈前言〉與〈道德底形上學之導論〉；第 2 部《德行論之形上學根基》：〈前言〉與〈德行論之導論〉；

4) 《單在理性界限內的宗教》（*Die Religion innerhalb der Grenzen der bloßen Vernunft*, 1793）第 1 卷：〈論人性中的根本惡〉；

5) 〈論一項出於人類之愛而說謊的假想的權利〉（"Über ein vermeintes Recht aus Menschenliebe zu lügen", 1797）；

6) 〈論俗語「事急無法」〉（"On the Saying 'Necessity Has No Law'"）：這是康德的論文〈論俗語所謂：這在理論上可能是正確的，但不適於實踐〉（"Über den Gemeinspruch: Das mag in der Theorie richtig sein, taugt aber nicht für die Praxis", 1791）中的一個註解[14]，標題是阿薄德所定的。

由此我們可以推斷：除了相關的日文資料外，王國維對康德倫理學的理解主要來自阿薄德的這個英譯本。

　　上文提到，王國維於 1903 年第二次研究康德哲學時，讀到《純粹理性批判》的〈先驗分析論〉，完全不能理解；後來讀叔本華《作為意志與表象的世界》一書的附錄〈對康德哲學的批判〉，才找到理解康德哲學的關鍵。這個問題背景需要略加說明。在《純粹理性批判》的〈先驗分析論〉中最難理解的是〈純粹知性概念之先驗推證〉（"Tranzendentale Deduktion der reinen Verstandesbegriffe"）一節。「純粹知性概念」即是範疇。康德在該書的第二版全面重寫了這一節。這一節之兩個版本間的關係是康德研究中一個最難解決的課題。不過，一般認為，第一版比第二版容易理解。叔本華在〈對康德哲學的批判〉中提到：他閱讀《純粹理性批判》第二版時，覺得該

---

[14] *Kants Gesammelte Schriften* (Akademieausgabe，以下簡稱 *KGS*), Bd. 8, S. 300 Anm.

書充滿了矛盾；及至讀了第一版，發現這些矛盾都消失了[15]。在叔本華的時代，大部分通行的《純粹理性批判》不像現在一樣，兩版並陳，而是只刊印第二版的文字。因此，叔本華特別強調：

> 沒有人在僅讀了《純粹理性批判》的第二版或其後的任何一版之後，就自以為了解此書，並且對康德的學說有一個清晰的概念；這是絕對不可能的：因為他只讀了一個殘缺的、變質的、在一個程度上不真實的文本。[16]

我們可以想見，叔本華閱讀《純粹理性批判》的經驗有助於王國維突破其理解障礙。

二、王國維關於康德的著作

在此首先要指出：所謂「王國維的著作」一詞可以有不同的涵義。依嚴格的意義來說，這當然是指他自己所撰、且已署名的著作。就哲學著作而言，已收入《靜庵文集》（1905 年）及《靜庵文集續編》（1907 年）中的相關論文自然屬於這類著作。這些論文大部分均曾刊於《教育世界》。《教育世界》是羅振玉在上海所創辦的刊物，從 1901 年 5 月創刊，到 1908 年元月停刊為止，共出刊 166 期。王國維自始就積極參與該刊的編務，並擔任撰稿人，因此他的大部分哲學著作均刊於該刊。佛雛蒐集了《教育世界》中王國維署名及未署名的哲學論文而未收入《靜庵文集》及《靜庵文集續編》者，共有署名者 4 篇、未署名者 40 篇。他將這些論文編成《王國維哲學美學論文輯佚》（上海：華東師範大學出版社，1993 年）。姚淦銘與王燕所

---

[15] A. Schopenhauer: *Die Welt als Wille und Vorstellung*, in: Schopenhauer: *Sämtliche Werke* (Darmstadt: Wissenschaftliche Buchgesellschaft, 1989), Bd. I, S. 586f.

[16] 同上註，頁 587。

編的《王國維文集》第三卷收錄了其中的 43 篇[17]，周錫山所編的《王國維集》（北京：中國社會科學出版社，2008 年）第一、二冊則全部收錄。謝維揚與房鑫亮合編的《王國維全集》僅收錄其中的六篇。在這 44 篇論文中，有不少是王國維從英文或日文翻譯（包括編譯與節譯）的論文，嚴格說來，不能算是他自己的著作，只能說是譯作。這些譯作必須與王國維表達自己思想的論文加以區別。

本文不擬討論王國維的全部哲學論文與譯作，而將討論範圍局限於與康德哲學有關的論文與譯作。筆者將這些論文與譯作分為三類：一、王國維的譯作中與康德哲學有關者；二、王國維自己的論文中直接涉及康德哲學者；三、王國維借用康德的概念討論中國哲學的論文。第一類著作包含：

1) 〈汗德之哲學說〉（未署名，刊於 1904 年 5 月《教育世界》第 74 號）；

2) 〈汗德之知識論〉（同上）；

3) 〈德國哲學大家汗德傳〉（未署名，刊於 1906 年 3 月《教育世界》第 120 號）；

4) 〈汗德詳傳〉（阿薄德原著，譯者未署名，刊於 1906 年 5 月《教育世界》第 126 號）；

5) 〈哥羅宰氏之游戲論〉（未署名，刊於 1905 年 7 月至 1906 年 1 月《教育世界》第 104-106/110/115/116 號）；

6) 《哲學概論》（桑木嚴翼原著，譯者署名，收入《哲學叢書初集》〔上海：教育世界社，1902 年〕）；

7) 《西洋倫理學史要》（西額維克原著，譯者署名，刊於 1903 年 9-10 月《教育世界》第 59-61 號，後收入《教育叢書三集》〔上海：教育世界社，1903 年〕）。

第二類著作包含：

1) 〈汗德像贊〉（收入《靜庵文集續編》）；

---

[17] 未收錄的一篇是〈哥羅宰氏之游戲論〉，原因不詳。

2) 〈汗德之事實及其著書〉（未署名，刊於 1904 年 5 月《教育世界》
第 74 號）；

3) 〈汗德之倫理學及宗教論〉（未署名，刊於 1905 年 5 月《教育世界》第 123 號）；

4) 〈述近世教育思想與哲學之關係〉（未署名，刊於 1904 年 7 月《教育世界》第 128-129 號）；

5) 〈叔本華之哲學及教育學說〉（刊於 1904 年 4/5 月《教育世界》第 75/77 號，後收入《靜庵文集》）；

6) 〈古雅之在美學上之位置〉（收入《靜庵文集續編》）。

第三類著作包含：

1) 〈孔子之美育主義〉（未署名，刊於 1904 年 2 月《教育世界》第 69 號）；

2) 〈論性〉（刊於 1904 年 1-2 月《教育世界》第 70-72 號，後收入《靜庵文集》）；

3) 〈釋理〉（刊於 1904 年 7-9 月《教育世界》第 82/83/86 號，後收入《靜庵文集》）；

4) 〈原命〉（刊於 1906 年 5 月《教育世界》第 127 號，後收入《靜庵文集續編》）。

　　我們先討論王國維的第一類著作。根據錢鷗的考證，〈汗德之哲學說〉與〈汗德之知識論〉二文均譯自日本學者桑木嚴翼（1874-1946）的《哲學史要》一書（東京：早稻田大學出版部，明治三十五年〔1902〕）的第六編第一章〈カントの理性批判〉，而〈汗德之知識論〉則譯自該章第 38 節〈認識の對象〉[18]。但錢鷗未說清楚的是：《哲學史要》一書並非桑木嚴翼自己的著作，而是德國新康德學派哲學家文德爾班（Wilhelm Windelband, 1848-1915）的 *Geschichte der Philosophie*（Freiburg i. Br. 1892）一書之日譯

---

[18] 錢鷗：〈王國維與《教育世界》未署名文章〉，《華東師範大學學報》（哲學社會科學版），2000 年第 4 期，頁 121。

本。桑木嚴翼曾擔任東京帝國大學、京都帝國大學哲學教授,其思想方向繼承德國新康德學派之西南學派(巴登學派),文德爾班即屬於此派。王國維在《靜庵文集續編》的〈自序一〉中提到:他從東京回國後,讀「文特爾彭之《哲學史》」。他所讀的,或許便是桑木嚴翼的日譯本。又〈德國哲學大家汗德傳〉一文係根據日本學者中島力造所編的《列傳體西洋哲學史》(下卷)(東京:富山房,明治三十一年〔1898〕)第 5 編第 2 章所撰。〈汗德詳傳〉一文之出處,上一節已有說明。

　　至於〈哥羅宰氏之游戲論〉一文,「哥羅宰氏」是指義大利教育學家 Giovanni Antonio Colozza(1857-1943)[19]。此文係譯自日本教育學家菊池俊諦(1875-1967)所譯的《コロッァ氏遊戲之心理及教育》(東京:育成會,明治三十五年〔1902〕)一書,而該書列為石川榮司所編的《續教育學書解說》第一冊[20]。事實上,這是哥羅宰的 *Psychologie und Pädagogik des Kinderspiels*(Altenburg: O. Bonde, 1900)一書的翻譯。此書經作者的授權,由 Chr. Ufer 從義大利文譯為德文,再由菊池俊諦從德文譯為日文。王國維譯文的第 1 篇〈自心理學上解釋游戲〉第 8 節〈游戲之分類〉論及康德的遊戲說如下:

> 汗德亦嘗論及游戲,彼於所著《審美理性批判》中論美術曰:「人以是為游戲,而自視為快樂之作業。」此外就自由而多方之感情的游戲,亦嘗論之,而分之為三種:一、關於勝負者;二、關於音樂者;三、關於思考者。汗德本未就游戲之全體,特別研究,故其分類自未

---

[19] 自從佛雛在《王國維哲學美學論文輯佚》(頁 424)中將哥羅宰誤作德國哲學家 Karl Groos(1861-1946)之後,其餘的研究者多沿襲其錯誤,且不知菊池俊諦之文係譯自哥羅宰之書,人云亦云,一錯再錯,令人浩嘆!又佛雛的《王國維哲學美學論文輯佚》及周錫山的《王國維集》,不知何故,僅節錄此文之首章。

[20] 此書原為單行本,後收入石川榮司所編《教育學書解說》增補改訂版(東京:育成會,明治三十九年〔1906〕)。此譯稿之出處承蒙陳瑋芬與張季琳女士代為查出,特申謝忱。

完全。然今援舉之，亦非無價值之說也。[21]

所謂「審美理性批判」即是《判斷力批判》。哥羅宰所引述的康德之言當是脫胎於該書§43 所言：「人們將前者〔自由的藝術〕看成彷彿它只是作為遊戲，亦即作為本身就令人適意的活動，而能得出合乎目的的結果（成功）。」[22] 接著提到的三種遊戲即該書§54 所談的「運氣遊戲」（Glücksspiel）、「音調遊戲」（Tonspiel）與「思想遊戲」（Gedankenspiel），即賭博、音樂與機智[23]。

　　此外，該譯文的第 2 篇〈教育史上之游戲〉第 13 節即是〈汗德之游戲說〉[24]。此節根據康德的《論教育學》講義（*Über Pädagogik*, 1803）介紹康德關於遊戲與教育之關係的看法。

　　桑木嚴翼的《哲學概論》於明治三十三年（1900）由東京專門學校出版部出版，王國維隨即將它譯為中文。此書第五章〈哲學の問題：（一）知識哲學〉第 16 節〈認識の本質：實在論と觀念論〉論及康德的知識論，特別是其「物自身」（Ding an sich）的概念，而將此概念視為「汗德之學說中最曖昧者」。此書第 6 章〈哲學の問題：（二）自然哲學〉第 20 節〈自然の理想──宗教哲學及美學〉亦論及康德美學[25]。

　　《西洋倫理學史要》是譯自英國哲學家西奇威克（Henry Sidgwick, 1838-1900）的 *Outlines of the History of Ethics for English Readers* (London: Macmillan, 1886)。此書共有四篇，分別為：一、〈倫理學之概觀〉；二、〈希臘及希臘羅馬之倫理學〉；三、〈基督教及中世之倫理學〉；四、〈近

---

[21] 《教育世界》，第 105 號（光緒三十一年乙巳七月上旬第 13 期），頁 51-52。

[22] *Kritik der Urteilskraft*, *KGS*, Bd. 5, S. 304: "Man sieht die erste so an, als ob sie nur als Spiel, d.i. Beschäftigung, die für sich selbst angenehm ist, zweckmäßig ausfallen (gelingen) können."

[23] 同上註，頁 331。

[24] 《教育世界》，第 115 號（光緒三十一年乙巳十二月上旬第 23 期），頁 34-36。

[25] 關於桑木嚴翼此書的內容，參閱佛雛：《王國維哲學譯稿研究》，頁 3-34。

世之倫理學殊如英國之倫理學〉。王國維略去第三篇，僅譯出其餘三篇。其第四篇論及康德的自由意志論[26]。

第二類著作係王國維所撰（非譯作）。其中，〈汗德像贊〉是一篇三十六行的四言頌辭，所以贊頌康德。〈汗德之事實及其著書〉簡單介紹康德的生平及著作。〈汗德之倫理學及宗教論〉簡述康德的倫理學與宗教哲學。後兩篇論文均是介紹性的文字，當係取材自相關的日文或英文資料，談不上王國維自己的觀點。〈述近世教育思想與哲學之關係〉介紹近代西方哲學家（包括康德）的教育思想，也談不上王國維自己的觀點。表達王國維自己的觀點的是〈叔本華之哲學及教育學說〉與〈古雅之在美學上之位置〉二文。

〈述近世教育思想與哲學之關係〉一文介紹培根（Francis Bacon, 1561-1626，王國維譯為「柏庚」）以來西方教育思想的發展，其中有五段介紹康德的教育哲學，所佔篇幅最多。

〈叔本華之哲學及教育學說〉一文固然旨在介紹叔本華的學說，但王國維在此文中係以康德哲學為參照背景，來介紹叔本華的哲學觀點。因為王國維認為：

> 自希臘以來，至於汗德之生，二千餘年，哲學上之進步幾何？自汗德以降，至於今百有餘年，哲學上之進步幾何？其有紹述汗德之說，而正其誤謬，以組織完善之哲學系統者，叔本華一人而已矣。而汗德之學說，僅破壞的，而非建設的。彼憬然於形而上學之不可能，而欲以知識論易形而上學，故其說僅可謂之哲學之批評，未可謂之真正之哲學也。叔氏始由汗德之知識論出而建設形而上學，復與美學、倫理學以完全之系統。然則視叔氏為汗德之後繼者，寧視汗德為叔氏之前驅者為妥也。（《全集》，I: 35）

> 汗德之知識論，固為曠古之絕識，然如上文所述，乃破壞的，而非建

設的，故僅如陳勝、吳廣，帝王之驅除而已。（《全集》，I: 44）

在王國維看來，康德是叔本華的先驅，叔本華則是在康德所奠定的基礎上，完成了真正的哲學。

王國維在文中舉一例來說明叔本華對康德的這種既繼承又批判的關係：

> 於是汗德矯休蒙之失，而謂經驗的世界，有超絕的觀念性與經驗的實在性者，至叔本華而一轉，即一切事物，由叔本華觀之，實有經驗的觀念性，而有超絕的實在性者也。故叔本華之知識論，自一方面觀之，則為觀念論；自他方面觀之，則又為實在論。而彼之實在論與昔之素樸實在論異，又昭然若揭矣。（《全集》，I: 37）

「休蒙」即是英國哲學家休謨（David Hume, 1711-1776）。康德基於「現象」（Erscheinung）與「物自身」的區別，主張時間、空間與範疇僅適用於現象，不能適用於物自身，故同時具有「經驗的實在性」（empirische Realität）與「先驗的觀念性」（transzendentale Idealität）。因此，他的知識論立場一方面是「經驗的實在論」，另一方面是「先驗的觀念論」。叔本華則將康德認為人類無法認識的物自身等同於意志，因而倒轉康德的觀點，主張「先驗的實在論」，同時即是「經驗的觀念論」。

〈古雅之在美學上之位置〉一文則在康德美學的基礎進一步提出「古雅」之說。康德在《判斷力批判》中討論兩種審美判斷，即關於「美」（das Schöne）的判斷與關於「崇高」（das Erhabene）的判斷。王國維將「美」與「崇高」分別譯為「優美」與「宏壯」。至於「古雅」一詞，則是王國維所創，非康德原有的概念。筆者用王國維自己的語言，將其主要觀點歸納為以下幾點：

1) 「優美」與「宏壯」均是形式之美，「古雅」則是第二層的形式，可謂之「形式之美之形式之美」。

2) 「優美」與「宏壯」均可存在於藝術與自然中，「古雅」則僅存在於

藝術中。

3) 關於「優美」與「宏壯」的判斷均是先天的，故是普遍的；關於「古雅」的判斷則是後天的、經驗的，故是特別的、偶然的。

4) 「古雅」一方面是「低度之優美」，另一方面是「低度之宏壯」，但又「在優美與宏壯之間，而兼有此二者之性質」。

5) 康德說：「美術是天才之藝術。」但中智以下之人，亦可由修養而創造「古雅」。

這篇論文充分顯示出王國維融會康德美學以建立理論的功力。

三、借用康德的哲學概念詮釋中國哲學

王國維對哲學的貢獻，除了發揮康德的哲學理論之外，主要在於他借用康德的哲學概念來詮釋中國哲學。他在〈哲學辨惑〉一文便明白表示：「欲通中國哲學，又非通西洋之哲學不易明矣。〔……〕異日昌大吾國固有之哲學者，必在深通西洋哲學之人，無疑也。」（《全集》，XIV: 9）

在〈孔子之美育主義〉一文中，王國維一開始便引述康德在《判斷力批判》中所述味判斷（Geschmacksurteil）的第一環節（Moment），即在質方面的規定：

> 美之為物，不關於吾人之利害者也。吾人觀美時，亦不知有一己之利害。德意志之大哲人汗德，以美之快樂為不關利害之快樂（Disinterested Pleasure）。（《全集》，XIV: 14）

但是王國維深具慧識地指出：孔子的美育主義毋寧更接近德國詩人席勒（Friedrich Schiller, 1759-1805，王國維譯為「希爾列爾」）的觀點。他引述文德爾班《哲學史》中的說法：

> 〔……〕如汗德之嚴肅論中氣質與義務對立，猶非道德上最高之理想

也。最高之理想存於美麗之心（Beautiful Soul），其為性質也，高尚純潔，不知有內界之爭鬥，而唯樂於守道德之法則，此性質唯可由美育得之。（《全集》，XIV: 16）[27]

接著他下一結論：

此希氏最後之說也。故無論美之與善，其位置孰為高下，而美育與德育之不可離，昭昭然矣。（同上）

在康德的倫理學中，人的道德主體是理性主體，它與感性主體之間存在著永遠無法消弭的緊張性。故對康德而言，我們人類只能出於敬畏（Achtung）而服從道德法則，而不能自願服從道德法則（所謂「樂於守道德之法則」）。在這個意義下，「義務」（Pflicht）與「愛好」（Neigung）是對立的。席勒雖不否認理性主體與感性主體間的緊張性，但是他強調：藉由道德情感與審美情感之協調，這種緊張性最後會消除，而達到「優美心靈」（schöne Seele，王國維譯為「美麗之心」）的境界。此時，「義務」與「愛好」亦統一起來，而成為「對義務的愛好」（Neigung zur Pflicht）[28]。這其實便是孔子所謂「從心所欲，不踰矩」的境界。王國維就在這種境界中看到孔子與席勒不謀而合的觀點：

此時之境界：無希望，無恐怖，無內界之爭鬥，無利無害，無人無我，不隨繩墨而自合於道德之法則。一人如此，則優入聖域；社會如此，則成華胥之國。孔子所謂「安而行之」，與希爾列爾所謂「樂於

---

27 引文見 W. Windelband: *A History of Philosophy* (New York: Harper & Row, 1968, 2nd Edition), p. 602.

28 關於康德與席勒在這個問題上的爭論，參閱拙作：《四端與七情——關於道德情感的比較哲學探討》（臺北：臺灣大學出版中心，2005 年），頁 27-48；簡體字版（上海：華東師範大學出版社，2008 年），頁 20-36。

守道德之法則」者，捨美育無由矣。（《全集》，XIV: 17-18）

〈論性〉一文分析由孔子至陸象山的人性論。特別的是，此文的分析架構與問題意識均來自康德的知識論。王國維寫道：

> 今夫吾人之所可得而知者，一先天的知識，一後天的知識也。先天的知識，如空間、時間之形式，及悟性之範疇，此不待經驗而生，而經驗所由以成立者。自汗德之知識論出後，今日殆為定論矣。後天的知識，乃經驗上所教我者，凡一切可以經驗之物皆是也。二者之知識皆有確實性，但前者有普遍性及必然性，後者則不然，然其確實則無以異也。今試問：性之為物，果得從先天中或後天中知之乎？先天中所能知者，知識之形式，而不及於知識之材質，而性固一知識之材質也。若謂於後天中知之，則所知者又非性，何則？吾人經驗上所知之性，其受遺傳及外部之影響者不少，則其非性之本來面目，固已久矣。故斷之曰：性之為物，超乎吾人之知識外也。（《全集》，I: 5）

王國維為了證明其「人性不可知」的主張，根據康德的知識論架構設定了一個兩難論證。筆者將其論證形式表列如下：

大前提：關於人性的知識或來自先天，或來自後天（經驗）。

小前提：關於人性的知識不可能來自先天（因為藉由先天的途徑，我們只能得到知識的形式，而不及於其材質，而人性卻涉及知識的材質），亦不可能來自後天（因為後天知識會受到遺傳及外在因素的影響，而無法把握人性的本然狀態）。

結　論：我們無法認識人性。

接著，王國維將中國傳統的人性論區分為三類：兩類基於經驗，一類超乎經驗。基於經驗的人性論面對善、惡對立的經驗事實，很容易導致善惡二元論。王國維寫道：「夫經驗上之所謂性，固非性之本，然苟執經驗上之性

以為性，則必先有善惡二元論起焉。」（《全集》，I: 5）善惡二元論雖不違背經驗上的事實，但無法滿足人類知識統一性之要求，故其他的人性論隨之而起。王國維寫道：

> 故從經驗上立論，不得不盤旋於善惡二元論之胯下。然吾人之知識，必求其說明之統一，而決不以此善惡二元論為滿足也。於是性善論、性惡論，及超絕的一元論【即性無善無不善之說，及可以為善可以為不善說】，接武而起。（《全集》，I: 6）

王國維將孔子所言「性相近也，習相遠也」與「為上智與下愚不移」的觀點與告子「生之謂性」的觀點同歸於「超絕的一元論」。「超絕的一元論」依然是「從經驗上推論之，故以之說明經驗上之事實，自無所矛盾也」（《全集》，I: 7）。這種觀點雖然能滿足知識統一性之要求，但依然要面對經驗知識無法認識「性之本來面目」的難題。

至於孟子的性善論與荀子的性惡論，王國維同視之為「超乎經驗之外而求其說明之統一」的理論。這種理論的困難在於：

> 至超乎經驗之外而求其說明之統一，則雖反對之說，吾人得持其一，然不至自相矛盾不止。何則？超乎經驗之外，吾人固有言論之自由，然至欲說明經驗上之事實時，則又不得不自圓其說，而復返於二元論。故古今言性者之自相矛盾，必然之理也。（《全集》，I: 6）

> 至執性善、性惡之一元論者，當其就性言性時，以性為吾人不可經驗之一物故，故皆得而持其說；然欲以之說明經驗，或應用於修身之事業，則矛盾即隨之而起。余故表而出之，使後之學者勿徒為此無益之議論也。（《全集》，I: 17）

康德在《純粹理性批判》的〈先驗辯證論〉中指出：當我們將範疇應用於經

驗界之外時，就會產生兩個相互矛盾的命題，而陷於純粹理性之「背反」（Antinomie）。在王國維的設想中，性善或性惡之一元論也會遭遇相同的難題，而為了擺脫這理論困境，最後還是不得不回到二元論的立場。

從我們今日的眼光來看，王國維套用康德的知識論架構來詮釋中國傳統的人性論，未免過於簡化而顯得生硬，可以商榷之處不少。但要評斷此中的是非得失，所牽涉的問題範圍過廣，超出了本文的目的，故只能就此打住。

〈釋理〉一文是從比較的觀點進行概念史的分析。他將中國傳統哲學的「理」與西方傳統哲學的「理性」（logos/ratio/reason/raison/Vernunft）相提並論，進行比較。他的分析預設了叔本華對康德的修正觀點。王國維的分析有兩個主軸，即「理」之廣義與狹義的解釋，以及其主觀義與客觀義。

王國維所謂「理之廣義的解釋」，是指「理由」之義；所謂「理之狹義的解釋」，是指「理性」之義。就「理之廣義的解釋」而言，他完全接受叔本華在《論充足理由律的四重根源》中所討論的四種「充足理由律」：

> 至叔本華而復就充足理由之原則，為深邃之研究，曰：此原則就客觀上言之，為世界普遍之法則；就主觀上言之，乃吾人之知力普遍之形式也。世界各事物，無不入於此形式者，而此形式可分為四種：一、名學上之形式，即從知識之根據之原則者，曰：既有前提，必有結論。二、物理學上之形式，即從變化之根據之原則者，曰：既有原因，必有結果。三、數學上之形式，此從實在之根據之原則者，曰：一切關係由幾何學上之定理定之者，其計算之成績不能有誤。四、實踐上之形式，曰：動機既現，則人類及動物不能不應其固有之氣質而為惟一之動作。此四者，總名之曰「充足理由之原則」。此四分法中，第四種得列諸第二種之形式之下，但前者就內界之經驗言之，後者就外界之經驗言之，此其所以異也。要知第一種之充足理由之原則，乃吾人理性之形式，第二種悟性之形式，第三種感性之形式也。（《全集》，I: 20-21）

第一種形式表達的是邏輯的必然性，涉及叔本華所謂的「認識之充足理由律」（Satz vom zureichenden Grunde des Erkennens）[29]。第二種形式表達的是自然的必然性，涉及叔本華所謂的「變化之充足理由律」（Satz vom zureichenden Grunde des Werdens），也就是通常所謂的「因果律」[30]。第三種形式表達的是數學的必然性，涉及叔本華所謂的「存有之理由律」（Satz vom Grunde des Seins）[31]。第四種形式表達的是道德的必然性，涉及叔本華所謂的「行動之充足理由律」（Satz vom zureichenden Grunde des Handelns/ principium rationis sufficientis agendi），或簡稱為「動機律」（Gesetz der Motivation）[32]。對於第四種形式，叔本華強調：它所涉及的也是一種因果性，但卻是一種特殊的因果性，因為「動機是從內部來看的因果性」[33]。正因此故，王國維才說：「第四種得列諸第二種之形式之下。」

至於「理之狹義的解釋」，王國維首先根據叔本華的觀點，將「理性」界定如下：

> 夫吾人之知識分為二種：一直觀的知識；一概念的知識也。直觀的知識，自吾人之感性及悟性得之；而概念之知識，則理性之作用也。直觀的知識，人與動物共之；概念之知識，則惟人類所獨有。（《全集》，I: 21）

這裡的「悟性」一詞即是康德所謂的 Verstand，如今多譯為「知性」。這個定義包含對康德觀點的修正，因為康德將直觀的知識僅歸諸感性，而叔本華則認為：「經驗直觀本質上是**知性**的工作，而感官僅在其感覺中為知性提供

---

[29] A. Schopenhauer: Über die vierfache Wurzel des Satzes vom zureichenden Grunde, in: Schopenhauer: *Sämtliche Werke*, Bd. III, S. 173 & 182.

[30] 同上註，頁 48 & 182。

[31] 同上註，頁 129 & 182。

[32] 同上註，頁 173 & 182。

[33] 同上註，頁 173。

大體上貧乏的素材。」[34]

　　接著，王國維又根據叔本華的觀點批評康德的理性觀。他在文中寫道：

> 汗德以理性之批評為其哲學上之最大事業，而其對理性之概念，則有
> 甚曖昧者。〔……〕其下狹義理性之定義也，亦互相矛盾。彼於理性
> 與悟性之別，實不能深知〔……〕要之，汗德以通常所謂理性者謂之
> 悟性，而與理性以特別之意義，謂吾人於空間及時間中，結合感性以
> 成直觀者，感性之事；而結合直觀而為自然界之經驗者，悟性之事；
> 至結合經驗之判斷，以為形而上學之知識者，理性之事也。自此特別
> 之解釋，而汗德以後之哲學家，遂以理性為吾人超感覺之能力，而能
> 直知本體之世界及其關係者也。〔……〕至叔本華出，始嚴立悟性與
> 理性之區別。彼於充足理由之論文中，證明直觀中已有悟性之作用
> 存。吾人有悟性之作用，斯有直觀之世界；有理性之作用，而始有概
> 念之世界。故所謂理性者，不過製造概念及分合之作用而已。由此
> 作用，吾人之事業已足以遠勝於動物。至超感覺之能力，則吾人所未
> 嘗經驗也。彼於其《意志及觀念之世界》及《充足理由》之論文中，
> 辨之累千萬言，然後「理性之概念」燦然復明於世。（《全集》，I:
> 22-23）

　　其次，王國維論及「理」之主觀義與客觀義。他首先指出：

> 〔……〕「理」之解釋有廣狹二義。廣義之理，是為理由；狹義之
> 理，則理性也。充足理由之原則，為吾人知力之普遍之形式，理性則
> 知力作用之一種。故二者皆主觀的，而非客觀的也。然古代心理上的
> 分析未明，往往視理為客觀上之物，即以為離吾人之知力而獨立，而
> 有絕對的實在性者也。（《全集》，I: 24）

---

[34] 同上註，頁100。

在中西哲學家當中，都有人將這種主觀之「理」客觀化、實在化，而賦予它以形上的意涵。在中國傳統哲學之中，王國維將朱子的學說歸於此類。但在王國維看來，這只是一種「假定」，「不過一幻影而已」（《全集》，I: 24, 27）。其蔽在於：論者將其由實物抽象而得的概念誤認為一個實在之物。在這個脈絡中，王國維肯定孟子以「理」為「心之所同然」，也盛讚王陽明「心外無理」之說，認為：「我國人之說『理』者，未有深切著明如此者也。」（《全集》，I: 25-26）

再者，凡賦予「理」以倫理學意涵者，也是犯了同樣的錯誤，而將倫理學上的理由（即動機）誤認為一種客觀的性質。因此，王國維在文末總結說：

> 惟理性之能力，為動物之所無，而人類之所獨有，故世人遂以形而上學之所謂真，與倫理學之所謂善，盡歸諸理之屬性。不知理性者，不過吾人知力之作用，以造概念，以定概念之關係，除為行為之手段外，毫無關於倫理上之價值。（《全集》，I: 33）

總之，王國維否定「理」之客觀義，顯然呼應叔本華在《作為意志與表象的世界》一書開頭所言：「世界即是我的表象。」（"Die Welt is meine Vorstellung."）[35]

最後，王國維在〈原命〉一文中討論中國傳統思想中「命」的概念與問題。針對「命」的概念，他區分兩種觀點：「其言禍福夭壽之有命者，謂之定命論（Fatalism）；其言善惡賢不肖之有命，而一切動作皆由前定者，謂之定業論（Determinism）。」（《全集》，XIV: 58）接著，他指出：「我國之哲學家，除墨子外，皆定命論者也，然遽謂之定業論者，則甚不然。」（同上）他以孟子為例，認為「孟子之為持定命論者，然兼亦持意志自由論。」（同上）Determinism 一詞，現在一般譯為「決定論」。王國維對這

---

[35] Schopenhauer: *Sämtliche Werke*, Bd. I, S. 31.

兩個語詞的用法與目前的一般用法正好相反：目前我們一般將 fatalism 理解為完全否定自由意志的觀點，而將 determinism 理解為有可能與自由意志相容的觀點。

接著，王國維將問題轉到西方哲學中關於自由意志與決定論的爭論上。在這個脈絡中，他談到康德在《純粹理性批判》的〈先驗辯證論〉中討論的第三組背反，即自由與自然底必然性之背反[36]。康德藉由現象與物自身之區分來化解這組背反：他一方面將先驗的自由（transzendentale Freiheit）歸諸物自身的領域，而肯定一種「自由底因果性」（Kausalität durch Freiheit），另一方面又將自然底必然性歸諸現象的領域，而維持因果律的普遍有效性，藉此使自由與自然底必然性得以並存[37]。就在這個脈絡中，康德提出了人的「雙重性格」──即「智思的性格」（intelligibler Character）與「經驗的性格」（empirischer Character）──之說，並且以「智思的性格」作為能負道德責任的主體[38]。

對於康德調停自由意志與決定論的方式，王國維在文中作了大體可靠的介紹：

> 於是汗德始起而綜合此二說曰：在現象之世界中，一切事物必有他事物以為其原因，而此原因復有他原因以為之原因，如此遞演，以至於無窮，無往而不發現因果之關係。故吾人之經驗的品性中，在在為因果律所決定，故必然而非自由也。此則定業論之說真也。然現象之世界外，尚有本體之世界，故吾人經驗的品性外，亦尚有睿智的品性。而空間、時間及因果律，祇能應用於現象之世界，本體之世界則立於此等知識之形式外。故吾人之睿智的品性，自由的，非必然的也。此則意志自由論之說亦真也。故同一事實，自現象之方面言之，則可謂

36　Kant: *Kritik der reinen Vernunft* (以下簡稱 *KrV*), hrsg. von Raymund Schmidt (Hamburg: Felix Meiner, 1976), A444-452/B472-480（A＝1781 年第一版，B＝1787 年第二版）

37　*KrV*, A532-558/B560-586.

38　*KrV*, A538-541/B566-569.

之必然，而自本體之方面言之，則可謂之自由。而自由之結果，得現
於現象之世界中，所謂無上命法是也。即吾人之處一事也，無論實際
上能如此與否，必有當如此、不當如此之感。他人亦不問我能如此
否；苟不如此，必加以呵責。使意志而不自由，則吾人不能感其當
然，他人亦不能加以責備也。今有一妄言者於此，自其經驗的品性言
之，則其原因存於不良之教育、腐敗之社會，或本有不德之性質，或
缺羞惡之感情。又有妄言所得之利益之觀念，為其目前之動機，以決
定此行為。而吾人之研究妄言之原因也，亦得與研究自然中之結果之
原因同。然吾人決不因其固有之性質故，決不因其現在之境遇故，亦
決不因前此之生活狀態故，而不加以責備。其視此等原因，若不存在
者然，而以此行為為彼之所自造，何則？吾人之實踐理性，實離一切
經驗的條件而獨立，以于吾人之動作中生一新方向。故妄言之罪，自
其經驗的品性言之，雖為必然的，然睿智的品性不能不負其責任也。
此汗德之調停說之大略也。（《全集》，XIV: 60-61）

此所謂「經驗的品性」即「經驗的性格」，所謂「睿智的品性」即「智思的
性格」，所謂「無上命法」即「定言令式」（kategorischer Imperativ）。

　　對於康德化解第三組背反的方式，以及人的「雙重性格」之說，叔本華
極為讚賞，譽之為「這位偉大的精神、甚至人類曾經產生之最優美且思想最
深刻的東西」，是「康德對倫理學最偉大而輝煌的貢獻」，是「人類的深邃
思想之一切成就中最偉大的成就，它與先驗感性論同為康德聲譽的冠冕上之
兩顆大鑽石」[39]。但是王國維對叔本華的這番評價顯然有所保留。他寫道：

　　　叔本華亦紹述汗德之說，而稍正其誤，謂動機律之在人事界，與因果
　　律之在自然界同。故意志之既入經驗界，而現於個人之品性以後，則

---

[39] A. Schopenhauer: *Die beiden Grundprobleme der Ethik*, in: Schopenhauer: *Sämtliche Werke*, Bd. III, S. 621, 704 & 706.

> 無往而不為動機所決定。惟意志之自己拒絕，或自己主張，其結果雖
> 現於經驗上，然屬意志之自由。然其謂意志之自己拒絕，本於物我一
> 體之知識，則此知識，非即拒絕意志之動機乎？則「自由」二字，意
> 志之本體果有此性質否？吾不能知。然其在經驗之世界中，不過一空
> 虛之概念，終不能有實在之內容也。（《全集》，XIV: 62）

王國維在此將叔本華在《論充足理由律的四重根源》中關於「行動之充足理
由律」（動機律）的說法極端化，將人的動機（包含道德動機）亦納入因果
關係中，因而質疑意志之自由。

在此文的結尾，王國維表達了他自己對這個問題的看法：

> 然則吾人之行為，既為必然的，而非自由的，則責任之觀念又何自起
> 乎？曰：一切行為必有外界及內界之原因。此原因不存於現在，必存
> 於過去；不存於意識，必存於無意識。而此種原因又必有其原因，而
> 吾人對此等原因，但為其所決定，而不能加以選擇。如汗德所引妄言
> 之例，固半出於教育及社會之影響，而吾人之入如此之社會，受如此
> 之教育，亦有他原因以決定之。而此等原因往往為吾人所不及覺，現
> 在之行為之不適於人生之目的也，一若當時全可以自由者，於是有責
> 任及悔恨之感情起。而此等感情，以為心理上一種之勢力故，故足為
> 決定後日行為之原因，此責任之感情實踐上之價值也。故吾人責任
> 之感情，僅足以影響後此之行為，而不足以推前此之行為之自由也。
> 余以此二論之爭，與命之問題相聯絡，故批評之於此。又使世人知責
> 任之觀念，自有實在上之價值，不必藉意志自由論為羽翼也。（《全
> 集》，XIV: 62-63）

王國維顯然認為：道德責任與決定論可以相容，而不必預設意志之自由。這
項觀點不但與康德的倫理學觀點完全對立，也與叔本華的相關觀點有出入。

從我們現在的眼光來看，王國維借康德的哲學概念詮釋中國哲學之嘗試

未免仍顯得生硬，但是他對康德哲學的理解顯然遠超過他同時代的康有為、梁啟超與章太炎。無怪乎他在〈論近年之學術界〉中譏評梁啟超介紹康德哲學之文[40]說：「如《新民叢報》中之汗德哲學，其紕繆十且八九也。」（《全集》，I: 123）但無論如何，我們對外來文化的吸納是一個長期的過程，需要諸多世代不斷的努力。就中國人對康德哲學的吸納而言，王國維在他的時代已交出了一份可觀的成果。

（原刊於廣州《中山大學學報》〔社會科學版〕，2009 年第 6 期，頁 115-126。）

---

[40] 梁啟超曾於 1903 至 1904 年在《新民叢報》第 25、26、28、46/47/48 號分期發表〈近世第一大哲康德之學說〉一文。

張東蓀對康德倫理學的理解

　　張東蓀著有《道德哲學》一書，於 1931 年由上海中華書局出版。此書有一項特點，即「將道德思想史與道德學融為一片，使讀者於道德思想史中而窺見道德原理之成立、之發展、之進化」[1]。張東蓀在此書中有系統地評述各派倫理學思想[2]，其中有一節專論康德倫理學。他將康德倫理學視為「自律論」之代表[3]，也提到有人稱康德倫理學為「方式派倫理說」（formal ethics）[4]。所謂「方式派倫理說」即「形式倫理學」之舊譯。

　　康德本人從未以「形式倫理學」一詞來指稱他自己的倫理學系統，但是它在康德的著作中可以找到根據。在《道德底形上學之基礎》一書中，康德於說明了「假言令式」（hypothetischer Imperativ）之後，接著說：

　　　　最後還有一種令式，它直接命令某個行動，而不基於任何其他因這個
　　　　行動而能達到的目的，作為其條件。這種令式是**定言的**。它不涉及行
　　　　為底質料及其應有的結果，而僅涉及形式及行為本身所根據的原則；
　　　　而且此行為之本質的善在於存心，而不管其結果為何。這種令式可稱

---

[1]　張東蓀：《道德哲學》，頁 17。本文引用此書，均根據臺灣翻印本。此一翻印本未
　　　註明出版時地，但實即 1931 年上海中華書局版之翻印。

[2]　張東蓀將 ethics 一詞譯為「道德學」，而非「倫理學」，因為他認為「倫理學」之譯
　　　名不恰當（見其《道德哲學》，頁 17）。由於「倫理學」之名已被普遍接受，故本
　　　文仍採用此譯名。

[3]　張東蓀：《道德哲學》，頁 304-306。

[4]　同上書，頁 325。

為道德底令式。[5]

「假言令式」所表達的是不具道德意義的要求，「定言令式」
（kategorischer Imperativ）則是指道德的要求。康德在此借用亞里斯多德的
「形式」（Form）與「質料」（Materie）這組概念分別表示行為所根據的
「原則」及其所欲達成的「目的」。假言令式所要求的行為預設了特定的目
的；但如果我們不以此為目的，這個令式對我們便無約束力。因此，假言令
式的效力是有條件的。反之，定言令式所要求的行為並不預設任何目的，故
其效力是無條件的。這種行為所根據的原則，康德稱為「形式原則」
（formales Prinzip），以別於在目的方面有所預設的「實質原則」
（materiales Prinzip）[6]。職是之故，真正的道德法則必然是形式原則。這是
康德倫理學之所以被稱為「形式倫理學」的主要依據。

　　然而，日後黑格爾卻根據不同的理解，批評康德的「形式倫理學」。他
在其早期論文〈論學術地探討自然法的方式、它在實踐哲學中的位置及其與
實定法學之關係〉批評了康德之「道德的形式主義」[7]。後來，他在《法哲
學大綱》中以更明確的方式重述了他對康德倫理學的批評：

> 凸顯意志之純粹無條件的自我規定為義務的根源，再者，由於**康德哲
> 學**，意志的知識才藉著無限自律的思想獲得其堅實的基礎與出發點，
> 這兩件事誠然重要，但若堅持純然道德的觀點，而這種觀點並不過渡
> 到「倫理」（Sittlichkeit）的概念，這會將這項收穫貶抑為一種**空洞
> 的形式主義**，並且將道德之學貶抑為一種「**為義務而義務**」的空話。

---

[5]　I. Kant: *Grundlegung zur Metaphysik der Sitten, in: Kants Gesammelte Schriften* (Akade-
　　mieausgabe), Bd. 4, S. 416.

[6]　參閱同上註，頁 427。

[7]　Hegel: "Über die wissenschaftlichen Behandlungsarten des Naturrechts, seine Stelle in der
　　praktischen Philosophie und sein Verhältnis zu den positiven Rechtswissenschaften", in:
　　G.W.F. Hegel: Werke (Frankfurt/M.: Suhrkamp 1969-1971), Bd. 2, S. 464.

從這種觀點出發，不可能有任何內在的義務學說；我們固然能從外面擷取一份材料，並藉此達到**特殊的義務**，但若義務被規定為**矛盾之免除**，規定為**形式上的自相協調**（這無異於肯定**抽象的無規定性**），則由此一規定無法過渡到對於特殊義務的規定。即使我們考慮行動的這樣一種特殊內容，在該項原則之中也不存在一項判準，以決定該內容是否為義務。反之，一切不正當與不道德的行為方式卻可藉這種方式得到辯解。[8]

誠如德國學者帕齊克（Günther Patzig）所指出，黑格爾在此根本誤解了康德的「形式倫理學」[9]。由黑格爾將康德的「形式原則」理解為僅以「矛盾之免除」、「形式上的自相協調」為判準來看，顯然他誤以為康德的「定言令式」和邏輯中的「矛盾律」一樣，只是「套套邏輯」（Tautologie），不能決定任何具體的內容。其實，康德的定言令式所據以決定具體義務的判準，主要並非邏輯的一致，而是意志本身之自相協調，亦即要避免非理性觀點與理性觀點間的衝突[10]。其次，康德說定言令式是一項形式原則，並非意謂：它與具體性之間全無關聯，而只是意謂：它不預設任何特定的內容或目的。事實上，定言令式雖然獨立於意志之一切特定的內容或目的，它仍能根據其形式為意志決定有具體內容的義務（如「不應說謊」、「不應偷竊」）。

根據以上的討論，現在我們可以檢討張東蓀對康德倫理學的理解。張東蓀在《道德哲學》中特別提到康德倫理學所面對的一種批評：

---

[8] Hegel: *Grundlinien der Philosophie des Rechts*, in: *G.W.F. Hegel: Werke*, Bd.7, §135, S. 252f.

[9] 見 Patzig 著、李明輝譯：〈當前倫理學討論中的定言令式〉，收入康德著、李明輝譯：《道德底形上學之基礎》（臺北：聯經出版事業公司，1990 年），頁 103-106。

[10] 參閱拙著：《儒學與現代意識》（臺北：臺灣大學出版中心，2016 年，增訂版），頁 337-343。

顧人或有以康德此說太偏於抽象。如稱康德說為「方式派倫理說」（formal ethics）是已。所謂方式說謂其但求方式上之貫合（formal consistency）而不計其內容如何。如謂「不可毀約」「不可說謊」「不可竊物」等等，以方式言之須普遍適用，不拘何人何處何時。而實際上往往有例外。如醫生不願病者受驚而速死，雖其病不能愈而告以可愈，是明明說謊也；然此種說謊未必即為不道德。實際上求有一道德規律而絕對普遍，無絲毫例外者殆不能有。而況自道德發展之史程言之，何一道德觀念之產生不有其當時環境之要求。是就實際與歷史而言，可謂道德止存於習慣中，頗似種子潛在土中未曾萌苗。故今日止有種族道德尚未有人類道德，正猶政治上今日僅有種族國家而尚未能合全人類組成一國家也。以此之故，論者遂謂康德之說不切實用；其方式主義過於空汎。[11]

上述的批評與黑格爾之批評「空洞的形式主義」幾乎如出一轍，但張東蓀並未重蹈黑格爾之覆轍。故他說：「此評未嘗無理。然康德之優點即在此方式主義。」[12]為了替康德辯護，張東蓀解釋道：「康德似認『不可說謊』『不可偷竊』等等訓條仍為第二級之道德原則，換言之，即分支的（derivative）而非根元的（original）。」[13]為了說明此義，他按照道德與功利之關係將道德區分為三個等級：

第一級：道德居大部分，功利居小部分，以康德倫理學為代表；
第二級：道德與功利相當，以功利論為代表；
第三級：道德居小部分，功利居大部分，以快樂論為代表。[14]
對於這三個等級間的關係，張東蓀進一步解釋說：

11　張東蓀：《道德哲學》，頁 325-326。
12　同上書，頁 326。
13　同上註。
14　同上書，頁 326-327。

顧康德學說之要點似仍在最高級為其下各級之基礎。蓋其意不啻謂道
德之根元宿於最高級，猶如樹木之根，一切枝葉皆由根而出也。詳言
之，即由理性自立之規律為最高道德，由經驗得有利益而證明者則為
次級道德。所以為次級之故者以其仍不離此軌道耳。[15]

故依張東蓀之見，「不可說謊」、「不可偷竊」等道德原則與「定言令式」
（他譯為「無條件的訓條」）並不在同一個層次上。因為定言令式固然獨立
於經驗之外，但我們的意志卻可根據它來決定具有經驗內容的道德原則，如
「不可說謊」、「不可偷竊」等。故作為形式原則的定言令式較諸「不可說
謊」等具體的道德原則，為上一級的原則，且是後者之基礎。根據上文所
述，張東蓀的詮釋顯然準確地把握了康德的觀點。

　　再者，張東蓀按照道德與功利之比例來區分三種等級的倫理學，並非很
妥當。因為根據康德的觀點，道德與功利是完全異質的，這不是比例的問
題。但若不以辭害意，張東蓀的意思應當是說：康德倫理學以道德為功利之
基礎。這一點的確是康德倫理學之要義。康德固然堅持一行為的道德價值完
全無關乎它可能帶來的幸福（無論是自己的，還是他人的），卻仍將「促進
他人的幸福」連同「促進自己的圓滿性」一起視為「德行義務」
（Tugendpflicht）[16]；此外，他更進一步由「促進自己的圓滿性」這項義務
推衍出一項間接的義務，即促進自己的幸福[17]。不論是自身的幸福，還是他
人的幸福，均可歸屬於「功利原則」，故這無異於承認「功利原則」為一個
衍生的道德原則。就這一點而言，張東蓀也表現了難得的慧解，而未陷於一
般常見的誤解。

　　根據上述的理解，張東蓀進而為康德倫理學提出一種創造性的詮釋，即
將它與進化論結合起來。他寫道：

---

[15] 同上書，頁 327-328。

[16] I. Kant: *Metaphysik der Sitten, in: Kants Gesammelte Schriften*, Bd. 6, S. 391ff.

[17] 同上註，S. 388。關於德行義務與「幸福」概念在康德倫理學中的涵義，請參閱拙
　　著：《儒家與康德》（臺北：聯經出版事業公司，2018 年，增訂版），頁 180-186。

故康德之說能與進化論相結合者，即在不視自律意志即為道德，而視
自律意志僅為道德之胚子。換言之，即道德由自律意志而出。迨其出
也，則與事實相遇而成風俗。是即道德的意志之客觀化也。然此客觀
化必不能完全。於是有賴於修正改良。每將風俗修正改良一次，即為
意志自己重新規定自己一次。於是乃有道德之發展。此發展謂為自律
意志之逐漸修改其自定之規律，亦無不可。總之，道德之基礎在意志
之有以自治。至於如何自治，則非一成不變，乃隨時代而進展。自懸
一理想用以自範，且以自勉。吾人以自律說與理想說相結合，乃可於
一方面說明道德之風俗與習慣（即現實道德 positive morality）並非
一物；而又於他方面知必另有更高之理想時時誘道德而前進。[18]

這種詮釋無疑可以使康德避開黑格爾的形式主義批判。張東蓀自己可能也沒
想到：他這種詮釋在康德的歷史哲學中可以找到根據。因為康德的歷史哲學
預設一個目的論的原則：「一個受造物的所有自然稟賦均註定有朝一日會有
完全且合乎目的的開展。」[19]對康德而言，人類的歷史是其各種自然稟賦
（包括道德稟賦）開展的過程——這是一種歷史進化論[20]。張東蓀似乎並未
留意康德的歷史哲學，但卻得出同樣的結論，由此可見其領悟力之高！總而
言之，張東蓀對康德倫理學的詮釋，除了能忠實把握其要旨之外，還能對它
進行理性的重建。借用康德自己的話來說，張東蓀不但能把握康德倫理學的
「歷史知識」，亦能把握其「理性知識」。

---

[18]　張東蓀：《道德哲學》，頁 335-336。

[19]　"Idee zu einer allgemeinen Geschichte in weltbürgerlicher Absicht", in: *Kants Gesammelte Schriften*, Bd. 8, S. 18.

[20]　關於康德的歷史哲學，請參閱拙作：〈康德的「歷史」概念及其歷史哲學〉，收入李
明輝譯：《康德歷史哲學論文集》（臺北：聯經出版事業公司，2013 年，增訂
版），頁 vii-xxxviii。

康德論「通常的人類知性」
──兼與杜維明先生的「體知」說相比較

一、杜維明先生的「體知」說

　　1980 年代中葉，杜維明先生首先提出了「體知」的概念，隨後分別在不同的場合藉文章或訪談闡釋這個概念。這些文章與訪談記錄均已收入2002 年出版的《杜維明文集》第五卷之中。由這些文章與訪談記錄可知：他之所以提出「體知」的概念，主要是為了說明儒家所謂「德性之知」的意涵與特性。底下筆者將歸納杜先生自己的說法，勾勒出「體知」的幾點特性。

　　首先，「體知」一詞中的「體」字直接指涉身體，間接指涉「身體」的隱喻所指向之活動，如體會、體驗、體悟、體察、體味等。因此，杜先生以 embodied knowing 來翻譯「體知」一詞[1]，可以兼顧這兩層意涵。這預設了杜先生所謂「存有的連續」之想法[2]；落到人身上來說，「身、心、靈、神四層次在儒家的人學裡並不是截然分離的四階段，而是一個連續過程中互相融貫的四度超升。」[3]

---

[1]　參閱其〈宏願、體知和儒家論說──回應馮耀明批評「儒學三期論」〉及〈儒家論說的生命力──兼答馮耀明先生〉，見郭齊勇、鄭文龍編：《杜維明文集》（武漢：武漢出版社，2002 年），第 5 卷，頁 640 及 646。

[2]　參閱杜維明：〈試談中國哲學中的三個基調〉，見《杜維明文集》，第 5 卷，頁 4-6。

[3]　杜維明：〈從身、心、靈、神四層次看儒家的人學〉，見《杜維明文集》，第 5 卷，頁 336。

其次，杜先生從張載所謂「德性之知」與「聞見之知」的區別來說明「體知」的意涵。依杜先生的理解，「體知」固然是指「德性之知」，但它不能完全脫離「聞見之知」。他解釋道：「聞見之知是經驗知識，而德性之知是一種體驗、一種體知，不能離開經驗知識，但也不等同於經驗知識。」[4]這種解釋係脫胎於王陽明所說：「良知不由見聞而有，而見聞莫非良知之用。故良知不滯於見聞，而亦不離於見聞。」[5]

第三、杜先生對於「體知」的理解預設了王陽明的「知行合一」說。在這個義理背景下，他將「體知」理解為一種「作為轉化的行為之知」（knowing as a transformative act）[6]，並且解釋說：

> 體知必然意味著創造的轉化，有體知而不能因受用感而達到變化的功效，是自相矛盾的。固然，體知的創造轉化不一定是道德理性的突出表現，但道德理性的體現，必然借助體知的形式，否則便難逃認識的格套。因為這個緣故，體知所預設的知行觀不是「知難行易」，而是「知行合一」。[7]

第四、「體知」是人的尊嚴在生命之不同層面（感性、理性、智性、神性）的表現，因此杜先生特別論及「感性的體知」、「理性的體知」、「智性的體知」與「神性的體知」[8]。

第五、「體知」具有一種難以明言的特性。以騎腳踏車為例，杜先生指出：學會騎腳踏車不難，但我們很難藉由機械力學、肌肉結構、身心調節、

---

[4]　杜維明：〈論儒家的「體知」——德性之知的涵義〉，見《杜維明文集》，第 5 卷，頁 344。

[5]　《傳習錄》，卷中，〈答歐陽崇一〉，見吳光等編校：《王陽明全集》（上海：上海世紀出版公司／上海古籍出版社，2011 年），上冊，頁 80。

[6]　杜維明：〈儒家「體知」傳統的現代詮釋〉，見《杜維明文集》，第 5 卷，頁 371。

[7]　杜維明：〈身體與體知〉〉，見《杜維明文集》，第 5 卷，頁 358。

[8]　參閱杜維明：〈從「體知」看人的尊嚴（提綱）〉，見《杜維明文集》，第 5 卷，頁 362-363。

系統控制等經驗科學所累積的知識完全精確地描繪並說明「學會騎腳踏車」這個現象[9]。因此,他解釋道:

> 如果套句中國儒家思想的術語,「體知」是探討「百姓日用而不知」的學問。「日用」是指在日常生活中隨時隨地適用,「不知」是指沒有提升到更高的層次,因而不得洞察其精義。大家都知其然,但極少有人真正深悉其底蘊。[10]

以上五點是杜先生為其「體知」說所勾勒出的要點。至於它們是否能構成一套有理論意義的系統,則有待進一步的討論。杜先生自己也承認:他對「體知」這個概念僅提出初步的構想,希望藉此引發學者的興趣,進一步深入其中的相關問題。儘管杜先生之提出「體知」說,是為了說明儒家所謂「德性之知」的意涵與特性,但在建構「體知」的概念時,我們不妨借助西方的相關思想資源,作為參考或對照。筆者在研究康德哲學時,發現康德一再提到的「通常的人類知性」(gemeiner Menschenverstand)具有「體知」的若干特徵,可以供我們在建構「體知」概念時作為參考。

二、康德形上學中之「通常的人類知性」

在康德的著作中,「通常的人類知性」一詞往往與「通常的人類理性」(gemeine Menschenvernunft)、「健全的人類理性」(gesunde Menschenvernunft)、「健全的人類知性」(gesunder Menschenverstand)互換其詞。它們均相當於英文中的 common sense 一詞,而可追溯到當時以里德(Thomas Reid, 1710-1796)、歐斯瓦爾德(James Oswald, 1703-1793)、比提(James Beattie, 1735-1803)、史蒂瓦爾特(Dugald Stewart, 1753-

---

[9] 參閱杜維明:〈身體與體知〉,見《杜維明文集》,第5卷,頁355。
[10] 同上註。

1828）等人為代表的蘇格蘭「常識哲學」（common sense philosophy）。在康德的知識論系統中，「理性」與「知性」分屬不同的層面，各有其功能，但在目前的脈絡中，「理性」與「知性」二詞卻可以互換。

康德所謂「通常的人類知性」是指一般人未經哲學反思——或者說，「百姓日用而不知」——的認知或意識。他在 1783 年出版的《一切能夠作為學問而出現的未來形上學之序論》一書（以下簡稱「序論」）之末章對這個概念提出了如下的說明：

1)〔……〕**健全的知性**是什麼呢？它就是**通常的知性**（就它正確地下判斷而言）。而通常的知性是什麼呢？它是認知與具體地運用規則的能力，而有別於**思辨的知性**——它是抽象地認知規則的能力。故通常的知性幾乎無法了解「一切發生之事係藉由其原因而被決定」這項規則，而且決無法如此普遍地理解它。因此，它要求一個來自經驗的例證，而且當它聽說：這無非意謂「每當它見到一片窗戶玻璃被打破或是一件家用器具消失時，它所想到的東西」之際，它就理解這項原理，而且也承認它。因此，除非通常的知性能見到其規則（儘管這些規則實際上是它先天地所具有的）在經驗中得到證實，否則它沒有其他的運用；是故，先天地且無待於經驗地理解這些規則，是思辨的知性之事，而且完全在通常的知性底視野之外。但是形上學確實僅與後一種知識有關；而且訴諸那個在此完全無所判斷的證人——除非我們身陷困境，而且在我們的思辨中得不到建議與協助，否則我們一定會鄙視它——，的確是健全的知性之一項惡兆。[11]

---

[11] *Prolegomena zu einer jeden künftigen Metaphysik, die als Wissenschaft wird auftreten können* (以下簡稱 *Prol.*), in: *Kants Gesammelte Schriften* (Akademieausgabe，以下簡稱 *KGS*), Bd. 4, S. 369f. 本文引述康德較長的文字時，均依序以編號，以便於討論。此書有筆者的中譯本：《一切能作為學問而出現的未來形上學之序論》（臺北：聯經出版事業公司，2008 年）。此譯本之邊頁附有原書之頁碼，故讀者不難根據其邊頁找到引文。

康德在此將「通常的知性」（健全的知性）對比於「思辨的知性」。由康德的說明可知：他所謂「通常的知性」是一種局限於經驗之中的認知能力。這種能力只能把握具體的經驗，而無法理解形上學的原理（如因果律）；而我們要理解形上學的原理，就得靠「思辨的知性」。

　　在《序論》的〈前言〉中，康德直接提到里德、歐斯瓦爾德、比提等人，並且對他們提出如下的批評：

　　2）〔……〕他們發明一種全無理解而剛愎自用的省事辦法，即訴諸**通常的人類知性**。事實上，擁有一種正直的（或者像人們近來所稱的，純樸的）人類知性乃是一項偉大的天賦。但是我們要證明這種天賦，必須藉由行動（Taten），藉由深思熟慮且合乎理性的思想和言論，而非在我們無法提出任何明智的理由為自己辯解時，將這種天賦當作一種神諭而訴諸它。在解悟和學問都無能為力之際，然後（而不在這以前）才訴諸通常的人類知性，這是近代的精巧發明之一。由於這項發明，最無聊的空言之輩得以自信地與最深刻的才智之士分庭抗禮，並且與他相持下去。但只要尚有一絲解悟殘存，我們一定會避免利用這個應急之方。嚴格說來，訴諸通常的人類知性無異於訴諸群眾之判斷——這是一種喝采，哲學家為之臉紅，但是耍小聰明而大受歡迎的人卻為之揚揚得意而剛愎自用。可是我應當想到：**休謨**也能像**比提**一樣，要求於一種健全的知性，此外還能要求於比提一定沒有的東西，即是一種批判的理性——這種理性節制通常的知性，使它不會擅自進行思辨，或者在僅論及思辨的情況下不會想有所決定，因為它無法為它的原理提出辯解；只有這樣，它才不失為一種健全的知性。鑿子和槌子極適於用來處理一塊木料，但是對於銅雕，我們就得使用蝕刻針。故健全的知性和思辨的知性一樣，兩者皆有用，但各以其道。當問題涉及直接應用於經驗中的判斷時，前者有用；但是當我們應當一般性地、純由概念去下判斷時，譬如在形上學中，後者有用。在形上學中，自命為健全的（但往往作為反義語）知性完全無法下任何判

斷。[12]

這段引文與上一段引文的意涵大體相同，但是康德在這段引文中進一步強調「思辨的知性」之功能，即是：它可以節制通常的知性，使之不會僭越其權限，而在經驗的領域之外進行思辨。康德在《純粹理性批判》中分析西方傳統自然神學中的「上帝」概念。他指出：傳統的自然神學將「上帝」界定為一個「最實在的存有者」（ens realissimum）之理念（Idee），這是一個「先驗的理想」（transzendentales Ideal）[13]。我們的理性必然要求這個理念，因為它是一切概念決定（Begriffsbestimmung）之形式條件。但是這個理念並無法提供任何知識內容，也無法成為知識的對象。然而，傳統的自然神學卻將這個理念先是「實在化」，繼而「實體化」，最後「人格化」，由此產生一種「先驗的幻相」[14]。「思辨的知性」可以防範這種幻相，故又可稱為「批判的知性」。

最後，康德在《序論》的結尾針對「通常的人類知性」作了以下的總結：

> 3)〔……〕在作為純粹理性底一門思辨學問的形上學之中，我們決無法訴諸通常的人類知性；但如果我們被迫離開形上學，而且放棄一切純粹思辨知識（它始終必須是一種知識），因而也放棄形上學本身及其教益（在某些事務上），並且唯有一種理性的信仰被認為對我們而言是可能的，也足以滿足我們的需求（或許甚至比知識本身更有益），則我們或許可以這麼做。因為這樣一來，事情底態勢便完全改觀了。形上學必須是學問，不僅就整體而言，也就其所有部分而言；否則它什麼都不是。因為就它為純粹理性之思辨而言，除了在普遍的

---

12 *Prol.*, in: *KGS*, Bd. 4, S. 259.

13 I. Kant: *Kritik der reinen Vernunft* (以下簡稱 *KrV*), hrsg. von Raymund Schmidt (Hamburg: Felix Meiner, 1976), A 576/B 604.（A＝1781 年第一版，B＝1787 年第二版）

14 同上註，A580ff./B608ff.。

解悟之中，它無處立足。但是在形上學之外，或然性與健全的人類知
性或許有其有利的與合法的運用，但卻是按照完全獨特的原理——這
些原理底重要性總是繫乎對於實踐事物的關係。[15]

　　康德在這段引文中所提到的「理性的信仰」（vernünftiger Glaube）一
詞即相當於他在 1786 年發表的〈何謂「在思考中定向」？〉（"Was heißt:
Sich im Denken orientieren?"，以下簡稱「定向」）一文中所提到的「理性底
信仰」（Vernunftglaube）。這篇論文旨在探討上帝存在之可能論證。康德
在《純粹理性批判》中分別批判西方傳統神學所提出的三種上帝論證（存有
論論證、宇宙論論證、目的論論證），並且歸結說：這些上帝論證都是建立
在先驗的幻相之上。總而言之，單憑思辨理性，我們既無法肯定、亦無法否
定上帝之存在。依康德之見，人類的知識僅局限於可能經驗之對象；或者如
康德自己所說，「對於事物底知識，範疇除了應用於經驗對象之外，並無其
他的運用。」[16]因此，如果理性要思考超經驗的對象（如上帝之存在），就
無法根據知識的客觀根據（即範疇），而只能根據一項主觀原則去下判斷。
這項主觀原則即是一種對**理性底需求**的感受。

　　在理性之理論性運用與實踐性運用當中，「理性底需求」均有其功能。在
其理論性運用中，「理性底需求」主要是為了在知識的客觀原則不足的情況
下「確認」（fürwahrhalten）上帝的存在。在這個脈絡中，「上帝」的概念屬
於一種主觀的形式條件，藉以使我們的知識在一切可能經驗之界限內盡可能
地達到完整性與系統上的統一性。這種條件康德稱為「理念」，而上帝的理
念則特別稱為「理想」。在〈定向〉中，康德將「上帝」概念之形成過程描述
如下：當我們為了達成知識之系統性統一而必須使用一個概念（如「上帝」
概念），而這個概念在直觀中又無任何與之相符合的對象時，我們唯一能做
的便是：先根據「一切判斷之最高原理」（即矛盾律）來檢查這個概念，確

---

[15] *Prol.*, in: *KGS*, Bd. 4, S. 371.

[16] *KrV*, B146ff., § 22.

定它不包含矛盾；其次，將這個超越經驗的對象與經驗對象之關係置於範疇之下，以便至少以適合於理性之經驗運用的方式來思考這個超感性之物。然而，單是藉由「上帝」的概念，我們對於上帝的存在及其與宇宙（可能經驗底所有對象之總合）間的實際聯繫依然無所知。至此，我們可以說：「上帝」的概念**在概念上是可能的**。在這個脈絡中，由於「理性底需求」之介入，「上帝」的概念不僅在概念上是可能的，而且**在理論上也是必要的**[17]。康德將這種需求稱為「純粹的理性假設」（reine Vernunfthypothese）[18]。

　　然而，「理性假設」僅是**有條件地必然的**，這就是說，唯有當我們想要說明宇宙中的秩序與合目的性時，我們才必須預設上帝的存在。反之，在其實踐性運用中，「理性底需求」卻是**無條件地必然的**，這就是說，「我們之所以不得不預設上帝底存在，不僅是由於我們**想要**判斷，而是由於我們**必須判斷**」[19]。更確切地說，「上帝」概念之無條件的必然性在於我們促進「最高善」——亦即道德與幸福之成比例的結合——的義務，如康德在〈定向〉中所言：

> 4) 因為理性之純粹實踐的運用在於道德法則之規定。但是道德法則均導向在世界上可能的**最高善**（就它單憑**自由**而有可能性來說）底理念，亦即**道德**（Sittlichkeit）；從另一方面，它們也導向不僅關乎人類自由、而是也關乎自然之物，亦即最大的**幸福**（就它依道德底比例而被分配來說）。如今理性**需要**假定這樣一種**有依待的**最高善，而且為此之故，假定一個最高的智性體（Intelligenz），作為**無依待的**最高善——並非為了由此推衍出道德法則之約束性威望或是遵從道德法則的動機（因為如果它們的動因不是單從本身確然無疑的道德法則被推衍出來的話，它們就不會具有任何道德價值），而僅是為了賦予最

---

[17]　參閱 I. Kant: "Was heißt: Sich im Denken orientieren?" (以下簡稱 "Was heißt: S. i. D. or.?"), *KGS*, Bd. 8, S. 136f.

[18]　同上註，頁 141。

[19]　同上註，頁 139。

高善底理念以客觀實在性，也就是說，防止最高善連同全部道德僅被
視為一個純然的理想（如果某個東西底理念不可分離地伴隨道德，而
這個東西卻不存在的話）。[20]

這段文字雖然簡略，但其意涵卻很清楚。後來康德在《實踐理性批判》的
〈純粹實踐理性底辯證論〉中有更詳細的說明，我們可以將其論證重述如
下：我們的實踐理性必然要求「最高善」，即德行與幸福之一致，這是一項
道德法則。但是在現實世界中，有德者未必有福，而道德法則又不可能是虛
假的；這便使我們不得不「設定」（postulieren）靈魂在來世的繼續存在，
俾使德行與幸福有可能在來世達成一致。而為了要保證德行與幸福之一致，
我們又必須「設定」一個最高的智性體之存在。這個最高的智性體一方面必
須具備足夠的智慧，能根據人類行為背後的存心來判定其道德性，另一方面
必須具備足夠的能力，能按照人的德行來分配他所應享有的幸福。換言之，
惟有全知全能的上帝才足以保證德福之一致。這便是康德對上帝存在的「道
德論證」。

　　在《實踐理性批判》中，康德將這種藉由「道德論證」而「設定」的上
帝存在，連同意志之自由與靈魂之不滅，稱為「純粹實踐理性之設準
（Postulate）」。在〈定向〉中，康德則將這種「上帝」概念稱為「理性底
信仰」，以對比於「理性底解悟」（Vernunfteinsicht）與「理性底靈感」
（Vernunfteingebung）[21]。所謂「理性底解悟」涉及康德在〈定向〉一文中
對孟德爾頌（Moses Mendelssohn, 1729-1786）所提出的批評。在該文的開
頭康德便提到：孟德爾頌在《黎明，亦名論上帝存在之演講錄》（*Morgen-*
stunden oder Vorlesungen über das Daseyn Gottes, 1785）及《致雷辛的友人》
（*An die Freunde Lessings*, 1786）中明白地信從「在理性底思辨運用中藉由
某種引導工具來定向的必要性之格律」，而孟德爾頌有時稱這種引導工具為

---

[20]　同上註。

[21]　同上註，頁 140f.。

「共感」（Gemeinsinn），有時稱之為「健全的理性」（gesunde Vernunft），有時又稱之為「純樸的人類知性」（schlichter Menschen-verstand）[22]。康德一方面雖然承認孟德爾頌的貢獻在於堅持「**僅在理性中**尋求一項判斷底可容許性之最後試金石」[23]，但另一方面又惋惜孟德爾頌不了解他自己所訴求的引導工具「並非**知識**，而是理性之被感受的**需求**」[24]。如果聯繫到康德對蘇格蘭「常識哲學」的批評，我們可以從康德的立場說：孟德爾頌之錯誤在於欠缺「批判的理性」之節制，因而將理性之主觀原則（理性底信仰）誤認為客觀原則（理性底解悟）。在這個脈絡中，我們才會理解康德在引文(3)中所言：「在形上學之外，或然性與健全的人類知性或許有其有利的與合法的運用，但卻是按照完全獨特的原理——這些原理底重要性總是繫乎對於實踐事物的關係。」換言之，在思辨哲學中不足為據的「通常的人類知性」在實踐哲學中卻大有發揮的餘地。

三、康德倫理學中之「通常的人類知性」

康德在《道德底形上學之基礎》（*Grundlegung zur Metaphysik der Sitten*，以下簡稱「基礎」）一書中對於「通常的人類知性」多所著墨。此書除了〈前言〉之外，共有三章，其第一章題為〈由通常的道德的理性知識通往哲學的道德的理性知識〉。所謂「通常的道德的理性知識」其實便是指「通常的人類知性」所意識的基本道德法則（定言令式），此即「除非**我也能意願我的格律應成為一項普遍法則**，否則我決不當有所行動。」[25]康德接著寫道：「通常的人類理性在其實踐的判斷中也完全與此相合，並且始終記

---

[22]　同上註，頁 133。

[23]　同上註，頁 140。

[24]　同上註，頁 139。

[25]　*Grundlegung zur Metaphysik der Sitten* (以下簡稱 *GMS*), in: *KGS*, Bd. 4, S. 402. 此書有筆者的中譯本：《道德底形上學之基礎》（臺北：聯經出版事業公司，1990 年）。此譯本之邊頁附有原書之頁碼，故讀者不難根據其邊頁找到引文。

得上述的原則。」[26]這是康德的道德思考之出發點。由於這項基本道德法則係直接呈現於一般人的道德意識之中，而不必經過反省或推論，故他在《實踐理性批判》中稱之為「理性底事實」（Faktum der Vernunft）：

> 5) 我們可將這個基本法則底意識稱為理性底一項事實〔……〕但要無誤解地將這項法則視為**既與的**，我們可得注意：它並非經驗的事實，而是純粹理性底唯一事實，理性藉此事實宣告自己是原初的立法者（此乃我所欲，此乃我所命）。[27]

在《基礎》第一章中有一段文字詳細說明了「通常的人類知性」在道德思考中的意義：

> 6) 於是，我們在通常的人類理性之道德知識中便得到了其原則；通常的人類理性當然不如此抽象地在一個普遍的形式中思考這項原則，但實際上卻始終記得它，且用它作為其判斷底準則。在此，如果我們不教給通常的人類理性絲毫新東西，而只像蘇格拉底一樣，使它注意它自己的格律，則我們不難說明：它如何憑這個指南針，在所遭遇的一切事例中極善於分辨何者為善、何者為惡、何者合乎義務、何者違反義務。因此，我們也不難說明：我們不需要科學和哲學，便知道我們必須做什麼，才是真誠而善良的人，甚至是賢明而有德的人。我們甚至可能已事先推斷：了解每個人必須做、因而也必須知道的事，也將是每個人（甚至最平凡的人）底事情。在此我們卻無法不敬服地看到：在通常的人類知性中，實踐的判斷能力超過理論的判斷能力之處是何等多！在理論方面，如果通常的理性敢脫離經驗法則和感官知覺，便陷於全然的不可思議和自相矛盾中，至少陷於不確定、隱晦與

---

[26] 同上註。

[27] *Kritik der praktischen Vernunft* (以下簡稱 *KpV*), in: *KGS*, Bd. 5, S. 31.

不穩之混沌中。但在實踐領域中，就在通常的知性將一切感性動機排
除於實踐法則之外時，判斷力才開始顯出其極大的優點。於是，無論
通常的知性想玩弄其良心或關乎「應當稱為對的事情」的其他要求，
還是也想真誠地決定行為底價值，以教導它自己，它都變得甚至敏銳
起來。而最重要的是：在後一種情況下，它能期望深中肯綮，就像每
個哲學家都可期待的一樣；甚至在這方面，它幾乎比哲學家還要更可
靠，因為除了通常的知性底原則之外，哲學家的確無法有其他的原
則，但由於許多其他與此問題不相干的考慮，他卻可能輕易地攪亂其
判斷，且使之偏離正確的方向。[28]

從這段文字我們可以歸納出「通常的人類知性」之三項特徵：第一、它的道
德知識是一種不待學習，甚至無待於哲學與科學的先天知識；第二、這是一
種未經反省──或者說，「百姓日用而不知」──的理性知識；第三、雖然
在理論知識方面，它極不可靠，但是在實踐判斷方面，它卻是可靠的，甚至
比哲學家還要可靠。由於這三項特徵，筆者曾借用波藍尼（Michael Polanyi,
1891-1976）的用語，將「通常的人類知性」之道德知識視為一種「隱默之
知」（tacit knowing）[29]。

　　然而，一般人可能會問：既然「通常的人類知性」之道德知識是一種不
待學習、甚至無待於哲學與科學的先天知識，那麼道德哲學還有什麼用處
呢？故緊接著引文(6)，康德提出以下的設問：

7) 照這麼說，如果我們在道德的事務上只有通常的理性判斷就夠
了，而且我們請來哲學，頂多只是為了更完整而清楚地陳述道德底系
統，且陳述其規則，使之更適於運用（尤其更適於辯論），而非為了
甚至在實踐方面使通常的人類知性脫離其幸運的純真，且藉哲學將它

---

[28] *GMS*, in: *KGS*, Bd. 4, S. 403f.
[29] 參閱拙著：《康德倫理學與孟子道德思考之重建》（臺北：中央研究院中國文哲研究
　　所，1994年），頁11-20。

引到一條探討與教導底新途徑上，這樣豈不是更恰當嗎？[30]

換言之，如果「通常的人類知性」比哲學家更為可靠，那麼道德哲學對於道德實踐豈非無關宏旨，而是至多只有理論的意義，以滿足我們的認知興趣而已？

針對此一設問，康德立刻回答道：

> 8) 天真是個美妙之物，但在另一方面，極糟糕的是：它無法被妥善維持，而且容易受到引誘。因此連智慧——它平常在於行止，多過在於知識——也需要學問，並非要從它那裡學到什麼，而是要為它自己的規範爭取認可和持久性。人在他自己內部的需要和愛好（他將這些需要和愛好之完全滿足概括於幸福之名下）中感覺到有一種強大的抵制力量，反對義務底一切命令（理性向他表示這些命令非常值得尊重）。如今，理性不稍寬貸地命令其規範，而在此卻對愛好無所承諾，因而彷彿冷落且漠視那些極激烈且在此看來極合理的要求（它們不願因任何命令而被撤消）。但由此卻產生一種**自然的辯證**，亦即一種癖好，以詭辯反對那些義務法則，懷疑其有效性（至少懷疑其純粹性和嚴格性），並且盡可能使之順應我們的願望和愛好，也就是說，從根敗壞之，且剝奪其全部尊嚴；但是連通常的實踐理性最後都無法同意此事。[31]

這段引文的第一句話係針對盧梭之謳歌自然人性而發。對康德而言，盧梭所歌頌的自然人性與蘇格蘭常識哲學家所倚重的「通常的人類知性」都是道德實踐所不可或缺的基礎，但是它們有一個共同的問題，即是：它們無法避免因私慾之誘惑而被相對化。對康德而言，道德法則是理性法則，具有普遍的

---

[30] *GMS*, in: *KGS*, Bd. 4, S. 404.

[31] 同上註，頁 405。

效力，但是我們的私慾卻會要求豁免於其普遍的效力，因而顛覆理性法則之命令。康德將這種顛覆稱為「自然的辯證」。「通常的人類知性」固然不同意私慾之要求，但若它要避免「自然的辯證」，就需要道德哲學之護持。

在這個意義下，道德哲學並非要提供我們新的道德法則，而是要貞定「通常的人類知性」所已意識到的道德法則，防範「自然的辯證」之侵蝕。康德不僅一次強調：我們對於道德法則的意識無待於道德哲學，而是早已先天地存在於「通常的人類知性」之中。例如，在《實踐理性批判》一書中，康德就針對其批評者提泰爾（Gottlob August Tittel, 1739-1816）的論點寫道：

9) 一位想對本書有所責難的評論家說：在本書中並未提出一項新的道德原則，而僅提出一項**新的程式**；當他這麼說的時候，他比他自己可能想要說的還更中肯。但是，有誰真的想為一切道德引進一項新的原理，並且彷彿首度發現道德，就好像在他以前，整個世界對於義務為何物一無所知或者全都弄錯了？[32]

這段話正好呼應了康德在引文(6)中所言：「我們不教給通常的人類理性絲毫新東西，而只像蘇格拉底一樣，使它注意它自己的格律〔……〕」。蘇格拉底之詰問法正是要藉由問答，引導其對話對象自行發現他早已知道的真理。

在《基礎》第一章的末尾，康德將其關於「通常的人類知性」之討論總結如下：

10) **通常的人類理性**非由於任何思辨底需要（只要它甘於僅是健全的理性，就決不會感覺到這種需要），而是甚至基於實踐的理由，被迫走出其界域，並且進一步踏入一門**實踐哲學**底範域中，以便在那裡為其原則底根源及其正確決定（對比於以需要和愛好為依據的格律）取

---

[32] *KpV*, in: *KGS*, Bd. 5, S. 8 Anm.

得消息和明確指示；因而它得以擺脫由相互對立的要求造成的困窘，並且不致冒由於它容易陷入的曖昧而失去一切真正的道德原理之危險。是以，當通常的實踐理性陶冶自己時，在其中不知不覺形成一種**辯證**，迫使它求助於哲學，正如它在理論性運用中所遭遇的情形一樣；且因此實踐理性的確正如理論理性一樣，除非在對我們的理性的一項全面批判中，不會在其他任何地方得到平靜。[33]

這段話清楚地說明了道德哲學（尤其是道德底形上學）之實踐意義在於釐清道德法則之真正根源，以防範「自然的辯證」。這種工作也是一種「批判」，但卻是一種「純粹實踐理性之批判」。

現在我們可以將本節與上一節所述作個總結。康德在形上學與倫理學中對於「通常的人類知性」有極為不同的評價：在形上學探討中，他認為「通常的人類知性」是靠不住的，若不加以節制，便會僭越其權限。反之，在倫理學探討中，他信任「通常的人類知性」，視之為「理性底事實」。但他同時指出：「通常的人類知性」有陷於「自然的辯證」之危險，故我們有必要藉由道德底形上學對「通常的人類知性」進行批判，以防範這種危險。因此，這種「批判」其實是對「通常的人類知性」之哲學反思，其目的不在於提供新的道德法則，而在於將一般人未經反思的道德意識提升到反思的層面，以貞定其自身。這種「批判」具有實踐的意義，因為它本身即是一種道德教育。

在此順便提一下：康德在《判斷力批判》中提到一種「共感」（Gemeinsinn/sensus communis），作為「品味判斷」（Geschmacksurteil）之基礎。但他也特別指出：儘管在日常語言中，這種「共感」往往與「通常的知性」混淆不清，但兩者在本質上完全不同；簡言之，前者以情感為基礎，後者則以概念為基礎[34]。

---

[33] *GMS*, in: *KGS*, Bd. 4, S. 405.

[34] *Kritik der Urteilskraft*, in: *KGS*, Bd. 5, S. 237f., § 20；參閱 S. 293-296, § 40.

四、「通常的人類知性」與「體知」

現在我們可以回頭討論「體知」的問題。以上所述顯示：康德在倫理學的脈絡中所理解的「通常的人類知性」與杜維明先生所描述的「體知」之間有不少共通之處，以致我們甚至可以說：康德在倫理學的脈絡中所理解的「通常的人類知性」即是一種「體知」。以下我們將兩者加以比較。

首先，杜先生所理解的「體知」是指「不由見聞而有」的「德性之知」，而康德在倫理學的脈絡中所理解的「通常的人類知性」也是指一般人之先天的道德意識。這是兩者之間最根本的共通點。

其次，既然這兩者都是不待學習的，所以它們都具有一個「百姓日用而不知」的「隱默面向」[35]。就此而言，它們均是未經反思的認知或意識。

第三、儘管它們都是未經反思的認知或意識，但也可以被提升到哲學反思之層面。康德認為：這必須通過「道德底形上學」之提撕。杜先生則強調：「體知」可以表現於感性、理性、智性、神性之不同層面上。這無異承認：它不會永遠停留在「百姓日用而不知」的階段，而可以上提到哲學反思之層面。

第四、如第一節所述，杜先生的「體知」說預設了王陽明的「知行合一」說。筆者則要指出：康德的道德哲學也肯定「知行合一」之義。在《序論》一書出版的同一年（1793 年），康德也發表了一篇長文〈論俗語所謂：這在理論上可能是正確的，但不適於實踐〉（"Über den Gemeinspruch: Das mag in der Theorie richtig sein, taugt aber nicht für die Praxis"）[36]。在這篇論文中，康德分別從道德學、國內法、國際法三個層面申論理論與實踐之一致性。其實，康德在道德學的脈絡中所討論的「理論」與「實踐」之關係即是宋明儒者所討論的知行關係。因此，康德在此脈絡中主張理論與實踐之一致性，即涵「知行合一」之義。這個問題極為複雜，在本文無法細論；對於

---

[35] 此語出自 Michael Polanyi: *The Tacit Dimension*. Garden City/N. Y.: Doubleday, 1966.

[36] 此文之中譯收入筆者譯：《康德歷史哲學論文集》（臺北：聯經出版事業公司，2002年），頁 93-144。

這個問題，筆者已有專文討論，讀者可自行參閱[37]。

　　第五、杜先生雖然將「體知」理解為一種先天的「德行之知」，但同時根據王陽明之說，強調「體知」與經驗知識（聞見之知）的關聯。康德在理論哲學的脈絡中所理解的「通常的人類知性」係一種經驗知識，而他在實踐哲學的脈絡中所理解的「通常的人類知性」則是一種先天的道德意識，故其「通常的人類知性」的概念原本就同時包含先天的面向與經驗的面相。這可以與王陽明「良知不離於見聞」之義相呼應。

　　以上五點是康德的「通常的人類知性」與杜先生的「體知」之共通點。然而，我們不能忽略其間的一項重大區別，此即：康德的道德哲學並非建立在「精神與身體的連續性」之基本預設上。這點正是席勒（Friedrich Schiller, 1759-1805）批評康德倫理學並試圖加以修正之處。席勒批評康德將道德主體局限於理性人格，而排除一切感性成分（包括情感），故試圖藉由「美」來統攝我們的理性生命與感性生命。故對席勒而言，道德主體是一個統合了理性與感性、義務與愛好（Pflicht und Neigung）之完整的人[38]。這一點倒是呼應了杜先生有關「存有的連續」之構想。

　　對筆者而言，杜先生的「體知」說是個饒有意味且深具理論潛力的構想。但是杜先生僅為此構想勾勒出一個基本輪廓，其意涵尚有待於進一步的深化與系統化。在進一步的探討中，康德關於「通常的人類知性」之討論或許可以提供若干比較參考的思想線索。

　　（原收入陳少明編：《體知與人文學》〔北京：華夏出版社，2008年〕，頁 214-227。）

---

[37] 參閱拙作：〈從康德的實踐哲學論王陽明的「知行合一」說〉，《中國文哲研究集刊》，第 4 期（1994 年 3 月），頁 415-440；亦刊於韓國《中國學報》，第 34 輯（1994 年 7 月），頁 25-43。修訂版則刊於王中江主編：《中國觀念史》（鄭州：中州古籍出版社，2005 年），頁 507-529。

[38] 關於席勒對康德倫理學的批判與修正，請參閱拙著：《四端與七情——關於道德情感的比較哲學探討》（臺北：臺灣大學出版中心，2005 年），第 1 章。

儒家、康德與德行倫理學

　　近年來英語世界出現了一股藉西方的「德行倫理學」（Virtue Ethics）[1]
來詮釋儒家倫理學之風潮，例如萬百安的《早期中國哲學中的德行倫理學與
結果論》[2]、余紀元的《孔子與亞里斯多德的倫理學》[3]，以及沈美華（May
Sim）的《藉亞里斯多德與孔子來重探道德》[4]。最近，德行倫理學的提倡者
之一斯洛特（Michael Slote）也涉入了此項主題。2008 年 10 月他在國立政
治大學「人文價值講座」針對「德行倫理學」所發表的系列演講便屬於這類
的嘗試。不過，他所主張的並非亞里斯多德式的「德行倫理學」，而是所謂
的「情感主義的德行倫理學」（sentimentalist virtue ethics），其主要代表是休
謨（David Hume, 1711-1776）。他還據此對萬百安的上述著作發表了評論[5]。

---

[1]　在現代中文裡，Virtue 一詞有「德行」、「德性」、「美德」等譯法。此詞源於希臘
　　文的 areté 及拉丁文的 virtus，包含兩種涵義：(1)人的性格中之某種卓越的特質；(2)
　　由於這種特質而表現出來的某種道德行為。前者可譯為「德性」，後者可譯為「德
　　行」。若要強調這種特質或行為的價值，則可譯為「美德」。但為避免行文上的不
　　便，本文一概譯為「德行」。

[2]　Bryan W. Van Norden: *Virtue Ethics and Consequentialism in Early Chinese Philosophy*.
　　Cambridge: Cambridge University Press, 2007.

[3]　Jiyuan Yu: *The Ethics of Confucius and Aristotle*. New York: Routledge, 2007. 此書有林
　　航的中譯本：《德性之鏡——孔子與亞里斯多德的倫理學》，北京：中國人民大學出
　　版社，2009 年。

[4]　May Sim: *Remastering Morals with Aristotle and Confucius*. Cambridge: Cambridge
　　University Press, 2007.

[5]　Michael Slote: "Comments on Bryan Van Norden's Virtue Ethics and Consequentialism in
　　Early Chinese Philosophy", *Dao: A Journal of Comparative Philosophy*, Vol. 8, No. 3
　　(September 2009), pp. 289-295; also in his *Essays on the History of Ethics* (Oxford: Oxford

　　此一趨勢之出現無疑是以當代西方德行倫理學之復興為背景。眾所周知，安斯孔（G.E.M. Anscombe, 1919-2001）於 1958 年發表的論文〈現代道德哲學〉[6]引發了復興德行倫理學的思潮。在這篇論文中，安思孔將以亞里斯多德倫理學為代表的「古代道德哲學」與以康德倫理學與後果論（主要是功利主義）倫理學為代表的「現代道德哲學」強烈對立起來。這個基調在麥金泰爾（Alasdair MacIntyre, 1929-）的名著《德行之後》（*After Virtue*）中有進一步的發展。自此以後，「德行倫理學」儼然成為「義務論倫理學」（deontological ethics）與「目的論倫理學」（teleological ethics）以外的第三種倫理學類型。

　　在進一步討論「德行倫理學」這個概念之前，我想先介紹在最近英語世界有關德行倫理學與儒家思想的討論中被忽略的兩個思想背景。第一個思想背景是當代德國倫理學中的一股思潮，即所謂的「實踐哲學之重振」（Rehabilitierung der praktischen Philosophie）。這股思潮是由戰後德國的黑格爾研究得到直接的動力。黑格爾提出「道德」（Moralität）與「倫理」（Sittlichkeit）之區別[7]，並據此批評康德倫理學，認為康德倫理學尚停留在「道德」的階段，而未進至「倫理」的階段。在這個意義下，若干德國學者將「實踐哲學」——或者黎德爾（Manfred Riedel, 1936-2009）所謂的「第二哲學」（die zweite Philosophie）[8]——上溯至亞里斯多德，而將黑格爾視為「實踐哲學」在近代的繼承者。1960 年里特爾（Joachim Ritter, 1903-

---

University Press, 2010), pp. 53-61. 中文版收入汪文聖編：《漢語哲學新視域》（臺北：臺灣學生書局，2011 年），頁 533-543。

[6]　G.E.M. Anscombe: "Modern Moral Philosophy", *Philosophy*, Vol. 33 (1958), pp. 1-19; also in: *The Collected Philosophical Papers of G.E.M. Anscombe* (Oxford: Blackwell, 1981), Vol. 3: "Ethics, Religion and Politics", pp. 26-42.

[7]　黑格爾的《法哲學大綱》（*Grundlinien der Philosophie des Rechts*）共分為三部，分別討論「抽象法」、「道德」、「倫理」，這三者構成其法哲學的基本架構。

[8]　見 Manfred Riedel: *Für eine zweite Philosophie. Vorträge und Abhandlungen*, Frankfurt/ M.: Suhrkamp, 1989. 關於黎德爾的「第二哲學」，參閱張鼎國：〈黎德爾論「第二哲學」〉，收入其《詮釋與實踐》（臺北：政大出版社，2011 年），頁 3-26。

1974）發表〈論實踐哲學在亞里斯多德的奠基〉（"Zur Grundlegung der praktischen Vernunft bei Aristoteles"）一文[9]，引發了關於「實踐哲學之重振」的討論。其後，黎德爾將觀點各異的相關論文編成兩巨冊的《實踐哲學之重振》[10]，其中不乏知名學者，如史特勞斯（Leo Strauss, 1899-1973）、呂備（Hermann Lübbe, 1926-）、迦達默爾（Hans-Georg Gadamer, 1900-2002）、阿培爾（Karl-Otto Apel, 1922-）、伊爾廷（Karl-Heinz Ilting, 1925-1984）、波格勒（Otto Pöggeler, 1928-2014）、稜克（Hans Lenk, 1935-）等。儘管德語世界的這股思潮與英語世界的德行倫理學思潮出現於不同的思想脈絡之中，但由於這兩者均強調回歸亞里斯多德哲學，故就它們共同面對「康德抑或亞里斯多德？」（Kant or Aristotle?）這個問題而言，它們卻有異曲同工之處。可惜這股德國思潮很少進入英語世界關於德行倫理學的討論之中，以致英語世界的德行倫理學爭論錯失了與德語世界對話並吸取其相關研究成果的機會。

　　另一個被忽略的思想背景是當代新儒家藉康德哲學詮釋儒家思想的進路及其與德行倫理學的關涉。只要是對當代新儒學稍有了解的人都知道：牟宗三借用康德哲學的概念與架構來詮釋並分判由先秦至宋明的儒學。在其三巨冊的《心體與性體》中，他根據康德的「自律／他律」（Autonomie/Heteronomie）判準，將先秦孔、孟、《中庸》、《易傳》的倫理學系統判歸為自律形態，將荀子判歸為他律形態。他又根據這個判準來分判宋明儒學內部的義理系統：北宋的周濂溪、張橫渠、程明道三家、其後的陸象山、王陽明一系，以及胡五峰、劉蕺山一系繼承孔、孟、《中庸》、《易傳》的義理方向，代表自律道德；而程伊川、朱子一系則為歧出，代表他律道德[11]。

---

[9] 原刊於 *Archiv für Rechts- und Sozialphilosophie*, Bd. 46 (1960), S. 179-199；後收入 Manfred Riedel (Hg.): *Rehabilitierung der praktischen Philosophie*, Bd. 2 (Freiburg i. Br.: Rombach, 1974), S. 479-500.

[10] Manfred Riedel (Hg.): *Rehabilitierung der praktischen Philosophie*, 2 Bde. Freiburg i. Br.: Rombach, 1972/1974.

[11] 關於牟宗三對先秦儒學與宋明儒學的分系，特別參閱其《心體與性體》第一冊（臺

所以，他判定朱子是「別子為宗」。在《圓善論》一書（臺北：臺灣學生書局，1985 年）的前半部，他藉康德的「自律」原則來疏解《孟子・告子上》篇的大部分章節及〈盡心篇〉的若干章節。在此書的後半部，他順著康德的「最高善」（圓善）問題，來說明儒、釋、道三教中的「圓教」型態，藉以解決康德在《實踐理性批判》中所提出的「德福如何一致」之問題。

　　如果我們承認康德倫理學是一套義務論倫理學，則根據牟宗三的分析與分判，儒家倫理學基本上也是一套「義務論倫理學」（儘管他並未使用這個術語）。順著牟宗三的這個思路，我曾撰寫了一系列的論文，收入我的論文集《儒家與康德》（臺北：聯經出版事業公司，2018 年，增訂版）之中。由於士林哲學（scholasticism）與亞里斯多德哲學間的傳統思想淵源，若干具有天主教背景的臺灣學者也試圖將儒家倫理學詮釋為一種「德行倫理學」，以與新儒家（尤其是牟宗三）的詮釋進路相抗衡，其代表有沈清松、黃藿、潘小慧等人[12]。我曾針對沈清松的說法，澄清他對康德倫理學與儒家

北：正中書局，1968 年）第一部〈綜論〉前三章。全集版見《牟宗三先生全集》（臺北：聯經出版事業公司，2003 年），第 5 冊。

[12] 其相關著作如下：

(1) 沈清松：〈義利再辨——儒家價值層級論的現代詮釋〉，收入其《傳統的再生》（臺北：業強出版社，1992 年），頁 130-150；原題為〈義利再辨——價值層級論的現代詮釋〉，刊於漢學研究中心編：《中國人的價值觀國際研討會論文集》（臺北：漢學研究中心，1992 年），下冊，頁 959-986。

(2) 沈清松：〈儒家思想與基督宗教的會通〉，收入其《傳統的再生》，頁 130-150；原刊於《哲學與文化》，第 18 卷第 12 期（1991 年 12 月），頁 1075-1086。

(3) 沈清松：〈德行倫理學與儒家倫理思想的現代意義〉，收入《哲學與倫理——輔仁大學第三屆兩岸學術研討會論文集》（臺北縣：輔仁大學出版社，1995 年），頁 265-297；亦刊於《哲學與文化》，第 22 卷第 11 期（1995 年 11 月），頁 975-992。

(4) 沈清松：〈由名學走向儒學之路——陳大齊對臺灣儒學的貢獻〉，《漢學研究》，第 16 卷第 2 期（1998 年 12 月），頁 1-27。

(5) 黃藿：《理性、德行與幸福——亞里斯多德倫理學研究》（臺北：臺灣學生書局，1996 年），頁 1-11。

倫理學的誤解[13]。

　　然而，本文開頭所提到的三部著作之作者均完全忽略了這個思想背景，不但錯失了與中文學界對話的機會，也導致一些誤解。譬如，余紀元在其《孔子與亞里斯多德的倫理學》一書的開頭，將當代新儒家於 1958 年發表的〈為中國文化敬告世界人士宣言〉與安斯孔於同年發表的〈現代道德哲學〉相提並論，分別標誌「亞里斯多德倫理學的復興」與「儒學的復興」，並且強調：「實際上，兩種復興的哲學方向是一致的，它們都是一種倫理學的德性論進路。」[14]但事實上，這兩者所代表的哲學方向完全背道而馳。

　　交代了上述兩個被忽略的思想背景之後，讓我們回到「西方倫理學與儒家倫理學的關係」這個問題上。在西方倫理學中，「義務論倫理學」與「目的論倫理學」之畫分是一種以二分法為依據的類型學畫分（typological distinction），它大體相當於德語世界中「存心倫理學」（Gesinnungsethik）與「功效倫理學」（Erfolgsethik）之畫分。簡言之，「目的論倫理學」堅持：道德義務或道德價值之最後判準在於其所產生的非道德價值（非道德意義的「善」），如快樂、幸福、功利等。換言之，這類倫理學將道德意義的

(6) 黃藿：〈德行倫理學的復興與當代道德教育〉，《社會文化學報》，第 9 期（1999 年 12 月），頁 1-17；亦刊於《哲學與文化》，第 27 卷第 6 期（2000 年 6 月），頁 522-531。

(7) 潘小慧：〈德行與原則──孔、孟、荀儒家道德哲學基型之研究〉，收入《文化的傳承與發展學術研討會論文集》（臺北縣：輔仁大學出版社，1992 年），頁 75-87；亦刊於《哲學與文化》，第 19 卷第 12 期（1992 年 12 月），頁 1087-1096。

(8) 潘小慧：〈德行倫理學中的人文主義精神──從 Virtue Ethics 的適當譯名談起〉，《哲學與文化》，第 31 卷第 1 期（2006 年 1 月），頁 17-30。

[13] 參閱拙作：〈存心倫理學、形式倫理學與自律倫理學〉，收入拙著：《儒家視野下的政治思想》（臺北：臺灣大學出版中心，2005 年），頁 133-162；簡體字版（北京：北京大學出版社，2005 年），頁 66-108。

[14] 余紀元：《德性之鏡》，頁 2-3；英文本，頁 2。其後，他對此說有進一步的發揮，參閱其〈新儒學的「宣言」與德性倫理學的復興〉，收入中山大學西學東漸文獻館主編：《西學東漸研究》，第 1 輯（北京：商務印書館，2008 年），頁 216-233。

「善」化約為非道德意義的「善」，或者借用康德的用語來說，將「道德之善」（das moralische Gut）化約為「自然之善」（das physische Gut）[15]。反之，「義務論倫理學」反對將道德意義的「善」化約為非道德意義的「善」，而是堅持：一個行為或行為規則之所以具有道德意義，其最後判準並不在於其所產生的非道德價值，而在於其自身的特性或行為者的動機。套用西爾柏（John R. Silber, 1926-2012）的用語，「義務論倫理學」承認「『善』之異質性（heterogeneity）」[16]，而「目的論倫理學」則將一切「善」視為同質的。其次，既然對於「義務論倫理學」而言，一個行為的道德價值並非取決於它所產生或可能產生的非道德價值，故其道德價值在於其「道德性」（Moralität），而非其「合法性」（Legalität），換言之，它必須是「出於義務」（aus Pflicht），而不僅是「合於義務」（pflichtmäßig）。

眾所周知，《孟子》首章便提出「義利之辨」。「義利之辨」其實便是「道德之善」與「自然之善」的區分，蘊涵「善」之異質性。其實，孔子已有「君子喻於義，小人喻於利」之說（《論語·里仁篇》第 16 章）。除此之外，孔子在與宰我討論「三年之喪」的存廢時（《論語·陽貨篇》第 21 章），也明確地表達了其義務論的觀點。筆者曾有專文詳細討論孔子與宰我在這場對話中所持的倫理學觀點及其牽涉到的哲學問題[17]。宰我要求縮短三

---

[15] 參閱 Kant: *Anthropologie in pragmatischer Hinsicht*, in: *Kants Gesammelte Schriften* (Aademieausgabe, 以下簡稱 *KGS*), S. 277.

[16] 參閱 John R. Silber: "The Copernican Revolution in Ethics: The Good Reexamined", in: Robert Paul Wolff (ed.): *Kant: A Collection of Critical Essays* (Notre Dame: University of Notre Dame Press, 1967), pp. 278-287.

[17] 拙作：〈《論語》「宰我問三年之喪」章中的倫理學問題〉，收入鍾彩鈞編：《傳承與創新：中央研究院中國文哲研究所十周年紀念論文集》（臺北：中央研究院中國文哲研究所，1999 年），頁 521-542；亦刊於《復旦哲學評論》，第 2 輯（上海：上海辭書出版社，2005 年 9 月），頁 35-50。此文有德文版 Ming-huei Lee: "Das Motiv der dreijährigen Trauerzeit in *Lunyu* 17.21 as ethisches Problem", in: idem, *Konfuzianischer Humanismus. Transkulturelle Kontexte* (Bielefeld: transcript, 2013), S. 21-41.

年之喪的理由有二：第一是「君子三年不為禮，禮必壞；三年不為樂，樂必崩」；第二是「舊穀既沒，新穀既升，鑽燧改火，期可已矣」。前者是「後果論」的觀點，亦即一種目的論的觀點；後者由「實然」（自然規律）去論證「應然」（倫理規範），也預設目的論的觀點。反之，孔子要求宰我自問其心安不安，即是將三年之喪的意義建立在行為者的存心之上。這是一種「存心倫理學」的觀點，因而蘊涵了義務論的觀點。

　　「義務論倫理學」與「目的論倫理學」之畫分既是以二分法為依據，兩者便是「既窮盡又排斥」的關係。在此我要特別強調：這兩種倫理學觀點之間存在一種不均衡的對立關係。因為若從目的論倫理學的觀點來衡量一個行為的道德價值，則行為者的存心完全無關宏旨，除非它能產生所期望的結果。反之，義務論倫理學雖反對從行為所造成或可能造成的結果去衡量其道德價值，卻仍可以承認這類結果具有非道德的價值。以「功利原則」（principle of utility）為例，義務論倫理學雖反對根據它去界定道德價值，但卻可能接受它作為衍生的道德原則。例如，康德固然堅持一個行為的道德價值完全無關乎它可能帶來的幸福（無論是自己的幸福，還是他人的幸福），卻仍將「促進他人的幸福」連同「促進自己的圓滿性」一起視為「德行義務」（Tugendpflicht）[18]；他還進一步由「促進自己的圓滿性」這項義務推衍出一項間接的義務，即促進自己的幸福[19]。不論是自身的幸福，還是他人的幸福，均可歸屬於「功利原則」，故這無異於承認「功利原則」是一個衍生的道德原則。

　　反之，如果一套「目的論倫理學」多少接受「義務論倫理學」的基本原則，便無異從「目的論倫理學」的立場撤退。舉例而言，當某人面臨一項道

---

[18] Kant: *Metaphysik der Sitten*, in: *Kants Gesammelte Schriften* (Aademieausgabe, 以下簡稱 *KGS*), Bd. 6, S. 391ff.；李明輝譯：《道德底形上學》（臺北：聯經出版事業公司，2015 年），頁 263ff.。

[19] 同上註，頁 388。關於康德倫理學中的德行義務與「幸福」概念，參閱拙作：〈從康德的「幸福」概念論儒家的義利之辨〉，收入拙著：《儒家與康德》（臺北：聯經出版事業公司，2018 年，增訂版），頁 180-186。

德抉擇，必須在兩種行動方案選擇其一時，他根據功利原則去衡量這兩種行動方案，卻發現這兩者可能帶來的後果太過複雜而難於衡量，或者雖可衡量卻難分軒輊。在這種情況之下，如果他在作抉擇時將其「存心」的純粹性（為義務而義務）列入考慮，這便意謂：他已從功利主義的立場撤退，而放棄其觀點的一致性。在此，他可能會為自己辯解說：他之所以將存心的純粹性列入考慮，正是因為這種存心可以帶來正面的結果，所以他還是堅守功利主義的立場。但這只是玩弄概念，因為所謂「存心的純粹性」正是意謂「完全不考慮行為的後果」。因此，只要「目的論倫理學」與「義務論倫理學」的區分是一種嚴格的理論區分，則在兩者之間必然存在一種不均衡的對立關係。在這個意義下，法蘭克納（William K. Frankena, 1908-1994）所謂「混合的義務論理論」（mixed deontological theory）[20]是一個誤導的概念。

　　現在我們便可以開始討論「德行倫理學」的概念。既然「目的論倫理學」與「義務論倫理學」的區分係建立在一種既「窮盡一切」又「相互排斥」的二分法，在邏輯上便不可能存在第三種倫理學類型，而只可能存在這兩種倫理學類型的次級類型，例如，將「德行倫理學」視為「目的論倫理學」的次級類型。當「德行倫理學」的提倡者將「德行倫理學」視為「目的論倫理學」與「義務論倫理學」以外的第三種倫理學類型時，他們便須說明：這種三分法的類型學依據為何？儘管有不少倫理學家試圖界定「德行倫理學」的概念，但是這個概念始終含混不清。如果連亞里斯多德與休謨如此不同的倫理學立場都可以一起歸入這個概念之下，這個概念如何可能不混亂呢？

　　我們暫且撇開斯洛特所主張的「情感論的德行倫理學」不談，而將亞里斯多德的倫理學當作德行倫理學的主要代表，並且將康德倫理學當作「義務論倫理學」的主要代表，看看兩者之間的根本區別何在。我們可以將關於這種區別的流行看法歸納為三點：(1)義務論倫理學強調「義務」（duty），德行倫理學強調「德行」；(2)前者強調「原則」（principle）或

---

[20]　William K. Frankena: *Ethics* (Englewood Cliffs/NJ: Prentice-Hall, 1973, 2nd edition), pp. 43-45.

「規則」（rule），後者強調「性格」（character）；(3)前者強調「行為」
（action），後者強調「行為者」（agent）。

　　首先，就第一點而言，「義務」（Pflicht）固然是康德倫理學中的重要
概念，但「德行」（Tugend）的概念又何嘗不重要呢？近年來已有不少學
者探討康德的「德行」概念，以顯示這個概念在康德倫理學中的重要地位，
例如勞登（Robert R. Louden） [21]、歐尼爾（Onora S. O'Neill） [22]、強森
（Robert N. Johnson） [23]、薛爾曼（Nancy Sherman） [24]、艾瑟（Andrea
Marlen Esser） [25]。最近貝茲勒（Monika Betzler）編輯的 *Kant's Ethics of
Virtue* 一書（Berlin: Walter de Gruyter, 2008）收錄了一批相關的論文，頗值
得參考。編者在此使用 ethics of virtue 一詞，而非 virtue ethics 一詞，有其特
殊的用意。她在這部論文集的〈導論〉中表示：「此處的論文表示：康德倫
理學的確不可被納入德行倫理學之中。〔……〕但是康德後期的著作有助於
我們了解：德行是其倫理學中的一個核心要素，正因為德行有助於我們盡我
們的義務。」（頁 27）

　　眾所周知，康德於 1797 年出版了《德行論之形上學根基》（*Meta-*

---

[21] Robert R. Louden: "Kant's Virtue Ethics", *Philosophy*, Vol. 61 (1986), pp. 473-489; also in: Ruth F. Chadwick, ed., *Immanuel Kant: Critical Assessments* (London: Routledge, 1992), pp. 330-345; Heiner F. Klemme/Manfred Kuehn, eds., *Immanuel Kant* (Dartmouth: Ashgate, 1999), Vol. II: "Practical Philosophy", pp. 191-207.

[22] Onora S. O'Neill: "Kant after Virtue", *Inquiry*, Vol. 26 (1983), pp. 387-405; idem, "Kant's Virtues", in: Roger Crisp, ed., *How Should One Live? Essays on the Virtues* (Oxford: Oxford University Press, 1996), pp. 77-97.

[23] Robert N. Johnson: "Kant's Concept of Virtue", *Jahrbuch für Recht und Ethik*, Bd. 5 (1997), S. 365-387.

[24] Nancy Sherman: "Kantian Virtue: Priggish or Passional?", in: Andrews Reath et al., eds., *Reclaiming the History of Ethics: Essays for John Rawls* (Cambridge: Cambridge University Press, 1997), pp. 270-296; idem, *Making a Necessity of Virtue: Aristotle and Kant on Virtue*. Cambridge: Cambridge University Press, 1997.

[25] Andrea Marlen Esser: *Eine Ethik für Endliche. Kants Tugendlehre in der Gegenwart*. Stuttgart-Bad Cannstatt: Frommann-Holzboog, 2004.

physische Anfangsgründe der Tugendlehre）一書[26]。在此書中，康德不但對
「德行」概念提出詳細的說明，還將「促進自己的圓滿性」視為一項「德行
義務」。根據他自己的說明，這項義務包括：(1)陶冶自然的圓滿性，亦即
陶冶我們創造文化的才能；(2)陶冶我們內在的道德性，亦即陶冶我們的道
德情感[27]。我完全同意貝茲勒的看法：康德倫理學並不屬於以亞里斯多德為
代表的「德行倫理學」（virtue ethics），但是卻包含一套「關於德行的倫理
學」（ethics of virtue）。就此而言，以「義務」與「德行」的對比來區分義
務論倫理學與德行倫理學，是無意義的。

　　就第二點而言，在康德倫理學中，道德原則是指「定言令式」
（kategorischer Imperativ），道德規則則是由「定言令式」衍生出來的具體
規範。「定言令式」固然是康德倫理學的核心概念，但我們不要忘記：在康
德的「自律倫理學」中，定言令式來自道德主體之自我立法，在這個意義
下，道德主體是更為根本的。康德在《純粹理性批判》中談到人的雙重「性
格」，即「智思的性格」（intelligibler Charakter）與「經驗的性格」
（empirischer Charakter）[28]。「智思的性格」即是道德主體，「經驗的性
格」則是有待陶冶的質素，包括我們的自然本能、社會習性，乃至道德情
感。因此，我們很難說：康德倫理學只重視「原則」與「規則」，而不重視
「性格」。澄清了前兩點，第三點自然也不難說明。因為在康德倫理學中，
道德行為正是道德主體（行為者）的行為，故它不可能只重視「行為」，而
不重視「行為者」。

　　就詮釋策略而言，詮釋的目的是要使被詮釋的對象由不清楚而變得清
楚。既然「德行倫理學」的概念如此含混，則藉「德行倫理學」來詮釋儒家
思想的策略只會治絲益棼。舉例而言，多年前蔡信安曾發表〈論孟子的道德

26　此書後與《法權論之形上學根基》（*Metaphysische Anfangsgründe der Rechtslehre*）合
　　併為《道德底形上學》（*Metaphysik der Sitten*）一書。

27　Kant: *Metaphysik der Sitten, KGS*, Bd. 6, S. 386f. & 391f.

28　Kant: *Kritik der reinen Vernunft* (以下簡稱 *KrV*), hrsg. von Raymund Schmidt (Hamburg:
　　Felix Meiner, 1976), A444-452/B472-480.（A＝1781 年第一版，B＝1787 年第二版）

抉擇〉一文，主張孟子的行為抉擇理論是一種「行動功利主義」（act-utilitarianism），但是卻以一種「規則義務論倫理學」（rule-deontological ethics）的姿態出現[29]。然而，後來他又發表〈孟子：德行和原則〉一文，認為孟子是一位「德行倫理學家」[30]，使得孟子的面目更加模糊不清。又如潘小慧一方面承認：以孔、孟、荀為代表的儒家倫理學屬於「義務論型態，而非目的論型態」，另一方面又強調它不是「一純粹之義務論型態」，而歸結道：「以此觀孔孟荀儒家的道德哲學，我們發現它基本上正是兼重德行及原則的綜合型態，若強為之分辨孰先孰後，吾人以為應理解成以德行為主，兼採義務論倫理之綜合型態。」[31]如果誠如德行倫理學的提倡者所言，以康德為代表的「義務論倫理學」和以亞里斯多德為代表的「德行倫理學」如此針鋒相對，她又如何可能在儒家思想中發現這兩種倫理學的綜合型態呢？

　　西方學者在借用「德行倫理學」來詮釋儒家思想時，也有類似的問題。例如，萬百安在其《早期中國哲學中的德行倫理學與結果論》一書中試圖界定「德行倫理學」。根據他的說明，「德行倫理學」至少包含四項要素：(1)對於「順遂的（flourishing）人類生活是什麼樣子？」的說明；(2)對於「何種德行有助於過這樣的生活？」的說明；(3)對於「我們如何獲得這些德行？」的說明；(4)一套解釋「人類是什麼樣子？」的哲學人類學[32]。接著，他又提到不同形式的「德行倫理學」：

　　　　以最溫和的形式而言，德行倫理學可被視為對於以後果論或規則義務論看待倫理學的方式之補充，藉由為這兩種看法之一補上與它相應

[29] 蔡信安：〈論孟子的道德抉擇〉，《臺灣大學哲學論評》，第 10 期（1987 年元月），頁 139。

[30] 蔡信安：〈孟子：德行和原則〉，《臺灣大學哲學論評》，第 25 期（2002 年元月），頁 55。

[31] 潘小慧：〈德行與原則——孔、孟、荀儒家道德哲學基型之研究〉，前引書，頁 81 & 85；亦見《哲學與文化》，第 19 卷第 12 期（1992 年 12 月），頁 1091 & 1094。

[32] Van Norden: *Virtue Ethics and Consequentialism in Early Chinese Philosophy*, pp. 33f.

的、關於人類的德行、順遂、修養及哲學人類學之說明，而使之完
足。然而，以對於德行倫理學之較溫和的看法而言，上述的四項要素
在邏輯上依待於這種倫理觀之後果論側面或義務論側面。例如，康德
對於上述的四項要素有一套想法，但是它們主要出現於其很少被閱讀
的《德行論》之中，而且他認為德行幫助人遵循定言令式之義務論約
束。以其最極端的表述而言，德行倫理學試圖充當一切倫理學之基
礎，並且完全取代後果論的或規則義務論的基礎。[33]

根據此處所言，「德行倫理學」的涵義廣泛到幾乎失去標記的作用。因為就
其最極端的形式而言，它與以康德倫理學為代表的義務論倫理學是完全對立
的；但是就其較溫和的形式而言，連康德倫理學都是一種「德行倫理學」！
「德行倫理學」的涵義如此分歧，無怪乎德國學者拉培（Guido Rappe）在
一篇論文中將「古代倫理學的主流」（包括儒家倫理學與亞里斯多德倫理
學）稱為「義務論的德行倫理學」（deontological virtue ethics）[34]！

　　儘管康德在其正式出版的著作中並未直接為亞里斯多德倫理學定位，但
是他在《德行論之形上學根基》的〈前言〉中卻對「幸福主義者」
（Eudämonist）提出嚴厲的批評：「〔……〕如果是 **Eudämonie**（幸福原
則）、而非 **Eleutheronomie**（內在立法之自由原則）被設定為原理，其結
果便是一切道德之 **Euthanasie**（安樂死）。」[35]這無異是對亞里斯多德倫理
學的批評。近年來的康德研究已充分顯示：康德倫理學並非如許多提倡德行
倫理學的人所理解的，與亞里斯多德倫理學完全針鋒相對，毫無交集，因為
它本身也包含一套「關於德行的倫理學」；儘管如此，它畢竟不屬於以亞里

---

[33] 同上書，頁 34。

[34] Guido Rappe: "From Virtue to Virtues: The Development of Virtue Ethics in Ancient
Greece and China"，收入李明輝、邱黃海編：《理解、詮釋與儒家傳統：比較觀點》
（臺北：中央研究院中國文哲研究所，2010 年），頁 318。

[35] Kant: *Metaphysik der Sitten*, *KGS*, Bd. 6, S. 378；李明輝譯：《道德底形上學》（臺
北：聯經出版事業公司，2015 年），頁 245。

斯多德為代表的「德行倫理學」。而在我看來，近年來試圖藉「德行倫理學」來詮釋儒家倫理學的人充其量也只能顯示：在儒家倫理學中，我們可以發現「德行」的概念及其相關的特質，但決不足以證明：儒家倫理學屬於亞里斯多德意義下的「德行倫理學」。

　　最後，我想順便討論斯洛特所謂的「情感論的德行倫理學」與儒家倫理學的關係。的確，孟子所說的「四端之心」很容易使人聯想到十八世紀蘇格蘭的「道德感」（moral sense）倫理學。例如，黃進興就曾將孟子的「四端之心」理解成一種「具有經驗意義的『道德感』」[36]，並據此而主張：「與其說儒家道德哲學與康德哲學相通，毋寧說與康德所反對的赫京生、休謨諸人的學說較為類似，後者咸認為人類具有內在的『道德感』（moral sense）以作為倫理判斷的依據。」[37]由於後期的康德將赫其森（Francis Hutcheson, 1694-1747，即黃進興所提到的「赫京生」）所說的「道德感」（moral sense）歸入「他律原則」之列，故黃進興就此而質疑牟宗三藉康德哲學來詮釋儒家思想的詮釋策略。

　　針對黃進興的質疑，我曾撰寫一系列的論文來回應[38]，甚至發展成《四端與七情——關於道德情感的比較哲學探討》一書[39]。由於這其中牽涉到的問題極為複雜，此處無法細論。後期康德之所以反對像蘇格蘭的「道德感」倫理學那樣，以「道德情感」（moralisches Gefühl）作為道德判斷的基礎，是因為他將一切情感（包括道德情感）均視為感性的，而將它們排除於道德主體的架構之外。儘管如此，在後期康德的倫理學中，道德情感依然保有兩項重要的功能，即作為道德動機（道德行為的動力），以及作為道德修養的人類學基礎。這兩項功能均與其「德行」概念有直接的關聯。然而，孟子所

---

[36] 黃進興：《優入聖域——權力、信仰與正當性》（臺北：允晨文化實業公司，1994年），頁12。

[37] 同上書，頁14-15。

[38] 這些論文均收入拙著《儒家與康德》之中。

[39] 此書於2005年由臺灣大學出版中心出版；簡體字版於2008年由華東師範大學出版社出版。

說的「四端之心」卻不是如黃進興所言，為一種「具有經驗意義的『道德感』」，反而是一種超經驗的「情感」，屬於現象學倫理學家——如謝勒（Max Scheler, 1874-1928）、哈特曼（Nicolai Hartmann, 1882-1950）——所說的先天的「價值感」（Wertfühlen）。因此，對孟子而言，道德主體（本心）並不是如康德所理解的，只是一個理性主體，而是帶有明顯的情感性，並且表現為惻隱、羞惡、辭讓、是非四端之情；在此，理性與情感是統一的。

孔子也肯定一個理性與情感統一的道德主體。上文提到：孔子與宰我曾討論過「三年之喪」的存廢問題。在這場對話中，孔子一方面將「三年之喪」的意義建立在良心之安不安之上（「女安則為之」），另一方面又藉「報恩原則」（principle of gratitude）來反駁宰我縮短三年之喪的理由（「子生三年，然後免於父母之懷。夫三年之喪，天下之通喪也。予也有三年之愛於其父母乎？」）。在此，孔子並未像康德那樣，將道德主體僅視為一個理性主體，因而剝除其一切情感性。因此，先秦儒家決非如安樂哲（Roger T. Ames）等人所言，將道德判斷僅建立在美學的直觀，而非對道德原則的反省與運用之上[40]。儘管孔子、孟子與康德對道德主體的架構有不同的理解，但這無礙於他們的倫理學同屬於「義務論倫理學」。的確，先秦儒家的倫理學包含許多關於「德」的討論及與此相關的豐富思想資源，但這至多只能證明先秦儒家也有一套「關於德行的倫理學」，而不能證明它本身是一套「德行倫理學」，因為它不可能同時屬於康德式的「義務論倫理學」與亞里斯多德式的「德行倫理學」。

（原刊於北京《哲學研究》，2012 年第 10 期，頁 111-117。）

---

[40]　參閱 David L. Hall/Roger T. Ames: *Thinking Through Confucius* (Albany: State University of New York, 1987), p. 267.

再論儒家、康德倫理學與德行倫理學
——評唐文明的《隱秘的顛覆》

　　不久前，筆者發表了〈儒家、康德與德行倫理學〉一文[1]，質疑近年來在中西學界流行的以德行倫理學（virtue ethics）來詮釋儒家思想之思潮。筆者的質疑主要涉及兩點：第一、德行倫理學與康德倫理學的關係；第二、德行倫理學的定義。這兩點在邏輯上是相關聯的。西方當代的德行倫理學係藉由對以康德倫理學為代表的義務論倫理學（deontological ethics）及以功利主義為代表的目的論倫理學（teleological ethics）之批評而被提出的。康德倫理學尤其成為德行倫理學的提倡者之批評對象。批評者極力強調康德倫理學與德行倫理學之差異，藉以凸顯德行倫理學的特色。在某一意義下可以說，德行倫理學是藉由與康德倫理學的對比來界定自己的。如果德行倫理學的提倡者對康德倫理學的詮釋有偏差，其自我界定也會受到質疑。近年來在西方出現了一批傑出的康德研究者，如柯爾斯嘉（Christine M. Korsgaard）、歐尼爾（Onora S. O'Neill）、赫爾曼（Barbara Herman）、貝朗（Marcia Baron）、薛爾曼（Nancy Sherman）、艾瑟（Andrea Marlen Esser）、貝茲勒（Monika Betzler）等。他們回應德行倫理學的提倡者對康德倫理學之批評，為康德倫理學提出有力的辯護。

　　筆者在上述的論文中進而質疑德行倫理學的定義。筆者指出：在西方倫理學中，「義務論倫理學」與「目的論倫理學」之畫分是一種以二分法為依

---

[1] 刊於《哲學研究》（北京），2012 年第 10 期，頁 111-117；今收入本書。此文有英文版 Ming-huei Lee: "Confucianism, Kant, and Virtue Ethics", in: Stephen Angle/Michael Slote, eds., *Virtue Ethics and Confucianism* (New York: Routledge, 2013), pp. 47-55.

據的類型學畫分（typological distinction）。在這種類型學畫分當中，德行倫理學如何為自己定位呢？它是介乎兩者之間呢？還是兩者之混合呢？抑或是在兩者之外呢？德行倫理學的提倡者最能接受的可能是第三種解釋。但是這種解釋勢必與「義務論倫理學」與「目的論倫理學」之二分相牴牾。對此，德行倫理學的提倡者始終未能提出令人信服的說明。在當代西方倫理學的發展中，德行倫理學的定義與定位已備受爭議。可以想見，當如此備受爭議的概念被用來詮釋儒家思想時，更是治絲益棼。

　　幾乎在筆者發表上述論文的同時，北京清華大學的唐文明教授出版了其《隱秘的顛覆——牟宗三、康德與原始儒家》（北京：三聯書店，2012年）一書。眾所周知，牟宗三援引康德哲學的概念與架構來詮釋儒家思想。由於此書旨在批評牟宗三對儒家思想的詮釋，勢必要涉及康德哲學。此書涉及的範圍非常廣，它除了討論牟宗三的道德哲學之外，也論及其政治哲學與歷史哲學。當然，它也涉及康德哲學（尤其是康德倫理學）與當代西方哲學（尤其是德行倫理學）。此外，唐文明自己對原始儒家有一套獨特的看法。平情而論，唐文明對牟宗三的思想有一定程度的理解。譬如，他在此書第四章〈歷史的嫁接〉中對牟宗三歷史哲學的評論顯示出他對此一主題並未停留在泛泛的理解層面。本文無意全面評論此書涉及的所有問題，而將評論的重點僅集中於以下兩個問題：第一、唐文明對康德倫理學與德行倫理學的理解；第二、唐文明藉德行倫理學詮釋原始儒家的進路。

　　先談第一個問題。唐文明係在康德倫理學與德行倫理學的對比中來界定後者，因此他對康德倫理學的理解非常具關鍵性。在全書中不斷出現的一個語詞是「道德主義」（moralism）。唐文明將「道德主義」視為「由康德所肇始的一個不折不扣的現代觀念」（《隱秘的顛覆》，頁 1）。在這個脈絡下，唐文明說：「從形式的角度上看，道德的根本特徵在於理性的自律（autonomy），尤其是與宗教的信仰——順從精神相比照而言。」（頁 1）接著，他指出：

　　　實際上，無論是訴諸道德情感還是訴諸善良意志，無論是採取義務論

（deontology）的形式還是採取效果論（consequentialism）的形式，為他主義（altruism）都是現代道德的要義之一。〔……〕道德的這種為他主義傾向有時會通過道德觀念的普遍性訴求而體現出來，或者是道義的普遍性，或者是功利的普遍性，但隱含在其中的為他主義傾向始終是道德價值的一個實質性要素。（頁 2-3）

第一章第一節的標題便是「自律與為他：對儒家思想的道德主義解釋」，可見他將**理性的自律**與**為他主義**視為「道德主義」的兩項主要特徵。

　　由以上的引文可知：唐文明所謂的「道德主義」同時包括義務論（如康德）與效果論（如功利主義）。但是對康德而言，無論是道德情感，還是行為之後果（功利），都是出自「幸福」原則，因而是建立在經驗原則之上；兩者都屬於「他律」（Heteronomie）[2]。若如唐文明所言，自律原則與為他主義是「道德主義」的兩項主要特徵，至少前者就不適用於道德感學派與功利主義。

　　牟宗三借康德的「自律」概念來詮釋孔、孟的道德觀，唐文明在其書的第二章〈自律的挪用〉則全面質疑這點。眾所周知，在西方倫理學史中，康德首先藉「自律」概念來說明道德的本質。但唐文明對康德的「自律」概念之理解卻極為混亂。他引用了麥金泰爾（Alasdair McIntyre, 1929- ）、黑格爾（Georg Wilhelm Friedrich Hegel, 1770-1831）、蒂利希（Paul Tillich,

---

[2]　參閱 Kant: *Grundlegung zur Metaphysik der Sitten* (以下簡稱 *GMS*), in: *Kants Gesammelte Schriften* (Berlin: Walter de Gruyter, 1968, Aademieausgabe, 以下簡稱 *KGS*), Bd. 4, S. 441f. 康德在此處的正文中雖僅將道德情感歸入他律原則，而未談及功利原則，但在註解中卻寫道：「我把道德情感底原則歸入幸福底原則，因為每項經驗的興趣均透過僅由某物帶來的適意（不論這種適意之發生是直接而不考慮利益的，還是顧及利益的）而可望對福祉有所助益。同樣地，我們得像赫其森（Francis Hutcheson）一樣，將對他人幸福的同情之原則歸入他所假定的同一種道德感。」（S. 442）由此可以推斷：功利原則亦屬於他律原則。此書有筆者的中譯本：《道德底形上學之基礎》（臺北：聯經出版事業公司，1990 年）。此譯本之邊頁附有原書之頁碼，故讀者不難根據其邊頁找到引文。

1886-1965）、勒維納斯（Emmauel Levinas, 1906-1996）等人的說法來批評康德的「自律」概念。唐文明認為：「自律道德的背後其實是一種律法主義思想，換言之，律法的概念成為這種倫理思想的主導概念。」（頁 112）繼而又說：「康德所提出的絕對命令看起來是人作為理性存在者向自己發出的道德命令，實際上正是對神命論的現代改造，儘管康德在建構自己的義務論體系之時曾非常明確地批評神命論，將神命論排除在道德之外。」（頁 112-113）唐文明顯然知道康德將神命論歸諸道德的他律，但他偏偏要強作解人而說：「康德雖然不承認神命論有道德的合理性，但是，他所做的並不是完全推翻神命論，而是通過改造神命論而為神命論找到理性的辯護，也就是為之提供道德的合理性證明。」（頁 113，註 1）唐文明的說法無異是說：儘管康德反對道德的他律，但他並不是要完全推翻道德的他律，而是要通過對他律的改造而為他律尋求理性的辯護。他的邏輯實在很奇怪。

　　更離譜的是：唐文明為了要證實他對康德的觀點之解讀，引述了康德在《道德底形上學之基礎》中的一段文字並說：

> 康德又說，道德感概念和一般意義上的完善概念（關聯於上帝的神聖意志）儘管都不能為道德奠基，但是二者也不會削弱道德，因此，如果要他在二者之間作一取捨，那麼，他「將選擇後者，因為它至少使問題的裁決離開感性，並引導到純粹理性的法庭上。」（頁113，註1）

唐文明在此引述之康德的文字見於該書的第二章末尾。康德在那裡列舉出四種他律原則之後，對它們加以比較。康德先比較兩種經驗的他律原則，即自身的幸福與道德情感，並認為後者「較接近道德及其尊嚴」[3]。接著，他比較兩種理性的他律原則，即「圓滿性底形上學概念」與「由一個最圓滿的神性意志推衍出道德的那個神學概念」[4]。他認為前者猶勝於後者，因為雖然

---

[3]　*GMS, KGS*, Bd. 4, S. 442.

[4]　同上註，頁 443。

前者的內容是空洞的，而難以避免概念上的循環，但後者若非陷於概念上的惡性循環之外，則「我們對於上帝底意志還能有的概念（出於榮耀狂和支配慾底特性，且與權力和報復底恐怖表象相結合）必然構成一個與道德正好相反的道德系統底基礎」[5]。根據康德在《實踐理性批判》中的說明，「圓滿性底形上學概念」係指吳爾夫（Christian Wolff, 1679-1754）與斯多亞學派的「圓滿性」原則，「神學概念」則是指克魯修斯（Chritian August Crusius, 1715-1775）與其他神學的道德家所訴諸之「上帝意志」[6]。隨後，康德寫道：

> 但是如果我必得在道德感底概念和一般而言的圓滿性底概念（儘管這兩者均完全不適於作為道德底基礎來支持它，但至少不損害道德）之間作個選擇，我將取後者。因為既然後者至少使這個問題底裁決擺脫感性，而訴諸純粹理性底法庭，則儘管它在這方面也無所決定，卻真實地保存（一個自身即善的意志之）不確定的理念，以待進一步的決定。[7]

從上下文可以清楚地看出：康德在這段文字中比較的是赫其森的「道德感」概念與吳爾夫等人的「圓滿性」原則，而認為後者更為可取。唐文明竟然誤以為這裡所謂的「一般而言的圓滿性底概念」是「關聯於上帝的神聖意志」，從而將這段文字誤解為康德對神命論的某種肯定，可謂張冠李戴。

唐文明又引述蒂利希的說法，即將神律理解為自律與他律的統一（頁113），並指摘牟宗三說：「就此而言，牟宗三將基督教的神律道德歸於他律道德，並非持平之論而有輕率之嫌。」（頁 113，註 3）但問題是：在康德的系統中，自律與他律是互相排斥的，如何能統一？而牟宗三將神律道德歸諸他律道德，係根據康德的觀點，何輕率之有？康德的「自律」原則不是

---

[5]　同上註。

[6]　Kant: *Kritik der praktischen Vernunft, KGS*, Bd. 5, S. 40.

[7]　同上註，頁 443。

不可批評，但是像唐文明這樣，不顧康德文本的涵義與脈絡，隨便援引一些反對康德倫理學的說法來批評康德的觀點，實在沒有多大的說服力，這才是輕率。

　　接著我們可以討論為他主義的問題。在談到為他主義是道德主義的要義時，唐文明引述尼采在《快樂的科學》（*Die fröhliche Wissensnschaft*）中的說法：「尼采曾概括說，根據這種流行的現代道德風尚，『道德行為的本質特徵在於無私、自我犧牲，或者是同情和憐憫』。」（頁 2）但問題是：唐文明在此卻完全曲解了尼采的意思。尼采的完整說法如下：

> 這些道德史學家（尤其是英國人）無足輕重；他們自己通常仍輕信地遵從一套特定的道德之命令，不自覺地充當其持盾牌的扈從與追隨者──比方說耶教歐洲之那種迄今仍如此忠實地被傳布的民間迷信：道德行為的特徵在於無私、自制、自我犧牲，或是在於同感、同情。[8]

從這段較完整的引文可知：尼采在此所談論的，根本不是「現代道德風尚」，而是傳統的耶教道德觀。唐文明居然將尼采對古代耶教道德觀的批評移花接木，嫁接到包含康德思想在內的現代道德觀之上。

　　再者，將康德的道德觀化約為「為他主義」，也是大有問題的。在其1797 年出版的《德行論之形上學根基》（*Metaphysische Anfangsgründe der Tugendlehre*，以下簡稱《德行論》）一書中，康德的確將「促進他人的幸福」視為一項「德行義務」（Tugendpflicht），但他也同時將「促進自己的圓滿性」視為另一項「德行義務」[9]。後者包括：(1)陶冶自然的圓滿性，亦即陶冶我們創造文化的才能；(2)陶冶我們內在的道德性，亦即陶冶我們的

---

[8]　Friedrich Nietzsche: *Die fröhliche Wissensnschaft*, Buch 5, §345, in: Nietzsche: *Sämtliche Werke* (Berlin: Walter de Gruyter, 1980, dtv, Kritische Studienausgabe), Bd. 3, S. 578.

[9]　Kant: *Metaphysik der Sitten* (以下簡稱 *MS*), *KGS*, Bd. 6, S. 391ff. 此書有筆者的中譯本：《道德底形上學》（臺北：聯經出版事業公司，2015 年）。此譯本之邊頁附有原書之頁碼，故讀者不難根據其邊頁找到引文。

道德情感[10]。此外，他還進一步由「促進自己的圓滿性」這項義務推衍出一項間接的義務，即促進自己的幸福[11]。在《德行論》中，康德在談到「仁慈底義務」時寫道：

> 我意願其他每個人都對我仁慈（Wohlwollen/benevolentiam）；因此，我也應當對其他每個人都仁慈。但既然除了我之外的所有**其他人**不會是**所有人**，因而格律不會具有一項法則底普遍性，但這種普遍性對於責成卻是必要的，故仁慈底義務法則將在實踐理性底命令中把我當作仁慈底對象而包括進來；並非彷彿我因此而會有責任愛我自己（因為沒有義務法則，我也不可避免地會愛自己，且因而對此並無責成可言），而是立法的理性（它在其一般而言的「人」底理念中包含整個種屬，因而也包含我）、而非人，作為普遍法則之制定者，在相互仁慈底義務中根據平等原則，將我與我以外的其他所有人一起包括進來，並且在「你也願意善待其他每個人」的條件下，**容許**你對你自己仁慈；因為唯有如此，你的（施惠底）格律才有資格制定普遍的法則，而一切義務法則均以此為依據。[12]

康德甚至說：「如果我們使『犧牲自己的幸福（其真正的需求），以促進他人底幸福』這項格律成為普遍法則，這將是一項自相矛盾的格律。」[13]因此，康德的倫理學既不屬於為我主義（egoism），亦不屬於為他主義，而是將我與他人共同納入道德法則的適用範圍內。由此可見，唐文明對康德倫理學的了解是多麼片面！

唐文明對康德倫理學的誤解還見諸以下的一段話：

---

[10] 同上註，頁 386f. & 391f.。

[11] 同上註，頁 388。

[12] 同上註，頁 451。

[13] 同上註，頁 393。

> 如果說仁與道德主義的善良意志或同情心都包含著對他人的某種關懷
> 的話，那麼二者之著意則是迥異的。道德主義的善良意志或同情心乃
> 是因弱者之處境而發，而仁則是指向特別的個人。這就是說，道德主
> 義只是一種普泛的意願或情感，對於所施加之對象為誰是無所謂的，
> 實際上是著意於他人不幸落入的某種苦弱處境。而仁則不然，仁作為
> 一種基於人倫之理的差等之愛是因對象的不同而有所不同。故而，仁
> 愛之差等不僅表現在程度上，同時也表現在方式上。對父、母、兄、
> 妹的愛與對師、友乃至對國人的愛不僅在程度上有差異，而且在方式
> 上也有差異，而方式上的差異也正是來自於愛者與被愛者的特殊關
> 係。（頁39-40）

唐文明在這裡將儒家的「仁」與他所謂的「道德主義」對立起來。他又將善
良意志與同情心相提並論。「善良意志」顯然是就康德而言。至於「同情
心」，是何所指，則不清楚。在康德以前，以同情為基本的道德原則的是盧
梭（Jean Jacques Rousseau, 1712-1778），在康德之後，則是叔本華（Arthur
Schopenhauer, 1788-1860）。

　　在 1760 年代前半葉，康德曾被盧梭的同情倫理學所吸引，而深受其影
響。唐文明所不知道的是：不久之後，康德便放棄了盧梭的觀點。唐文明
說：「道德主義只是一種普泛的意願或情感，對於所施加之對象為誰是無所
謂的，實際上是著意於他人不幸落入的某種苦弱處境。」他所不知道的是：
就在一段出自 1760 年代的文字中，康德也對「普遍的人類之愛」提出了類
似的批評。其文如下：

> 普遍的人類之愛在人類身上具有某種高貴之物，但它是妄想的。當人
> 們趨向於它時，他們習慣於以渴望和平凡的願望來欺騙自己。只要他
> 們自己太過依待於事物，他們就無法關切他人的幸運。[14]

---

[14] Kant: *Bemerkungen zu den Beobachtungen über das Gefühl des Schönen und Erhabenen*,

三十多年之後，康德在《德行論》中再度表達了類似的看法：

> 如今，在對人的普遍之愛中的仁慈固然在範圍上最大，但在程度上卻
> 最小；再者，如果我說：我只是根據對人的普遍之愛而關心此人底安
> 康，則我在此所懷有的關心是可能的關心中最小的。我對其安康只是
> 並非無所謂而已。[15]

由於唐文明對康德倫理學只有片面的理解，他將康德早已批評過的看法硬是塞
給康德，可說對康德極不公平。

　　至於同情心，康德在《德行論》中固然以「人道」（Menschlichkeit/
humanitas）之名將同情感視為一種義務，但他明白區別兩種不同意義的
「人道」：

> **同甘**（Mitfreude）與**共苦**（Mitleid）（sympathia moralis〔道德的同
> 情〕）誠然是對於他人之喜悅與痛苦底狀態的一種愉快或不快（因此
> 可稱為感性的〔ästhetisch〕）底感性情感（同感、同情的感覺），而
> 自然已在人之中賦予對於這些情感的感受性。但是利用這些情感作
> 為促進實際的且理性的仁慈之手段，在「人道」（Menschlichkeit/
> humanitas）底名義下仍是一項特殊的（儘管只是有條件的）義務；
> 因為在這裡，人不僅被視為有理性者，也被視為稟有理性的動物。如
> 今，人道可被置於彼此**互通情感的能力與意志**（humanitas practica
> 〔實踐的人道〕）之中，或是僅被置於對喜悅或痛苦底共通情感的**感
> 受性**（這是自然本身所賦予的）（humanitas aesthetica〔感性的人
> 道〕）之中。前者是**自由的**，且因此被稱為**同情的**（teilnehmend）
> （communio sentiendi liberalis〔自由的感通〕），並且以實踐理性為

KGS, Bd. 20, S. 25. 這是康德為其擁有的《關於美與崇高之情的考察》一書所作之眉
批，出自 1764/1765 年。

[15] *MS, KGS*, Bd. 6, S. 451.

> 根據；後者是**不自由的**（communio sentiendi illiberalis, servilis〔不自由的、奴性的感通〕），並且可稱為**傳播的**（mitteilend）（如溫度或傳染病之傳播），也可稱為共感（Mitleidenschaft）；因為它以自然的方式在比鄰而居的人當中擴散。只有對於前者才有責任可言。[16]

康德在這裡提到的「對於他人之喜悅與痛苦底狀態的一種愉快或不快」其實便是唐文明所謂的「著意於他人不幸落入的某種苦弱處境」之「普泛的意願或情感」。康德將這種情感視為感性的，因而是不自由的，並將它與「以實踐理性為根據」之「實踐的人道」嚴格區別開來。對康德而言，後者才是一種義務。

再者，唐文明將「道德主義的善良意志或同情心」視為「因弱者之處境而發」的「普泛的意願或情感」，而將儒家的「仁」視為「指向特別的個人」且「基於人倫之理的差等之愛」。然而，這種對比並不能成立。《論語・雍也篇》第 30 章記載：

> 子貢曰：「如有博施於民，而能濟眾，何如？可謂仁乎？」子曰：「何事於仁，必也聖乎！堯、舜其猶病諸！夫仁者，己欲立而立人，己欲達而達人。能近取譬，可謂仁之方也已。」

《孟子・離婁下》第 29 章亦載孟子之言曰：「禹思天下有溺者，由己溺之也；稷思天下有飢者，由己飢之也，是以如是其急也。」這些話都不是指向特別的個人，而是指向所有的人。根據唐文明對儒家之「仁」，儒家的倫理觀是一種特殊主義（particularism）。這也是社會學家韋伯（Max Weber, 1864-1920）與帕森思（Talcott Parsons, 1902-1979）的看法。但是已故的林端教授在討論韋伯對儒家倫理學的詮釋時，則特別強調：儒家的「仁」是

---

16 同上註，頁 456f.。

「普遍主義與特殊主義之綜合」[17]。因此，他將儒家與清教之對比理解為「脈絡化的普遍主義」與「去脈絡化的普遍主義」之對比[18]。在這個意義下，唐文明僅強調儒家之「仁」是「一種基於人倫之理的差等之愛」，僅是一偏之見。

　　在另一方面，康德倫理學固然是一種普遍主義的倫理學，但這決非意謂它完全不考慮人際關係的具體脈絡。這種考慮具體地見諸康德在《德行論》中提出的「德行義務」（Tugendpflicht）概念。根據康德的說明，「德行義務」是一種「寬泛的義務」，因為它僅規範行為之格律，而非行為本身，故在義務之遵循方面留下迴旋的餘地[19]。康德將「愛底義務」──包括慈善、感恩與同情之義務──均歸諸「德行義務」。以「慈善底義務」為例，如果我身上帶了一筆錢要去買藥治我兒子的病，在路上碰到一個需要幫助的乞丐。假設我身上的錢剛好只夠買藥，我可以不給他錢。如果我身上有多餘的錢，我可以考慮給這個乞丐一部分錢。我也可以不買藥而將全部的錢給他。總而言之，為了履行「慈善底義務」，我的抉擇有很大的彈性。我的抉擇端視我對具體情境的考慮而定。在這個意義下，「慈善底義務」是寬泛的義務。

　　在這個脈絡下，康德談到對其他人的「愛底義務」，並且寫道：

> 但是一個人卻比另一個人對我更為親近，而且我在仁慈中是對我最為親近的人。如今，這如何與「愛你的鄰人（你的同胞）如愛你自己」這項程式相吻合呢？如果（在仁慈底義務中）一個人比另一個人對我更為親近，因而我有責任對一個人比對另一個人有更大的仁慈，但是我公認對我自己比對其他任何人更為親近（甚至就義務而言），則我

---

[17] Duan Lin: *Konfuzianische Ethik und Legitimation der Herrschaft im alten China. Eine Auseinandersetzung mit der vergleichenden Soziologie Max Webers* (Berlin: Duncker & Humblot, 1997), S. 44-56.

[18] 同上書，頁 56-58。

[19] *MS, KGS*, Bd. 6, S. 390.

似乎無法說：我應當愛每個人如愛我自己，而不與我自己相矛盾；因為我愛（Selbstliebe）底標準不會在程度上容許任何差異。人們立即了解：這裡所指的，不單是**願望**中的仁慈——它其實只是對其他每個人底安康的一種愜意，而甚至可以對此毫無貢獻（人人為己，上帝為我們所有人）——，而是一種主動的、實踐的仁慈，亦即使他人底安康與福佑成為自己的**目的**（施惠）。因為在願望中，我能對所有人同等仁慈，但是在作為中，程度卻可能依所愛者（其中一個人比另一個人與我的關係更為親近）之不同而極其不同，而無損於格律之普遍性。[20]

康德雖然未像儒家一樣，具體討論五倫的關係，但至少討論過親子、夫婦、朋友三倫，也像儒家一樣，提出「愛有差等」的觀點，並且強調這種差別待遇無損於其格律之普遍性。在這個意義下，康德的倫理學可說也包含對脈絡性的考慮，而與儒家之「脈絡化的普遍主義」相去不遠。根據以上所述，唐文明對儒家之「仁」與康德之「道德主義」所作的對比可說完全站不住腳。

關於儒家之「仁」與現代「道德主義」的區別，唐文明還有如下一段令人費解的話：

仁與道德主義的善良意志或同情心之間的巨大差異還表現在後者是以虛無主義的態度對待自身與他人的。道德主義的精神旨趣就在於純粹自覺自願的為他主義傾向，在這種精神氛圍中，無論自我，還是他人，都因其作為純粹的道德主體而被賦予人格的尊嚴和高貴性。這樣，無論自我還是他人，實際上都是被當作潛在的弱者而看待；而將對於自我與他人之本真性至關重要的人倫之理棄之一旁而罔顧。所以，道德主義實際上是以虛無主義的態度來看待人的，其背後的精神實質就是虛無主義。（頁40）

---

[20]　同上註，頁451f.。

關於康德倫理學與為他主義的關係，前面已討論過了，此處不再贅述。這段文字包含四個主要命題：

命題一：道德主義具有為他主義的傾向。

命題二：因此，道德主義對於自我與他人，都因其作為純粹的道德主體而賦予人格的尊嚴和高貴性。

命題三：因此，道德主義實際上將自我與他人都當作潛在的弱者來看待。

命題四：因此，道德主義是以虛無主義的態度對待自身與他人。

表面看來，唐文明的邏輯是跳躍的，這四個命題之間的邏輯關聯並不清楚。但其實，它們預設了尼采的道德觀。尼采從「權力意志」（Wille zur Macht）出發，批判耶教的「奴隸道德」（Sklavenmoral）。在他看來，唐文明歸諸「道德主義」的幾項特徵——為他主義、人格尊嚴、虛無主義——都是耶教在「上帝死亡」之後所殘留下來的。

　　但問題是：從尼采的觀點來詮釋儒家傳統，是適當的嗎？尼采與儒家的距離遠遠超過康德與儒家的距離。就「人格尊嚴」的問題而言，尼采嚴屬批評「人格尊嚴」之說[21]，但孟子卻肯定人有尊嚴。在孟子，相當於「尊嚴」的概念是「良貴」：「人人有貴於己者，弗思耳矣。人之所貴者，非**良貴**也。趙孟之所貴，趙孟能賤之。」（〈告子上〉第 17 章）這也就是他所謂的「所欲有甚於生者」（〈告子上〉第 10 章）。在同一章中，孟子還提到：「一簞食，一豆羹，得之則生，弗得則死。嘑爾而與之，行道之人弗受；蹴爾而與之，乞人不屑也。」為的就是尊嚴[22]。依唐文明的說法，孟子

---

[21] 參閱 Stefan Lorenz Sorgner: *Menschenwürde nach Nietzsche. Die Geschichte eines Begriffs* (Darmstadt: Wissenschaftliche Buchgesellschaft, 2010), S. 109-211.

[22] 關於孟子對人性尊嚴的肯定，參閱 Heiner Roetz: "The 'Dignity within Oneself': Chinese Tradition and Human Rights", in: Karl-Heinz Pohl (ed.), *Chinese Thought in a Global Context* (Leiden: Brill, 1999), pp. 236-261; Irene Bloom: "Mencius and Human Rights", in: Wm. Theodore de Bary/Tu Weiming (eds.), *Confucianism and Human Rights* (New York: Columbia University Press, 1998), pp. 94-116.

豈不也是「以虛無主義的態度對待自身與他人」？

現在讓我們看看唐文明如何界定「義務論倫理學」與「德行倫理學」（唐文明譯為「美德倫理學」）。他將兩者的對比歸納為以下三點：

> 首先，義務論與功效主義（Utilitarianism）一樣，對行動的關注甚於對作為行動者的人的關注；而美德倫理學則相反，對作為行動者的人的關注甚於對行動的關注。換言之，前者著意於行事之規矩，後者則著意於成人之教導；前者關注行為之正當與不當，後者關注人格之美善或醜惡。（頁 114-115）

> 其次，義務論與美德倫理學的根本性差異表現在基本術語的不同上。義務論的基本術語是正當與不當、職責與義務，美德倫理學的基本術語則是美善與醜惡、有德與缺德。（頁 120）

> 再次，義務論與美德倫理學對於倫理或道德生活中行為動機的解釋很不相同。前者認為，道德行為的動機在於對義務的遵從，也就是義務感；後者則認為，與踐行者自身之所是密切相關的欲望和目的乃是行為之動機所在。（頁 123）

在所謂「德行倫理學的復興」（revival of virtue ethics）之前，西方倫理學的教科書通常區分兩種倫理學的類型，即「義務論倫理學」與「目的論倫理學」。例如，法蘭克納（William K. Frankena, 1908-1994）在其 1963 年初版的《倫理學》一書[23]中，便將倫理學理論區分為「義務論理論」與「目的論理論」兩種。直到此書於 1973 年出第二版時，書中才出現「關於德行的倫理學」（ethics of virtue）一詞。但「關於德行的倫理學」（virtue ethics），因為法蘭克納並未將「關於德行的倫理

---

[23] Frankena: *Ethics*. Engelwood Cliffs/N.J.: Pentice-Hall, 1963.

學」視為「義務論理論」與「目的論理論」之外的第三種倫理學理論。

　　藉由上述的對比，唐文明似乎像當代「德行倫理學」的提倡者一樣，將「德行倫理學」理解為「義務論倫理學」與「目的論倫理學」[24]之外的第三種倫理學類型。依法蘭克納，目的論的理論主張：一事之所以在道德上是對的、錯的或當為的，其基本的或終極的判準或標準是它所產生的非道德價值[25]。反之，義務論的理論則主張：要判定一行為或規則是對的或當為的，除了要考慮其結果之好壞（即它所產生的價值）之外，還要考慮該行為本身的某些特質[26]。基本上，這種區分是建立在二分法（dichotomy）之上。問題是：在這個類型學的（typological）畫分當中，「德行倫理學」的系統位置何在？若以亞里斯多德倫理學來代表「德行倫理學」，其倫理學的終極目標是「幸福」（eudaimonia），則將它視為一套目的論倫理學，似乎是順理成章之事。但唐文明與當代「德行倫理學」的多數提倡者顯然都不會同意這點，而傾向於將「德行倫理學」理解為「義務論倫理學」與「目的論倫理學」之外的另一套獨立的倫理學，而以三分法來取代二分法。但問題是：這種三分法的類型學依據何在？對此，唐文明與當代「德行倫理學」的提倡者從未提出充分的說明[27]。

　　前幾年，克羅埃西亞學者拉迪克（Stjepan Radić）出版了《當代哲學中

---

[24] 在較近西方的倫理學討論當中，「後果論」（consequetialism）一詞往往取代「目的論倫理學」一詞。

[25] Frankena: *Ethics*, p. 14.

[26] 同上書，頁 15。

[27] 當代德行倫理學的重要代表赫斯特豪斯（Rosalind Hursthouse）便抱怨：人們不要求義務論者與功利主義者為義務論與功利主義提出明確的定義，唯獨要求德行倫理學的提倡者為德行倫理學提出簡明的定義，這是過分的期待；參閱其 *On Virtue Ethics* (Oxford: Oxford University Press, 1999), p. 4。關於「德行倫理學」的定義，可參閱 Christine Swanton: "The Definition of Virtue Ethics", in: Daniel C. Russell (ed.), *The Cambridge Companion to Virtue Ethics* (Cambridge: Cambridge University press, 2013), pp. 315-338.

德行倫理學之復振：倫理學中的當代理論之一個必要的補充》一書[28]。在此書中他討論了古典的德行倫理學（如亞里斯多德與聖多瑪斯）與當代的德行倫理學（如麥金泰爾與傅特〔Philippa Foot〕），也以一節的篇幅討論康德的德行觀。拉迪克雖不否認德行對於道德生活的重要性，但他談到一種「純粹的或激進的德行倫理學」──即主張：一個行為的道德性無法根據規範、原則或規則，而只能根據行動主體的道德狀態（德行）來證成。他認為：由於拒絕規範面，這種德行倫理學對我們的道德生活是不充分的，它會淪於相對主義與失去方向[29]。他套用康德的名言說：若無規範與法則，價值態度與德行是盲目的；而若無價值態度與德行，規範與法則是空洞的[30]。因此，拉迪克歸結說：「一套純粹的德行倫理學不能是一套獨立的道德理論，且因此也不能如其所求，取代現行的道德理論。」[31]換言之，德行倫理學並非在義務論與後果論之外的另一套獨立的道德理論；它不能取代義務論或後果論，充其量只能補充它們[32]。

　　德國學者波爾切爾斯（Dagmar Borchers）在其《新的德行倫理學──在激憤中倒退？分析哲學中的一項爭論》一書中也得到了類似的結論。她雖然承認德行倫理學在倫理學討論中是不可或缺的，但是卻否認它可以作為關於道德之一套獨立的理論[33]。她甚至明白地表示：「德行倫理學不能是義務論與後果論之另外選項。」[34]她並且建議：「一套德行倫理學的理論最好能在一個後果論的框架中，作為關於道德之一套多元論的整體構想之部分而有

---

[28] Stjepan Radić: *Die Rehabilitierung der Tugendethik in der zeitgenössischen Philosophie. Eine notwendige Ergänzung gegenwärtiger Theorie in der Ethik*. Münster: Lit, 2011.

[29] 同上書，頁 172。

[30] 同上書，頁 173f.。

[31] 同上書，頁 172。

[32] 參閱同上書，頁 173f.。

[33] Dagmar Borchers: *Die neue Tugendethik – Schritt zurück im Zorn? Eine Kontroverse in der Analytischen Philosophie* (Paderborn: Mentis, 2001), S. 317.

[34] 同上註。

意義且有成果地被繼續推進。」[35]換言之，德行倫理學的理論可以被整合進後果論倫理學之中。大陸學者徐向東也有類似的看法。他在分析了「德行倫理學」（他譯為「美德倫理學」）的優點與缺點之後，歸結道：「總的來說，我們應該把美德理論看做是一個倫理學理論的一部分，而不是把它視為一個本身就已經很完備的理論，因而構成了對其他倫理理論的一個『取捨』。」[36]

對筆者而言，拉迪克、波爾切爾斯與徐向東的分析頗有說服力。如果我們同意他們對德行倫理學的看法，唐文明對儒家倫理學的說明勢必會受到質疑，因為他堅持，「只能將儒家倫理思想歸入美德倫理學而非義務論」（頁130）。唐文明的堅持預設德行倫理學是義務論之外的另一套獨立的道德理論。若根據拉迪克、波爾切爾斯與徐向東對德行倫理學的看法，我們或許可以承認儒家思想中包含一套德行理論，但同時將儒家倫理學理解為一套義務論倫理學，正如康德倫理學一樣。

以孔、孟為代表的儒家倫理學的確具有明顯的義務論特徵。首先，義務論倫理學之所以有別於目的論倫理學的特徵之一是：前者承認「善」之異質性，即分別道德意義的「善」與非道德意義的「善」——以康德的用語來說，即是「道德之善」（das moralische Gut）與「自然之善」（das physische Gut）[37]。孟子的「義利之辨」便是分辨「道德之善」與「自然之善」。其實，孔子早已有「君子喻於義，小人喻於利」之說（《論語·里仁篇》第 16 章）。但最明顯地表現出義務論的特徵的是孔子與宰我關於三年之喪存廢的辯論（《論語·陽貨篇》第 21 章）[38]。宰我要求縮短三年之喪

---

[35] 同上註，頁 346。

[36] 徐向東：《自我、他人與道德——道德哲學導論》（北京：商務印書館，2007年），下冊，頁 648。

[37] Kant: *Anthropologie in pragmatischer Hinsicht, KGS*, S. 277.

[38] 關於這場辯論涉及的哲學問題，參閱拙作：〈《論語》「宰我問三年之喪」章中的倫理學問題〉，收入鍾彩鈞編：《傳承與創新：中央研究院中國文哲研究所十週年紀念論文集》（臺北：中央研究院中國文哲研究所，1999 年），頁 521-542；亦刊於《復旦哲學評論》，第 2 輯（上海：上海辭書出版社，2005 年 9 月），頁 35-50。此文有

的理由有二：第一是「君子三年不為禮，禮必壞；三年不為樂，樂必崩」；第二是「舊穀既沒，新穀既升，鑽燧改火，期可已矣」。前者由行為的結果去證成其道德性，顯然是一種目的論的觀點；後者由「實然」（自然規律）去論證「應然」（倫理規範），也預設一種目的論的觀點。反之，孔子要求宰我自問其心安不安，即是將三年之喪的合理性建立在行為者的存心之上。這是一種「存心倫理學」（Gesinnungsethik）的觀點，因而蘊涵了義務論的觀點。在這場師生間的辯論中，孔子也提出「子生三年，然後免於父母之懷」的理由為三年之喪的合理性辯護。這是訴諸「感恩原則」（principle of gratitude），而此一原則又預設了「報償性正義」（retributive justice）的原則。由此可見，唐文明一再強調：「在儒家思想中，『德』的概念遠比『法』的概念更為重要」（頁 114），是多麼無謂！儒家根本不需要在德行與規範之間作「非此即彼」的選擇。康德的自律倫理學也是一種義務論倫理學，同時也包含一套德行理論[39]。因此，牟宗三借用康德的「自律」概念來詮釋儒家思想，殆非偶然。

在唐文明的論述中，與他所謂的「道德主義」形成對比的是原始儒家。他在詮釋原始儒家時，特別強調兩點：一是它與原始宗教的關聯，二是它與人倫的關聯。先論第一點。徐復觀在《中國人性論史‧先秦篇》中根據周初文獻中出現之「敬」的觀念提出「憂患意識」之說。根據徐復觀的解釋，

德文版 Ming-huei Lee: "Das Motiv der dreijährigen Trauerzeit in *Lunyu* 17.21 as ethisches Problem", in: Ming-huei Lee, *Konfuzianischer Humanismus. Transkulturelle Kontexte* (Bielefeld: transcript, 2013), S. 21-41.

[39] 康德研究者赫爾曼（Barbara Herman）在其《道德判斷的實踐》（*The Practice of Moral Judgment*, Cambridge/Mass.: Harvard University Press, 1993）一書的最後一章〈擺脫義務論〉（"Leaving Deontology behind"）中質疑將康德倫理學歸諸「義務論」的主張，但她所意指的「義務論」是「一套不以一種『價值』觀念作為其基本理論概念的道德理論」（p. 208）。但就弱義的「義務論」（它是一套關於價值的論旨）而言，她承認康德倫理學是義務論的（p. 210, footnote 5）。因此，她的說法涉及對「義務論」一詞的不同理解，未必與本文的觀點直接衝突。

「敬」的觀念之出現代表中國古人由原始宗教向人文精神的轉化[40]。「憂患意識」之說後來為牟宗三所採納，以對照於佛教的「苦業意識」與耶教的「恐怖意識」[41]。對牟宗三而言，「憂患意識」是道德意識，後兩者則是宗教意識。

　　對於徐復觀與牟宗三的「憂患意識」之說，唐文明很不滿。對此，他批評說：

> 很顯然，把憂患意識中的「自覺」理解為現代道德主義意義上的、以為他主義為根本的精神旨趣的「道德自覺」，實在是牽強附會的。憂患意識中的「自覺」其實就是「自覺地」服從於神靈的權威而已，而且這種「自覺」還是在害怕懲罰的心理動機的驅使下產生的，也就是說，實際上是在神靈的強力之下被迫產生的。（頁 13-14）

基於同樣的理由，唐文明又說：

> 雖然周人的「敬」的觀念與宗教意義上的虔敬意趣不同，但其仍然是一種宗教性情感，而非道德情感。周人的「敬」實際上就是對神靈的敬畏，而且，其中的「敬」正是來自於「畏」，也就是說，「敬」的情感仍然來自於恐懼，來自對外在的、更高的神靈之強力的恐懼。
> （頁 14）

其實，徐復觀並不否認唐文明所描述之周人的宗教性情感，只是徐復觀將這種情感歸諸尚未經過人文精神之轉化的周人，而唐文明卻完全否認這種轉化。因此，唐文明認為：主張儒家的憂患意識可導向道德自律的觀點是「立

---

[40] 徐復觀：《中國人性論史‧先秦篇》（臺北：臺灣商務印書館，1969 年），第二章〈周初宗教中文文精神的躍動〉。

[41] 牟宗三：《中國哲學的特質》，頁 12-14；收入《牟宗三先生全集》（臺北：聯經出版事業公司，2003 年），第 28 冊，頁 13-14。

足於現代人本主義立場而得出的似是而非的結論」（頁 17）。

再論原始儒家與人倫的關聯。如上文所述，唐文明強調儒家之「仁」是一種有差等的愛，這就暗示儒家之「仁」是以人倫為基礎的。因此，他說：

> 如果說仁意味著人人皆有的一種卓越能力的話，那麼，人倫就是仁的能力施為、發用的堅實地基。質言之，仁並不是無差別地指向所有人的一項絕對命令，而是基於**本真的**人倫之理的一種美德。（頁 34）

在這段引文中的黑體字為筆者所加。唐文明的書中不斷出現「本真的」或「本真性」一詞，可能是來自現代性之批判者泰勒（Charles Taylor）習用的 authenticity 一詞[42]。

唐文明進而將原始儒家與原始宗教的關聯及其與人倫的關聯結合起來，來界定人的「本真性」。他說：

> 用我們現在熟悉的話來說，以天命的人倫之理為基礎、從而強調差等之愛的仁也關聯於人對自我之本真性（authenticity）的領會。正是人與上天之間的終極真理規定了人的本真性，換言之，人正是通過領會天命之理去領會自我之本真性、去回答「我是誰」的問題的。既然對自我之本真性的領會在某種意義上就是對天命之理的領會，那麼，人領會自我之本真性也就是領會自我之天命在身。關聯於實際生活經驗而言，人天生就是倫理的動物，但重重複雜的倫理網絡不僅構成人實際的生活處境，而且也規定了人的本真性。（頁 37）

故對他而言，既然脫離了這兩種脈絡的倫理學無法把握人的本真性，故必然淪為虛無主義。

---

[42] 見 Charles Taylor: *The Ethics of Authenticity*. Cambridge/Mass.: Harvard University Press, 1991.

　　唐文明對原始儒家的詮釋有兩項特點，筆者分別稱之為「原教旨主義」與「脈絡主義」。所謂「原教旨主義」是說：唐文明在詮釋儒家思想時強調要回到其原初的歷史根源，即是以天命為依歸的原始宗教與以血緣身分為基礎的封建制度。這兩個歷史根源同時也是儒家之所以形成的歷史脈絡，故「原教旨主義」與「脈絡主義」是一體之兩面。因此，唐文明批評牟宗三的儒學詮釋，認為這是一套脫離歷史脈絡的詮釋。《隱秘的顛覆》一書的四個章節標題分別是「道德的化約」、「自律的挪用」、「良知的僭越」與「歷史的嫁接」，都明顯透露出作者對普遍主義的不滿與對脈絡主義的堅持。既然唐文明如此重視思想之所以產生的歷史脈絡，我們不免要問：就歷史脈絡而言，難道他認為亞里斯多德所謂的 aretē 就是儒家的「德」嗎？唐文明自己也承認：「儒家與亞里士多德代表著中西美德倫理學的兩大傳統，二者之間存在著深刻的差異。」（頁 130，註 1）果真如此，唐文明對牟宗三藉康德詮釋儒家的進路之質疑方式便會回到他自己身上。而在筆者看來，這種質疑用在唐文明身上，無疑更有說服力。

　　其實，牟宗三從未否認孔子所開創的儒家傳統脫胎於先前的原始宗教，也從未否認儒家的學說在人倫關係中的根源。但如果只是這樣，我們要如何去理解孔子的開創性角色呢？筆者在拙作〈從康德的「道德宗教」論儒家的宗教性〉中曾指出：透過他的學說與道德實踐，孔子一方面將周文中之外在的禮樂秩序，另一方面將《詩》、《書》中作為人格神之超越的「天」或「上帝」，一起內在化於人的本性及其道德實踐之中，而內在化之關鍵便在道德主體所體現的「仁」[43]。換言之，孔子並未否定原始宗教的「天命」概念與禮樂所規範的人倫秩序，而是透過「仁」的概念來點化這兩者，重新賦予它們以生命。由於不了解這種點化，唐文明所理解的「仁」基本上是沒有生命的。

　　唐文明強調：儒家論「仁」往往關聯著人倫秩序，這固然不錯。但這並

---

[43] 拙作：〈從康德的「道德宗教」論儒家的宗教性〉，收入李明輝、林維杰編：《當代儒家與西方文化：會通與轉化》（臺北：中央研究院中國文哲研究所，2007 年 12 月），頁 47-48。

非意謂：儒家之「仁」不能超越人倫秩序。朱熹在《四書集注》註解《論語·學而篇》第二章有子的「孝弟也者，其為仁之本與？」一語時，將它解釋為：「為仁，猶曰行仁。〔……〕孝弟乃是為仁之本。」換言之，孝弟是行仁之本，而非仁之本。這意謂：孝弟是「行仁」的入手處，而非意謂：孝弟是「仁」的基礎。換言之，儒家論「仁」時，孝弟是思考的起點，而非終點[44]。

　　儒家傳統如果不能超越中國早期的自然宗教與周代的人倫秩序，就無法脫離黑格爾在討論基督宗教時所謂的「實定性」（Positivität）[45]，更談不上人的「本真性」。如果耶穌當年執著於猶太教的律法與宗派主義，耶教就不可能發展成普世宗教。這種超越，正如孔子對中國原始宗教的轉化一樣，都意謂某種「去脈絡化」（de-contextualization）。這種「去脈絡化」與「脈絡化」之間雖有一定的張力，但卻非對立。牟宗三在闡釋儒家之「仁」時便充分把握了這種思想特色。例如，他在談到儒家的「道德之情與道德之心」時寫道：

> 這種心、情，上溯其原初的根源，是孔子渾全表現的「仁」：不安、不忍之感，悱惻之感，悱啟憤發之情，不厭不倦、健行不息之德等等。這一切轉而為孟子所言的心性：其中惻隱、羞惡、辭讓、是非等是心、是情，也是理。理固是超越的、普遍的、先天的，但這理不只是抽象地普遍的，而是即在具體的心與情中見，故為具體地普遍的；而心與情因其即為理之具體而真實的表現，故亦上提而為超越的、普遍的、亦主亦客的，不是實然層上的純主觀，其為具體是超越而普遍

44　關於這個問題，可參閱林啟屏：〈理分──血緣關係架構中的「仁義」觀〉，《中國文哲研究集刊》，第 44 期（2014 年 3 月），頁 143-171。

45　依黑格爾，如果一種宗教的教條或一套法律的法條是由一種權威強制地加諸人，這便是這種宗教或法律的「實定性」。參閱 Peter Jonkers: Artikel "Positivität", in: Paul Cobben u.a. (Hg.), *Hegel-Lexikon* (Darmstadt: Wissenschaftliche Buchgesellschaft, 2006), S. 361.

的具體，其為特殊亦是超越而普遍的特殊，不是實然層上純具體、
純特殊。這是孟子磐磐大才的直悟所開發。[46]

「具體的普遍」是黑格爾習用的詞語。它所表達的正是林端所謂的「脈絡化
的普遍主義」。當代新儒家則習於以「內在而超越」來表達此義。因此，唐
文明將牟宗三、乃至當代新儒家的儒學詮釋理解為脫離生活脈絡與歷史脈絡
之所謂的「現代道德主義」，並非持平之論。

　　綜而言之，唐文明的儒學詮釋係以他所謂的「現代道德主義」作為對
照，而康德倫理學被歸入其中。因此，在唐文明的眼中，牟宗三的儒學詮釋
只是將這種「現代道德主義」強加於儒家傳統的結果。但問題是：唐文明對
康德倫理學的理解受限於長期以來流行於西方學界的成見，當代德行倫理學
的提倡者如麥金泰爾亦不能免於這種成見。由於當代德行倫理學的刺激，近
年來西方的康德研究者（如本文開頭所提到的幾位）極力發掘康德倫理學中
的德行理論，尤其是其《德行論》中豐富的思想資源，在一定程度上修正了
「康德倫理學尖銳對比於德行倫理學」的誇張圖像。例如，唐文明以義務
論對「行動」（action）的關注對比於德行倫理學對「行動者」（agent）的
關注。但是英國的康德研究者歐尼爾在探討了康德的德行理論之後，歸結
道：「他〔康德〕的立場是以行動為中心的，並且能容許以行動者為中心的
思考方式；但是它的基本架構並非明確地以行動者為中心的。」[47]從而將
「行動／行動者」的僵硬模式相對化了。英國學者貝朗甚至認為：主張康德
倫理學的主要關切是「行動」而非「性格」的觀點是錯誤的[48]。這也凸顯出
引發「德行倫理學之復興」的英國學者安斯孔（G.E.M. Anscombe, 1919-
2001）所預設的「現代道德哲學／古代道德哲學」的二元思想架構只是對問

---

[46] 牟宗三：《心體與性體》（一），收入《牟宗三先生全集》，第 5 冊，頁 131-132。

[47] Onora S. O'Neill: *Constructions of Reason: Exploration of Kant's Practical Philosophy* (Cambridge: Cambridge University Press, 1989), p. 162.

[48] Marcia W. Baron: "Kantian Ethics", in: Marcia W. Baron/Philip Pettit/Michael Slote: *Three Methods of Ethics: A Debate* (Malden: Blackwell, 1997), p. 34.

題的過度簡化。可惜這些最新的研究成果幾乎都未曾進入唐文明的視野之中。就問題意識而言，唐文明對「原始儒家」的詮釋其實也暗中預設了「現代道德哲學／古代道德哲學」的二元思想架構。因此，他對原始儒家的詮釋、對康德倫理學的批評，以及對牟宗三的批評，都是問題重重、值得商榷的。

（原刊於《臺灣東亞文明研究學刊》，第 12 卷第 2 期〔總第 24 期〕，2015 年 12 月，頁 327-349。）

牟宗三的哲學思想

略論牟宗三先生的康德學

　　牟宗三先生之逝世象徵當代新儒學的一個發展階段之結束。當此之際，對其畢生的學問加以定位與評價，似乎是不容迴避的工作。然而，牟先生的學問規模宏大，門庭開闊。在中國哲學方面，他不但有專著闡釋先秦儒學、魏晉玄學、隋唐佛學及宋明儒學，甚至旁及名家、漢《易》等領域。在西方哲學方面，如眾所周知，他獨力譯註康德的三大批判，並且對康德哲學提出了不少具有原創性的詮釋。此外，他還涉及羅素（Bertrand Russell, 1872-1970）、維根斯坦（Ludwig Wittgenstein, 1889-1951）、懷德海（Alfred North Whitehead, 1861-1947）、黑格爾（Georg Wilhelm Friedrich Hegel, 1770-1831）等人的哲學。在這些領域當中，單是就任何一個領域來評估牟先生的學術成就，已非易事，遑論對其全部學問加以評價！就在牟先生逝世前不久，臺灣學生書局出版了大陸學者顏炳罡的《整合與重鑄：當代大儒牟宗三先生思想研究》一書。此書是海內外第一部全面介紹牟先生思想的專著，出自大陸學者之手，尤其難能可貴。但此書畢竟以介紹為主，尚談不上評價。筆者雖忝列牟先生門牆，但自忖並無能力掌握其全部學問，故僅在筆者較熟悉的康德哲學範圍之內，對牟先生的貢獻略抒個人的淺見，並針對時下的一些誤解稍作澄清，以示哀悼之忱。

　　在牟先生的全部學問中，最具有特色、但也引起最多爭議的部分當屬他對於康德哲學的闡釋，以及他藉由康德哲學對中國哲學所作的詮釋。這兩部

分的工作雖然相互關聯，但可分別加以評價。以下先說牟先生對於康德哲學的闡釋。牟先生譯註康德的三大批判及《道德底形上學之基礎》，無論就其篇幅之龐大，還是就工作之艱難而言，均可媲美玄奘之翻譯唯識經典。這些都是硬工夫，屬於專家研究的工作。但若衡之以西方學術界對專家研究的嚴格要求，牟先生的翻譯有其明顯的缺點，即他係憑藉英譯本來翻譯這些著作。儘管他詳細比對不同的英譯本，間亦請人核對德文原本（筆者亦曾代為核對），但並無法完全避免誤譯。舉個例子來說，牟先生在《現象與物自身》中曾根據康德《實踐理性批判》中的一段話證明康德也承認人有較高的「第二本性」，並且認為這種「第二本性」通於孟子性善說之「性」[1]。其實，他是被阿保特（Thomas K. Abbott）的英譯本所誤導。因為核對原文便知，康德在此僅提到人的 zweite und höchste Bestimmung，並未談到人之「本性」。Bestimmung 一詞大致相當於孟子所說的「分定」之意。我們固然可以說這屬於孟子論「性」的層面，但康德從未想到就此層面去論人之「性」。在康德，人之「性」只能屬於自然的層面，這是毫無疑問的。因此，由 Bestimmung 聯想到「本性」，不免有過度引申之嫌。筆者曾於 1982年寫信向牟先生坦率指出此點。為此緣故，他後來翻譯《實踐理性批判》時，便在這句譯文後面加了一段長註[2]。因此，筆者始終覺得：牟先生翻譯康德的著作，是件吃力不討好的工作。因為將來一旦出現更好的中譯本時，他的譯本必然會被取而代之。

可是在另一方面，牟先生的譯本仍有其不容否定的意義。基本上，一切翻譯（尤其是學術著作的翻譯）都不僅是語言的轉換，而是廣義的「詮釋」。就哲學著作的翻譯而言，它涉及兩套不同的概念系統、乃至價值系統之轉換。這種轉換事實上即是一種詮釋，其中包含高度的創造性。因此，哲

---

[1]　參閱牟宗三：《現象與物自身》（臺北：臺灣學生書局，1975 年），頁 85-89〔全集版，21: 88-92〕。方括號中為全集版之冊數與頁碼，全集版見《牟宗三先生全集》（臺北：聯經出版事業公司，2003 年）。

[2]　參閱牟宗三譯：《康德的道德哲學》（臺北：臺灣學生書局，1982 年），頁 275-277〔全集版，15: 302-306〕。

學著作的翻譯者，除了要具備足夠的語言能力之外，更重要的是，他必須能真正掌握作者的思想。迄今為止，西方哲學著作之中譯本雖已不少，但令人滿意的並不多，其主要原因恐怕在於翻譯者本身的哲學素養不足。牟先生在《判斷力批判》中譯本的〈譯者之言〉提到宗白華與韋卓民的中譯本，「覺其譯文全無句法，無一句能達。」[3]筆者讀過此譯本後，亦有同感。此譯本係直接譯自德文本，理當勝過牟先生的譯本，實則不然，這是因為韋、卓二人對康德的思想太過外行。譬如，韋、卓二人竟不了解康德倫理學中的重要概念 moralische Triebfeder（道德動機），而譯為「道德彈簧」，簡直是匪夷所思。故牟先生感慨道：

> 宗白華先生一生講美學，又留德，通德文，何至如此。又想宗先生雖一生講美學，然其講法大都是辭章家的講法，不必能通康德批判哲學之義理。世之講美學者大抵皆以為懂得一點文學，即可講美學，故多浮辭濫調，焉能望其契入康德之義理？[4]

另一個例子是苗力田先生所譯的《道德形而上學原理》（上海：上海人民出版社，1986 年）。此譯本也是直接譯自德文本，文字也頗為流暢。但筆者仔細核對原文之後，卻發現該譯本問題重重，反不如唐鉞先生根據英文本所譯的舊譯本。有人嘲諷牟先生所理解的康德是「英文的康德」，以上的事實或許值得他們深思。

牟先生之翻譯康德的著作，是東西兩大哲人之心靈照面。牟先生對康德哲學理解的深度在相當的程度內可以彌補其德文知識之欠缺。此外，他所附的註解也大大提高了其譯本的價值。其註解有兩種：其一是文句和思路之順通，其二是與中國哲學的相關義理之比較。第二類註解是最有價值的部分。尤其是在《實踐理性批判》的譯本中，牟先生以不少篇幅來比較康德哲學與

3　牟宗三譯：《康德「判斷力之批判」》（臺北：臺灣學生書局，1992 年），上冊，頁 IV〔全集版，16:(6)〕。

4　同上註。

儒家義理之異同，顯示出他對中西兩個哲學傳統的深入理解。牟先生的這類
註解實可媲美多瑪斯（Thomas Aquinas, 1225/1226-1274）為亞里斯多德
（Aristotle, 384/3-322/1 BCE）的《形上學》所作的註解。

　　除了這些譯著之外，牟先生對康德哲學還有專門研究。這方面的研究主
要見於《認識心之批判》（1949 年完稿，1956 及 1957 年出版）、《智的直
覺與中國哲學》（1971 年出版）、《現象與物自身》（1975 年出版）、
《圓善論》（1985 年出版）、《中西哲學之會通十四講》（1990 年出版）
諸書。牟先生的康德研究固然包含一般意義的專家研究，但並不以此為限。
我們可根據康德的兩組概念，來說明牟先生的康德學之特點。首先，康德根
據我們對於知識的主觀態度（而非其客觀內容）區分「歷史知識」和「理性
知識」。簡言之，「歷史知識」是由資料堆砌而成的知識，「理性知識」則
是出於原則、因而發自理性的知識。以康德自己所舉的例子來說明：某人縱
使學得吳爾夫（Christian Wolff, 1679-1754）的整個哲學系統，牢記其全部
原理、解說和證明，乃至其整個系統之畫分，而瞭如指掌，但如果他無法憑
自己的理性去理解和判斷這些知識，他仍只能說是擁有吳爾夫哲學的「歷史
知識」，而未擁有其「理性知識」[5]。一般的專家往往只停留在「歷史知
識」的層面，未能進至「理性知識」。這種專家的知識是死的，因為他只能
「入乎其內」，而不能「出乎其外」。康德把這種人比擬為「活人的石膏模
型」。套用康德的這組概念來說，牟先生的康德學並不停留在學究式的「歷
史知識」，而是進入了「理性知識」。他第一部討論康德哲學的專著《認識
心之批判》便已充分表現出這個特色。在這部著作中，他雖然肯定羅素、維
根斯坦等人所建立的邏輯與數學系統，但並不接受羅素為說明這類知識所提
出的邏輯原子論，亦不贊同當時所流行的形式主義和約定主義。他試圖從康
德先天論的知識論觀點去融攝羅素等人所理解的邏輯與數學。雖然他自己後
來對此書表示不滿，自承他當時只把握了康德一半的思路，亦即「只能了解

5　參閱 Immanuel Kant: *Kritik der reinen Vernunf,* hg. von Raymund Schmidt (Hamburg:
　　Felix Meiner 1976), A835ff./B863ff.。（A＝1781 年第 1 版，B＝1787 年第 2 版）

知性之邏輯性格，並不能了解康德之『知性之存有論的性格』之系統」[6]，但其不自限於一家一派的批判性格已表露無遺。

其次，康德區分兩種關於「哲學」的概念，即其「學院式概念」（Schulbegriff）與「宇宙性概念」（Weltbegriff）。如果我們在哲學探討中僅追求哲學知識之系統的統一性，或者說，其邏輯的圓滿性，我們對哲學便只有「學院式概念」。但如果我們將哲學當作「關乎所有知識與人類理性底基本目的之關係的學問」，我們對哲學便擁有「宇宙性概念」。在此意義之下，哲學家不僅是「理性底技匠」，而是「人類理性底立法者」[7]。所謂「人類理性底基本目的」，主要是指其「終極目的」，即「最高善」。康德對於哲學家的這種定位正契合於傳統儒者之所謂「學」及其「為天地立心，為生民立命」的自我定位。一般哲學教授或專家在純知識的興趣驅使下所進行的哲學探討至多合乎哲學的「學院式概念」，他們充其量也只是「理性底技匠」。牟先生的「哲學」概念顯然不屬於此類，因為他係關聯著人類理性的實踐興趣來理解哲學的意義。因此，他對於康德哲學的研究並不自限於「理性底技匠」之工作，而有其更高遠的目的。這項特點幾乎表現於他所有關於康德哲學的著作，尤其是其《圓善論》一書。在此書中，牟先生重新檢討康德哲學中幾乎已被遺忘的「最高善」問題，而將它關聯到中國哲學裡的「圓教」問題，以求人極之立。這種哲學思考正屬於康德所說的「宇宙性概念」。

這兩項特點使牟先生的康德學不同於一般的專家研究（當然他並不排斥專家研究，甚至有取於專家研究）。唯有把握住這兩項特點，我們才能公允地評價牟先生的康德學。就一般意義的專家研究（這往往僅限於哲學的「學院式概念」，甚至限於「歷史知識」）而言，牟先生的康德學誠然有不足，這種不足主要是由於其德文知識之欠缺所致。但是就「理性知識」而言，甚至就哲學的「宇宙性概念」而言，牟先生對於康德哲學的詮釋實已超乎一般

---

[6] 參閱牟宗三：《認識心之批判》（臺北：臺灣學生書局，1990 年），上冊，〈重印誌言〉，全集版為第 18 冊。

[7] 關於哲學之「學院式概念」與「宇宙性概念」，參閱 *Kritik der reinen Vernunft*, A838ff./B866ff.。

意義的「詮釋」，而屬於真正的哲學思考，也就是從「人類理性底立法者」
之觀點所從事的哲學思考。

　　唯有基於這樣的理解，我們才能恰當地評斷牟先生藉由康德哲學對中國
哲學所作的詮釋。與西方的康德學者不同的是，牟先生在研究康德哲學時，
有其進一步的基本關懷，即是如何透過它來會通中西哲學。這牽涉到中國傳
統哲學（乃至文化）在現代社會中的自我定位。這種基本關懷構成其康德學
的第三項特點。這項特點亦可見於近代日本哲學家（例如西田幾多郎）的康
德研究。

　　大略而言，牟先生在詮釋中國哲學時主要在兩方面有取於康德哲學：一
方面，他重新詮釋康德對「現象」（Erscheinung）與「物自身」（Ding an
sich）所作的區分，以此間架（他借用《大乘起信論》的說法，稱之為「一
心開二門」）來說明儒、釋、道三家所共有的兩層存有論。這個間架貫穿其
所有詮釋中國哲學的著作。在其《智的直覺與中國哲學》、《現象與物自
身》及《中西哲學之會通十四講》三書中，他對這個間架有詳盡的討論。另
一方面，他以康德倫理學中的「自律」（Autonomie）概念為依據，來詮釋
儒家義理，並衡定儒學內部的義理型態。在《圓善論》中，他根據「自律」
概念來詮釋孟子的「仁義內在」說，並說明孟子與告子爭辯之問題所在。在
《心體與性體》三冊（1968 及 1969 年出版）及《從陸象山到劉蕺山》
（1979 年出版）中，他根據「自律」原則重新分判宋明儒學內部的義理型
態。據其分判，北宋周濂溪、張橫渠、程明道三家和其後的陸象山、王陽明
一系及胡五峰、劉蕺山一系均能繼承孔、孟、《中庸》、《易傳》所決定的
思考方向，代表自律道德，而伊川、朱子一系代表他律道德，係「別子為
宗」。這些詮釋和分判對於傳統儒學的基本義理及其義理型態之釐清，有極
大的貢獻。此後研究儒學的人，即使不同意牟先生的詮釋和分判，亦不能不
加以正視。然而，牟先生判定伊川、朱子是「別子為宗」，在國內外的學術
界卻引起極大的爭論，連新儒家內部也有不同的意見[8]。

8　參閱李瑞全：《當代新儒學之哲學開拓》（臺北：文津出版社，1993 年），頁206-241。

　　依筆者之見，「伊川、朱子的義理是否屬於他律型態」此一問題並非見仁見智的問題。因為只要我們釐清「自律」概念在康德哲學中的涵義，並且確定伊川、朱子的義理系統中幾個基本概念——如心、性、理、氣——之間的相對關係，便不難得到明確的答案。若有人不贊同牟先生的判定，他就得證明牟先生誤解了「自律」概念在康德哲學中的涵義，或者證明牟先生對伊川、朱子的義理系統之理解有問題。但以牟先生對康德哲學及宋明儒學二者所下工夫之深，這兩點恐怕都不容易證明。

　　由於不了解牟先生的康德學之上述特點，有些學者不免提出一些不甚切題的批評和質疑。在此，我們不妨以黃進興教授的新著《優入聖域——權力、信仰與正當性》為例，來檢討這類的批評和質疑，因為他的觀點相當具有代表性。黃教授的批評有從問題內部提出來的，亦有從問題外部提出來的。就發自問題內部的批評而言，他質疑牟先生使用的某些康德術語是否符合康德的原意。他在書中寫道：

> 牟先生認為：張載等的中國思想家具有康德所謂只有神方具有，而人類無法企及的「智的直覺」。若此，除非重新界定「智的直覺」這一概念，否則康德復生，只有瞠目以對。甚而如康德註釋大家——史密斯所言，嚴格推理，即使神（Divine Being）都無法擁有「智的直覺」的能力！遑論其他。[9]

這類的質疑其實並無多大的意義，因為如此看待哲學概念，正是以「歷史知識」視之；如此則哲學死矣！牟先生既然翻譯了康德的三大批判，豈會不知「智的直覺」（intellektuelle Anschauung）這個概念在康德哲學中的意義？既知之，而仍要肯定人有智的直覺，自然只能訴諸哲學上的理據。在這種情況之下，這個概念是否符合康德的原意，乃是不相干的問題。否則，以康德

---

[9] 黃進興：《優入聖域——權力、信仰與正當性》（臺北：允晨文化實業公司，1994年），頁41。

哲學的繼承人自居的菲希特（Johann Gottlieb Fichte, 1762-1814）和謝林（Friedrich Wilhelm Schelling, 1775-1854）都承認人有智的直覺，豈不也會讓康德「瞠目以對」？再者，黃教授或許不知道德國學者海姆瑟特早已指出：早期的康德不止一次承認我們人類具有某種智的直覺[10]。如果使用康德的哲學術語時，一定要符合其原意，何者才是其原意呢？牟先生借自康德哲學的其他概念——如「物自身」、「自律」等——亦受到類似的質疑[11]。在筆者看來，這些質疑亦同樣無謂。

　　就發自問題外部的批評而言，黃教授首先批評牟先生的判教不符合歷史實情。他在此書中寫道：

> 〔……〕牟先生亟欲以「判教」自任，倚其所構作的理論判準，謂孟子、《中庸》作者、程明道、陸象山、王陽明為斯道正統，而荀子、程伊川、朱子等則反被目為庶子別宗〔……〕。這種論斷哲學上或許有趣，但衡諸歷史則不符實情（這只要翻閱「正史」〈儒林傳〉或〈道學傳〉則可得知真相如何）。牟先生所從事的哲學史工作，似乎宗派意識過濃，對歷史上的思想家有欠公允，以致難以作到「設身處地底理解」（sympathetic understanding）。[12]

這種批評頗有代表性，因為它往往出自思想史學者。但是只要明於學問之分際，便不難看出：這類的批評係出於對哲學研究和思想史研究的混淆。牟先

---

[10] 參閱 Heinz Heimsoeth: "Persönlichkeitsbewußtsein und Ding an sich in der Kantischen Philosophie", in: idem, *Studien zur Philosophie Immanuel Kants*, I (Bonn: Bouvier, 1971), S. 233f.；亦請參閱拙著：《當代儒學之自我轉化》（臺北：中央研究院中國文哲研究所，1994 年），頁 41-42；簡體字版：《當代儒學的自我轉化》（北京：中國社會科學出版社，2001 年），頁 37。

[11] 對於牟宗三先生的「物自身」概念之質疑，參閱馮耀明：〈概念相對論與中國哲學〉，收入其《中國哲學的方法論問題》（臺北：允晨文化實業公司，1989 年），頁 289-310。對於其「自律」概念的質疑，見下文。

[12] 黃進興：《優入聖域——權力、信仰與正當性》，頁 42。

生所從事的誠然是「判教」（義理型態之分判）的工作，但這種工作是哲學的工作，而非「哲學史工作」。如果有人對其判教的結論不以為然，應該去質疑其理論判準，而不是訴諸歷史記載。就算我們從正史得知各個派別的傳承關係，這與判教的工作有何相干？弟子不能了解老師學問的例子，思想史上並非罕見。以不符歷史實情來質疑牟先生的判教工作，猶如想藉思想史研究來解答「人類意志是否有自由」之類的哲學問題，是混淆了哲學與思想史之分際。

此外，黃教授還從另一個外在角度對牟先生的儒學詮釋提出質疑。他曾發表〈所謂「道德自主性」：以西方觀念解釋中國思想之限制的例證〉一文，質疑牟先生借用康德的「自律」（黃教授譯為「自主性」）概念來詮釋儒家義理之作法[13]。針對此文，筆者特別撰寫了〈儒家與自律道德〉一文，以為回應[14]。黃教授在其文中強調康德與孟子間的歧異，以證明藉「自律」概念來詮釋儒家義理之不當。筆者在回應之文中則強調：康德係在「道德底形上學」之層面推衍出「自律」的概念，而他與孟子的分歧點主要存在於哲學人類學的層面，這種歧異無礙於他們的倫理學同屬於「自律倫理學」。但迄今黃教授仍堅持：康德的「道德自主性」不可從康德的倫理學系統分離出來，因為「這無疑違逆康德哲學構作的原意，且損毀康德概念系統的完整性」[15]。

在筆者看來，黃教授的這項質疑亦不切題，因為他似乎不了解概念運用之本質。當我們使用一個概念來指稱或詮表某一對象時，對於此對象的諸多特質必然有所取，亦有所捨，因為並非其所有特質都是相干的。譬如，當我們使用「狗」這個概念來指稱兩個不同的動物時，我們係假定這兩個動物（譬如西藏獒犬與哈巴狗）有某些共同的特徵，故可以同樣歸屬到「狗」這

---

[13] 此文原先發表於《食貨月刊》第 14 卷第 7、8 期合刊（1984 年 10 月 20 日出刊）頁 77-88；後收入其《優入聖域——權力、信仰與正當性》，頁 3-24。

[14] 此文最初刊載於《鵝湖學誌》第 1 期（1988 年 5 月），頁 1-32；後收入拙著《儒家與康德》（臺北：聯經出版事業公司，2018 年，增訂版），頁 11-46。

[15] 黃進興：《優入聖域——權力、信仰與正當性》，頁 40。

個類名之下。如果有人質疑道：這兩個動物的大小、毛色、外形如此懸殊，怎麼可以都稱為「狗」呢？這是問非其類，因為這些特徵對於狗之所以為狗，是不相干的。黃教授的質疑正屬此類。如果康德的「自律」概念有其確定的意涵，而我們在孟子的倫理學中又能發現同樣的概念內涵，為何不能將孟子的倫理學亦歸入「自律倫理學」呢？如果有人要質疑這項論斷，他應當指出孟子思想與「自律」的概念相牴牾之處，而不是強調孟子與康德的思想在其他方面有何不同。如果黃教授的質疑有效，那麼當他借用英國哲學家赫其森（Francis Hutcheson, 1694-1747）等人的「道德感」（moral sense）之說來詮釋孟子的「四端之心」時[16]，他也得面對同樣的質疑，因為我們實不難指出存在於赫其森等人的「道德感」說與孟子心性論之間的基本差異。以西方哲學的例子來說，如果哲學概念之使用必須顧及原有概念系統之完整性，那麼亞里斯多德以後的哲學家都不能再使用「實體」（substance/ substantia）一詞，因為他們不可能按照此概念在亞氏哲學系統中的完整意義來使用它。

　　在這個意義之下，一切概念用作詮釋的媒介，都有其限制；但是我們不會因為這種限制而放棄使用概念。由於這種限制，不同的概念系統、乃至文化系統間的相互詮釋基本上就是一種類比。當然，類比的技巧有高下之分；但要完全不用類比，幾乎不可能。余英時先生在〈中國史學的現階段：反省與展望〉一文中對於類比之運用有一段持平之論：

> 歷史哲學上有所謂「類比的謬誤」（fallacy of analogy），恰是針對著比附或格義的流弊而發的。然而哲學家和史學家同時也都承認，作為溝通觀念或說明事象的一種方法而言，類比在史學上仍不失具有多方面的功能。簡單地說，類比不但是在異中求同，而且還在同中求異；史學家所經常援用的「比喻」（metaphor）便是類比的一種方式。比喻是取兩種事物中相類似之一端互為說明，以加深瞭解。但局

---

[16]　參閱同上書，頁 11-15 及 32-38。

部之同無妨乎全體之異；而且即使在局部之同之中也仍不免有細節之異。所以類比的運用如能在異同兩方面都達到恰如其分的境地，則正是史學得以不斷進步的基本保證。所以我們一方面肯定比較觀點在今後中國史學研究上的重要性，而另一方面則嚴格地要求史學家避免早期「格義」的籠統和粗糙。清代學術思想史決不能比附為西方的「文藝復興」或「啟蒙運動」，但在局部發展的某些個別層面上，中西兩方則也未嘗沒有可以互相比較參證的地方。先秦「道術為天下裂」，和在古代希臘、以色列、印度的哲學和宗教發展，無論在起源和歷程上都迥不相侔，但是社會學家所提出的「哲學的突破」（"philosophic breakthrough"）的觀念則使我們在分析百家之學興起的文化背景時增加一重理解的方便。此外如「專制」、「封建」、「革命」、「統治」、「階級」、「社會流動」、「社會結構」之類史學著作中常見的概念，其經驗的內容雖大多起源於西方，但如加以適當的限定，也同樣可以應用於中國史的分析。[17]

這段話雖是針對史學研究而發，但也完全適用於哲學研究。因此，我們在借用西方的哲學概念來詮釋中國思想時，要點並不在於我們能否保持這些概念在原有系統中的完整性，而在於我們是否充分了解它們在該系統中的意義，並且明白它們在詮釋功能上的限度。

　　同黃教授一樣，筆者對時下盛行於國內人文學界的不求甚解的比附之風不以為然。但是牟先生的儒學詮釋並不屬於此類，因為他對於康德哲學和中國哲學雙方都有深入而客觀的理解，因而早已超過了「格義」的階段。筆者也同意黃教授所說，我們對於思想家應有「設身處地底理解」，但令人遺憾的是，許多批評牟先生的人似乎並未做到這一點。處於目前這個西方文化當令的時代，我們事實上已無法避免使用西方的學術概念，而繼續堅持「以經解經」的傳統家法。在此前提下，我們唯有繼續深入中西雙方的文化傳統；

---

[17] 余英時：《史學與傳統》（臺北：時報文化出版企業公司，1982 年），頁 25-26。

只要工夫下得夠深、夠久，自然會打開新的視野，開創新的文化。中國人過去曾面對如何消化佛教的課題，今天我們則面對如何消化西方文化的課題。就這項課題而言，牟先生的學術成就已成為一個典範，值得我們加以繼承，並且進一步去發展、拓深。

（原刊於《中國文哲研究通訊》，第 5 卷第 2 期〔1995 年 6 月〕，頁 184-193。）

牟宗三先生的哲學詮釋中之方法論問題

一

　　眾所周知，牟宗三先生對中國傳統哲學的詮釋深受康德哲學之影響。他不但從康德那裡借用了「現象」（Erscheinung）與「物自身」（Ding an sich）的哲學間架，也採用了其若干重要的哲學概念，例如「智的直覺」（intellektuelle Anschauung）、「自律」（Autonomie）。他一方面強調：「現象與物自身」是中西哲學共有的哲學間架，具有普遍的意義。但他又一反一般學者的理解，甚至康德本人的說明，將「物自身」詮釋為一個具有價值意味的概念，而非一個事實概念。他藉「智的直覺」這個概念來說明中國哲學與康德哲學之差異，認為中國的儒、釋、道三家均承認人具有智的直覺，與康德正好相反。但他將這個在康德只能用於上帝的概念用來說明人的良知明覺（儒家）、玄智（道家）和般若智（佛家），顯然已轉換了這個概念在康德的哲學系統中之意義。他又藉「自律」的概念來詮釋孔、孟的道德學說，並據以分判傳統儒學的義理型態，而將荀子、漢儒、伊川、朱子視為儒學旁支。但他同時指出：「自律」的概念在康德的哲學系統受到不當的限制，而有落空之虞，唯有在儒家「心即理」的義理間架中才能充分顯示其意義。

　　牟先生藉康德哲學對中國傳統哲學所作的詮釋近年來受到了不少批評與質疑。譬如，黃進興先生曾發表〈所謂「道德自主性」：以西方觀念解釋中國思想之限制的例證〉一文，質疑牟先生借用康德的「自主性」（即「自律」）概念來詮釋儒家義理之適切性[1]。馮耀明先生也曾撰〈概念相對論與

---

[1]　此文原先發表於《食貨月刊》第 14 卷第 7、8 期合刊（1984 年 10 月 20 日出版），

中國哲學〉一文，針對牟先生以康德的「物自身」、「智的直覺」等概念來詮釋儒家思想之進路，提出方法論的檢討[2]。此外，劉述先、李瑞全、陳來等人也對牟先生將朱子學判歸於他律系統有所質疑[3]。類似的質疑還有不少，此處無法一一列舉。對於上述的質疑和批評，筆者曾撰寫了一系列的論文，加以檢討[4]。在本文中，筆者擬進一步從方法論的角度來檢討牟先生的哲學詮釋所涉及之問題。

二

由於牟先生借用康德哲學來詮釋中國傳統哲學，故其詮釋涉及兩方面的

頁 353-364；後收入其《優入聖域：權力、信仰與正當性》（臺北：允晨文化實業公司，1994 年），頁 3-24。

[2]　見馮耀明：《中國哲學的方法論問題》（臺北：允晨文化實業公司，1989 年），頁 289-310。

[3]　請參閱劉述先：〈有關理學的幾個重要問題的再反思〉，見其《現實與理想的糾結》（臺北：臺灣學生書局，1993 年），頁 250；李瑞全：〈朱子道德學形態之重檢〉，見其《當代新儒學之哲學開拓》（臺北：文津出版社，1993 年），頁 206-225；陳來：《有無之境》（北京：人民出版社，1991 年），頁 39。

[4]　請參閱下列諸文：

1)〈儒家與自律道德〉，收入拙著：《儒家與康德》（臺北：聯經出版事業公司，2018 年，增訂版），頁 11-46。

2)〈孟子與康德的自律倫理學〉，收入上書，頁 47-80。

3)〈再論孟子與康德的自律倫理學〉，收入上書，頁 81-104。

4)〈朱子的倫理學可歸入自律倫理學嗎？〉，原載於《鵝湖學誌》，第 4 期（1990 年 6 月），頁 129-135；後收入李瑞全：《當代新儒學之哲學開拓》，頁 226-233。

5)〈牟宗三哲學中「物自身」的概念〉，收入拙著：《當代儒學之自我轉化》（臺北：中央研究院中國文哲研究所，1994 年），頁 23-52；簡體字版：《當代儒學的自我轉化》（北京：中國社會科學出版社，2001 年），頁 20-47。

6)〈牟宗三思想中的儒家與康德〉，收入上書，頁 53-87；簡體字版，頁 48-80。

7)〈略論牟宗三先生的康德學〉，《中國文哲研究通訊》，第 5 卷第 2 期（1995 年 6 月），頁 184-193。

問題：一是他對於康德哲學的詮釋，二是他對於中國傳統哲學的詮釋。如上文所述，他在這兩方面都受到了批評和質疑。儘管他在這兩方面所詮釋的對象不同，但所涉及的詮釋學問題並無二致。我們的檢討不妨以馮耀明先生的上述論文作為起點，因為它從方法論的角度對牟先生的儒學詮釋提出了質疑。

　　針對上述的詮釋問題，馮先生在文中提出了所謂的「概念相對論」。這套理論包含以下的要旨[5]：

1) 每一概念架構都是主觀的設計，在某一程度上可以描述和解說客觀實在，但是與客觀實在之間沒有絕對必然的關係。這稱為「架外的相對性」。

2) 在任一概念架構中，其概念之意義、命題之真假、以及信念之肯斷均相對於此一概念架構之前設（presumption），才得以成立。這稱為「架內的相對性」。

3) 基於上述的雙重相對性，分屬於不同概念架構或理論系統的概念之間具有「不可轉譯性」（unintertranslatability），而這些概念所繫屬的信念網絡之間有具有「不可通約性」（incommensurability）。

4) 因此，沒有任何一套概念架構在證立功能上具有絕對而終極的優越性，也沒有任何一種獨立於所有概念架構之外或是在理論上中立的判準，足以判定某一概念架構是唯一符合客觀實在的。

5) 概念相對論所預設的「客觀實在」並非現實的「既與物」（the given），而是像康德的「物自身」一樣，是一個軌範性的（regulative）概念，或者說，一個超越而非經驗的限制概念。

6) 由於概念相對論預設「客觀實在」，它承認不同的概念架構或理論系統就其描述和解說客觀實在之功能而言，有優劣可言，亦可以進化。這使它有別於非理性論、主觀論、懷疑論和多元論。

7) 作為一種方法論，概念相對論反對任何一種不經改造的概念移植或吸

5　參閱馮耀明：《中國哲學的方法論問題》，頁 289-302 及 309-310。

納，但不反對在理論性格極為接近的概念架構之間進行概念之吸收與更新，以豐富自身。

凡是對當代英、美分析哲學之發展稍有了解者，大概都不難看出：這套理論脫胎於蒯因（Willard Van Orman Quine, 1908-2000）的相關學說。戴維森（Donald Davidson, 1917-2003）在〈論「概念架構」這個觀念〉（"On the Very Idea of a Conceptual Scheme"）一文[6]中批評概念相對論時，主要便是針對蒯因的學說。筆者在此不擬討論馮先生與蒯因的概念相對論之關係，也無意討論戴維森之批評是否也適用於馮先生的上述理論。但是戴維森對於概念相對論所說的「不可轉譯性」作了極有啟發性的檢討，值得在此一提。戴維森指出：假如我們承認概念架構必須藉語言來表達，不同概念架構之間的不可通約性便涵蘊表達這些概念架構的語言之間的不可轉譯性。但是「不可轉譯」有兩種情況：或是完全無法轉譯，或是部分無法轉譯。戴維森很有說服力地指出：我們無法理解「完全無法轉譯」的情況。因此，「不可轉譯」在此只能意謂「部分無法轉譯」。戴維森的論證極為細緻，若要詳細討論，勢必會岔出主題。就本文的目的而言，我們只消引述他自己的一段話來說明。他說：

> 概念相對論的主要隱喻（即關於不同觀點的隱喻）似乎暴露出一種潛在的弔詭。不同的觀點要有意義，就得有一個共同的座標系統，可據以標示這些觀點；但是一個共同系統之存在卻使戲劇性的不可比較性之主張落空。在我看來，我們必須作一些考慮，為概念上的對比設定界限。有些極端的假定陷於弔詭或矛盾，有些不過分的例子我們很容易理解。[7]

簡言之，如果我們要斷言兩套概念架構之間完全無法轉譯，就得預設一個獨

---

6 見 Donald Davidson: *Inquiries into Truth and Interpretation* (Oxford: Clarendon, 1991), pp. 183-198。

7 同上書，頁 184。

立於這兩者之外而又為其共有的座標系統（譬如，共同的感覺經驗），否則我們欠缺一個立足點，來比較這兩套概念架構。然而，一旦有了這樣一個共同的座標系統，我們便可據以進行轉譯，也就否定了原先的前提。反之，「部分無法轉譯」之說既不會與共同座標系統之預設相牴牾，因而也不會有上述的困難[8]。

　　現在我們回到馮先生所提出的「概念相對論」。就上述的(5)、(6)兩點而言，馮先生在強調不同的概念架構之間的不可轉譯性時，事實上預設了一個共同的座標系統，即他所謂的「客觀實在」。基於以上的理由，此處所說的「不可轉譯」只能意謂「部分無法轉譯」。從第(7)點看來，他的意思應當也是如此。撇開相關的理論預設不談，單就這項結論而言，馮先生與戴維森的立場其實相去不遠——儘管前者贊同概念相對論，後者反對它。當我們將馮先生的「概念相對論」應用到兩套不同的哲學系統（譬如康德哲學與儒家哲學）之相互詮釋上時，這套理論所要表達的不過是個常識性的觀點，即是：在兩套不同的哲學系統當中，我們不可能找到兩個可以完全準確地互譯的概念，因為至少它們在各自的系統中不會有完全相同的位置和意義。因此，當我們使用某一系統中的概念來詮釋另一系統中的概念時，總是或多或少依類比的意義來使用它，因而必須在某個程度上進行概念上的調整。其實，縱使不牽涉到兩個系統之相互詮釋，我們通常在詮釋或理解他人的言談時，也會自覺或不自覺地進行這種調整。因此，儘管我們每個人的信念網絡均不盡相同，但這無礙於我們使用同樣的概念來相互溝通。故在筆者看來，馮先生之提出概念相對論，修辭上的意義更甚於實質上的意義。

　　再者，當作一種哲學詮釋的方法論來看，馮先生的概念相對論也是相當空洞的。因為儘管如上述的第(7)點所言，他不反對在理論性格極為接近的概念架構之間進行概念之吸收與更新，但他無法提出一項判準，來決定那些概念架構在理論性格上較為接近，因而可以在其間進行概念之吸收與更新。

8　關於戴維森的相關理論，可參閱方萬全：〈翻譯、詮釋、與不可共量性〉，收入《分析哲學與科學哲學論文集》（香港：香港中文大學新亞書院，1989 年），頁 73-91。

在此我們不妨借馮先生自己所舉的例子,來評估他所謂的「概念相對論」之方法論意義。他比較柏拉圖的「理型/具體事物」、亞里士多德的「形式/質料」、康德的「物自身/現象」、儒家的「性理/氣」、佛家的「空理/法」這五個概念架構,分別就其內存性、分享性、超越性、主體性、恆常不變性、客觀實在性、主客對立性、真實對比性、價值意味性、形上先在性十項理論特徵之同異來評定分數。評分的結果是:在理論性格上與儒家最接近的不是康德,而是柏拉圖[9]。他由此得出一項結論:「要中國哲學的各個義理系統容納或融攝康德的物自身概念之知識論的含義,或要康德的批判哲學容納或融攝中國哲學各義理系統中的物概念之心性論的意味,同樣是雙方的負擔。」[10]他雖未指名道姓,但這段話顯然是針對牟先生而發的。

在筆者看來,這種比較只是一種戲論,並無實質的意義,因為比較的標準是任意選擇的。譬如,就儒家與康德之比較而言,我們可以質疑:為何馮先生不比較兩者的倫理學架構,而比較其形上學架構?畢竟儒家思想的重點是在實踐哲學,而不在理論哲學。在倫理學方面,康德顯然比柏拉圖更接近儒家[11]。即使就形上學架構之比較而言,我們還可以質疑:為何他僅根據上述的十項理論特徵來進行比較?如果我們再加上其他的理論特徵,作為比較之依據,很可能會得到不同的結論。

然而,更重要的是,馮先生的概念相對論忽略了一切哲學詮釋所涵的詮釋學面向。由於忽略了這個面向,他在為康德的「物自身/現象」之架構評分時,輕率地斷定這個架構「無價值意味」[12]。本文在開頭已提到,牟先生將「物自身」詮釋為一個具有價值意味的概念,而非一個事實概念。如果這項詮釋可以成立的話,馮先生勢必要修改其結論。筆者在〈牟宗三哲學中的「物自身」概念〉一文中曾根據康德底相關著作指出:

9　參閱馮耀明:《中國哲學的方法論問題》,頁 303-306。

10　同上書,頁 307-308。

11　馮先生自己也承認:「〔……〕康德在『第二批判』中講『自由意志』,則可能與東方哲學較為接近。」(同上書,頁 306)

12　馮耀明:《中國哲學的方法論問題》,頁 304。

〔……〕「物自身」概念在康德底哲學系統中具有雙重涵義。在其知識論底脈絡中，它似乎如一般學者所理解的，是個事實概念。但在其倫理學中，這個概念又隱約透顯出一種價值意味。就其「實踐理性優先於思辨理性」的立場而言，我們有理由相信：後一意義才是此概念底真正意義。[13]

就表面而言，牟先生對於「物自身」概念的詮釋似乎違背了康德自己的說明（特別是在《純粹理性批判》一書中的說明）。牟先生並非不知道這點，因為他自己也承認：「〔……〕康德亦實未明朗地決定說物自身是一個價值意味底概念，他說物自身常是與事實問題不分的。」[14]就這點而言，牟先生顯然同意許萊爾馬赫（Friedrich Ernst Daniel Schleiermacher, 1768-1834）所揭櫫的詮釋學原則：詮釋者對作者的理解應勝於作者對自己的理解[15]。迦達默爾（Hans-Georg Gadamer, 1900-2002）極具慧識地指出：現代詮釋學的全部歷史表現在對於這個命題的不同詮釋上，而詮釋學的真正問題便包含在這個命題之中[16]。為了對牟先生的哲學詮釋作出公正的評價，我們有必要了解他的詮釋學觀點。

三

牟先生從未建立一套有系統的哲學詮釋學，也沒有任何著作特別討論現代詮釋學所提出的各種問題。但是從他為《智的直覺與中國哲學》和《現象

---

[13] 見拙著：《當代儒學之自我轉化》，頁48；簡體字版，頁44。

[14] 牟宗三：《現象與物自身》（臺北：臺灣學生書局，1975年），頁12〔全集版，21: 12〕。方括號中為全集版之冊數與頁碼，全集版見《牟宗三先生全集》（臺北：聯經出版事業公司，2003年）。

[15] Fr. D. E. Schleiermacher: *Hermeneutik*, hrsg. von Heinz Kimmerle (Heidelberg: Carl Winter, 1974), S. 87; vgl. S. 83.

[16] Hans-Georg Gadamer: *Wahrheit und Methode*, in: *Gesammelte Werke*, Bd. 1 (Tübingen: J.C.B. Mohr, 1986), S. 195f.

與物自身》二書所寫的序言、以及其〈研究中國哲學之文獻途徑〉和〈客觀
的了解與中國文化之再造〉這兩篇演講詞[17]，我們可大略得知其詮釋學觀
點。在這些文獻中，筆者注意到：牟先生並未將「理解」（Verstehen）問
題和「詮釋」（Interpretation/Auslegung）問題明確地加以區分。他的詮釋
學觀點似乎預設迦達默爾的看法：「理解和詮釋以一種不可分離的方式相互
交織在一起。」[18]或者更直截了當地說：「一切理解都是詮釋。」[19]

　　牟先生在《現象與物自身》一書的序言中為他的哲學詮釋提出一種方法
論上的辯解。他一方面引用佛教的「四依」，即「依法不依人，依義不依
語，依智不依識，依了義經不依不了義經」[20]，另一方面則引用康德所謂
「歷史的知識」與「理性的知識」之區分。他在其中一段文字中談到他詮釋
中國哲學文獻時所採取的原則：

> 在了解文獻時，一忌浮泛，二忌斷章取義，三忌孤詞比附。須剋就文
> 句往復體會，可通者通之，不可通者存疑。如是，其大端義理自現。
> 一旦義理浮現出來，須了解此義理是何層面之義理，是何範圍之義
> 理，即是說，須了解義理之「分齊」。分者分際，義各有當。齊者會
> 通，理歸至極。此而明確，則歸於自己之理性自在得之，儼若出自於
> 自己之口。其初也，依語以明義。其終也，「依義不依語」。「不依
> 語」者，為防滯於名言而不通也。凡滯於名言者其所得者皆是康德所
> 謂「歷史的知識」，非「理性的知識」。初學者以及從未超出其學派

---

[17] 此二文均收入《牟宗三先生晚期文集》，見《牟宗三先生全集》第 27 冊。

[18] Gadamer: *Wahrheit und Methode*, a. a. O., S. 403。赫盧（E.D. Hirsch, Jr.）對迦達默爾的
這個看法提出了批評，請參閱其 *Validity in Interpretation* (New Haven: Yale Univ.
Press, 1967), pp. 252-254。霍伊（David Couzens Hoy）則為迦達默爾的觀點辯護，請
參閱其 *The Critical Circle: Literature, History, and Philosophical Hermeneutics* (Berkeley:
Univ. of California Press, 1978), pp. 51-55。

[19] Gadamer: *Wahrheit und Methode*, a.a.O., S. 392.

[20] 參閱牟宗三：《現象與物自身》，〈序〉，頁 6, 8, 9, 16, 17〔全集版，21: (8), (10),
(11), (18), (19)〕。

的人皆是如此。然必須工夫到，始可語於「依義不依語」。淺嘗輒
止，隨意妄說者，則不得以此語自解也。因為凡是一大教皆是一客觀
的理性之系統，皆是聖哲智慧之結晶。我們通過其文獻而了解之，即
是通過其名言而期望把我們的生命亦提昇至理性之境。如果自己的生
命根本未動轉，於那客觀的義理根本未觸及，焉可動輒說「依義不依
語」耶？汝所依者豈真是義乎？此時還是多下點初學工夫為佳。初學
工夫亦須要切，要實，要明確，逐步通其旨歸，向理性方面消融。凡
是滯於名言而妄立同異者，或是在名言上玩點小聰明而朝三暮四者，
或是混漫義理分際而顢頇會通者，亦是文字工夫不切實故也。文字工
夫到家，歷史的亦即是理性的。（此所謂文字工夫是指理會義理語言
底語法語意而言，不就文字學如《說文》底立場而言。）**21**

　　這段引文幾乎涵蓋了西方現代詮釋學所提出的所有重要問題，我們可以
大致勾勒出以下三項要點：
　　1) 理解和詮釋有其「客觀性」，而唯有在理性的層面上，理解和詮釋才
　　　能達到客觀性。
　　2) 要達到理解和詮釋的客觀性，必須藉主觀的「生命」以契入。
　　3) 理解和詮釋涉及語意和義理兩個層面，這兩個層面分別對應於康德所
　　　謂「歷史的知識」與「理性的知識」，而以「理性的知識」為依歸。
　　如果我們將這三項要點置於西方現代詮釋學的脈絡中來考察，其意義會
更為顯豁。只要對西方詮釋學的發展稍有了解的人都知道，在這個發展過程
中有兩條未必完全對立、但顯然各有所偏的路線：一者由許萊爾馬赫和狄爾
泰（Wilhelm Dilthey, 1833-1911）奠定其基礎；另一者則由海德格（Martin
Heidegger, 1889-1976）開其端，其後由迦達默爾發展成一套方法論。此後的
詮釋學大抵都可以歸諸這兩條路線之一。前一條路線強調對象在詮釋學上的
自主性，而試圖保住詮釋的客觀性；後一條路線則從理解的歷史性出發，否

21　同上書，頁 9-10〔全集版，21: (11)-(12)〕。

定一切超歷史的詮釋觀點,因而質疑「客觀有效的詮釋」之可能性。這兩條路線之爭在迦達默爾與貝提(Emilio Betti, 1890-1968)的論戰中達到極點[22]。就上述的第(1)點而言,既然牟先生承認「客觀的了解」之可能性,則其詮釋學原則顯然屬於許萊爾馬赫與狄爾泰之一方。牟先生在評論康德對「現象」與「物自身」所作的區分時就明白地表示:

> 如果我們真能真切地把握住他心中所閃爍的通識與洞見,則他的系統內部的各種主張亦甚為顯然,小出入雖或不可免,然大端是不可爭辯地妥當的。但說到真切地把握住他心中所閃爍的通識與洞見,這真是談何容易!因為他心中所閃爍的通識與洞見不只是他個人主觀的,一時的靈感,而乃是代表著一個客觀的,最高的而且是最根源的問題。如果那只是他個人主觀的,一時的靈感,有誰能猜測它呢?如果他是一個客觀的問題,縱使是最高的而又是最根源的,亦須有義理以通之;縱使是發自於他個人的見地,我們亦須把它當作一個客觀問題,依學問底途徑以深切著明之。[23]

依牟先生之見,哲學詮釋的對象並非語言文字本身,而是語言文字所要表達的義理,而義理只能藉理性去把握。因此,他以「客觀」一詞所表示的,與其說是「合於文本(Text)之原義」,不如說是「合於理性之根據」。我們在詮釋哲學文本時必須遵守的一項基本信條是:我們應盡可能將文本詮釋得合理。我們必須假定:一項合理的詮釋比一項不合理的詮釋更符合文本之原義。因此,詮釋者運用理性思考的能力是「客觀的」理解或詮釋之先決條件。縱使我們最後斷定某一文本所表達的義理在邏輯上有矛盾,也只能依理性之根據以為斷。羅素(Bertrand Russell, 1872-1970)在比較色諾芬(Xenophon, ca. 450-354 BCE)與柏拉圖所理解的蘇格拉底時表示:「一

---

[22] 關於這兩條路線之爭,以及迦達默爾與貝提之論戰,請參閱 Richard E. Palmer: *Hermeneutics* (Evanston: Northwestern Univ. Press, 1969), chap. 4。

[23] 牟宗三:《現象與物自身》,〈序〉,頁 1-2〔全集版,21: (3)-(4)〕。

個愚蠢人對一個聰明人的話語所作之報導決不會精確,因為他會在無意中將他聽到的話語轉譯成他所能理解的意思。我寧可讓我在哲學界最厲害的敵人來報導我的話,而不願讓一個不懂哲學的朋友來報導我的話。」[24]這段話便包含了上述的意思。牟先生並未在原則上否定「合乎原義的詮釋」之可能性;換言之,他在詮釋問題上並不採取相對主義的立場。但在另一方面,他將鑑別原義的判準置於理性之根據上;就此而言,他亦不採取客觀主義的立場。套用伯恩斯坦(Richard J. Bernstein, 1932-)的一本名著之標題來說,牟先生的詮釋學觀點係「超乎客觀主義與相對主義」(beyond objectivism and relativism)。

其次,上述的第(2)點也將牟先生的立場與客觀主義進一步區別開來。牟先生將「生命」之相應與否視為有效的詮釋之另一項先決條件,不免會令人想到狄爾泰的詮釋學觀點。因為依狄爾泰之見,保證詮釋之客觀性的,並非抽象的理性,而是他所謂的「客觀精神」(der objektive Geist),亦即「存在於個體間的共通性在感性世界中客觀化的諸多形式」[25]。換言之,「客觀精神」是共同的人性在人文世界中的體現,它與「生命」(Leben)是分不開的。「生命」是狄爾泰哲學的核心概念,它涵蓋人的精神生活之各個層面。在其詮釋學中,「生命」不但是詮釋的對象,也是其進路。

同樣的,對牟先生而言,理性之表現亦不能脫離「生命」,故他有「生命的學問」之說。他解釋道:

> 生命的學問,可以從兩方面講:一是個人主觀方面的,一是客觀的集團方面的。前者是個人修養之事,個人精神生活升進之事,一如一切宗教之所講。後者是一切人文世界的事,如國家、政治、法律、經濟等方面的事,此也是生命上的事,生命之客觀表現方面的事。[26]

---

[24] Bertrand Russell: *History of Western Philosophy* (London:Allen & Unwin,1968), p. 101.

[25] Wilhelm Dilthey: *Gesammelte Schriften*, Bd. 7 (Göttingen: Vandenhoeck & Ruprecht, 1979), S. 208.

[26] 牟宗三:《生命的學問》(臺北:三民書局,1970 年),頁 37。

這個「生命」概念與狄爾泰的「生命」概念頗為接近。牟先生在其〈客觀的了解與中國文化之再造〉一文中便明白指出：「客觀的了解」不能單靠「理解力」，還得有「相應的生命性情」[27]。換言之，他將「生命」視為理解與詮釋的另一項主觀條件。

第(3)點則涉及康德所謂「歷史的知識」與「理性的知識」之區分。對於這兩種知識之區分，康德作了如下的說明：

> 如果我就客觀而言，抽去知識底所有內容，則一切知識在主觀上或為歷史的，或為理性的。歷史的知識是由資料而來的知識（cognitio ex datis），理性的知識則是由原則而來的知識（cognitio ex principiis）。一種知識不論其最初來源為何，只要其擁有者所認識的，在程度及量方面僅如他自他處——不管是透過直接經驗還是轉述，甚至透過（普遍知識之）傳授——所得到的，則其知識仍是歷史的。因此，有人真的**學得**了一套哲學系統，譬如吳爾夫（Christian Wolff）底哲學系統，縱使能記住其全部原理、解說和證明，乃至其整個學說系統之畫分，而瞭如指掌，他所擁有的仍不外乎吳爾夫哲學之完整的**歷史**知識。他得到多少，他便只能認識並判斷多少。若你同他爭論一項定義，他便不知道要從何處取得另一項定義。他根據別人底理性而長進，但是這種摹仿能力並非創造能力，也就是說，他的知識並非源**自**理性；而儘管在客觀上，這的確是一種理性知識，但是在主觀上，它仍只是歷史的。他掌握並保存得很好，也就是說，學習得很好，而且是一個活人底石膏像。如果客觀上的理性知識（亦即最初只能源自人自己的理性之知識）也要在主觀上贏得此名，就必須得自理性底普遍根源（對所習得的東西之批判、乃至拒斥，也只能來自此根源），也就是說，來自原則。[28]

---

[27]　牟宗三：〈客觀的了解與中國文化之再造〉，收入《牟宗三先生晚期文集》（《全集》，第27冊），頁429。

[28]　I. Kant: *Kritik der reinen Vernunft*, hrsg. von Raymund Schmidt (Hamburg: Felix Meiner,

根據這段文字，我們可以說：一種知識之為歷史的抑或理性的，並非取決於知識的內容，而是取決於其擁有者理解知識的方式。如果有人將知識僅當作資料，而無法將它提升到理性思考的層面，這種知識便是歷史的。這種人只能入乎其內，而不能出乎其外，其知識是死的，所以康德擬之為「活人底石膏像」。反之，理性的知識係出自我們自己的理性思考。

對康德而言，哲學詮釋不能停留在「歷史的知識」，而必須進至「理性的知識」。1790 年康德在一篇論文中針對吳爾夫學派哲學家艾伯哈特（Johann August Eberhard, 1739-1809）的批評，為他自己的《純粹理性批判》辯護。因為艾伯哈特曾撰文表示：萊布尼茲哲學已包含一套理性批判，這套理性批判不但足以涵蓋康德的理性批判，甚至更為廣泛。康德在文末寫道：

> 《純粹理性批判》或許是對於萊布尼茲的真正辯解，即使違逆他那些以無足光彩的頌詞來抬舉他的門徒。它也能是對於過去一些哲學家的真正辯解——有的哲學史家儘管讚揚他們，卻使他們說出一派胡言，而參不透其中的意旨，因為他忽略了完全來自概念的純粹的理性產物之一切解釋底關鍵，即理性本身底批判（作為一切批判之共同根源），而且無法在他們所說出的言詞底訓解之外看出他們所想要說的意思。[29]

所謂「完全來自概念的純粹的理性產物」便是指哲學知識。如今康德說：解釋這種知識的關鍵在於「理性本身底批判」，便關聯到上文所說的「理性的知識」。因此，哲學詮釋固然要通過文字訓解，但不能停留在文字訓解上。它必須超乎文字訓解的層面，而進至理性思考的層面；而一旦進入了後一層

1976), A835ff./B863ff.（A＝1781 年第 1 版，B＝1787 年第 2 版）

[29] I. Kant: "Über eine Entdeckung, nach der alle neue Kritik der reinen Vernunft durch eine ältere entbehrlich gemacht werden soll", in: *Kants Gesammelte Schriften* (Akademie-ausgabe), Bd. 8, S. 250f.

面，詮釋者甚至可以據此來決定文本的意義。這便是現代詮釋學所謂的「詮釋學的循環」。

　　有意思的是，後來海德格在詮釋康德的《純粹理性批判》時，便引述康德的這段文字來為他自己的詮釋辯解，並且解釋道：

> 當然，為了從語詞所說的取得語詞所想要說的，一切詮釋必定要使用強制力（Gewalt）。但這種強制力不可是隨興任意的。一個居先照明的理念之力量必須推動並主導解釋。唯有憑藉這個理念，一項詮釋才敢於去做任何時候均屬大膽之事，即揭露一個作品中隱藏的內在熱情，以便藉由這種熱情而被置入未說出的意思之中，並且被迫說出這層意思來。但是在此途徑中，這個主導的理念本身在其透視力中顯露出來。[30]

海德格在此區分「語詞所說的」與「語詞所想要說的」兩個層面，即相當於康德所謂「歷史的知識」與「理性的知識」，而詮釋的目標係指向後一層面。但要達到後一層面，必須先有一個主導的理念。由於理念之主導，詮釋者可以釋放出文字背後所隱藏的意義，此時甚至有可能違背文本的字面意義。這個理念之所以有如此的作用，是因為它能「揭露一個作品中隱藏的內在熱情」。海德格以「熱情」（Leidenschaft）一詞來表示詮釋的主觀因素。對牟先生而言，這種主觀因素在於「相應的生命性情」。然而，承認詮釋的主觀因素並非意謂放棄詮釋的客觀性，而陷於相對主義。因為正是藉由這種主觀因素，詮釋者才能「逼出」其客觀意義來。因此海德格才會說：「一切詮釋必定要使用強制力。」這種強制力之合法使用是我們得以將「創造的詮釋」與格義式的「比附」或「曲解」區別開來之關鍵[31]。因

---

[30] Martin Heidegger: *Kant und das Problem der Metaphysik* (Frankfurt/M.: Klostermann, 1973), S. 196.

[31] 傅偉勳先生曾根據海德格之說提出一套「創造的詮釋學」之構想，與本文的說法可以相互發明。關於「創造的詮釋學」之構想及其應用，請參閱下列諸文：

此，牟先生以自信的口吻說道：

〔……〕如果我們只看表面的字眼，誰能想到於佛家的「緣起性空」
處可以說「物之在其自己」？誰能想到誠體成己成物所成之事事物物
是事事物物之在其自己？誰能想到知體明覺之感應中之物與事是物與
事之在其自己？不特此也，縱使莊子之逍遙無待之自在亦不容易被想
到即是康德所說之「物之在其自己」。然而如果知康德所說的「物之
在其自己」是對上帝而言，對其所獨有的智的直覺之創造性而言，則
在自由無限心前為「物之在其自己」乃必然而不可移者。如是，在實
相般若前可以開出一個無自性的「物之在其自己」，亦是必然的；在
明覺感應中之物為「物之在其自己」，這亦是必然的；至於逍遙無待
中之自在，乃至玄同中之有，歸根復命中之物，其為「物之在其自
己」，更不必言矣。中國傳統中的三家以前雖無此詞，然而通過康德
的洞見與詞語，可依理而檢出此義。此既檢出，則對見聞之知（儒
家），成心（道家），識心之執（佛家）而言，萬物為現象，此亦可
順理而立也。此之謂「依義不依語」，「依法不依人」（亦函依理不
依宗派）。時下風氣，多斤斤於字面之異，此乃是執文而不通義也。
顢頇混同，妄肆比附，固增混亂；滯於文而不通義，不能如康德所云

---

1) Charles Wei-hsun Fu: "Creative Hermeneutics: Taoist Metaphysics and Heidegger", *Journal of Chinese Philosophy*, Vol. 3 (1976), pp. 115-143.

2) 傅偉勳：〈創造的詮釋學及其應用〉。見其《從創造的詮釋學到大乘佛學》（臺北：東大圖書公司，1990 年），頁 1-46。

3) 傅偉勳：〈《壇經》慧能頓悟禪教深層義蘊試探〉。見同上書，頁 209-242。

4) 傅偉勳：〈《大乘起信論》義理新探〉。見同上書，頁 265-304。

5) 傅偉勳：〈現代儒學的詮釋學暨思維方法論建立課題——從當代德法詮釋學爭論談起〉。見江日新編：《中西哲學的會面與對話》（臺北：文津出版社，1994 年），頁 127-152。

6) 傅偉勳：〈關於緣起思想形成與發展的詮釋學考察〉。見其《佛教思想的現代探索》（臺北：東大圖書公司，1995 年），頁 51-92。

依理性之原則而思考，到家亦不過只是歷史的知識，永不能得理性的知識，此已難與之語學矣，而何況即於詞義尚不通者乎？[32]

牟先生在其〈研究中國哲學之文獻途徑〉這篇演講詞中特別強調：研究中國哲學不能迴避「文獻途徑」，這和研究西方哲學的途徑不同。因為西方哲學有很強的系統性，概念較分明，所以西方哲學之研究大體可以獨立於古典學之研究。反之，中國的哲學文獻多半欠缺嚴格的系統，所以中國哲學之研究者必須從文獻解讀入手，而採取「文獻途徑」。牟先生在《心體與性體》、《才性與玄理》、《佛性與般若》等著作中大量疏解相關的哲學文獻，便是採取「文獻途徑」。但是他所說的「文獻途徑」並非一般所謂的「歷史的途徑」或「考證的途徑」。他在文中批評清代考證家「訓詁明而後義理明」的片面說法，認為這種方法並不能使人真正了解義理。以今天的語言來說，這種說法之盲點在於不了解「詮釋學的循環」之必要性，而將「理解」視為單向的機械式過程。反之，牟先生所說的「文獻途徑」則是建立在「文字訓解」與「義理詮釋」之循環關係上。

四

牟先生並未像前面提到的西方哲學家一樣，發展出一套哲學詮釋學。但由以上的討論，我們可以大致了解其詮釋學原則、以及這些原則的哲學理據。國內學術界不時有人質疑牟先生使用康德的「物自身」、「智的直覺」、「自律」等概念是否符合康德的原意，也不斷有人批評他藉康德的這些概念來詮釋中國哲學為「比附」、「硬套」。這些批評和質疑泰半欠缺方法論的反省，而可藉牟先生的詮釋學原則予以化解。如上所述，牟先生區分哲學詮釋的兩個層面：在第一個層面上，我們必須「依語以明義」。從牟先生翻譯康德的三大批判，以及他隨文疏解儒、釋、道三家的重要文獻，可證

---

[32] 牟宗三：《現象與物自身》，〈序〉，頁17〔全集版，21: (19)-(20)〕。

明他並未輕忽這個層面上的工夫，也無意略過這個層面。在哲學詮釋的第二
個層面上，我們必須「依義不依語」。牟先生正是在這個層面上顯現出他作
為哲學家的創造力。在《智的直覺與中國哲學》一書中，他為自己會通康德
與中國哲學的工作辯護道：

> 人或可說：你這樣作，是把康德拉入中國的哲學傳統裡，這未必是康
> 德之所願，而你們中國那一套亦未必是康德之所喜。我說：理之所在
> 自有其必然的歸結，不管你願不願；而以康德之特重道德而且善講道
> 德，則中國這一套亦未必非其所樂聞。你以為中國這一套未必是康德
> 之所喜，是因為你不了解中國這一套之本義，實義，與深遠義故。假
> 若中國這一套之本義，實義，與深遠義能呈現出來，則我以為真能懂
> 中國之儒學者還是康德。[33]

牟先生在此像康德與海德格一樣，就哲學詮釋的第二個層面宣稱：他對作者
的理解勝於作者對自己的理解。當他在這個層面進行真正的哲學思考時，若
有人就第一個層面去質疑他的詮釋是否符合文獻的「原義」，這只證明提出
質疑者不知哲學思考為何物，亦不了解詮釋學的原則與問題。只要這種方法
論的區別無法釐清，我們便無法指望任何有意義的批評──不但是對於牟先
生，對於其他哲學家亦然。牟先生的詮釋學原則太簡略，或許無法充分地回
應西方現代詮釋學所提出的種種複雜而精微的問題，但無論如何，他的哲學
詮釋已涉及了這些問題，值得我們從詮釋學的角度進一步去反省。筆者真切
地期待更有深度的反省將在我們的學術界出現。

（原刊於《中國文哲研究集刊》，第 8 期〔1996 年 3 月〕，頁 175-
196。）

---

33 牟宗三：《智的直覺與中國哲學》（臺北：臺灣商務印書館，1974 年），〈序〉，
頁 4〔全集版，20: (7)〕。

牟宗三先生與中西比較哲學

　　1904 年初清廷頒布了張之洞、張百熙、榮慶等人擬訂的「奏定學堂章程」。此一章程「大致取法日本學制，獨於文科大學中削除哲學一科，而以理學科代之」[1]。在擬訂的過程中，王國維得悉張之洞與張百熙的奏摺內容，而於 1903 年發表了〈哲學辨惑〉一文，在文中強調：一、哲學非有害之學；二、哲學非無益之學；三、中國現時研究哲學之必要；四、哲學為中國固有之學；五、研究西洋哲學之必要[2]。針對第五點，他特別解釋說：

　　〔……〕說者曰：哲學既為中國所固有，則研究中國之哲學足矣，奚以西洋哲學為？此又不然。余非謂西洋哲學之必勝於中國，然吾國古書大率繁散而無紀，殘缺而不完，雖有真理，不易尋繹，以視西洋哲學之系統燦然、步伐嚴整者，其形式上之孰優孰劣，固自不可掩也。且今之言教育學者，將用《論語》、〈學記〉作課本乎？抑將博採西洋之教育學以充之也？于教育學然，于哲學何獨不然？且**欲通中國哲學，又非通西洋之哲學不易明矣**。近世中國哲學之不振，其原因雖繁，然古書之難解，未始非其一端也。苟通西洋之哲學，以治吾中國之哲學，則其所得當不止此。**異日昌大吾國固有之哲學者，必在深通西洋哲學之人無疑也**。[3]

---

[1]　王國維：〈教育偶感四則〉，見謝維揚、房鑫亮編：《王國維全集》（杭州：浙江教育出版社／廣州：廣東教育出版社，2009 年），第 1 卷，頁 137。

[2]　同上書，第 14 卷，頁 8-9。按此文原刊於《教育世界》第 55 號（1903 年 7 月）。

[3]　黑體字為筆者所標示。

無獨有偶，時隔百年之後，彭國翔教授也提出了類似的說法：

> 和中文世界的「西方哲學」研究不同，自有「中國哲學」這一觀念和
> 相應的學科建制以來，中國哲學研究就不是一個僅限於「中國哲學」
> 的孤立行為，而是始終處在與西方哲學的關係之中。換言之，可以說
> 「中國哲學」一開始就是某種比較哲學。迄今為止，無論就古典研究
> 還是理論建構來說，在中國哲學領域取得巨大成就的前輩與時賢，幾
> 乎無一不對西方哲學傳統有深入的瞭解與吸收。在一定意義上，對西
> 方哲學造詣的深淺，直接影響「中國哲學」的詮釋與建構。[4]

　　以上的說法與百餘年來中國哲學的發展過程都印證了筆者一貫的看法：
今天致力於重建中國哲學者，不可不具備比較哲學（或跨文化哲學）的視
野。對於比較哲學視野之重要性，中國的現代新儒學與日本的京都學派都提
供了絕佳的例證。本文擬以牟宗三先生的學思歷程為例，來說明比較哲學的
視野對於中國哲學之重建的重要性。此處所謂的「重建」（reconstruction）
包含兩層意涵，即「恢復」和「重組」。以中國哲學之「重建」來說，第一
層意涵意指：探尋中國哲學的原貌，設法恢復其原有意義；第二個意涵則意
謂：經由重新詮釋，重組中國哲學原有的成素，從而賦予它新的意義，激發
其潛在的思想動力。這兩種意涵表面上似乎相互衝突，其實可以互補[5]。

　　眾所周知，牟先生在重建中國哲學的過程當中，他主要憑藉的西方哲學
資源是康德哲學。因此，筆者在德文著作《儒家思想在現代中國》中有一章
專門介紹他的生平及哲學，其副標題便是「在儒家思想與康德思想之間」

---

[4]　彭國翔：〈立足儒學，融通東西──李明輝教授與比較哲學〉，見其《重建斯文：儒
　　學與當今世界》（北京：北京大學出版社，2013 年），頁 159。

[5]　關於此詞的不同意涵，可參閱 Gunter Scholtz: Artikel "Rekonstruktion", in: Joachim
　　Ritter/Karlfried Gründer (Hrsg.), *Historisches Wörterbuch der Philosophie*, Bd. 8 (Basel:
　　Schwabe, 1992), S. 570-578.

（"Zwischen Konfuzianismus und Kantianismus"）[6]。

　　牟先生對康德哲學的研究可上溯至 1930 年代。他在 1937 年 9 月出刊的《哲學評論》第 6 卷第 2/3 合期中發表了〈覺知底因果說與知識底可能說〉一文[7]。在此文中，他討論了康德的時空論與範疇論。到了 1940 年代，牟先生有三篇論文涉及康德哲學，即是〈純粹理性與實踐理性〉（刊於《文史雜誌》第 3 卷第 11/12 期，1944 年 6 月）、〈知覺現象之客觀化問題〉（刊於《學原》第 1 卷第 9 期，1948 年 1 月）及〈時空為直覺底形式之考察〉（刊於《學原》第 2 卷第 2 期，1948 年 6 月）[8]。第二篇論文涉及康德的「統覺」（Apperzeption）概念，第三篇論文則探討康德的時空論。特別值得注意是第一篇論文。顧名思義，此文的問題意識直接來自康德，因為眾所周知，康德有《純粹理性批判》與《實踐理性批判》二書。牟先生在文中所討論的當是康德所謂的「理論理性」（theoretische Vurnunft）與「實踐理性」（praktische Vernunft）。但是他和當時大多數中國學者一樣，為《純粹理性批判》的書名所誤導，而將「純粹理性」當作「實踐理性」的對應概念。其實，在康德的用法中，與「實踐理性」相對應的是「理論理性」或「思辨理性」（spekulative Vernunft）。撇開這點不談，他在文中特別強調康德在西方哲學傳統中的特殊地位，即是：「他是以實踐理性為最後，認其居於優越的地位。」[9]同時他提到：「實踐理性的體性學亦曰道德的形上學，或曰屬行的體性學。依照這種體性學，形上的實體非由實踐理性去把握

---

[6]　Ming-huei Lee: *Der Konfuzianismus im modernen China* (Leipzig: Leipziger Universitätsverlag, 2001), S. 65ff.

[7]　收入《牟宗三先生早期文集》（上），見《牟宗三先生全集》（臺北：聯經出版事業公司，2003 年），第 25 冊。

[8]　前二文收入同上書。在第三文的開頭，牟先生表示：「此文為拙稿《認識心之批判》中的附錄。」但在 1956/1957 年由香港友聯出版社出版的《認識心之批判》中並未收入此文。《牟宗三先生全集》的編者始將此文收入《認識心之批判》（見《全集》第 19 冊）中，作為其附錄。

[9]　《牟宗三先生早期文集》（上），見《牟宗三先生全集》，第 25 冊，頁 370。

不可。」[10]他還特別指出：這是中國哲學所採取的路向。儘管這篇論文對中國哲學著墨不多，但卻預示了牟先生日後會通儒學與康德哲學的思想方向。

　　在牟先生於 1940 年代發表的論文當中，還有以下四篇直接或間接涉及康德的知識論：

〈傳統邏輯與康德的範疇〉，《理想與文化》，第 8 期（1946 年 5 月）；

〈時空與數學〉，《學原》，第 2 卷第 6 期（1948 年 10 月）；

〈生理感中心中之生起事之客觀化〉，《理想與文化》，第 9 期（1950 年 5
　　月 1 日）；

〈認識論之前題〉，《學原》，第 3 卷第 2 期（1950 年 10 月）。

但這些論文均收入日後出版的《認識心之批判》中，成為其中的章節。

　　《認識心之批判》一書完稿於 1949 年，但直到 1956 及 1957 年始由香港友聯出版社先後出版其上下冊。顧名思義，此書係針對康德的《純粹理性批判》而寫，正如牟先生在此書的〈序言〉中所言：此書「等於重寫一部《純理批判》也」[11]。此書的主要目的在於以康德的哲學思路融攝羅素（Bertrand Russell, 1872-1970）與維特根什坦（Ludwig Wittgenstein, 1889-1951）所理解的邏輯與數學於純粹知性。因此，1990 年臺灣學生書局重印此書時，牟先生在〈重印誌言〉中特別表示：「吾之寫此書實以羅素學與維特根什坦學為背景，故讀此書者必須有讀《數學原理》（羅素與懷悌海合著者）之訓練。至若維特根什坦之《名理論》，則吾最近已重新譯出〔……〕讀之亦可以窺維氏學。」[12]《數學原理》即英國哲學家羅素與懷悌海（Alfred North Whitehead, 1861-1947）合著的 *Principia Mathematica* 一書。牟先生曾私下表示：他就讀於北京大學時便已將此書中的公式演算過一遍。至於《名理論》，則是維特根什坦的 *Logisch-philosophische Abhandlung*（1921）一書[13]。牟先生後來譯出此書，於 1987 年 8 月由臺灣學生書局出版。

10　同上書，頁 382。

11　《認識心之批判》（上）（《全集》第 18 冊），頁(10)。

12　同上書，頁(7)。

13　英文版題為 *Tractatus Logico-Philosophicus*，於 1922 年出版。

　　牟先生從大學時代起便開始涉獵西方現代邏輯（符號邏輯）與數學哲學，其後陸續發表了一系列相關的論文與譯述。由於這些論文散見於各報刊，知者不多。及至筆者參與《牟宗三先生全集》之編輯工作時，才從各地蒐求而來。在這些論文中，有五篇成為其《邏輯典範》（香港：商務印書館，1941 年）一書的部分章節[14]，其餘各篇由筆者編入《牟宗三先生早期文集》及《牟宗三先生譯述集》中。這批資料之「出土」使我們得以完整地了解牟先生早年在現代邏輯與數學哲學之研究方面的造詣。《邏輯典範》一書厚達六百餘頁，係牟先生在抗戰時期所撰，代表他早年在邏輯與數學哲學方面的研究成果。此書以討論現代邏輯為主，但在第一卷〈邏輯哲學〉中綜論傳統邏輯（亞里斯多德邏輯）到現代邏輯的發展與轉折。他到了臺灣之後，又應教育部之邀，撰寫了《理則學》教科書，於 1955 年由臺北正中書局出版。此書涵蓋傳統邏輯與符號邏輯，兩者之分量大致相當。此外，他還與范錡、錢頻合寫了《哲學·理則學·倫理學·心理學概要》一書，於 1953 年由臺灣東方書店出版。牟先生撰寫的是理則學的部分，僅討論傳統邏輯。這部分後來以《理則學簡本》為題，收入《牟宗三先生全集》第 12 冊。

　　牟先生早年對於現代邏輯與數學哲學的研究涉及極為專門的問題，本文無法討論。所幸王興國已在這個領域中耕耘多年，出版了《契接中西哲學之主流——牟宗三哲學思想淵源探要》（北京：光明日報出版社，2006 年）及《牟宗三哲學思想研究——從邏輯思辨到哲學架構》（北京：人民出版社，2007 年）二書，對相關的問題有深入的探討，讀者可自行參閱。

　　現在回到《認識心之批判》一書。如上所述，此書旨在將羅素與維特根什坦的邏輯哲學與數學哲學融入康德的純粹知性系統中。後來牟先生在臺灣學生書局版的〈重印誌言〉中對此書表示了他自己的不滿：

　　　　最大的失誤乃在吾那時只能了解知性之邏輯性格，並不能了解康德之
　　　　「知性之存有論的性格」之系統。吾是想把羅素與維特根什坦等人所

---

[14] 其篇目見《牟宗三先生全集》，第 11 冊：《邏輯典範》，〈編校說明〉。

　　理解之邏輯與數學予以扭轉使其落實於知性，而以先驗主義與理性主義解釋之，一方面堵絕形式主義與約定主義之無根之談，一方面復亦堵絕將邏輯與數學基於邏輯原子論之形上學之岐〔歧〕出之見，此則特彰顯知性之邏輯性格，將其全體大用予以全部展示與系統陳述；此可謂以康德之思路融攝近世邏輯、數學之成就於純粹知性也。〔……〕然所謂以康德之思路融攝近世邏輯、數學之成就於純粹知性，此所謂康德思路只是初步一半之康德思路，並非完整正式之康德思路，蓋吾不能了解其知性之存有論的性格之主張，故吾當時於知識論尚只是一般之實在論之態度，而非康德之「經驗的實在論」與「超越的觀念論」之系統也。[15]

　　所謂康德的「知性之邏輯性格」即是僅就知識論脈絡所理解的康德哲學，而牟先生以康德的知性系統融攝羅素與維特根什坦的邏輯哲學與數學哲學，也僅是在知識論脈絡中的融攝。至於康德的「知性之存有論的性格」，則必須涉入形上學的領域。在西方哲學史中，康德的「形上學」概念是非常特別的。他賦予「形上學」以雙重意義：在消極方面，形上學的功能在於藉由批判而確定人類理性之界限；在積極方面，其功能在於為價值領域（道德、宗教等）保留空間。這就是康德在《純粹理性批判》第二版〈前言〉中所說的：「我必須揚棄**知識**，以便為**信仰**取得位置。」[16]亦即勞思光先生所謂的「窮智見德」[17]。單就知識論的脈絡而言，《認識心之批判》僅屬於為

---

[15]　《認識心之批判》（上）（《全集》第 18 冊），頁(6)。

[16]　Immanuel Kant: *Kritik der reinen Vernunft*, hrsg. von Raymund Schmidt (Hamburg: Felix Meiner, 1976), BXXX（A＝1781 年第一版，B＝1787 年第二版）此處所謂的「信仰」（Glaube）涵蓋道德與宗教的領域。

[17]　勞先生屢屢以「窮智見德」一詞來概括康德哲學的基本方向，例如其〈致唐君毅先生〉云：「康德秉承重智精神之傳統而興，獨能**窮智見德**〔……〕」（見其《書簡與雜記》〔臺北：時報文化出版企業公司，1987 年〕，頁 216）又參閱其〈論「窮智見德」〉，收入其《儒學精神與世界文化路向》（臺北：時報文化出版企業公司，1986 年），頁 226-231。

人類理性設定界限的批判工作，與中國傳統哲學並不直接相干。但是這種批判工作卻間接開啟了價值領域，而可以接上重德的中國哲學傳統。故牟先生在該書原版的〈序言〉中寫道：

> 乘近代學術之發展，會觀聖學之精蘊，則康德之工作實有重作之必要。吾茲於認識心之全體大用，全幅予以展現。窮盡其全幅歷程而見其窮，則道德主體朗然而現矣。友人勞思光君所謂「窮智見德」者是也。認識心，智也；道德主體即道德的天心，仁也。學問之事，仁與智盡之矣。中土聖學為明「德」之學，茲書之作即所以遙契而銜接之者也。[18]

此外，牟先生在其《五十自述》中回顧他在撰寫《認識心之批判》時逐步理解康德《純粹理性批判》的過程如下：

> 我因對於邏輯數學之解析之步步扭轉，認識了純理自己之展現，所以我首先了解了他的〈超越辯證〉一部。這是他對於「超越形上學」的批判，由如何不可能透露出如何可能。其中兩個關鍵性的名詞就是「軌約原則」與「構成原則」。這兩個為何、如何的批判思辨上的名詞，在康氏《純理批判》中非常重要。〔……〕在〈超越辯證〉中，他明純粹理性順經驗依據範疇向後追溯，以期超出經驗，提供超越理念，這種追溯與由提供而置定的超越理念，只是「軌約的」，而不能認為是「構成的」。依範疇以追溯，在提供超越理念上，只是軌約原則，而不是構成原則。以軌約為構成，這便形成超越辯證所示的虛幻性。這表示在純粹理性依據範疇以追溯上，並不能明超越理念之真實可能性，並不能獲得其真實的客觀妥實性。這裡即表現了純粹理性有效使用的範圍，劃開了「知識域」與「超越域」。在「超越域」上，

---

[18] 《認識心之批判》（上）（《全集》第18冊），頁（13）。

即算開闢了價值域，此則必須另有根源以契之與實之。此另一根源即
是「認識主體」外之「道德主體」。[19]

最後，他總結道：「此書一成，中土心性之學朗然在目矣。」[20]就此而言，
牟先生早年對康德《純粹理性批判》的研究可說間接開啟了他日後重建中國
哲學的工作。

　　比較哲學之「比較」其實包含雙重意涵：一是會通，二是對比。針對所
比較的對象，會通著重其同，對比強調其異。但嚴格而論，兩者無法截然畫
分。因為在大多數對象之間，往往是同中有異，異中有同，只是各有偏重而
已。以言中西哲學之比較，牟先生迄今為止的工作大體屬於對比的工作，此
後則偏重於會通的工作。牟先生會通康德哲學與中國哲學的貢獻在學術界已
廣為人所知，而且已有不少深入的研究。筆者也發表了不少相關著作，特別
是《儒家與康德》（臺北：聯經出版事業公司，2018 年，增訂版）與《當
代儒學之自我轉化》（臺北：中央研究院中國文哲研究所，1994 年）[21]。因
此，對牟先生在這方面的貢獻，本文僅概述其要。

　　一方面，牟先生根據英文本將康德的主要著作譯成中文。首先，《實踐
理性批判》和《道德底形上學之基礎》二書之中譯本於 1982 年以《康德的
道德哲學》之名由臺灣學生書局出版。其中，《實踐理性批判》之譯本附有
不少註解，在這些註解中他不時將儒家與康德的觀點加以對比，論其異同。
次年，《純粹理性批判》一書之中譯本亦由臺灣學生書局出版。但此書的
〈先驗方法論〉部分並未譯出，故非全譯本。《判斷力批判》一書之中譯本
上下兩冊先後於 1992 及 1993 年由臺灣學生書局出版。牟先生在此譯本的前
面附上長達 89 頁的〈以合目的性之原則為審美判斷力之超越的原則之疑竇
與商榷〉一文，對康德的觀點提出質疑。此外，他還翻譯了康德的《單在理

---

[19]　《五十自述》（《全集》第 32 冊），頁 67。

[20]　同上書，頁 72。

[21]　此書有簡體字版《當代儒學的自我轉化》（北京：中國社會科學出版社，2001
　　　年）。

性範圍內之宗教》之第一卷〈論人性中之基本惡〉[22]及第二卷〈善原則之統治人與惡原則之統治人之衝突〉[23]。

另一方面，牟先生有幾部著作直接涉及儒學與康德哲學之會通，包括《智的直覺與中國哲學》（1971 年）、《現象與物自身》（1975 年）、《圓善論》（1985 年），以及由學生根據課程錄音整理而成的《中國哲學十九講》（1983 年）及《中西哲學之會通十四講》（1990 年）。《中國哲學十九講》係藉由中西哲學之對比來闡述中國各家哲學（包括儒、釋、道三家、法家、名家、玄學）之要旨。《中西哲學之會通十四講》則是藉由康德哲學與中國哲學之對比來說明中國哲學的基本方向。

在《智的直覺與中國哲學》一書中，牟先生先順著海德格（Martin Heidegger, 1889-1976）在《康德與形上學問題》（*Kant und das Problem der Metaphysik*）一書中對於康德哲學的詮釋，釐清「現象」（Erscheinung）、「物自身」（Ding an sich）、「智的直覺」（intellektuelle Anschauung）、「先驗對象」（transzendentaler Gegenstand）等概念的涵義。接著，他指出：儘管康德不承認人類有智的直覺，而將它僅歸諸上帝，但是在中國傳統的儒、釋、道三教都承認人類能體證其所具有的無限心（儒家的本心、良知、道家的道心、玄智，以及佛家的真常心），這無異承認人類具有智的直覺。他據此歸結說：唯有承認人類具有智的直覺，康德哲學所涵蘊、但卻無法建立的「道德的形上學」才能真正完成，而海德格的「基本存有論」則不足以擔負此一任務。書末附有海德格的《存有與時間》（*Sein und Zeit*）第 9 及 10 節之中譯（當然也是根據英文本譯出）。在《現象與物自身》一書中，牟先生進一步檢討康德哲學中「現象」與「物自身」之區分，以建立其「兩層存有論」（即「執的存有論」與「無執的存有論」，或者說，「現象界的存有論」與「本體界的存有論」）的架構。他特別強調：由於康德不承認人類具有智的直覺，他無法穩定並極成其「現象」與「物自身」之區分。

---

[22] 譯文收入《圓善論》（《全集》第 22 冊），作為其附錄。

[23] 譯文原刊於《鵝湖月刊》，第 12 卷第 12 期（1987 年 6 月）及第 13 卷第 1 期（1987 年 7 月）；後收入《牟宗三先生譯述集》（《全集》第 17 冊），頁 379-420。

在《圓善論》一書的前半部，他以康德的「自律」（Autonomie）原則來疏解《孟子・告子上》篇的大部分章節及〈盡心篇〉的若干章節。在此書的後半部，他順著康德的「最高善」（圓善）問題，來說明儒、釋、道三教中的「圓教」型態，藉以解決康德在《實踐理性批判》中所提出的「德福如何一致」之問題。

此外，牟先生三巨冊的《心體與性體》（臺北：正中書局，1968/1969年）雖是討論宋明儒學的著作，但卻預設了一個康德式的分析架構。在此書第一冊第一部〈綜論〉第三章〈自律道德與道德形上學〉中，牟先生詳細闡述康德倫理學中的「自律」原則。但是他也指出康德倫理學之不足及儒家有進於康德之處，此即：由於康德僅將人類意志之自由視為一項「設準」（Postulat），他只能建立「道德底形上學」（metaphysics of morals），而無法像儒家那樣，基於對良知心體的直接體證建立一套「道德的形上學」（moral metaphysics）。接著，他根據「自律」原則來分判宋明儒學內部的義理系統：北宋的周濂溪、張橫渠、程明道三家、其後的陸象山、王陽明一系，以及胡五峰、劉蕺山一系繼承孔、孟、《中庸》、《易傳》的義理方向，代表自律道德；而程伊川、朱子一系則為歧出，代表他律道德。所以，他判定朱子是「別子為宗」。牟先生對宋明儒學的分判是他最具原創性、但也引起最多爭議的論點。

筆者曾將牟先生藉以會通儒家思想與康德哲學的主要契合點概括為三點，即「一心開二門」的思想間架、「實踐理性優先於思辨理性」的觀點，以及「自律倫理學」的概念[24]。這三點已大致見於以上的討論之中。至於其詳情，則涉及極其複雜的問題，非本文所能討論。

在德國古典哲學當中，除了康德之外，進入牟先生的比較視域中的還有黑格爾。牟先生對於黑格爾，雖不像對於康德那樣，大量譯註其著作，但他對黑格爾哲學有一定程度的涉獵，卻是毫無疑問的。他曾譯述黑格爾的《歷史哲學講義》（*Vorlesungen über die Philosophie der Geschichte*）之〈導

---

[24] 參閱拙著：《當代儒學之自我轉化》，頁 71-86；簡體字版，頁 64-78。

論〉，題為〈黑格爾的歷史哲學〉[25]。其實，早在 1930 年代他參與「唯物辯證法論戰」時，便已發表了〈邏輯與辯證邏輯〉與〈辯證唯物論的制限〉二文[26]。在這兩篇論文及他稍早發表的〈辯證法是真理嗎？〉[27]與〈矛盾與類型說〉[28]中，他都討論過黑格爾的辯證法。此外，他還有〈論黑格爾的辯證法〉一文[29]。其《理則學》第十三章〈辯證法〉也討論到黑格爾的辯證法。在這裡，他堅持：辯證法只能表現於超知性層的「精神表現底發展過程」與「形而上的絕對真實」，而不能就外在事象之變動與關聯而說。他據此判定：唯物辯證法是辯證法之誤用，因而不可通。

除了黑格爾的辯證法之外，牟先生還涉及黑格爾哲學的其他課題。在《人文講習錄》中，第二十七講便是「黑格爾哲學與存在哲學」[30]。在《生命的學問》中還收錄兩篇與黑格爾哲學有關的論文，即〈黑格爾與王船山〉與〈論「凡存在即合理」〉。前一文指出：作為歷史哲學家，黑格爾與王船山均具有「具體的解悟」，而能把握歷史文化中的「具體的整全」、「具體的普遍者」。後一文顧名思義，係討論黑格爾法哲學中的重要命題：「凡存在即合理。」[31]

---

[25] 此譯文原收入謝幼偉等著：《黑格爾哲學論文集》，第 2 冊（臺北：中華文化出版事業委員會，1956 年），後收入《牟宗三先生譯述集》（《全集》第 17 冊），頁 281-331。

[26] 此二文均收入張東蓀編：《唯物辯證法論戰》（北平：民友書局，1934 年），後收入《牟宗三先生早期文集》（上）（《全集》第 25 冊），頁 93-151。

[27] 原刊於《北平晨報·北晨學園》，第 162 期（1931 年 9 月 7 日）／第 163 期（1931 年 9 月 8 日），後收入《牟宗三先生早期文集》（上）（《全集》第 25 冊），頁 3-11。

[28] 原刊於《哲學評論》，第 5 卷第 2 期（1933 年 11 月），後收入《牟宗三先生早期文集》（上），頁 13-91。

[29] 原刊於《思想與革命》，第 1 卷第 6 期（1951 年 6 月），後收入《生命的學問》（臺北：三民書局，1970 年）。由於三民書局發行人劉振強拒絕授權，《生命的學問》這本小書未能收入《牟宗三先生全集》中，令人遺憾。

[30] 《人文講習錄》（《全集》第 28 冊），頁 157-161。

[31] 其完整的原文是："Was vernünftig ist, das ist wirklich; und was wirklich ist, das ist vernünftig."（「凡是理性的即是現實的，而凡是現實的即是理性的。」）見 Hegel:

　　牟先生在 1950 年代有所謂的「外王三書」，即《道德的理想主義》[32]、《歷史哲學》[33]與《政道與治道》[34]。在這三書（尤其是後二書）之中，黑格爾哲學有一定的影響。例如，在《歷史哲學》第一部第三章〈平等與主體自由之三態〉中，牟先生便討論黑格爾的歷史哲學及他對中國文化的看法，其第四節之標題甚至是：「黑格爾所了解者並非全無理」。故唐君毅先生在評論該書時寫道：「牟先生此書所論者，雖為中國歷史之哲學，然其所以論之方法與所用之名辭，亦未嘗不受西方思想如黑格耳等之影響。」[35]另外二書中亦可見到黑格爾的影響，只是不如此直接而已。此點可以牟先生自己的話得到佐證。他在〈關於歷史哲學——酬答唐君毅先生〉中坦言：

> 同時弟復與張君勱先生常來往。他常說中國只有吏治而無政治。中國是一「天下」觀念，文化單位，而不是一國家單位。這些話都常刺激弟之心靈而不得其解。後來復看到黑格爾說：只有能建造國家的民族始能進入我們的注意中（大意如此）。這話復觸目驚心。西方近代之所以為近代之內容（積極的一面，有成就的一面），除科學外，屬於客觀實踐方面的，弟大都自黑氏與張君勱先生處漸得其了悟。[36]

張君勱所說的「中國只有吏治而無政治」正是《政道與治道》一書的出發

Grundlinien der Philosophie des Rechts, in: *G.W.F. Hegel: Werke* (Frankfurt/M.: Suhrkamp, 1969ff.), Bd. 7, S. 24.

[32] 此書的前身是《理性的理想主義》，於 1950 年元月由香港人文出版社出版；其後，擴充為此書，於 1959 年 11 月由東海大學出版。今收入《全集》第 9 冊。

[33] 此書之初版於 1955 年 6 月由高雄強生出版社出版，其增訂版於 1962 年 3 月由香港人生出版社出版。今收入《全集》第 9 冊。

[34] 此書為一部論文集，所收論文均發表於 1950 年代，至 1961 年 2 月始由臺北廣文書局結集出版。今收入《全集》第 10 冊。

[35] 唐君毅：〈中國歷史之哲學的省察——讀牟宗三先生《歷史哲學》書後〉，見牟宗三：《歷史哲學》（《全集》第 9 冊），頁 441。

[36] 見牟宗三：《歷史哲學》（《全集》第 9 冊），頁 458-459。

點，由此可以看出黑格爾的影響。關於黑格爾哲學對牟先生的影響，蔣年豐在〈戰後臺灣經驗與唐君毅、牟宗三思想中的黑格爾〉一文中已有深入的分析，本文不再贅述[37]。

此外還應提到的是：在《政道與治道》中，卡西勒（Ernst Cassirer, 1874-1945）的最後一部著作《國家的神話》（*The Myth of the State*, 1946）也為牟先生的思考提供了理論依據。《政道與治道》第四至七章便直接引述卡西勒的觀點，來討論「政治神話」這個主題。

最後，筆者要特別提到一位影響牟先生的哲學生命、但其影響卻長期為學界所忽略的西方哲學家，此即懷悌海。筆者在上文闡述牟先生早期吸收西方現代邏輯及數學哲學的過程時已提到了懷悌海對牟先生的影響，但那是與羅素合著《數學原理》的懷悌海。其實，作為哲學家的懷悌海更以其「歷程哲學」（process philosophy）知名於世。臺灣學界曾舉辦過兩次討論懷悌海與中國哲學的研討會。第一次是 1988 年 3 月 25 及 26 日在東海大學舉行的「懷德海哲學討論會」，會中發表的論文其後編成《中國哲學與懷德海》一書（臺北：東大圖書公司，1989 年）。第二次是 2007 年 3 月 27 至 29 日在輔仁大學舉行的「創化與歷程：中西對話」國際學術研討會。在這兩次研討會中，方東美與程石泉被視為會通懷悌海與中國哲學的主要人物，而竟然無一篇論文討論牟先生與懷悌海哲學的關係，寧非怪事？

其實，牟先生可說是最早全面引進並消化懷悌海哲學的中國學者。他曾在《五十自述》第三章〈直覺的解悟〉中詳述他就讀北京大學哲學系時（1929-1933）吸收懷悌海哲學的過程。根據他的自述，他當時一面讀懷悌海的哲學著作，一面研究漢《易》，而撰成《從周易方面研究中國之元學與道德哲學》[38]。這是他的第一部著作。他後來在《五十自述》中寫道：

---

[37] 此文收入蔣年豐：《文本與實踐（一）：儒家思想的當代詮釋》（臺北：桂冠圖書公司，2000 年），頁 25-98。

[38] 此書完稿於 1932 年，但直到 1935 年始由牟先生在北京大學時的同學王培祚出資，託天津《大公報》印行。其後於 1988 年由臺北文津出版社重印此書，並易名為《周易的自然哲學與道德函義》。

> 我所以能有宇宙論之興趣，就《易經》而彰義、和之傳統，全該歸功
> 於懷悌海。我當時一方大規模讀《易經》，一方潛讀懷氏書。隨讀隨
> 消化，隨消化隨觸發，故想像豐富，義解斐然。[39]

此外，在《周易的自然哲學與道德函義·重印誌言》中牟先生還提到：他曾
翻譯懷悌海的《自然知識之原則》（*An Enquiry Concerning the Principles of
Natural Knowledge*, 1919）及《自然之概念》（*The Concept of Nature*, 1920）
二書，譯稿存於山東老家，可惜後為共產黨所燒燬[40]。所幸牟先生所譯懷氏
著作尚有一小部分存留下來，即〈懷悌海論自然原素〉[41]與〈客體事與主體
事〉[42]。前者是懷氏《自然知識之原則》第五章〈自然的要素〉（"The
Natural Elements"）之譯稿。後者是懷氏《觀念的冒險》（*Adventures of
Ideas*, 1933）第十一章〈客體與主體〉（"Objects and Subjects"）之譯稿。牟
先生還根據懷氏的《象徵論》（*Symbolism, Its Meaning and Effect*, 1927）及
《歷程與實在》（*Process and Reality*, 1929）二書，撰成〈懷悌海論知覺兩
式〉一文[43]，介紹其知覺論。此外，在《人文講習錄》中亦有兩講分別介紹
「懷悌海哲學大意」及「懷悌海哲學之問題性的入路」[44]。

　　從以上的敘述可知：牟先生早年對懷悌海哲學的吸收是全面性的。但到
了後期，懷悌海哲學幾乎從他的視野中消失了。其原因不難理解，主要是由
於其哲學方向之轉變。他在其《周易的自然哲學與道德函義·重印誌言》中
有如下的一段告白：

---

[39]　牟宗三：《五十自述》（《全集》第 32 冊），頁 45。

[40]　牟宗三：《周易的自然哲學與道德函義》（《全集》第 1 冊），〈重印誌言〉，頁
(4)。

[41]　原刊於《北平晨報·思辨》第 16/17 期（1935 年 9 月 26 日/10 月 7 日），後收入《牟
宗三先生譯述集》（《全集》第 17 冊），頁 1-10。

[42]　原為人文友會 1956 年之油印稿，後收入《牟宗三先生譯述集》，頁 357-377。

[43]　原刊於《理想與文化》第 5 期（1944 年 2 月），後收入《牟宗三先生譯述集》，頁
217-239。

[44]　見牟宗三：《人文講習錄》（《全集》第 28 冊），頁 191-204。

吾當時對於儒釋道並無所知，對於宋明儒亦無所知，對於西哲康德更無所知，只憑道聽塗說，世俗陋見，而亂發謬論，妄下論斷。吾當時所習知者是羅素、懷悌海，以及維特根什坦之思路；於中國，則順《易經》而感興趣於漢人之象數，更發見胡煦與焦循易學之精妙，並發見這一套中國式的自然哲學（焦循除外）可與懷悌海那一套相比論，且亦根據實在論之心態來處理戴東原、焦里堂與朱子間之糾結，居然全始全終，始終條理，成一完整的一套，以為天下之理境可盡據此而斷之，遂視其他如無物。〔……〕此書中所表現的一套自然哲學固可成一完整的一套，固亦可為青年心態之所喜，然據此而謬斷其他，則是青年人之狂言與妄論，故吾後來甚悔之，幾不欲再提此書，亦無意重印之。[45]

不論牟先生後來如何看待懷悌海哲學，他在其第一部著作中所從事的是不折不扣的比較哲學（或跨文化哲學）的工作，而終其一生，他的哲學思考都是在比較的視野中進行，而卓然有成。

（原刊於《中國詮釋學》，第 6 輯〔濟南：山東人民出版社，2009年 5 月〕，頁 86-97。）

---

[45] 牟宗三：《周易的自然哲學與道德函義》（《全集》第 1 冊），〈重印誌言〉，頁(7)-(8)。

如何繼承牟宗三先生的思想遺產？

　　多年來我撰寫了不少論文，為當代新儒家（尤其是牟宗三先生）的觀點辯護，因而常被視為牟先生的辯護者。又由於我在德國波昂大學以康德倫理學為論文題目，取得博士學位，並且長期研究康德哲學，更加強了這種印象。友人林安梧甚至帶有貶意地（雖然他不承認）加給我「護教的新儒家」之封號。「護教」一詞通常意謂對宗教教條不加批判的接受與維護。這個封號對宗教信徒而言，未必有貶意；但對於以哲學思考為職志的學者而言，決非恭維之詞。

　　今年是唐君毅、牟宗三兩位先生的百年冥誕。在此，我不想對牟先生的哲學思想作學理上的討論，而只想針對環繞著牟先生所發生的種種現象（或許可稱為「牟宗三現象」）提出我的觀察與思考，而這種觀察與思考與我個人的經驗是分不開的。

　　研究過哲學史的人都不難觀察到：一位哲學家在不同的時代所受到的評價與對待，往往不是取決於其哲學思想本身，而毋寧是取決當時的時代氛圍與學術權力關係。牟先生於上個世紀五十年代任教於臺灣師範大學及東海大學時，對臺灣的文史哲界無疑有相當大的影響力。但是 1970 年他與徐復觀先生遷居香港之後，新儒家的影響力便大幅消退。我於七十年代初就讀於政治大學哲學系時，在課堂上幾乎聽不到牟先生的名字，遑論其觀點。當時臺灣各大學的哲學系也沒有任何關於當代儒學的課程。有一次我在逛舊書店時發現一批由香港流到臺灣的《民主評論》及唐、牟等人的著作（例如，唐先生的《哲學概論》是由香港孟氏基金會出版），眼睛為之一亮。他們的文章令我感覺到一份親切感，不知不覺間便被吸引住了。於是我開始大量蒐求他們的著作，熱切地加以鑽研。但是說實在話，當年較吸引我的是唐先生「筆

鋒常帶感情」的文章。由於我的哲學基本知識有限，對牟先生的著作雖有親切之感，但卻是似懂非懂。事後我才得知：幾乎在同一時期，臺灣師範大學國文系的一批學生（如廖鍾慶、岑溢成、楊祖漢）也自發地組成讀書會，研讀新儒家的著作。直到七十年代下半葉，唐、牟兩位先生到臺灣講學，加上臺灣學生書局大量重印他們的舊作，並出版了他們的新作，他們對臺灣學界與社會才開始形成不容忽視的影響力。

八十年代中期，方克立和李錦全主持的「現代新儒家思潮研究」課題成為大陸「七五」期間國家重點研究課題之一，這對新儒學的發展而言，也是一個重要的里程碑。儘管主事者仍帶有明顯的政治意圖，但這畢竟意謂新儒學在大陸已不再是禁忌，而可以成為學術研究的對象。1988 年兩岸研究新儒學的學者在香港的「唐君毅思想國際會議」中首度碰面以來，迄今已超過二十年。在這二十年間，新儒家的著作在大陸大量出版（儘管仍有所刪節），對大陸的學界造成難以估計的影響。當年課題組的若干成員（如郭齊勇、顏炳罡、羅義俊、景海峰）也已超越了政治意識形態，而成為某種意義的「大陸新儒家」（儘管他們並未以此為標榜）。

在兩岸的對比之間觀察牟先生對兩岸學界的影響，是個很有意義的角度。首先，可以確定的是：對於兩岸的中國哲學研究者而言，牟先生的相關著作已取得類似於經典的地位。但這不是說：牟先生的觀點已為大多數學者所接受，而是說：不論你是否贊同他的觀點，都不能略過它們。這種情況類乎鄭昕在《康德學述》的〈弁言〉中所言：「超過康德，可能有新哲學，掠過康德，只能有壞哲學。」同樣的，我們也要說：中國哲學的研究者可以不贊同牟先生的觀點，卻不可不理會它們。已故的傅偉勳教授也表達過類似的看法。任何人只要稍稍留意近年來兩岸學界有關中國哲學的期刊論文與學位論文，便可以證實我的論斷。

但弔詭的是，我不時聽到臺灣學者勸告年輕人不要讀牟先生的著作，其理由是：牟先生思想的系統性太強，一旦進入，便不容易出來；或者是：牟先生的論斷太過強烈，會影響我們對中國哲學的客觀了解。說這種話的人往往是中國哲學的研究者，甚至有些人與牟先生的關係非淺。他們要年輕人保

持思想的獨立性，乍聽之下，似乎沒什麼不對，但這種說法其實是似是而非的。因為有哪個大哲學家的思想不具有強烈的系統性呢？柏拉圖、亞里斯多德、多瑪斯、康德、黑格爾的思想難道不具有強烈的系統性嗎？但我似乎沒聽過有人（包括這些人）基於這個理由而勸告年輕人不要讀這些西方哲學家的著作。其次，如果一個年輕人由於怕受到牟先生思想系統的影響而拒讀他的著作，這正好顯示他自己的思想欠缺獨立性，經不起考驗。再者，我們研讀過去哲學家的著作，本來就是為了要汲取其中的思想資源，如何可能不受到其影響呢？研讀過去哲學家的著作，卻拒絕受到其影響，這實在是很奇怪的態度。一個有獨立思想的人不會拒絕讀過去哲學家的著作，不會擔心其影響，而是會在研讀的過程中形成自己的判斷；即使他的結論與這位哲學家的觀點相吻合，也不影響其思想的獨立性。思想獨立與刻意立異畢竟是兩回事。

　　說這種話的人還有一個嚴重的盲點，即是不知學問的艱苦。在任何一個行業訓練學徒的過程中都要經過一個模仿的過程。譬如，學畫的人需要先臨摹大畫家的作品，訓練其基本功夫，在此基礎上才有可能進行推陳出新的創作。以我研究康德哲學的過程為例，我是藉由逐句翻譯來精讀康德的三大批判，這是我的基本功夫。藉由這種基本功夫的學習，我熟悉了康德的文字表達與論證方式，了解了真正的哲學思考是怎麼回事，這是從一般的教科書與哲學史中所無法學到的。我因而認識到：哲學語言與哲學思考之間有直接的關係。因為哲學思考是一種概念性思考，它需要一套哲學語言。因此，我們學習一套哲學語言，其實便是學習一套哲學思考的方式。在兩岸的學術界不乏一些哲學教授，儘管著作等身，但由於他們從未在任何一個哲學系統上下過基本功夫，他們所使用的語言充其量只是將日常語言批上學術的外衣，根本稱不上是哲學語言。對他們的著作，只要稍加推敲，便可發現漏洞百出或是內容貧乏，這其實反映出他們根本不知哲學思考為何物。在我「吃透」（套用前輩學者林同奇先生的話）了康德的三大批判之後，自然便形成一種鑑別力，能判斷學術著作之高下，也能一眼看穿那些貌似深刻、其實貧乏無物的所謂的「哲學著作」（不論其作者的名氣多大），這正是所謂「觀於海

者難為水」。以打拳為例，練過基本功夫的人與基本功夫不紮實的人一交手，便能立刻判斷對方拳法的虛實。

過早向學生強調思想的獨立性，可能使學生因欠缺基本功夫而徒具花拳繡腿。我在兩岸的學位論文中都發現這種現象：學生在未能把握牟先生的基本觀點之前，就急於立異翻案。大陸學生因長期隔閡與資料不足，猶情有可原。但臺灣學生如此，就不可原諒了。其實，何止學生如此，連教授亦不能免。近年來，復旦大學哲學系的楊澤波教授發表了一系列的論文，批評牟先生藉康德哲學對中國哲學所作的詮釋。最近他將這些論文輯成《牟宗三三系論論衡》（上海：復旦大學出版社，2006 年）一書出版。有幾份國內外學術期刊的編輯向我邀稿，希望我評論此書。但我一直未答應，因為回應這類夾纏不清的批評，極為費時費力。但我願意趁此機會簡單回應如下：楊澤波從未對宋明儒家的任何一家下過基本功夫，如何能妄議牟先生對宋明儒學的分系？又楊澤波從未對康德哲學下過基本功夫，如何敢說牟先生「誤解」了康德呢？

牟先生的「宋明儒學三系說」是他爬梳宋明儒學九大家的基本文獻之後所提出來的「類型學畫分」（typological distinction）。當然，一切畫分都是依其判準而定，不同的判準會產生不同的畫分。在這個意義下，一切畫分都是權法，任何人都可以根據另一套判準為宋明儒學提出另一種畫分。牟先生提出三系說的主要判準有二：一是心性關係，二是自律與他律之區分。前者之判定需以基本文獻的解讀為根據，後者之判定需要對康德哲學有深入的把握。不幸的是，楊澤波在這兩方面均欠缺基本功夫，其批判自然如隔靴搔癢，毫無說服力。

例如，楊澤波在書中提到：牟先生主張「就知識上之是非而明辨之以決定吾人之行為是他律道德」，並據以判定朱子的系統屬於他律道德（頁203）。楊澤波反駁說：「〔……〕牟先生關於以知識講道德即為道德他律的說法其實並不符合康德道德哲學的基本精神，而且嚴格堅持這個標準的話，康德也難避道德他律之嫌。」（頁 233）他的理由是：康德在《道德底形上學之基礎》中運用「分析法」與「綜合法」來探討道德，即是在運用

「反思性的認知」（相對於「經驗性認知」），而這屬於「知識」的範圍（頁 229）。這完全是對康德哲學欠缺整體理解而望文生義、斷章取義的結論。

　　首先，楊澤波望文生義地將康德所使用的「分析法／綜合法」與「分析命題／綜合命題」這兩組概念中的「分析／綜合」混為一談（頁 213）。關於其間的區別，我在拙著《康德倫理學與孟子道德思考之重建》（臺北：中央研究院中國文哲研究所，1994 年）對於「分析／綜合」這組概念的不同涵義已有清楚的分辨（頁 41-45）。楊澤波在註解中也提到了拙著中的這段說明，但不知何故，他卻誤解了我的意思，因而也誤解了康德的意思。

　　其次，他不知道「知識」一詞在康德用法當中有兩個對應的德文字彙，即 Wissen 與 Erkenntnis。前者有嚴格的意義，後者的涵義較為寬鬆。牟先生說以知識講道德即為道德他律，其根據就是康德在《純粹理性批判》第二版〈前言〉中所言：「我必須揚棄**知識**，以便為**信仰**取得位置。」[1]這是康德哲學的綱領，勞思光先生曾經很恰當地以「窮智見德」一語來表述此義[2]。康德在此使用的是 Wissen，而非 Erkenntnis。又康德此處所說的「信仰」，並不是指宗教信仰，而是指他所謂的「理性信仰」（Vernunftglaube）或「道德信仰」（moralischer Glaube）。他在《純粹理性批判》的〈先驗方法論〉中比較「意見」（Meinen）、「知識」（Wissen）、「信仰」（Glauben）三者之確切性（A820/B848），也是就這種嚴格的意義來說「知識」。

　　至於康德在《道德底形上學之基礎》經常使用的「理性知識」（Vernunfterkenntnis）一詞，未必屬於 Wissen 的範圍。對康德而言，邏輯是「形

---

[1]　"Ich Mußte also das **Wissen** aufheben, um zum **Glauben** Platz zu bekommen [...]" (BXXX)（A＝1781 年第一版，B＝1787 年第二版）

[2]　例如，其〈致唐君毅先生〉云：「康德秉承重智精神之傳統而興，獨能**窮智見德**〔……〕」（見其《書簡與雜記》〔臺北：時報文化出版企業公司，1987 年〕，頁216）又參閱其〈論「窮智見德」〉，收入其《儒學精神與世界文化路向》（臺北：時報文化出版企業公司，1986 年），226-231。

式的理性知識」，自然哲學與道德哲學是「實質的理性知識」[3]。邏輯與自然哲學屬於 Wissen 的範圍，但在道德哲學中，「道德底形上學」（包括楊澤波所說的「反思性的認知」）並不屬於 Wissen 的範圍。甚至在這部著作中，康德明白地表示：「我們不需要科學和哲學，便知道我們必須做什麼，才是真誠而善良的人，甚至是賢明而有德的人。」[4]這是「道德不可建立在知識的基礎上」的另一種較通俗的表述方式。走筆至此，已足以顯示楊澤波斷章取義、望文生義之失。

武漢大學哲學系鄧曉芒教授的批評則屬於另一種類型。近年來，他發表了一系列的論文，批評牟先生對康德的理解。這些論文包括〈牟宗三對康德之誤讀舉要（之一）──關於「先驗的」〉[5]、〈牟宗三對康德之誤讀舉要（之二）──關於「智性直觀」〉[6]、〈牟宗三對康德之誤讀舉要（之三）──關於「物自身」〉[7]、〈牟宗三對康德之誤讀舉要（之四）──關於自我及「心」〉[8]。在這四篇論文當中，第一篇僅涉及康德哲學本身的詮釋問題，後三篇則涉及牟先生藉康德哲學的概念與架構來詮釋中國哲學的進路。此處自然無法詳論其間的是非得失。

鄧曉芒曾根據德文本譯出康德的三大批判，他對康德哲學的理解自然遠非楊澤波所能及，他的中譯本按理也當勝於牟先生透過英譯本轉譯的三大批判中譯本。因此，以他的學術背景指出牟先生對康德的「誤讀」，頗能取信於一般人。由於我也是研究康德出身的，故不時有人要我對鄧曉芒的牟宗三批判表示意見。首先，我要指出「理解」所涉及的兩個不同的層面：一是專

---

[3] 康德著、李明輝譯：《道德底形上學之基礎》（臺北：聯經出版事業公司，1990年），頁 1-2。

[4] 同上書，頁 22。

[5] 原刊於《社會科學戰線》，2006 年第 1 期，頁 34-42；收入鄧曉芒：《康德哲學諸問題》（北京：三聯書店，2006 年），頁 278-297。

[6] 原刊於《江蘇行政學院學報》，2006 年第 1 期，頁 14-20 及第 2 期，頁 12-15；收入鄧曉芒：《康德哲學諸問題》，頁 297-318。

[7] 刊於《學習與探索》，2006 年第 6 期，頁 1-6。

[8] 刊於《山東大學學報》，2006 年第 5 期，頁 1-14。

家研究的層面，二是哲學思考的層面。牟先生不通德文，以當前的學術標準來看，他當然不能算是康德專家。因此，我完全無意在專家研究的層面上為牟先生的康德詮釋辯護。但是面對鄧曉芒的上述批評，我不免要問：儘管牟先生是透過英文來理解康德，但他以其不世出的哲學頭腦，窮其一生的心力來理解康德，如何可能如鄧曉芒所言，在康德的重要概念上頻頻「誤讀」呢？

　　其實，鄧曉芒所提到的「誤讀」多半發生於牟先生藉康德的概念來詮釋中國哲學之處，而這是屬於哲學思考的層面。鄧曉芒的批評主要是想證明兩點：第一、牟先生使用「物自身」、「智的直覺」（或譯為「智性直觀」）等概念均違背康德的原意；第二、牟先生對康德的批判並非出於理性思考，而是出於民族情感。鄧曉芒花費如此多心力來證明第一點，是毫無意義之舉。一則，既然牟先生自己也承認他並非按照康德的原意來使用這些概念，何勞鄧曉芒來證明？再則，藉由改造前人的概念來建立自己的學說，在中西哲學史上是屢見不鮮的現象，否則就不會有「概念史」（Begriffsgeschichte）的研究。甚至康德自己也這麼做，並且為這種做法辯護。例如，康德借用柏拉圖的「理型」（Idee）概念、亞里斯多德的「範疇」（Kategorie）、「實體」（Substanz）等概念，而賦予它們以新義。康德在《純粹理性批判》中便寫道：

> 面對我們的語言之豐富財富，思想家往往會為了尋求完全適合其概念的語詞而不知所措；而在欠缺這種語詞時，他既無法真正為他人所理解，甚至也無法為他自己所理解。鑄造新詞是對於在語言中立法的一種過分要求，這很少成功；而在我們著手採取這種無望的手段之前，最好在已不再使用的學術語言中搜尋，看看其中是否存在這個概念及其適當的語詞。如果由於這個語詞底創造者之不謹慎，它在過去的用法變得有點游移不定，那麼確定這個語詞所特有的主要意義（儘管我們當時是否準確地領會了這個意義，仍有疑問），猶勝於只因我們無法讓自己為他人所理解，而致糟蹋了我們的工作。（A312/B368f.）

康德從柏拉圖的「理型」概念中擷取「超越經驗及知性概念（範疇）」與「源於最高理性」二義。接著，他表示：

> 在此我無意涉入任何文獻研究，以確定這位崇高的哲學家賦予其語詞什麼意義。我只要說明：在日常談話或著作當中，藉由比較一位作者對其對象所表達的思想，我們對他的了解甚至會勝過他對自己的了解，這決非不尋常之事，因為他並未充分地確定其概念，且因此其所言、乃至所思偶而會違背其本意。（A313f./B370）

換言之，康德在借用前人的語詞時，往往不是根據其原先的意義來使用，而是根據他自己的哲學思考來重新界定它們。這與其視為對原先概念的「誤讀」，不如視為一種「創造性的詮釋」，而這種詮釋屬於哲學思考的層面。難道康德也「誤讀」了柏拉圖與亞里斯多德嗎？

　　由此便關聯到鄧曉芒的第二點批評。在鄧曉芒看來，中國傳統學術（尤其是儒學）都是獨斷的、未經啟蒙的，與康德的批判哲學正好相反；因此，像牟先生那樣，從儒家的觀點來改造康德的概念，只會使康德哲學成為獨斷的。鄧曉芒毫不掩飾他對中國傳統學術的不屑，這明顯地表現於他與大陸儒家學者有關儒家「親親相隱」的辯論。他對儒家的理解水準似乎停留在百年之前的五四時代。在此，我只想問：難道中國人不需要下功夫，就可以了解中國傳統學術嗎？鄧曉芒肯花數十年來理解康德哲學，為何不願花十分之一的時間來客觀地理解中國傳統哲學呢？

　　我這麼說，並非要否定專家研究的價值。牟先生畢竟是上一代的人，如果我們這一代對康德哲學的專家研究沒有超越牟先生，那是極為可恥的事。牟先生自己也肯定專家研究的價值。當年我在臺灣大學哲學研究所攻讀碩士學位時，牟先生正好在那裡擔任客座教授。當時我打算以康德倫理學作為碩士論文題目，本來考慮請他擔任指導老師。但他表示：他不通德文，不適於指導我，因而建議我請黃振華先生擔任指導老師。他也曾建議政府設立「中國哲學研究中心」，其中一項目標便是疏解重要的中國哲學文獻。他翻譯康

德的《道德底形上學之基礎》與《實踐理性批判》二書，合成《康德的道德
哲學》一書。他在其〈譯者之言〉中表示：「吾之所作者只是初步，期來者
繼續發展，繼續直接由德文譯出，繼續依中文來理解、來消化。」[9]後來我
陸續譯出《通靈者之夢》、《道德底形上學之基礎》、《康德歷史哲學論文
集》、《未來形上學之序論》、《道德底形上學》，也是由於他的鼓勵。臺
灣本地有些學生迄今還是亦步亦趨地根據牟先生的中譯本來研讀康德哲學，
實不可謂善學，當非牟先生所樂見。

　　以下試舉一例來說明「善學」之義。牟先生曾提出「儒學開出民主」
說，引起了不少批評。連林安梧都認為這是「假議題」。針對此說，已故的
蔣年豐教授受到羅爾斯（John Rawls, 1921-2002）的啟發，而提出從康德的
道德哲學開出法政主體的構想。他的基本構想如下：

> 我認為法政主體雖然不是從固有的中國文化中開發出來的。儒家的原
> 始思想中也的確沒有這個精神側面在。儒家雖然沒有開出這個精神側
> 面，但它卻以道德主體為法政主體預定了位子。〔……〕我的論證之
> 一是康德的道德形上學所凸顯出來的形式主義性格的道德主體可以輾
> 轉轉化成法政主體，而與真實的道德主體並立。就在這樣的意義之
> 下，我們可以說儒家的道德主體為法政主體預定了位子。[10]

在這個脈絡下，他批評牟先生未能善用康德哲學的資源：

> 牟先生的成就在於將康德道德形上學中形式意義極強的道德主體拿來
> 彰顯孟子、象山與陽明這個傳統的義理模式。牟先生似乎不知道康德
> 在法律哲學與政治哲學上也有相當重要的地位。牟先生極度關切民主
> 政治的精神基礎──法政主體，卻不知道康德哲學在此正是一大觀念

---

[9]　牟宗三：《康德的道德哲學》（臺北：臺灣學生書局，1982 年），頁 ix；亦見《牟
宗三先生全集》（臺北：聯經出版事業公司，2003 年），第 15 冊，頁（15）。

[10]　蔣年豐：《海洋儒學與法政主體》（臺北：桂冠圖書公司，2005 年），頁 257-258。

資源，而竟然引進精神上不大相應的黑格爾哲學來證成之，寧非尚未窮盡康德哲學之義蘊？[11]

牟先生是在 1950 年代提出「儒學開出民主」說，而羅爾斯的第一部重要著作《正義論》（*A Theory of Justice*）則出版於 1971 年，牟先生當年自然不可能參考羅爾斯的理論。此外，甚至在 1950 年代的西方（包括德國在內），康德的法政哲學亦不受重視。在這種情況下，牟先生忽略康德的法政哲學，自然不足為奇。其實，何止牟先生，連當時臺灣的自由主義者（如殷海光、張佛泉），由於受限於冷戰思維，也根本未想到康德哲學與自由主義的可能聯結。儘管牟先生並未特別注意到康德的法政哲學，但是他在其「外王三書」（即《歷史哲學》、《政道與治道》、《道德的理想主義》）中卻一再強調自由主義須以道德理想主義為基礎，這無異肯定了康德哲學與自由主義之間的理論關聯，只是中間缺了一個理論環節，即康德的法政哲學。蔣年豐的這個構想若能實現，必然可以將牟先生的政治哲學向前推進一步，而另開生面。可惜天不假年，蔣年豐並無機會完成這項工作[12]。近年來我翻譯的《康德歷史哲學論文集》（臺北：聯經出版事業公司，2002 年）及《道德底形上學》（*Metaphysik der Sitten*, 2015 年），都是康德法政哲學的主要著作。或許我可以完成蔣年豐的上述構想。

近年來，我除了在臺灣的大學開課之外，也常到大陸開會與講學，因而有機會接觸兩岸的大學生。相較於我們當學生的時代，臺灣文史哲科系的學生對牟先生思想的隔閡明顯增大，而有兩極化的趨勢：不是毫無興趣與感應，就是亦步亦趨，無力消化。大陸學生雖然受到資料與思想框框的限制，而不免仍有所隔閡，但我發現有不少學生很認真地消化牟先生的著作。經常有我認識或不認識的大陸學生通過電子郵件與我討論牟先生的思想，或是將

---

11 同上註，頁 258。

12 參閱拙作：〈關於「海洋儒學」與「法政主體」的省思〉，收入林維杰編：《文本詮釋與社會實踐：蔣年豐教授逝世十週年紀念論文集》（臺北：臺灣學生書局，2008年），頁 1-25。

他們的文章傳給我。他們對牟先生著作的認真思考常令我回想起我當年閱讀這些著作時的興奮與熱切。

　　牟先生就像古往今來的大哲學家一樣，留下一大筆思想遺產，唯善學者能受其惠。善學者既能入乎其內，亦能出乎其外，但此非易事。能入乎其內，而未能出乎其外者，猶有所得，勝於在門外徘徊張望者。即使像康德這樣的大哲學家，在他生前與身後都受到不少人的批評與誤解。例如，當時有一位學者史達特勒（Benedikt Stattler, 1728-1797）特別撰寫了《反康德》（*Anti-Kant*）一書，嚴厲批評康德的哲學立場。在 1827 年至 1967 年之間，康德的《純粹理性批判》甚至被羅馬教廷列為禁書。康德的遭遇似乎驗證了一個具有諷刺性的定律：一位哲學家的偉大與他受到批評與誤解的程度成正比。明乎此，我們對牟先生所受到批評與誤解或許就不必太過在意了。

　　　　（原刊於《思想》，第 13 期〔2009 年 10 月〕，頁 191-203。）

牟宗三與「生命的學問」

「生命的學問」一詞是當代新儒家牟宗三所提出來的，主要是對比於西方哲學，為包括儒、釋、道三教在內的中國哲學定性。他有一本論文集就名為《生命的學問》，其中包括〈關於「生命」的學問——論五十年來的中國思想〉一文[1]。他在《中國哲學的特質》這部演講錄的第 1 講〈引論：中國有沒有哲學？〉就明白地表示：

> 中國哲學以「生命」為中心。儒道兩家是中國所固有的。後來加上佛教，亦還是如此。〔……〕二千多年來的發展，中國文化生命的最高層心靈，都是集中在這裡表現。對於這方面沒有興趣，便不必講中國哲學。對於以「生命」為中心的學問沒有相應的心靈，當然亦不會了解中國哲學。[2]

在該書的第 11 講〈中國哲學的未來〉，他又進一步說明：

> 中國哲學的中心是所謂儒、釋、道三教。其中儒、道是土生的思想主流，佛教是來自印度。而三教都是「生命的學問」，不是科學技術，而是道德宗教，重點落在人生的方向問題。〔……〕「生命的學問」

---

[1]　牟宗三：《生命的學問》（臺北：三民書局，1970 年），頁 33-39。由於三民書局發行人劉振強拒絕授權，此書未能收入《牟宗三先生全集》中，令人深感遺憾。

[2]　牟宗三：《中國哲學的特質》，見《牟宗三先生全集》（臺北：聯經出版事業公司，2003 年），第 28 冊，頁 6-7。以下引用牟宗三著作時，除了《生命的學問》之外，一概根據全集本，直接將冊數與頁碼標註於引文之後，而不另作腳註。

講人生的方向，是人類最切身的問題，所以客觀一點說，我們絕對不應忽略或者輕視這種學問的價值。中國人「生命的學問」的中心就是心和性，因此可以稱為心性之學。（《全集》，28: 87）

但是以上的說法仍很籠統。在《中國哲學的特質》中，牟宗三有更具體的闡述：

用一句最具概括性的話來說，就是中國哲學特重「主體性」（subjectivity）與「內在道德性」（inner morality）。中國思想的三大主流，即儒釋道三教，都重主體性，然而只有儒家思想這主流中的主流，把主體性復加以特殊的規定，而成為「內在道德性」，即成為道德的主體性。西方哲學剛剛相反，不重主體性，而重客體性。它大體是以「知識」為中心而展開的。它有很好的邏輯，有反省知識的知識論，有客觀的、分解的本體論與宇宙論；它有很好的邏輯思辨與工巧的架構。但是它沒有好的人生哲學。（《全集》，28: 4-5）

我們可將這段引文和以上兩段引文概括如下：中國哲學以「生命」為中心，西方哲學以「知識」為中心；中國哲學特重主體性，西方哲學重客體性；而中國哲學之中，儒家特別注重「內在道德性」。

針對西方哲學，牟宗三甚至明白地說：「西方的哲學本是由知識為中心而發的，不是『生命中心』的。」又說：

讀西方哲學而接近生命的，不外兩條路：一是文學的，一是生物學的。然這都不是正宗的。文學的進路是感性的、浪漫的，生物學的進路是科學的、自然主義的，都不能進入生命學問之堂奧。[3]

3　牟宗三：《生命的學問》，頁35。

由此可知，牟宗三所謂的「生命」並非美學意義的，亦非生物學意義的，應當說：它是精神意義的。

不可否認，所有試圖比較並概括中西哲學的說法都不免「以偏概全」（pars pro toto），而可能引起質疑、甚至批評。例如，當代學者可以引述法國哲學家阿寶（Pierre Hadot, 1922-2010）有關「哲學作為生活方式」（philosophy as a way of life）的研究，來反駁「西方欠缺生命的學問」之說。阿寶在其名著《精神訓練與古代哲學》[4]中根據西方古代的哲學文獻極有說服力地證明：在古代西方（希臘、羅馬時代），哲學主要是一種「生活方式」。此書的英文譯本題為《作為一種生活方式的哲學：從蘇格拉底到傅柯的精神訓練》[5]，德文譯本題為《作為生活形式的哲學：古代的精神訓練》[6]，更能顯示此義。其實，英文的 life 與德文的 Leben 都包含中文的「生命」之義。

前幾年，中國大陸學界激烈辯論「中國哲學的合法性」問題，其實他們討論的是「正當性」（legitimacy）問題，而非「合法性」（legality）問題。爭論的核心問題是：中國過去是否有「哲學」？如果中國過去有哲學，那麼討論「中國哲學」便有正當性。如果中國過去沒有哲學，那麼所謂的「中國哲學」便只是「哲學在中國」（philosophy in China），是近代中國人依西方哲學的模式在中國建立起來的一門學科。牟宗三在《中國哲學的特質》的第 1 講中明白地表示：中國過去也有哲學，只是其重點在於「生命」，不同於西方哲學的重點在於「知識」。筆者也認為中國過去有哲學，但卻強調：中國哲學非常接近阿寶所說的「哲學作為生活方式」[7]。阿寶自己也說過：「我現在覺得〔……〕在〔西方〕古代的哲學態度與東方的哲學

---

[4]　P. Hadot: *Exercices spirituels et philosophie antique*. Paris: Études Augustiniennes, 1981.

[5]　P. Hadot: *Philosophy as a Way of Life: Spiritual Exercises from Socrates to Foucault*. Translated by Michael Chase, Oxford: Blackwell, 1995.

[6]　P. Hadot: *Philosophie als Lebensform. Geistige Übungen in der Antike*. Berlin: Gatza, 1991.

[7]　參閱拙作：〈關於「中國哲學之正當性問題」的一個註腳〉，《國際漢學》，第 18 期（2009 年 12 月），頁 15-23；亦收入本書。

態度之間確實有驚人的類似之處。」[8]牟宗三並無機會讀到阿寶的著作，否則他也可能會同意筆者的觀點。

　　牟宗三忽略了中國哲學與西方古代哲學的共通點，而特別強調中西哲學之間「生命」與「知識」的對比，固然有以偏概全之嫌，但並非全無道理。雷爾提伍思（Diogenes Laertius）在其所編的《名哲言行錄》第 8 卷第 1 章介紹畢達哥拉斯（Pythagoras）時，引述了索西克拉底（Sosikrates）對於哲學家的看法。索西克拉底將生活比擬為一場節慶大會，其中有爭取獎品的競賽者，有追求利潤的商販，還有單純的觀眾。索西克拉底認為前兩者具有奴隸的心靈，因為他們追逐名利。他認為哲學家有如觀眾，因為他們探求真理，所以最為高貴[9]。這段記載大體反映了西方人對哲學家的定位與期待，而與中國儒家的自我期許形成對比。

　　中國的儒家決不甘心只是作個從事思辨的旁觀者，而是要進入政治或社會中成為行動者，如同馬克思（Karl Max）在〈關於費爾巴哈的提綱〉（"Thesen über Feuerbach"）中所言：「哲學家只是以不同的方式**解釋**了世界，而問題在於**改變**它。」儒家不僅要解釋世界，也要改變自己、改變世界。即使是中國的大乘佛教，雖然嚮往在彼岸中成佛，但臺灣的佛教徒也提出「人間佛教」的說法，而將社會服務視為修行的一部分。因此，牟宗三在〈關於「生命」的學問——論五十年來的中國思想〉一文中寫道：

> 生命的學問，可以從兩方面講：一是個人主觀方面的，一是客觀的集團方面的。前者是個人修養之事，個人精神生活升進之事，如一切宗教之所講。後者是一切人文世界的事，如國家、政治、法律、經濟等方面的事，此也是生命上的事，生命之客觀表現方面的事。如照儒家「明明德」的學問講，這兩方面是溝通而為一的。個人主觀方面的修

8　P. Hadot: *Qu'est-ce que la philosophie antique?* (Paris: Gallimard, 1995), p. 419.

9　參閱 Diogenes Laertius: *Leben und Meinungen berühmter Philosophen* (Hamburg: Felix Meiner, 1967, 2. Aufl.), Bd. 2, S. 114.

　　養，即個人之成德。而個人之成德是離不開國家天下的。[10]

根據牟宗三的這段話，「生命的學問」即是實踐的學問，它包含個人的道德修養及其在文化領域中的活動；用中國傳統的說法，即是「內聖」與「外王」兩方面。

　　對牟宗三頗為推崇、但也不時批評其說的傅偉勳也同意「生命的學問」之說法。他在其〈回歸東方思想──「生命的學問」探索〉一文中明白地表示：「我大體同意牟先生所強調的，『中國文化的核心是生命的學問』這個說法，也認為『生命的學問』這個語辭富有深意。」[11]但是他另外提出「學問的生命」之說法。他構想出「生命十大層面與價值取向」的模型。這十大層面從上而下分別是終極實在、終極關懷、實存主體、人倫道德、美感經驗、知性探索、歷史文化、政治社會、心理活動、身體活動[12]。他認為：在這十大層面中，最上三層（終極實在、終極關懷、實存主體）「乃屬宗教性或高度精神性探索，而為『生命的學問』本源」[13]。但根據前面的引文，牟宗三所謂的「生命的學問」並不限於這三個層面，而是至少還涉及人倫道德、歷史文化與政治社會三個層面。但問題的重點不在此，而在於傅偉勳特別強調：「如專依第五層的純粹知性（如哲學思維、科學探討、技術發明、學術研究）為主導，則屬『學問的生命』之事。」[14]他進一步指出：「如與西方思想文化傳統比觀評較，中國傳統強調『生命的學問』之餘，未能充分發揮知性探索之能事，如此發展足與西方知性遺產（the Western intellectual heritage）爭長競短的中國『學問的生命』出來。」[15]

　　傅偉勳關於「學問的生命」之說法與牟宗三關於「學統」的說法有不謀

---

[10]　牟宗三：《生命的學問》，頁37。

[11]　傅偉勳：《學問的生命與生命的學問》（臺北：正中書局，1994年），頁50。

[12]　參閱同上書，頁259-281。

[13]　同上書，頁50。

[14]　同上書，頁51。

[15]　同上書，頁52。

而合之處。牟宗三將其哲學立場稱為「道德的理想主義」。在其《道德的理想主義》一書之序言中特別強調「道德的理想主義」包含「三統」之說：

> 一、道統之肯定，此即肯定道德宗教之價值，護住孔孟所開闢之人生宇宙之本源。
> 二、學統之開出，此即轉出「知性主體」以融納希臘傳統，開出學術之獨立性。
> 三、政統之繼續，此即由認識政體之發展而肯定民主政治為必然。
> （《全集》，9: (9)）

「道統」與「政統」之建立分別屬於中國傳統所強調的「內聖」與「外王」，故均屬於「生命的學問」。至於「學統」，即是知識傳統，牟宗三承認這是中國傳統文化所欠缺，而需要向西方學習的。這即是傅偉勳所謂的「學問的生命」。在這篇序言中，牟宗三還強調：「吾人所處之時代是『觀念災害』之時代。」（《全集》，9: (11)）他另外有一篇演講辭〈觀念的災害〉，闡述其意（《全集》，23: 27-40）。他之所以強調「學統」之建立，顯然是為了對治「觀念的災害」，亦即各種意識形態（如納粹主義、法西斯主義、共產主義）所造成的災害。

　　牟宗三雖然強調儒學是「生命的學問」，但他除了早年在中國大陸跟隨張君勱，參與「中國國家社會黨」（後改名為「中國民主社會黨」）的活動之外，他一生所做的都是學者（甚至可以說，哲學家）的工作。即使在「中國國家社會黨」之內，他所做的也是撰稿與宣傳的文字工作。1939 年當中國對日抗戰進行到第三年時，他卻在昆明撰寫大部頭的《邏輯典範》。此書主要討論西方現代邏輯的哲學基礎。1946 至 1949 年國共內戰期間，他則在撰寫兩巨冊的《認識心之批判》[16]。此書係從康德哲學的思路來融攝近代西方的邏輯與數學。這兩部著作都屬於西方哲學的探討，與他所謂的「生命的

---

[16] 由於戰亂，遲至 1956 及 1957 年，此書之上下兩冊才在香港友聯出版社先後出版。

學問」相去甚遠。

　　在漢語學術界有不少人對當代新儒家（尤其是牟宗三）的這種學問性格表示不滿。甚至同屬新儒家陣營的徐復觀也曾撰文批評其師熊十力與其同道唐君毅建立形上學的努力，認為他們「把中國文化發展的方向弄顛倒了〔，〕對孔子畢竟隔了一層〔……〕這都是受了希臘系統哲學的影響」[17]。雖然徐復觀在此未點名批評牟宗三，但他對熊十力與唐君毅的批評完全適用於牟宗三。在關於「中國哲學的合法性（正當性）」的爭論中，也有不少大陸學者對新儒家將儒家思想學術化、甚至哲學化的趨向表示強烈的質疑與不滿，認為這是削足適履（削儒家思想之「足」以適西方哲學之「履」），使儒家思想喪失了其本質。有些學者（如蔣慶、唐文明、陳明）為了強調儒家的本位性，甚至主張將儒家宗教化，而表現出一種反哲學的、甚至反智的（anti-intellectualistic）傾向[18]。

　　對於這類的批評，牟宗三並非未曾預期與考慮。譬如，在一篇題為〈理解與行動〉的演講辭中，牟宗三借用康德的用語，將共產主義之惡稱為「魔鬼式的惡」（devilish evil/teuflische Laster）[19]，接著說道：

> 自由世界一切的價值標準，肯定知識、學問、道德，宗教，就是要抵禦這個魔鬼式的惡，不但是靠講道德、講宗教，而且要靠有真正的知識。在魔鬼式的惡中是沒有真正的知識，科學也不會有。談知識也要靠有一種真誠（intellectual honesty），共產黨所說的是純粹的否定，完全是策略，何必要有真誠？（《全集》，24: 339）

[17] 徐復觀：〈向孔子的思想性格回歸——為紀念民國六十八年孔子誕辰而作〉，收入其《中國思想史論集續編》（臺北：時報文化出版企業公司，1982 年），頁 422-433。

[18] 最近由大陸學者曾亦與郭曉東編輯的一本談話錄《何謂普世？誰之價值？——當代儒家論普世價值》（上海：華東師範大學出版社，2013 年）也明顯表現出這種傾向。

[19] Immanuel Kant: *Religion innerhalb der Grenzen der bloßen Vernunft* (Akademieausgabe), Bd. 6, S. 27.

在牟宗三對共產主義的批評當中，值得我們注意的是他對知識、科學與「知識真誠」的肯定，使他較接近西方的哲學家，而遠於他所強調的「生命的學問」，這其間是否有矛盾呢？

　　牟宗三的《佛性與般若》兩巨冊是他闡述佛教義理的最重要著作。此書的第二冊完全闡述天台宗的圓教。牟宗三判定天台宗而非華嚴宗的圓教才是真正的圓教，而天台宗的智者大師（智顗，538-597）是「說法第一」。天台宗的經典依據是《法華經》，經智顗、知禮、荊溪等大師之闡發而立宗。他們對《法華經》的義理規模及開悟成佛的修證工夫闡述得極為詳盡而精微。但據智者大師對自己的評斷，其工夫境界僅是「位居五品」，僅居於中等之位。《佛性與般若》下冊有一章專論〈智者大師之「位居五品」〉。五品之位雖僅居中等，而達到六根清淨，但卻是「損己益他」[20]。於是牟宗三發出感慨說：

> 蓋人之一生，若循一定教軌而修持、開悟，則從誦讀、解義、說法方面說，無論根器大小，總須至五六十歲始臻成熟。此種思辨工夫雖是外部的，然卻並非容易。一時悟解，可以偶發，所謂儻來一悟，然說到義理精熟，表之於文字，句句合規合度，客觀地站得住，不浮泛，不混亂，規模宏大，終始條理，則非長年積累消化不為功。康德至五六十歲始成其《純理批判》。智者壽六十歲。荊溪壽七十一歲。知禮壽六十九歲。至若龍樹、無著、世親，年歲不詳，然彼等造如許之論，或能造如許之論，則亦決非短命者所能辨。此種工夫既勞心，又勞力，非略觀大意，不求甚解之自愜〔當作「娛」〕者，所可企及。此乃智者所謂「損己利人」之事。損而至五六十歲，門庭開闊，途徑純熟，此後進破無明，亦只是老境收斂耳。言至此，不免令人感傷。（《全集》，4: 1030-1031）

---

[20]　荊溪：《止觀輔行傳弘決》，卷一之一，轉引自牟宗三：《佛性與般若》，下冊，《全集》，4: 921。

　　牟宗三在此將康德的哲學思辨與早期佛教及天台宗諸大師的佛理闡釋相提並論。他甚至說：「西方哲人中惟康德可達位居五品兼六根清淨位。」（《全集》，4: 1034）然而牟宗三自己卻很清楚地了解：這種思辨工夫與個人的生命境界卻未必成比例，甚至會耗損自己的生命；但從另一方面來看，義理的闡發與思辨卻有助於他人生命境界之提升，所以說是「損己益他」之事。這也是牟宗三的現身說法與自我辯解。牟宗三雖然提倡「生命的學問」，但其一生所為，主要還是哲學思辨的工作，亦即「學問的生命」之事。就此而言，其生命型態較類似西方的哲學家，如康德。這種思辨的工作雖然不直接屬於「生命的學問」，甚至是耗損生命之事，但卻是社會與時代所需要的。這其間隱含一種對生命的無奈與弔詭之深沉感慨。那些反對當代新儒家（尤其是牟宗三）將儒家思想哲學化，或批評他們對中國的現代化無直接貢獻的人，在此實宜有所省思。

　　（原刊於《深圳大學學報》〔人文社會科學版〕，第 32 卷第 2 期〔2015 年 3 月〕，頁 56-59。）

牟宗三誤解了康德的
「道德情感」概念嗎？
——與方旭東教授商榷

一

　　今（2015）年六月底筆者到北京大學儒學研究院出席該院成立五周年學
術研討會，在會中遇到方旭東教授。承蒙他的好意，獲贈他剛出版的新著
《原性命之理》（上海：華東師範大學出版社，2015 年）。筆者立刻翻閱
該書，發現書中有一篇論文〈道德情感是能力嗎？——論牟宗三對康德
「道德情感」概念的誤讀〉特別引起筆者的注意。因為在牟先生對儒學的
重建中，他藉由重新詮釋康德的「道德情感」概念來分判孔、孟與康德的心
性論觀點之異同，並主張「道德情感」可以「上下其講」，以解決康德的
「道德情感」理論之困境[1]。筆者當年也由於受到牟先生對「道德情感」的
詮釋之啟發，決定到德國深入研究康德的「道德情感」理論，而完成了博士
論文《康德倫理學發展中的道德情感問題》[2]。如果牟先生真如方教授所
言，「誤讀」了康德的「道德情感」概念，則牟先生對儒家心性論的詮釋也
會受到根本的質疑，此事實非同小可。故筆者迫不及待地拜讀方教授此文。

---

[1]　參閱拙作：〈再論牟宗三先生對孟子心性論的詮釋〉，收入拙著：《孟子重探》（臺
　　北：聯經出版事業公司，2001 年），頁 111-131。

[2]　Ming-huei Lee: *Das Problem des moralischen Gefühls in der Entwicklung der Kantischen
　　Ethik.* 臺北：中央研究院中國文哲研究所，1994 年。

拜讀之後，筆者鬆了一口氣，因為筆者發現：方教授所謂牟先生的「誤讀」其實是基於他自己對康德的「道德情感」概念之「誤讀」。以下讓我們來檢討方教授對牟先生的質疑。

眾所周知，牟先生係透過康德著作的英譯本來研究康德哲學。不可諱言，這對於理解康德哲學難免會隔了一層，而且有一定的風險。因為當年劍橋大學出版社的康德著作英譯本尚未問世，牟先生所依據的幾種英譯本未必完全理想，有可能造成他的誤讀。方教授就是藉由檢討牟先生對相關文本的翻譯，指出牟先生的「誤讀」。他說：「除了一些明顯的技術錯誤之外，牟譯的問題主要來自他對康德哲學的了解不夠。」[3]方教授顯然學過德文，因為他在文中也引用了德文版的康德著作。但是筆者無法判定方教授的德文理解能力究竟達到了什麼水準。須知康德使用的是十八世紀的德文，僅了解現代德文而對康德哲學欠缺深入了解的一般讀者未必能準確地理解康德的德文文本。

方教授的檢討有點煩瑣，所幸他在文末將牟先生的所謂「誤讀」歸納為以下三點：

> 首先，在康德那裡，道德情感屬於一種先天的心靈稟賦，牟宗三不了解這一點，將道德情感歸為「能力」一類範疇，失卻康德原意。其次，在康德那裡，與道德情感相對的是道德認識（moralischer Sinn），前者主觀，後者客觀，牟宗三不了解這一點，將後者譯為「道德感取」，認為那仍是一種感性作用，從而未能真正認識道德情感的特性。再次，在康德那裡，道德情感作為一種感受，其對象是自由意志的由理性法則推動的運動，牟宗三不了解這一點，錯誤地以為道德情感是對自由意志受法則推動這件事的感受。（頁 73）

---

[3]　方旭東：《原性命之理》，頁 72-73。以下引用此文時，直接將頁碼標註於引文之後，而不另加腳註。

方教授在其論文的第一至三節提出這三點批評。以下筆者將逐項討論方教授
對牟先生的翻譯與詮釋之批評。

二

　　首先，方教授質疑牟先生將康德所說的「道德情感」理解為一種「能
力」，這點質疑甚至見諸其論文的標題：「道德情感是能力嗎？」方教授引
述康德在《道德底形上學》（*Metaphysik der Sitten*）中談到「道德情感、良
心、對鄰人的愛與對自己的尊敬（自重）」時的一段文字：

> 1) Sie sind insgesammt **ästhetisch** und vorhergehene, aber natürliche
> Gemüthsanlagen (praedispositio) durch Pflichtsbegriffe afficiert zu
> werden [...][4]

> 筆者譯：它們均是**感性的**與預存的、但卻自然的心靈稟賦，即為義務
> 概念所觸動的心靈稟賦。[5]

　　對於這段文字，方教授指摘牟先生將 Gemüthsanlagen 誤譯為「能
力」，而且略去括號中的拉丁文對應詞 praedispositio。他認為：這種做法
「關係重大」（頁 61），因為：「如果道德情感相當於稟賦，是可以將其
歸為道德品質範疇的。不然，如果將道德情感理解為能力，再認為它屬於道
德品質，那就說不通了。」（頁 62）牟先生根據的應當是愛爾蘭康德專家

---

[4]　I. Kant, *Die Metaphysik der Sitten* (以下簡稱 *MS*), in: *Kants Gesammelte Schriften* (Aka-
demieausgabe, 以下簡稱 *KGS*), Bd. 6, S.399. 以下引用此書時，直接將頁碼標註於引
文之後，而不另加腳註。為了便於討論，筆者將康德的引文均加上編號。

[5]　此書有筆者的中譯本：《道德底形上學》（臺北：聯經出版事業公司，2015 年）。
由於此一中譯本在邊頁附有德文原版的頁碼，讀者不難找到相對應的文字，故本文不
另外註明中譯本的頁碼。

阿保特（Thomas Kingsmill Abbott, 1829-1913）的英譯本 *Kant's Critique of Practical Reason and Other Works on the Theory of Ethics*。此書的第一版於 1873 年出版，以後一再重印或再版。牟先生使用的究竟是哪個版本，如今已不得而知。在英譯本中，阿保特將 Gemüthsanlagen 譯為 capacities of mind (praedispositio)，並未略去拉丁文的對應詞。牟先生將此詞譯為「能力」，顯然是採取 capacities 之義[6]。

　　當然，就翻譯而言，將 Gemüthsanlagen 譯為「心靈稟賦」，更能貼合原文，較諸簡化為「能力」，顯然更為恰當。但牟先生將此詞譯為「能力」，是否會造成嚴重的「誤讀」呢？恐怕未必。因為當我們說：人具有某種「稟賦」時，這顯然包含「他具有某種能力」之義。例如，當我們說：人具有判斷道德是非的「稟賦」（孟子所說的「是非之心」）時，這顯然包含「他有能力判斷道德是非」之義。因此，說道德情感是一種「心靈稟賦」，與說道德情感是一種「能力」，兩者之間並無矛盾。事實上，康德也曾明白地將道德情感視為一種「能力」。例如，他在《實踐理性批判》中談到「道德的興趣」時，就將「道德情感」界定為「對法則感到這樣一種興趣的能力（Fähigkeit）」[7]。因此，牟先生將 Gemüthsanlagen 譯為「能力」，雖未完全貼合原文，但基本上也未違背康德的意思，更沒有「說不通」之處。

　　方教授接著說明上述的引文(1)之涵義：

> natürlich（自然的）是說道德情感是自然而然的，不是後天的習慣；vorhergehend（先在的）是說道德情感先行於道德義務；而 ästhetisch（感性的）則是強調道德情感與 theoretisch（抽象的）相對。將道德情感簡單地翻譯為能力，就很難理解道德情感所具有的這些豐富特質。（頁 62-63）

6　牟宗三：《康德的道德哲學》，收入《牟宗三先生全集》（臺北：聯經出版事業公司，2003 年），第 15 冊，頁 501。以下引用此書時，直接將頁碼標註於引文之後。

7　I. Kant: *Kritik der praktischen Vernunft*, *KGS*, Bd. 5, S. 80.

方教授將 ästhetisch 譯為「感性的」，並指出：英譯本將此詞譯為 sensitive，而認為牟先生據此將它譯為「敏感的」，是不對的。平情而論，在這一點上，方教授是對的。但方教授在這段說明中犯了幾個錯誤。首先，方教授說：「道德情感是自然而然的，不是後天的習慣。」而在文末又說：「在康德那裡，道德情感屬於一種先天的心靈稟賦。」（頁 73）換言之，他將「自然的」等同於「先天的」。我們有理由相信：方教授所說的「先天的」是指 a priori，因為它是相對於「後天的」（a posteriori）而言。若是如此，他的誤解可就嚴重了。因為如果道德情感是感性的（ästhetisch），它便是後天的，而不可能是「先天的」。方教授可能是混淆了 a priori 與 angeboren 二詞。後者可譯為「天生的」，它依然屬於經驗的領域，因而是後天的。至少對後期的康德而言，先天的情感，即使是道德情感，都是不可能的。這也是日後的現象學倫理學家謝勒（Max Scheler, 1874-1928）質疑康德之處[8]，也正是牟先生之所以主張「道德情感」可以「上下其講」之故。

　　其次，方教授將 vorhergehend 譯為「先在的」，認為這意謂「道德情感先行於道德義務」。就翻譯而言，將此詞譯為「先在的」，不能算錯，但他的解釋卻可能引起嚴重的誤解。因為「道德情感先行於道德義務」之說很容易讓人以為道德情感是道德義務的基礎，或是道德情感產生道德義務，但這兩點都是康德所反對的。因此，筆者將 vorhergehend 譯為「預存的」，以表示：道德情感是我們對於道德義務的**意識**之主觀條件，或者說，我們若無道德情感，便不會**意識**到我們的義務。但這決不等於說：道德情感是道德義務的基礎，或是道德情感產生道德義務。最後，方教授將 theoretisch 譯為「抽象的」，並強調「道德情感與 theoretisch（抽象的）相對」，也犯了嚴重的錯誤。由於這是方教授在其論文的第二節討論的重點，故筆者在下一節一併討論。

---

[8]　參閱拙著：《四端與七情──關於道德情感的比較哲學探討》（臺北：臺灣大學出版中心，2005 年），頁 60-64；簡體字版（上海：華東師範大學出版社，2008 年），頁 45-48。

三

方教授對牟先生的第二點批評涉及《道德底形上學》中的一段具關鍵性的文字：

2) Dieses Gefühl einen moralischen **Sinn** zu nennen ist nicht schicklich; denn unter dem Wort Sinn wird gemeiniglich ein theoretisches, auf einen Gegenstand bezogenes Wahrnehmungsvermögen verstanden: dahingegen das moralische Gefühl (wie Lust und Unlust überhaupt) etwas blos Subjectives ist, was kein Erkenntniß abgiebt. – Ohne alles moralische Gefühl ist kein Mensch; denn bei völliger Unempfänglichkeit für diese Empfindung wäre er sittlich todt, und wenn (um in der Sprache der Ärzte zu reden) die sittliche Lebenskraft keinen Reiz mehr auf dieses Gefühl bewirken könnte, so würde sich die Menschheit (gleichsam nach chemischen Gesetzen) in die bloße Thierheit auflösen und mit der Masse anderer Naturwesen unwiederbringlich vermischt werden. (S. 400)

筆者譯：將這種情感稱為一種道德的**感覺**（Sinn），並不恰當。因為「感覺」一詞通常意指一種理論性的、牽涉到一個對象的知覺能力；反之，道德情感（如同一般而言的愉快或不快）卻是純然主觀之物，它並不提供任何知識。沒有人完全不具有道德情感；因為一個人若對這種感覺完全無動於中，他在道德上便等於死了；而且如果（以醫生底用語來說）道德的生命力不再能對這種情感產生刺激，則「人」（彷彿按照化學定律）將化為純然的動物性，而與其他自然物底群類泯然無分了。

方教授指出牟先生在這段文字的中譯文中有兩個小錯誤。一是牟先生將 Ärzte 誤譯為「物理學家」，顯然是將阿保特英譯文中的 physicians 誤解為

「物理學家」。二是將 Naturwesen 誤譯為「物理存有」，顯然是根據阿保特的英譯 physical beings 而譯的。方教授的這兩點批評是有道理的。如上所示，筆者將 Naturwesen 譯為「自然物」。不過，方教授也承認：「就整體文意而言，這兩處誤譯並無大礙，但如果從德文本直譯或者後用德文本覆校，這類錯誤應當是可以避免的。」（頁 69）

在這段文字中出現 theoretisch 一詞，如上一節末尾所說，方教授將此詞譯為「抽象的」。基於這種理解，他又將 moralischer Sinn 譯為「道德認識」。他的理由是：

> 道德情感是一個有關苦樂之情的概念。認識到這一點對理解康德的想法非常重要。因為，正是這一點決定了道德情感是主觀性的（Subjektiv）概念，從而不同於通常總是與一個對象（Gegenstand）相關的道德認識。依康德，後者提供知識（Erkenntnis），而前者則否；前者是主觀性的（Subjektiv），而後者則與理論抽象有關（theoretisch）。因此之故，康德反對將道德情感與道德認識混為一談。這個區別在英譯中多少還能看出，前者被譯作 moral feeling，後者被譯作 moral sense。可是一旦被中譯為「道德情感」與「道德感覺」，它們的差別就不是那麼明顯了。（頁 64-65）

這裡提到的 moralischer Sinn 一詞是蘇格蘭哲學家赫其森（Francis Hutcheson, 1694-1747）的核心概念 moral sense 之德文翻譯。康德早年在 1760 年代曾深受赫其森的道德哲學之影響。將 moral sense 譯為 moralischer Sinn，並無問題，中文可譯為「道德感」。但無論是英文的 sense，還是德文的 Sinn，都有歧義。依赫其森，moral sense 是一種情感，它是道德之「證成理由」（justifying reason）。但是 sense 一詞也有「感覺」之義，例如視覺的英文說法是 the sense of sight。這種感覺涉及一個對象，因而具有知識意義。由於這種歧義，康德擔心：moralischer Sinn 一詞可能使人誤解它是一種具有知識意義的「感覺」。

　　方教授將 theoretisch 譯為「抽象的」，是一個極其嚴重的錯誤。在德文裡，與「抽象的」一詞相對應的是 abstrakt。theoretisch 通常譯為「理論（性）的」，牟先生有時亦譯為「知解的」或「觀解的」。它是相對於「實踐的」（praktisch）而言，是具有知識意涵的。所以康德說：「『感覺』一詞通常意指一種理論性的、牽涉到一個對象的知覺能力。」在這句話中，「牽涉到一個對象」是對「理論性的」一詞之進一步說明。由於感覺為我們的經驗知識提供材料，所以「感覺」一詞具有知識意涵。方教授將 theoretisch 譯為「抽象的」，可是康德明明說「感覺」是一種「知覺能力」，「知覺能力」怎麼是「抽象的」或「與理論抽象有關」呢？由於不了解這一點，方教授才會堅持將此詞譯為「道德認識」。在德文裡，與「認識」相對應的是 Erkenntnis，而不是 Sinn。

　　牟先生別出新裁，以「感取」來翻譯 Sinn，而將 moralischer Sinn 譯為「道德感取」，並且解釋說：它是「道德方面的感性作用，一般籠統地說為道德感覺，更簡單地說為道德感」（頁 502）。對此，方教授質疑道：

> 除非牟宗三所說的「感性作用」也能提供知識，否則「感取」這樣的譯名終究還是不能契合康德對 Sinn（sense）的設定：指向某個對象（bezogen auf einen Gegenstand）、提供知識。（頁 66）

> 感覺就是感覺，它和抽象有什麼關係？同樣，作為「感性作用」的感取又怎麼會是一種知解性的知覺之力量？難道「感性作用」裡還包括了「知解」的成分在其中？（頁 67）

牟先生將 Sinn 譯為「感取」，將 theoretisch 譯為「知解的」或「觀解的」，是否恰當，這是見仁見智的問題。但他說「感取」是一種「感性作用」，並無問題；而說這種「感性作用」會「牽涉到一個對象」，而提供知識，也沒有問題。我們只要閱讀《純粹理性批判》的〈先驗感性論〉，都可以確定這一點。艾斯勒在《康德辭典》中解釋道：「『理論性的知識』是這

樣一種知識：『藉由它，我認識現存之物』。」（ "Die 'theoretische Erkenntnis' ist eine solche, 'wodurch ich erkenne, was da ist'." ）[9]可見它不限於抽象的知識，也包括關於感性對象的知識。方教授質疑道：「感覺就是感覺，它和抽象有什麼關係？」這顯然是由於他自己誤解了 theoretisch 一詞的涵義。至於他質疑說：「作為『感性作用』的感取又怎麼會是一種知解性的知覺之力量？」則是誤解加上望文生義的結果。

　　方教授還有一個翻譯上的錯誤。他將 pathologisches Gefühl 譯為「生理性的情感」（頁 64）。關於 pathologisch 一詞，鄧曉芒與李秋零一貫都譯為「病理學的」。這些都是誤譯。讓我們看看艾斯勒對 pathologisch 一詞的解釋：「以一種承受、忍受為基礎的，以感性為條件的」（ "auf einem Leiden, Erleiden beruhend, sinnlich bedingt" ）[10]。因此，筆者將此詞譯為「感受的」。日文的《カント事典》（東京：弘文堂，1997 年）也用漢字將此詞譯為「感受的」（頁 49）。

四

　　方教授對牟先生的第二點批評涉及《道德底形上學》中的另一段文字，這段文字係緊接著引文(2)而出現：

3) Wir haben aber für das (Sittlich-) Gute und Böse eben so wenig einen besonderen **Sinn**, als wir einen solchen für die **Wahrheit** haben, ob man sich gleich oft so ausdrückt, sondern **Empfänglichkeit** der freien Willkür für die Bewegung derselben durch praktische reine Vernunft (und ihr Gesetz), und das ist es, was wir das moralische Gefühl nennen. (S. 400)

---

[9]　Rudolf Eisler: *Kant-Lexikon* (Hildesheim: Georg Olms, 1977), S. 534.

[10]　同上註，頁 409。

> 筆者譯：但是我們對於（道德上的）「善」與「惡」並不具有一種特殊的**感覺**，正如我們對於**真理**並不具有這樣一種感覺（儘管我們經常如此表達），而是我們具有自由意念對於「它自己為實踐的純粹理性（及其法則）所引動」的**感受性**，而這便是我們所謂的道德情感。

在這段文字當中，方教授批評的焦點集中於 "Empfänglichkeit der freien Willkür für die Bewegung derselben durch praktische reine Vernunft (und ihr Gesetz)" 一語的翻譯與詮釋。方教授先引述阿保特的英譯："we have a susceptibility of the free elective will for being moved by pure practical reason and its law"。方教授評論道：「可是句意卻並沒有因此而顯豁，反而因為主詞 we 的出現而使句子成分變得更加複雜，尤其是 "for being moved" 中的 for 究竟何解？」（頁 70）其實，阿保特在此補上 we have，只是順著前文補上省略的主詞，根本沒有增加什麼內容，何至於「變得更加複雜」？至於 for being moved，也是貼近原文的翻譯，其涵義下文再討論。

接著，方教授引述牟先生的翻譯：「但是我們關於自由選擇的意志對其為『純粹實踐理性以及純粹實踐理性之法則』所推動這一點，卻有一種感受。」（頁 503）對此，方教授評論道：

> 雖然從英譯而來，但牟甩開了英譯所補的主詞 we（我們），而將意志作為真正的主詞，從而擺脫了語義繚繞，使整個句子結構明朗起來。經過這樣疏通，康德的意思變成：自由選擇的意志對於它受實踐的純粹理性（praktische reine Vernunft）（及其法則）推動這一點自有一種感受，而這種感受就是道德情感。（頁 71）

為了佐證他的解讀，他又引述牟先生自己的說明：「它〔道德情感〕只是『自由選擇的意志』當為理性法則所推動時，所有的一種感受。」（頁 503）但方教授隨即強調：

這種理解及由此而來的翻譯並不符合康德的本意。康德本意是說，我
們感受到自由意志的運動，這個運動是受理性法則推動的。眾所周
知，自由意志是康德道德學說的根基，是道德律的存在理由，而這個
理由之所以存在，就是因為我們感受到自由意志的運動。這種感受是
道德義務的根基所在。所以，感受的對象是自由意志的由理性法則推
動的運動，不是自由意志受法則推動這件事。（頁72）

基於這種理解，方教授建議將這段文字翻譯為：「（我們擁有）……一種對
於自由選擇意志的感受性，即一種對於由實踐的純粹理性及其法則推動的自
由選擇意志的運動的感受性。」（頁72）

　　方教授認為牟先生的翻譯與理解方式違背康德的原意，因為：

按照康德，當我們自由選擇的意志之決定是從義務之法則而來時，主
體的感受就是一種純淨的快樂之感。反之，當自由選擇的意志與純粹
實踐理性及其法則相違，那麼主體就有一種不快樂的感受。
如果像牟宗三理解的那樣，道德情感是自由選擇的意志為理性法則推
動時的一種感受，讀者從中就很難了解康德想要表達的「道德情感是
與義務法則相關的苦樂之情」那樣的意思。（頁72）

以上筆者已盡可能忠實地重述了方教授對牟先生的批評，現在讓我們檢視方
教授的批評是否有道理。

　　首先，方教授說：「這種感受是道德義務的根基所在。」這等於是說：
「道德情感是道德義務的根基所在。」這完全違背康德的基本觀點，因為這
是赫其森的觀點，而為康德所反對。其次要指出的是：方教授誤讀了牟先生
的翻譯。在牟先生所說的「我們關於自由選擇的意志……」一語中，主詞
仍是「我們」，「關於自由選擇的意志」必須連讀，「自由選擇的意志」
是 the free elective will 的翻譯，而後者又譯自德文的 freie Willkür。用英文
來表達，方教授將牟先生的翻譯誤讀為 our will to free selection。因此，牟

先生根本沒改變阿保特英譯的句子結構。

　　但是真正造成方教授的困惑的，並非這個句子的結構，而是他對德文 Willkür 一詞的嚴重誤解。在《道德底形上學》中，康德對 Wille 與 Willkür 明確地加以區別。筆者分別以「意志」與「意念」來翻譯這兩個詞彙[11]。方教授忽而將 freie Willkür 譯為「自由選擇的意志」，忽而將它譯為「自由意志」，可見他根本不知道康德對 Wille 與 Willkür 所作的區別。阿保特將 Willkür 譯為 the free elective will，牟先生將它譯為「自由選擇的意志」，雖嫌累贅，但並非沒有根據。其根據便在康德自己的說明。

　　在《道德底形上學》中，康德先後有兩次說明 Wille 與 Willkür 的區別，其文如下：

　　4) Das Begehrungsvermögen nach Begriffen, sofern der Bestimmungs-grund desselben zur Handlung in ihm selbst, nicht in dem Objecte angetroffen wird, heißt ein Vermögen nach Belieben zu thun oder zu lassen. Sofern es mit dem Bewußtsein des Vermögens seiner Handlung zur Hervorbringung des Objects verbunden ist, heißt es Willkür [...] Das Begehrungsvermögen, dessen innerer Bestimmungsgrund, folglich selbst das Belieben in der Vernunft des Subjects angetroffen wird, heißt der Wille. Der Wille ist also das Begehrungsvermögen, nicht sowohl (wie die Willkür) in Beziehung auf die Handlung, als vielmehr auf den Bestim-mungsgrund der Willkür zur Handlung betrachtet, und hat selber vor sich eigentlich keinen Bestimmungsgrund, sondern ist, sofern sie die Willkür bestimmen kann, die praktische Vernunft selbst. (S. 213)

---

[11] 李秋零主編的《康德著作全集》第 6 卷（北京：中國人民大學出版社，2007 年）收入張榮所譯的《道德形而上學》。張榮按照字典上的意義將 Willkür 譯為「任性」，這是非常不恰當的。因為在康德的著作中，Willkür 一詞是個專門術語，而非日常語言。張榮將 freie Willkür 譯為「自由任性」，實在令人覺得不知所云。

筆者譯：依乎概念的欲求能力，就其行動之決定根據見諸它自身之中，而非在對象中而言，稱為**任意作為或不為**的能力。就它與其產生對象的行為能力之意識相結合而言，它稱為**意念**（Willkür）〔……〕。如果欲求能力之內在的決定根據、因而甚至意願都見諸主體底理性之中，它便稱為**意志**（Wille）。因此，意志之為欲求能力，並非（像意念一樣）著眼於它與行為相關聯，而毋寧著眼於它與意念底行動之決定根據相關聯；而且它本身根本沒有任何決定根據，而是就它能決定意念而言，它就是實踐理性本身。

5) Von dem Willen gehen die Gesetze aus; von der Willkür die Maximen. Die letztere ist im Menschen eine freie Willkür; der Wille, der auf nichts Anderes, als bloß auf Gesetz geht, kann weder frei noch unfrei genannt werden, weil er nicht auf Handlungen, sondern unmittelbar auf die Gesetzgebung für die Maxime der Handlungen (also die praktische Vernunft selbst) geht, daher auch schlechterdings nothwendig und selbst keiner Nöthigung fähig ist. Nur die Willkür also kann frei genannt werden. (S. 226)

筆者譯：法則出自意志；格律出自意念。在人之中，後者是一種自由的意念；意志所涉及的無非只是法則，既無法被稱為自由的，亦無法被稱為不自由的。因為意志不涉及行為，而是直接涉及對於行為底格律的立法（因而涉及實踐理性本身），所以也是絕對必然的，而且甚至沒**辦法**受到強制。因此，唯有**意念**才能被稱為**自由的**。

為了避免不必要的枝蔓，並便於接下來的討論，我們可以將這兩段文字的要點歸納如下：

1) 由意志產生法則（客觀原則），由意念僅產生格律（主觀原則）。

2) 意志不直接涉及行為，意念才能直接涉及行為。

3) 意志為立法能力，故無所謂自由或不自由；意念為抉擇能力，始有自由可言。

4) 意志本身無任何決定根據，但可決定意念，並透過意念來決定行為；就此而言，意志就是實踐理性本身。

阿保特將 Willkür 譯為 the free elective will，牟先生將它譯為「自由選擇的意志」，就是根據第三點。

此外，在其《道德底形上學》一書的初稿中，康德對「意志」與「意念」之區別有進一步的說明。他以「理體」（Noumenon）與「事相」（Phänomenon）的關係來解釋「意志」與「意念」的關係。他寫道：

6) Die Freyheit der Willkühr in Ansehung der Handlungen des Menschen als Phänomenon besteht allerdings in dem Vermögen unter zwey entgegengesetzten (der gesetzmäßigen und gesetzwiedrigen) zu wählen und nach dieser betrachtet sich der Mensch selbst als Phänomen. – Der Mensch als Noumen ist sich selbst so wohl theoretisch als praktisch gesetzgebend für die Objecte der Willkühr und so fern frey aber ohne Wahl.[12]

筆者譯：的確，就作為事相的人底行為而言，意念底自由在於就兩個相反的行為（合乎法則與違反法則的行為）作抉擇的能力，而且人根據這種自由將自己視為事相。——作為理體的人不僅在理論方面，而且在實踐方面，均是為意念底對象自我立法者，且就此而言，有自由而無抉擇。

在康德的用法中，「理體」與「事相」之區分約略相當於「物自身」（Ding

---

12 *Vorarbeiten zu Die Metaphysik der Sitten. Erster Teil Metaphysische Anfangsgründe der Rechtslehre*, *KGS*, Bd. 23, S. 248.

an sich）與「現象」（Erscheinung）之區分[13]。

　　「意志」與「意念」之區別對於我們理解引文(3)中那個有爭議的句子極具關鍵性。在 "Empfänglichkeit der freien Willkür für die Bewegung derselben durch praktische reine Vernunft (und ihr Gesetz)" 這個句式當中，derselben 是指 freie Willkür（自由意念），durch 表示被動之意。因此，"die Bewegung derselben durch praktische reine Vernunft (und ihr Gesetz)" 意謂「自由意念為實踐的純粹理性（及其法則）所引動」一事，自由意念所感受的即是此事。筆者為了便於中文讀者的理解，稍稍改變句法，將此句譯為：「我們具有自由意念對於『它自己為實踐的純粹理性（及其法則）所引動』的感受性。」而牟先生將此句譯為：「它〔道德情感〕只是『自由選擇的意志』當為理性法則所推動時，所有的一種感受。」意思也大體無誤。

　　方教授之所以不接受牟先生的翻譯與詮釋，主要是由於他自己將「自由意念」誤解為「自由意志」。既然對康德而言，意志是立法能力，因而是決定者，方教授便將 die Bewegung derselben durch praktische reine Vernunft (und ihr Gesetz) 簡化譯為「自由意志的由理性法則推動的運動」。按照這樣的翻譯，die Bewegung derselben 便意謂「自由意志的運動」，運動是由自由意志所產生的，而全句則意謂：自由意志藉由實踐的純粹理性（及其法則）所產生之運動。這樣的翻譯在文法上固然說得通，但在義理上卻說不通。因為 derselben 不是指「自由意志」，而是指「自由意念」，而根據康德自己的說明，意念屬於直接涉及行為的「事相」，是被道德法則或感性對象所決定的。因此，當我們的自由意念為理性法則（道德法則）所引動時，自由意念對此事便會感受到一種愉快，這便是道德情感。反之，當我們的自由意念為感性對象所引動時，自由意念對此事便會感受到一種不快，這是一

---

[13] 參閱拙作：〈牟宗三哲學中的「物自身」概念〉，收入拙著：《當代儒學之自我轉化》（臺北：中央研究院中國文哲研究所，1994 年），頁 28-30；簡體字版：《當代儒學的自我轉化》（北京：中國社會科學出版社，2001 年），頁 25-26。關於「意志」與「意念」之區別，參閱拙作：〈孟子的四端之心與康德的道德情感〉，收入拙著：《儒家與康德》（臺北：聯經出版事業公司，2018 年，增訂版），頁 116-119。

種負面的道德情感。根據這樣的詮釋，我們並不會如方教授所擔心的，「很難了解康德想要表達的『道德情感是與義務法則相關的苦樂之情』那樣的意思」。反之，如果依方教授的詮釋，這種感受性便是「自由意志的感受性」；但依康德的說明，自由意志屬於不直接涉及行為（包括「運動」）的「理體」，如何會有感受性呢？可見他對於 freie Willkür 的誤解導致「一著錯，全盤皆錯」的嚴重後果。

　　方教授在其論文的末段評論道：「作為有自己觀點的哲學家，牟宗三與康德的看法容有不同，只是，他在譯注康德時受自身觀點的干擾未能準確地傳達對方意旨。」（頁 73）然而，根據以上的討論，我們固然發現牟先生受限於英文譯本或疏忽，他的確有若干誤譯之處，但情節並不嚴重，基本上無礙於他對康德思想的把握。故大體而言，牟先生並未誤解康德的「道德情感」概念。反之，方教授雖然在語文條件上優於牟先生，但由於他自己對康德思想的隔閡，反而嚴重誤解康德的「道德情感」概念。方教授在文末又說道：「反省前人是為了總結經驗教訓，無論如何，用中文消化康德學，道路既阻且長。」（頁 73）看來這句話更適於用在他自己身上。

（原刊於《現代哲學》〔廣州〕，2016 年第 2 期，頁 29-35。）

儒家與宗教

徐復觀論儒家與宗教

　　1990 年代之初，余英時先生發表了〈錢穆與新儒家〉一文[1]，反對將錢穆先生列入「現代新儒家」之列。此文一出，立刻在學界引起了關於如何界定「現代新儒家」（或「當代新儒家」）的熱烈爭論。在這場爭論中，劉述先先生提出了「狹義新儒家」與「廣義新儒家」的區分：前者特指由熊十力開創，為唐君毅、牟宗三、徐復觀所繼承的思想方向，後者則包括其他不屬於此系、但也認同儒家傳統的代表人物（錢穆先生自然也被歸入其中）[2]；而唐君毅、牟宗三、張君勱及徐復觀四人於 1958 年聯名發表的〈為中國文化敬告世界人士宣言〉（以下簡稱〈宣言〉）則被視為「狹義新儒家」的共同綱領[3]。劉先生的這項說法有一定的合理性，因此在學界頗有影響力。

---

[1]　此文收入其《猶記風吹水上鱗》（臺北：三民書局，1991 年），頁 31-98。

[2]　劉述先：〈對於當代新儒家的超越內省〉，收入其《當代中國哲學論：問題篇》（Teaneck/New Jersey：八方文化企業公司，1996 年）。參閱其〈從中心到邊緣：當代新儒學的歷史處境與文化理想〉，《漢學研究通訊》，總 79 期（2000 年 11月），頁 555-563；亦收入吳光主編：《當代新儒學探索》（上海：上海古籍出版社，2003 年），頁 1-22。

[3]　此一〈宣言〉原刊於《民主評論》，第 9 卷第 1 期（1958 年 1 月 5 日）及《再生》，第 1 卷第 1 期（1958 年 1 月）；後收入張君勱著，程文熙編：《中西印哲學文集》（臺北：臺灣學生書局，1981 年），以及張君勱：《新儒家思想史》（臺北：張君勱先生獎學金基金會，1980 年）；亦以〈中國文化與世界〉之名收入《唐君毅全

　　學派的分類本來只是學界的一種約定俗成，未必有嚴格的標準。況且無論是「現代新儒家」還是「當代新儒家」，原先都是出自其他持不同立場的人或是從事客觀研究的學者，而非當事人本身的自我標榜。直到唐、牟、徐這一代，如今被歸入「現代新儒家」之列的代表人物（無論廣義還是狹義），從未以此為標榜。據我所知，在臺灣最早使用「新儒家」一詞來指稱唐、牟、徐等人的是天主教學者。筆者也曾多次親聞牟先生說：他從未自稱為「新儒家」，但若有人如此稱呼他，他也不反對。

　　羅義俊先生曾指出一個略帶諷刺性的事實：儘管余先生在〈錢穆與新儒家〉一文強調錢先生拒絕在〈宣言〉上簽字，是為了避免門戶之見，但上述的爭論卻反而坐實了門戶之見[4]。為了真正避免無謂的門戶之見與爭論，筆者建議將「現代新儒家」視為一個「學圈」（Kreis/circle），而非「學派」（Schule/school），如西方現代哲學中所謂的「維也納學圈」（Wiener Kreis）。「學圈」的概念遠較「學派」寬泛，它基本上僅需要有共同關切的問題領域與大體一致的思想方向即可，而不排除其成員對個別問題持有不同的、甚至相互對立的看法。

　　筆者在〈牟宗三思想中的儒家與康德〉一文中曾指出：錢先生之所以未參與〈宣言〉之簽署，與其說是為了避免門戶之見，不如說是由於錢先生與唐、牟、徐、張四人自 1950 年代以來在學術觀點上逐漸顯示出來的重大分歧[5]。但這無礙於我們將錢先生與唐、牟、徐、張四人歸入同一個「學圈」，因為在基本方向上，他們均堅持以儒家思想為本位，吸納西方文化，以促成中國之現代化。退一步來說，即使在共同簽署〈宣言〉的四人之間，

　　集》（臺北：臺灣學生書局，1991 年），卷 4。

[4]　羅義俊：〈近十餘年當代新儒學的研究與所謂門戶問題〉，收入《第二屆當代新儒學國際學術會議論文集之二：儒學與當今世界》（臺北：文津出版社，1994 年），頁 113-146。

[5]　參閱拙著：《當代儒學之自我轉化》（臺北：中央研究院中國文哲研究所，1994 年），頁 55-57；簡體字版《當代儒學的自我轉化》（北京：中國社會科學出版社，2001 年），頁 50-52。

亦存在不少觀點上的分歧。例如，唐、牟二人對朱子學的不同評價，是學界所共知的。但一般學者往往忽略在儒學與宗教的關係之問題上，徐復觀先生與其餘三人（尤其是唐、牟二人）的觀點之間也存在微妙但卻根本的差異。

〈宣言〉係由唐君毅先生所起草，分別寄給其他三人，根據他們的意見加以修改後始定稿。它開宗明義便檢討西方人對於中國文化的誤解或成見，其中一項成見便是認為：中國人只重視現實的倫理道德，而欠缺宗教性的超越感情；故中國的倫理道德思想只涉及規範外在行為的條文，而忽略精神活動的內在依據。這種成見可以上溯至黑格爾[6]。〈宣言〉的第五節〈中國文化中之倫理道德與宗教精神〉便特別駁斥這種成見。他們固然承認：中國文化中並無西方那種制度化的宗教與獨立的宗教文化傳統；但是他們斷然否認：中國民族只重視現實的倫理道德，缺乏宗教性的超越感情。在他們看來，中國人的宗教精神表現為另一種型態，即是以倫理道德與宗教精神為一體之兩面，而非如西方文化中道德與宗教之二元分途，此一特性使「中國民族之宗教性的超越感情，及宗教精神，因與其所重之倫理道德，同來原於一本之文化，而與其倫理道德之精神，遂合一而不可分」[7]。

唐先生在其《心物與人生》一書中曾表示：「宗教亦是人文世界之一領域。宗教之為文化，是整個人生或整個人格與宇宙真宰或真如，發生關係之一種文化，亦即是天人之際之一種文化。」[8]在這種意義的「宗教」當中，宗教與文化（人文）是一體之兩面，即文化即宗教。這種特色正是美國學者芬加瑞（Herbert Fingarette）所謂的「即世俗而神聖」（the secular as sacred）[9]。

6　參閱拙作〈儒家思想中的內在性與超越性〉，收入拙著：《當代儒學之自我轉化》，頁 129-130；簡體字版，頁 118-119。

7　〈中國文化與世界〉（收入《唐君毅全集》，卷 4），頁 19。

8　唐君毅：《心物與人生》（收入《唐君毅全集》，卷 2），頁 211。

9　參閱 Herbert Fingarette: *Confucius – the Secular as Sacred*. New York: Harper Torchbook, 1971。此書有彭國翔與張華的中譯本：《孔子：即凡而聖》（南京：江蘇人民出版社，2002 年）。

　　論者往往將儒學視為一種「人文主義」（humanism）。不過要注意的是：在西方，「人文主義」一詞通常意謂與宗教的分離、甚至對立；而儒學（至少先秦儒學）卻明確包含一個宗教的面向。因此，牟先生將儒學視為一種「人文教」，意即人文主義與宗教之合一。他在其〈人文主義與宗教〉一文中闡述此義如下：

> 人文教之所以為教，落下來為日常生活之軌道，提上去肯定一超越而普遍之道德精神實體。此實體通過祭天祭祖祭聖賢而成為一有宗教意義之「神性之實」，「價值之源」。基督教中之上帝，因耶穌一項而成為一崇拜之對象，故與人文世界為隔；而人文教中之實體，則因天、祖、聖賢三項所成之整個系統而成為一有宗教意義之崇敬對象，故與人文世界不隔：此其所以為人文教也，如何不可成一高級圓滿之宗教？唯此所謂宗教不是西方傳統中所意謂之宗教（Religion）而已。[10]

在同一文中，他也將「人文教」稱為「道德宗教」[11]。其後，他在《心體與性體》中擴大「道德宗教」之涵義，以之涵蓋儒家的「性理」、佛家的「空理」與道家的「玄理」，並且特別表示：「宋明儒所講者即『性理之學』也。此亦道德亦宗教，即道德即宗教，道德宗教通而一之者也。」[12]康德也有「道德宗教」的說法[13]。但牟先生當時使用「道德宗教」一詞，似乎並非

---

[10] 牟宗三：《生命的學問》（臺北：三民書局，1970 年），頁 76-77。由於三民書局發行人劉振強拒絕授權，此書未能收入《牟宗三先生全集》中，令人深感遺憾。

[11] 同上書，頁 75。

[12] 牟宗三：《心體與性體》，第 1 冊（臺北：正中書局，1973 年），頁 4；《牟宗三先生全集》（臺北：聯經出版事業公司，2003 年），第 5 冊，頁 6。

[13] 參閱拙作：〈從康德的「道德宗教」論儒家的宗教性〉，收入李明輝、林維杰編：《當代儒家與西方文化：會通與轉化》（臺北：中央研究院中國文哲研究所，2007 年），頁 15-70；亦收入哈佛燕京學社編：《儒家傳統與啟蒙心態》（南京：江蘇教育出版社，2005 年），頁 228-269；以及李志剛、馮達文編：《從歷史中提取智慧》

受到康德的影響，而是與康德不謀而合。

在〈宣言〉發表之後十餘年，1980 年 8 月，徐復觀先生接受林鎮國等三人的訪問時，作了如下的告白：

> 這篇宣言是由唐先生起稿。寄給張、牟兩位先生。他們兩人並沒表示其他意見，就簽署了。寄給我時，我作了兩點修正：
> (1)關於政治方面。我認為要將中國文化精神中可以與民主政治相通的疏導出來，推動中國的民主政治。這一點唐先生講得不夠，所以我就改了一部分。
> (2)由於唐先生的宗教意識很濃厚，所以在「宣言」中也就強調了中國文化中的宗教意義。我則認為中國文化原亦有宗教性，也不反對宗教；然從春秋時代起就逐漸從宗教中脫出，在人的生命中紮根，不必回頭走。便把唐先生這部分也改了。
> 改了之後，寄還給唐先生，唐先生接納了我的第一項意見，第二項則未接受。這倒無所謂。就這樣發表了。[14]

這項告白為我們提供了一條明確的線索，有助於了解徐先生在儒學與宗教的關係問題上之不同見解。從這段告白，我們可以了解：在徐先生看來，先秦儒學中的宗教面向僅是其發展過程中偶然出現的歷史因素，而非其本質的部分；換言之，道德可以完全獨立於宗教之外。他的觀點其實類乎西方近代的人文主義，也就是與宗教分離的人文主義。這是他與唐、牟二人之間最主要的分歧點。

對於儒學與宗教的關係之問題，徐先生的這種看法自然不是突然形成的，而是奠基於他對於中國思想史的長期研究。在其《中國人性論史·先秦篇》中，他將整個先秦思想史的發展理解為由原始的宗教意識逐步入文化之

（成都：四川出版集團巴蜀書社，2005 年），頁 1-49。

[14] 林鎮國等：〈擎起這把香火──當代思想的俯視〉，見《徐復觀雜文·續集》（臺北：時報文化出版企業公司，1981 年），頁 408。

過程。根據他的說明，這種人文化的轉折是通過周人的「憂患意識」而形成，而這種「憂患意識」則是通過「敬」的觀念而表現。他將這種「憂患意識」與作為原始宗教之基礎的「恐怖意識」加以對比：在原始宗教中，一般人往往在恐怖與絕望中感到自己的渺小，而放棄自己的責任，將自己的命運諉諸外在的神；反之，「憂患意識」卻是起源於人在精神上的自覺，而表現為對事物的責任感[15]。徐先生總結說：

> 周初所強調的敬的觀念，與宗教的虔敬，近似而實不同。宗教的虔敬，是人把自己的主體性消解掉，將自己投擲於神的面前而澈底皈歸於神的心理狀態。周初所強調的敬，是人的精神，由散漫而集中，並消解自己的官能欲望於自己所負的責任之前，凸顯出自己主體的積極性與理性作用。[16]

事實上，牟先生非常讚賞「憂患意識」與「恐怖意識」的說法，而在其《中國哲學的特質》中加以採用，以「憂患意識」代表儒家，「恐怖意識」代表耶教，再加上佛教的「苦業意識」。

徐先生自然也知道：在《論語》的記載中，孔子不時使用「天」、「命」、「天命」、「天道」等傳統的宗教概念，甚至自言「五十而知天命」。對於這種現象，徐先生在《中國人性論史·先秦篇》中提出了他的解釋。首先，他強調孔子在《論語》中所說的「天」、「天命」或「天道」與「命」字的不同涵義。他指出：凡《論語》中單言「命」字之處，均是指運命之「命」而言；對於這種意義的「命」，孔子一概歸諸不可求的領域，而採取存而不論的態度[17]；但對於所謂「天」、「天命」或「天道」，孔子的態度就完全不同了。徐先生認為：

---

[15] 參閱徐復觀：《中國人性論史·先秦篇》（臺北：臺灣商務印書館，1969 年），頁 20-22。

[16] 同上書，頁 22。

[17] 參閱同上書，頁 83-84。

孔子的所謂天命或天道或天，用最簡捷的語言表達出來，實際是指道
德的超經驗地性格而言；因為是超經驗的，所以才有其普遍性、永恆
性。因為是超經驗的，所以在當時只能用傳統的天、天命、天道來
加以徵表。道德的普遍性、永恆性，正是孔子所說的天、天命、天
道的真實內容。[18]

根據這種解釋，當孔子使用「天」、「天命」、「天道」等傳統的宗教語言
時，他所要表達的僅是道德之超經驗性，而無任何實質的宗教意涵。在這個
意義下，孔子五十所知的「天命」乃「道德性之天命，非宗教性之天命」[19]，
而他之「畏天命」，實即是「對他自己內在地人格世界中無限地道德要求、
責任，而來的敬畏」[20]。基於這種理解，徐先生批評日本學者狩野直喜以孔
子之所謂「天」、「天命」、「天道」皆是宗教的意義，而不應附以哲學的
意義，認為「這恐怕與《論語》整個的精神不合」[21]。因此，徐先生斷言：

> 在孔子心目中的天，只是對於「四時行焉，百物生焉」的現象而感覺
> 到有一個宇宙生命、宇宙法則的存在。他既**沒有進一步對此作形而上**
> **學的推求，他也決不曾認為那是人格神的存在。**[22]

對於《中庸》所表達的「天命」思想，徐先生也提出類似的解讀。他在
〈中庸的地位問題〉一文中就明白地表示：

> 〔……〕「天命之謂性」的「天」，不是泛泛地指人頭頂上的天；而
> 係由向內沉潛淘汰所顯現出的一種不為外界所轉移影響的內在的道

18　同上書，頁 86。
19　同上書，頁 88。
20　同上書，頁 89。
21　同上書，頁 87。
22　同上書，頁 88-89。

德主宰。這裡的所謂天命，祇是解脫一切**生理束縛**，一直沉潛到底時所顯出的不知其然而然的一刻不容自已之心。此時之心，因其解脫了一切生理的、後天的束縛，而只感覺其為一先天地存在，亦即係突破了後天各種藩籬的一種普遍地存在，中庸便以傳統的「天」的名稱稱之。並且這不僅是一種存在；而且必然是片刻不停的**發生作用的存在**，中庸便以**傳統的「天命」的名稱稱之**。[23]

杜維明先生特別以《中庸》這部著作為代表，來說明儒家的宗教性[24]。但在其師徐先生的詮釋當中，這部著作除了沿用「天」、「天命」等傳統的宗教概念之外，實質上並無多少宗教意味。

　　同樣的情形也見諸徐先生對於孟子「天道」思想的詮釋。眾所周知，孟子有「盡其心者，知其性也；知其性，則知天矣。存其心，養其性，所以事天也」（〈盡心上〉第 1 章）之句。對於這段文字，徐先生的解讀如下：

實則心之外無性，性之外無天，因此才能說「存其心，養其性，所以事天也」。若心之外有性，心與性之外有天，則盡心並不一定能知性；而存心養性，亦不能直接稱之為事天。一般所說的事天，總要通過宗教的儀式而見，正因為**天乃在人心之外，在人心之上**。〔……〕孟子以為存心養性即所以事天，這便將古來宗教之所祈嚮，完全轉換**銷納**，使其成為一身一心的德性的擴充。在自身德性之外，更無處

23　徐復觀：《中國思想史論集》（臺北：臺灣學生書局，1975 年），頁 80-81。此文最初刊於《民主評論》第 7 卷第 5 期（1956 年 3 月 1 日）。

24　Tu Wei-ming: *Centrality and Commonality: An Essay on Chung-Yung* (Honolulu: University of Hawaii Press, 1976)；此書後經擴充並改名為：*Centrality and Commonality: An Essay on Confucian Religiousness* (Albany: State University of New York Press, 1989)。後者有段德智的中譯本：《論儒學的宗教性──對「中庸」的現代詮釋》，收入郭齊勇、鄭文龍編：《杜維明文集》（武漢：武漢出版社，2002 年），第 3 卷，頁 357-485。

可以安設宗教的假像。[25]

　　依徐先生之見，孔子在中國文化史上的特殊地位在於確定了上述的思想轉向。在其〈有關中國思想史中一個基題的考察——釋論語「五十而知天命」〉一文中，他將這種轉向比擬為康德所謂「哥白尼的迴轉」，而這種轉向即在於「將外在的他律性的道德，生根於經驗界中的道德，由不斷的努力而將其內在化，自律化，以使其生根於超經驗之上」[26]。就「道德的基礎不在經驗，而在超經驗界，不在外在世界，而在內在的自我」這點而言，徐先生所理解的孔子思想與康德「自律倫理學」的基本觀點完全合轍。康德是在知識論、而非倫理學的脈絡中談到「哥白尼的迴轉」[27]。但無獨有偶，美國學者西爾柏（John R. Silber, 1926-2012）也曾將康德在倫理學研究中的貢獻視為「倫理學中的哥白尼式革命」[28]。

　　在這篇論文中，徐先生加上了題為〈思想史上的夾雜與「心即天」〉的一節，主要是抨擊漢儒「混入陰陽五行之說，把天命變為外在的形象化的東西，而形成一大的夾雜」[29]。他甚至將朱子對周敦頤〈太極圖說〉的詮釋、張載的「太虛說」與熊十力的「翕闢說」亦歸入此類的夾雜。他毫不掩飾地表示他對其師熊先生的不滿：

　　　熊先生的新唯識論，畢竟不能不以明心一章作收束。而明心一章之不

---

[25] 徐復觀：《中國人性論史‧先秦篇》，頁 181。

[26] 徐復觀：《中國思想史論集續編》（臺北：時報文化出版企業公司，1982 年），頁 387。此文最初發表於《民主評論》第 7 卷第 16 期（1956 年 8 月 16 日），即〈宣言〉發表之前一年多。

[27] Immanuel Kant: *Kritik der reinen Vernunft*, hrsg. von Raymund Schmidt (Hamburg: Felix Meiner, 1976), B22 Anm.

[28] John R. Silber: "The Copernican Revolution in Ethics: The Good Reexamined", in: Robert Paul Wolff (ed.), *Kant: A Collection of Critical Essays* (Notre Dame: University of Notre Dame Press, 1967), p. 266.

[29] 徐復觀：《中國思想史論集續編》，頁 391。

夠充實，這正說明他由宇宙論以落向人性論，在其根本處有一缺憾。
在他們，都認為這兩方面的東西是緊密相連，實際則不僅是一種推
想，且事實無此必要。[30]

徐先生此處所謂的「夾雜」係指繞過人的心性主體，不從「心即天」的觀
點，而從宇宙論的基礎上去建立倫理學的思想進路。對他而言，宇宙論的探
討對於道德之建立根本是不相干的，故將宇宙論的探討引進道德心性之學，
是一種不必要的「夾雜」。

　　到了 1979 年（即徐先生接受林鎮國等人訪問的前一年），徐先生又發
表〈向孔子的思想性格回歸──為紀念民國六十八年孔子誕辰而作〉一文。
他在文中批評那些因強調形上學而輕《論語》、重《易傳》的學者（如方東
美先生）。接著他寫道：「所以從宋儒周敦頤的太極圖說起到熊師十力的新
唯識論止，凡是以陰陽的間架所講的一套形而上學，有學術史的意義，但
與孔子思想的性格是無關的。」[31]在這個脈絡中，徐先生特別指名批評熊十
力、唐君毅兩先生：

> 一切民族的文化，都從宗教開始，都從天道天命開始；但中國文化的
> 特色，是從天道天命一步一步的向下落，落在具體的人的生命、行為
> 之上。講中國哲學的先生們〔……〕即使非常愛護中國文化，對中國
> 文化用功很勤，所得很精的哲學家，有如熊十力，以及唐君毅先生，
> 卻是反其道而行，要從具體生命、行為，層層向上推，推到形而上的
> 天命天道處立足，以為不如此，便立足不穩。沒有想到，形而上的東
> 西，一套一套的有如走馬燈，在思想史上，從來沒有穩過。熊、唐兩
> 先生對中國文化都有貢獻，尤其是唐先生有的地方更為深切。但他們
> 因為把中國文化發展的方向弄顛倒了〔，〕對孔子畢竟隔了一層

30　同上書，頁 392。
31　同上書，頁 432。

〔……〕這都是受了希臘系統哲學的影響。[32]

對照這篇文章所顯示的背景，徐先生在次年接受林鎮國等人訪問時所作的告白便不會令人感到驚訝了。

　　韋政通先生曾在其〈孔子成德之學及其前景〉一文中提到這段公案，並為唐先生抱屈。韋先生在文中強調：徐先生在〈向孔子的思想性格回歸〉一文中「對所批評的對象，就『卑俗』者而言，自然很有道理，就『超越』者而言，顯然缺乏同情的了解」[33]。他認為：就肯定《論語》的重要性與重視日用尋常的體驗而言，唐、徐二人的態度並無二致[34]。接著，韋先生語重心長地表示：

　　　牟〔宗三〕先生的工作，不是向孔子的思想性格回歸，而是孔子思想
　　　性格的突破。徐先生〈回歸〉之文所批評的恰當對象，應該是牟先
　　　生，但牟、徐兩位先生，在 1949 年以後的三十多年中，曾是為護衛
　　　儒家共同奮鬥的夥伴，竟然對老友建立新學統在這個時代的意義和價
　　　值，缺乏同情的了解，縱然可能受限於史學的立場，但以徐先生思想
　　　上的宏觀與慧識，仍不免令人費解。[35]

筆者完全同意韋先生的上述看法，在下文將順著韋先生所言，首先澄清徐先生對於唐、牟二人的誤解，接著指出徐先生與唐、牟二人在儒學與宗教的關係問題上之分歧點。

　　為了澄清徐先生對於唐、牟二人的誤解，我們不妨先回到前面引述過的〈中庸的地位問題〉一文。徐先生在這篇文章中以一句話深刻地點出了《中

---

[32] 同上書，頁 432-433。

[33] 見李明輝編：《儒家思想的現代詮釋》（臺北：中央研究院中國文哲研究所，1997年），頁 32-33。

[34] 參閱同上書，頁 33。

[35] 同上書，頁 34。

庸》的基本性格：「儒家思想以道德為中心；而中庸指出了**道德的內在而超越的性格，因而確立了道德的基礎。**」[36]接著，他對道德的內在性提出如下的解釋：

> 五倫係外在的人與人的關係。但此人倫關係之所以形成，亦即人道之所以成立，據中庸的說法，乃根源於**每一人內在之性，而非僅依靠來自外在的條件。**若如經驗主義者，以道德為來自外在的條件，則**道德將決定於條件，而不決定於人的意志，人對道德便缺乏了主宰性；**嚴格的說，**無主宰性，即無所謂道德不道德。**[37]

徐先生在此所強調的「道德之內在性」，以孟子的話來說，即是「仁義內在」，以康德的話來說，即是「道德自律」。但對徐先生而言，單講道德之內在性，是不夠的；故他同時又強調道德之超越性：

> 然若僅指出道德之內在性，固可顯見道與各個人之**必然關係，**但並不能**顯見人與人，及人與物之共同關係。**人我及人物之共同關係不顯，則性僅能成為孤明自照，或僅成為一生理之存在，而道德之**普遍性不能成立，**於是所謂道德之必然性，亦成為無意義的東西。所以中庸在「率性之謂道」的上面，要追溯出一個「**天命之謂性」。天的本身即是普遍的具體化；**因此，由天所命之性，也是人我與人物所共有，**而成為具體的普遍。**作為道德根源之性，既係內在於**每一個人的生命之中，而有其主宰性，有其必然性；**同時又超越於個人生命之上，而**有其共同性，有其普遍性。人性因為具備這兩重性格，才可以作道德的根源。**[38]

---

[36] 徐復觀：《中國思想史論集》，頁 78。

[37] 同上書，頁 78-79。

[38] 同上書，頁 79。

簡言之，徐先生之所以強調「道德之超越性」，是為了保證道德之普遍性；而依其理解，《中庸》所謂的「天」或「天命」即是表示這種普遍性。

　　所謂「道德之內在而超越的特性」的確足以說明孔子以來，經《中庸》、孟子、《易傳》而發展至宋明儒學的儒家主流思想之基調。在長遠的儒家傳統中，固然有單言超越性而忽略內在性者，如漢儒董仲舒等人所持的「天人感應說」，亦有單言內在性而忽略超越性者，如清儒顏元、戴震等人所持的「天理即在人欲之中」之說，但這些人畢竟不屬於儒家的主流。唐、牟二人也完全肯定儒家的這種特性[39]。這種超越性可稱為「內在超越性」，以別於在西方傳統宗教中以二元論為基礎的超越性，即「外在超越性」。凡是肯定天道之「內在超越性」者，無論是由天道向下貫注於人道（如《中庸》前三句所言），還是由人道上達於天道（如孟子所言之「盡心、知性、知天」），均不違背孟子所說的「仁義內在」或康德所說的「道德自律」之義。在中國的傳統思想中，漢儒的「天人感應說」屬於「外在超越性」的型態。這兩種思想型態涇渭分明，不容混淆。

　　事實上，徐先生並非反對一切型態的形上學。他在〈中庸的地位問題〉一文中明白地表示：他所反對的是「西方一般由知性的思辯所推衍上去的形上學」，但他不反對《中庸》「由另一途徑所顯出另一性格的形上學」[40]。換言之，他並不反對「道德的形上學」（或稱「實踐的形上學」）。事實上，熊、唐、牟三人所建立的形上學均屬於「道德的形上學」。徐先生似乎將他們的形上學與漢儒所代表之「思辨的形上學」（spekulative Metaphysik）混為一談，這無異於將康德的「道德神學」（Moraltheologie）與克魯修斯（Christian August Crusius, 1715-1775）的「神學的倫理學」（theologische Ethik）混為一談。康德所謂的「道德神學」是在實踐理性的基礎上所建立的上帝信仰。這種信仰既是以實踐理性為基礎，它並不違背「道德自律」（道德主體之自我立法）之義。反之，「神學的倫理學」則是在神學的基礎

---

[39]　參閱拙著：《當代儒學之自我轉化》，頁 132-135；簡體字版，頁 121-124。

[40]　徐復觀：《中國思想史論集》，頁 81。

上所建立的倫理學。由於這種神學繞過了實踐理性，它若非訴諸形上思辨，便只能訴諸恩寵、奇蹟、啟示、靈感等神秘經驗，故康德將「神學的倫理學」歸諸他律。如果我們將董仲舒等人的天道觀也視為一種神學，則其「天人感應說」無疑也屬於「神學的倫理學」，但它與康德所欲建立的「道德神學」迥不相侔，斷不宜混為一談。徐先生批評熊十力、唐君毅二人「從具體生命、行為，層層向上推，推到形而上的天命天道處立足」，這豈不正是孟子由「盡心而知性而知天」的思路嗎？只要他們是由道德主體出發，而建立形上學系統，他們所建立的形上學就不是「思辨的形上學」，而是「道德的形上學」。因此，徐先生對熊、唐二人（其實也應包含牟先生在內）的批評顯然是基於誤解，故非持平之論。

然而，在上述的誤解背後，其實還隱含著雙方觀點的進一步分歧，此即對於「儒學與宗教之關係」的不同看法。此一分歧凸顯於他們對以下問題的不同答案，此即：宗教或宗教性是否屬於儒家思想的本質？徐先生固然承認儒家傳統在最初的階段帶有明顯的宗教意識，但依他理解，這種宗教意識隨著周初人文精神之躍動而逐漸淡化，再經過孔子所造成的「哥白尼的迴轉」而完全理性化。儘管孔子本人及後儒依然使用「天」、「天道」、「天命」等傳統宗教的語彙，但在徐先生看來，這只是歷史的殘餘，在經過理性化之後，它們已不再具有任何宗教意義。至於董仲舒等人根據陰陽五行之說而提出的「天人感應說」，對於徐先生而言，已偏離了儒學發展的主流，而形成一「大的夾雜」。

在另一方面，唐、牟二人固然同意徐先生的觀點，將先秦儒學的發展視為一個人文化的過程，而且肯定孔子在其中所決定的思想轉向，但在他們看來，儒家傳統在此一發展過程中依然保存了某種宗教意識（雖然經過了轉化），而這種宗教意識並未隨著儒學的歷史發展而淡化，反而成為儒學的本質因素。根據〈宣言〉中的說法，這種宗教意識表現在三方面：(1)祭天地、祖先之禮；(2)「天人合德」、「天人合一」、「天人不二」、「天人同體」等說法；(3)對仁義之價值及道之本身的信仰，以及為這種信仰而殺

身成仁、捨生取義的決心[41]。唐先生在《中國人文精神之發展》一書中亦特別申論三祭之禮（祭天地、祭祖先、祭聖賢人物）的宗教意義[42]。此外，他在其晚年的鉅著《生命存在與心靈境界》中提出「心靈九境」之說，將心靈發展所達到的境界依序區分為「客觀境」、「主觀境」與「超主客觀境」，而在「超主客觀境」中依序為「歸向一神境」（以耶教為代表）、「我法二空境」（以佛教為代表）、「天德流行境」（以儒家為代表）。顯然在他看來，儒家所代表的「天德流行境」是宗教境界之極致。

　　牟先生同樣將「宗教性」歸諸儒學的本質因素。其 1962 年出版的演講錄《中國哲學的特質》便以題為〈作為宗教的儒教〉的一章作結，強調儒家具有高度的宗教性或宗教精神。在其晚年的著作《圓善論》（1985 年出版）中，他重新檢討康德所提出的「圓善」（或譯為「最高善」）問題，將它納入中國傳統「圓教」問題之脈絡中來討論。眾所周知，康德所謂的「最高善」是指「幸福與道德之成比例的合一」，他認為這是實踐理性之必然要求。藉由「最高善」問題之提出，他試圖證成對於上帝的信仰。由於這種信仰是建立在實踐理性的基礎上，他稱之為「道德信仰」（moralischer Glaube）或「理性信仰」（Vernunftglaube）。在這個脈絡中，他強調：「道德必然通向宗教。」[43]牟先生在《圓善論》則分別討論儒、釋、道三教中的「圓教」，最後歸宗於儒家的「圓教」。這便顯示：在牟先生的心目中，儒學是一種最高型態的「宗教」。故筆者在前面提過的〈從康德的「道德宗教」論儒家的宗教性〉一文中指出：這種「宗教」與康德所說的「道德宗教」極為接近。

　　由以上的討論可知，徐先生與唐、牟二人對於「儒學與宗教的關係」抱持不同的看法。對徐先生而言，先秦儒學的發展是一個人文化的過程，儒學的本質在於以人文精神取代宗教意識。至於在先秦儒學（特別是《論語》）

---

[41] 〈中國文化與世界〉（收入《唐君毅全集》，卷 4），頁 19-22。

[42] 唐君毅：《中國人文精神之發展》（收入《唐君毅全集》，卷 6），頁 374-388。

[43] I. Kant: *Die Religion innnerhalb der Grenzen der bloßen Vernunft, in: Kants gesammelte Schriften* (Akademieausgabe), Bd. 6, S. 6.

中所出現的原始宗教概念（如「天」、「天道」、「天命」），徐先生或者視之為歷史的殘餘，或者對它們作理性化的詮釋。而秦、漢以後的儒學中所出現之思辨形上學（如周敦頤的〈太極圖說〉）或宗教思想（如漢儒的「天人感應說」），徐先生一概視為歧出。反之，依唐、牟二人的理解，儒學與宗教的關係則呈現出另一幅完全不同的圖象：先秦儒學的人文化過程固然轉化了原始的宗教意識，但這只是將《詩經》、《書經》中具有外在超越性的「人格神」概念內在化於人的本性及其道德實踐之中，而成為另一種型態的宗教意識。孔子的天道思想猶帶有若干人格神的色彩；及至《中庸》，才完成這種內在化的過程。但是在這種內在化之中，儒家猶保有超越的宗教意識，只是不再以人格神為對象。在這種宗教意識之中，宗教與人文、超越與內在雖不形成對立，但卻具有一定的張力。至於漢儒的「天人感應說」，唐、牟二人亦視為歧出，因為它違背了「道德自律」之義。

　　對於徐先生這種摒除了宗教性的「人文主義」，可稱為「寡頭的人文主義」。儘管徐先生並未點名批判牟先生關於儒學與宗教的觀點，但牟先生卻顯然反對這種「寡頭的人文主義」。在《道德的理想主義》中，牟先生有兩篇文章分析西方的人文主義，即〈人文主義的基本精神〉與〈人文主義的完成〉。在後一文中，他明白地表示：

　　　　〔……〕宗教的傳統於道德精神文化理想上有其最崇高的啟發力。〔……〕正宗的宗教精神之向裡收斂與向上超越中所含的道德宗教之神性感與罪惡感有其人文上的崇高意義。此時的人文主義須予以綜攝而消融之。這就是接上了宗教的傳統。我們將不與任何偉大的宗教精神為對立。而任何偉大的宗教精神，亦將在人文主義的提挈消融中，漸漸消除其偏執，使其逐步反省其自己以充分調整開拓通達其自己。[44]

---

[44] 牟宗三：《道德的理想主義》（臺北：臺灣學生書局，1978 年），頁 183；《牟宗三先生全集》，第 9 冊，頁 236-237。

作為徐先生個人的主張，這種「寡頭的人文主義」固然自成一說。它的核心是一套倫理學，但是不負責對這個世界本身提出一套解釋。然而，面對儒學發展的歷史，它的解釋力卻有相當的局限性。姑且不論漢儒的「天人感應說」，難道與整個儒學發展史相始終的「三祭之禮」，以及在延續數百年的宋明儒學史中一再成為討論重點的天人關係，都只是「歷史的殘餘」嗎？

在整個宋明儒學的發展史中，天人關係問題之提出不但涉及道德心性論，也涉及對宇宙本體的解釋，而這種解釋決非「寡頭的人文主義」所能承擔。甚至到了號稱「宋明儒學殿軍」的劉蕺山，我們在其《人譜》中猶能發現帶有強烈宗教意識的「靜坐法」（亦名「訟過法」）：

> 一炷香，一盂水，置之淨几，布一蒲團座子於下。方會平旦以後，一躬就座，交趺齊手，屏息正容。正儼威間，鑒臨有赫，呈我宿疚，炳如也。乃進而敕之，曰：「爾固儼然人耳，一朝跌足，乃獸乃禽，種種墮落，嗟何及矣！」應曰：「唯唯。」復出十目十手，共指共視，皆作如是言，應曰：「唯唯。」於是方寸兀兀，痛汗微星，赤光發頰，若身親三木者。已乃躍然而奮曰：「是予之罪也夫！」則又敕之曰：「莫得姑且供認。」又應曰：「否否。」頃之，一線清明之氣徐徐來，若向太虛然，此心便與太虛同體。乃知從前都是妄緣，妄則非真。一真自若，湛湛澄澄，迎之無來，隨之無去，卻是本來真面目也。[45]

劉蕺山的宗教意識無疑屬於「內在超越性」的型態，但是這段文字卻強烈呈顯出「外在超越性」的姿態（「鑒臨有赫」），而足以與耶教徒所表現的超越意識相比侔[46]。這顯示儒家的「內在超越性」不但不排斥宗教性與宗教意

---

[45] 戴璉璋、吳光主編：《劉宗周全集》（臺北：中央研究院中國文哲研究所，1996年），第2冊，頁19-20。

[46] 參閱拙著：《四端與七情——關於道德情感的比較哲學探討》（臺北：臺灣大學出版中心，2005年），頁153-154。

識，甚至可以通往宗教（當然這是一種「道德宗教」），以之為本質因素。就這點而言，唐、牟二人的觀點顯然更符合儒學發展的實際情況，也更能說明儒學的本質。這個例子也充分顯示：即使所謂「狹義的新儒家」對於儒學的本質之理解，也存在著基本的分歧。職是之故，我們不妨以較寬鬆的態度看待「何謂當代（現代）新儒家」這個問題，將「當代（現代）新儒家」視為一個「學圈」，而非「學派」。

（原刊於馮天瑜編：《人文論叢：2006 年卷》〔武昌：武漢大學出版社，2007 年〕，頁 402-412。）

儒家人文主義與宗教

　　不少儒學研究者主張：儒家是一種「人文主義」[1]。「人文主義」一詞係譯自英文的 humanism 及其他西方語言中的對應詞（如德文的 Humanismus、法文的 humanisme）。此詞首度出現於德國教育學家尼特哈默爾（Friedrich Immanuel Niethammer, 1766-1848）於 1808 年出版的《在我們時代的教育課程理論中博愛主義與人文主義之爭論》（*Der Streit des Philanthropinismus und Humanismus in der Theorie des Erziehungs-Unterrichts unserer Zeit*）一書中。但是「人文主義者」（humanist）一詞早已在十六世紀流傳，特別是在義大利。就思想內容而言，有的論者將人文主義上溯到古羅馬的西塞羅（Marcus Tullius Cicero, 106-43 BCE），甚至上溯到古希臘哲學家普羅塔哥拉斯（Protagoras, 485-415 BCE）的「人是萬物的尺度」之說。

　　本文無意、亦無法討論「人文主義」一詞在西方脈絡中的複雜涵義[2]。簡言之，「人文主義」並不是一個學派，而是一種精神方向，它是由於人的自覺而對人的地位之重新肯定。嚴格而言，人文主義是近代西方文化的產物。一般學者在討論「人文主義」時，至少會提到兩個時期：一是十五、十六世紀文藝復興時代的人文主義，二是十八、十九世紀之交德國的人文主義。前者包括佩脫拉克（Francesco Petrarcha, 1304-1374）、薩路塔迪（Coluccio Salutati, 1331-1406）、布魯尼（Leonardo Bruni, 1370-1444）、亞

---

[1]　參閱章可：〈「儒學人文主義」概念源流論〉，《中國學》（上海），第 4 輯（2014 年 7 月），頁 252-270。

[2]　關於人文主義的意涵，請參閱章可：〈「人文主義」的誕生：一個概念史的研究〉，《中國社會科學輯刊》，總第 32 期（2010 年），頁 142-157。

爾貝蒂（Leon Battista Alberti, 1404-1472）、伊拉斯謨斯（Desiderius
Erasmus of Rotterdam, 1466?-1536）等人。後者則包括雷辛（Gotthold
Ephraim Lessing, 1729-1781）、赫德爾（Johann Gottfried Herder, 1744-
1830）、席勒（Friedrich Schiller, 1759-1805）、洪保特（Wilhelm von
Humboldt, 1767-1835）、施萊格爾（Friedrich Schlegel, 1772-1829）、歌德
（Johann Wolfgang Goethe, 1749-1832）、賀德齡（Johann Christian Friedrich
Hölderlin, 1770-1843）等人。

　　在這兩個不同脈絡中出現的人文主義均表現出對西方古代文化（希臘、
羅馬文化）的強烈興趣，並且強調西方古典學對於人格陶冶的重要意義。與
此相關聯的是對以耶教[3]為主導的中世紀文化之抗拒。它藉由復興古代文化
而重新肯定人的地位，並擺脫中世紀以神為本的耶教文化。因此，西方的人
文主義自始便與宗教形成某種緊張、甚至對抗的關係。不過，人文主義思潮
也有助於耶教的改革，它不但啟發了宗教改革家馬丁路德（Martin Luther,
1483-1546）的主要助手梅蘭克通（Phillip Melanchthon, 1497-1560），也對
耶穌會的教育方式產生了深遠的影響，故有所謂「耶教人文主義」
（Christian humanism）之說。但既然在耶教，人的地位不論如何崇高，依
然從屬於神，故「耶教人文主義」之說實有混淆視聽之嫌。不過，它至少顯
示：在歷史的發展過程中，人文主義與耶教之間並不全然是對立的關係。

　　在中國，先秦儒家與殷商的原始宗教之間也存在一種微妙的辯證關係。
一方面，先秦儒學脫胎於殷商的原始宗教；另一方面，先秦儒家逐步以道德
意識取代了殷人的宗教意識。根據《詩經》、《書經》等古籍的記載，中國
人在周代以前的確具有強烈的宗教意識，並且有頻繁的祭祀活動，而祭祀的
對象包括天地、祖先、鬼神、日月星辰、自然現象（如四時寒暑、水旱）、
四方等，甚至包含一種對於至高的人格神（天、帝、上帝）之信仰。徐復觀
在其《中國人性論史‧先秦篇》中將由殷商到周代的思想發展理解為由原始

---

[3]　本文所謂的「耶教」係指英文的 Christianity，涵蓋舊教（習稱「天主教」）、新教
　　（習稱「基督教」）與東正教。為避免與新教混淆，故不稱為「基督教」，而稱為
　　「耶教」。

的宗教意識逐步人文化之過程。根據他的說明，這種人文化的過程係通過周人的「憂患意識」而發展，而這種「憂患意識」則是通過「敬」的觀念來表現。他將這種「憂患意識」與原始宗教所依託的「恐怖意識」加以對比：在原始宗教當中，人往往在恐怖與絕望中感到自己過分渺小，而放棄自己的責任，將自己的命運諉諸外在的神；反之，「憂患意識」卻是起源於人在精神上的自覺，而表現為對事物的責任感，故是一種道德意識[4]。他特別說明：

> 周初所強調的敬的觀念，與宗教的虔敬，近似而實不同。宗教的虔敬，是人把自己的主體性消解掉，將自己投擲於神的面前而澈底皈歸於神的心理狀態。周初所強調的敬，是人的精神，由散漫而集中，並消解自己的官能欲望於自己所負的責任之前，凸顯出自己主體的積極性與理性作用。[5]

在這個發展過程中，孔子發揮了一個關鍵性的作用，此即：藉由其學說與道德實踐，他一方面將周文中**外在的**禮樂秩序，另一方面將《詩經》、《書經》中作為人格神之**超越的**「天」、「帝」或「上帝」，一起**內在化**於人的本性及其道德實踐之中。在孔子的思想中同存在兩個面向：一方面，他保有對於「天」或「天命」的強烈意識；但在另一方面，「天」的概念在他那裡表現出理性化與人文化的轉向。第一個面向顯然繼承自殷商的原始宗教，第二個面向則顯示道德意識的覺醒，是孔子為「天」所創造的新意涵。儘管孔子自言「述而不作」，其實他是在述中作，以現代的用語來說，即是「批判地繼承」。換言之，孔子並未直接挑戰傳統的天道觀，而是藉由道德意識將它人文化、內在化，可說是「舊瓶裝新酒」。

這個人文化、內在化的過程完成於《中庸》。《中庸》首章三句「天命之謂性，率性之謂道，修道之謂教」明確地表示由「天」的超越性轉向其內

---

[4]　參閱徐復觀：《中國人性論史・先秦篇》（臺北：臺灣商務印書館，1969 年），頁20-22。

[5]　同上書，頁 22。

在性之思維；但是《中庸》在強調「天」之內在性時，並不否認其超越性。相較於孔子思想中的「天」仍保有人格神的意味，《中庸》的「天」或「天命」則進一步理性化，而抖落了這種意味。牟宗三將孔子對天的態度稱為「超越的遙契」，而將《中庸》所代表的態度稱為「內在的遙契」。他解釋道：

> 孔子在他與天遙契的精神境界中，不但沒有把天拉下來，而且把天推遠一點。雖在其自己生命中可與天遙契，但是天仍然保持它的超越性，高高在上而為人所敬畏。因此，孔子所說的天比較含有宗教上「人格神」（Personal God）的意味。[6]

至於「內在的遙契」，「不是把天命、天道推遠，而是一方把它收進來作為他自己的性，一方又把它轉化而為形上的實體」[7]。接著，牟宗三強調這兩種遙契天道的方式並無衝突矛盾，而且「由超越的遙契發展為內在的遙契，是一個極其自然的進程」[8]。他將兩者的關係總括如下：

> 超越的遙契著重客體性（Objectivity），內在的遙契著重主體性（Subjectivity）。由客觀性的著重過渡到主體性的著重，是人對天和合了解的一個大轉進。而且，經此一轉進，主體性與客觀性取得一個「真實的統一」（Real Unification），成為一個「真實的統一體」（Real Unity）。[9]

---

[6]　牟宗三：《中國哲學的特質》（臺北：臺灣學生書局，1990 年），頁 37-45；亦見《牟宗三先生全集》（臺北：聯經出版事業公司，2003 年），第 28 冊，頁 40-50。以下引用牟宗三的著作時，以方括號將全集的冊數及頁碼直接置於原版頁碼之後。

[7]　同上書，頁 40〔8: 39-40〕。

[8]　同上書，頁 44〔8: 40〕。

[9]　同上書，頁 45〔8: 44〕。

　　《中庸》所代表的「天人合一」觀與「即內在即超越」的思維模式基本
上為宋明儒所繼承。在這種「天人合一」觀當中，超越與內在、宗教與人文
是一體之兩面。在這個意義下，我們便可以論儒家的「宗教性」。例如，杜
維明便撰有《論中庸》一書[10]，以《中庸》為例，來說明儒家的宗教性。但
是這裡出現了一個問題：這種「宗教性」究竟屬於儒學的「本質」？還是歷
史發展過程中的「殘餘」？對於這個問題，當代新儒家的看法並不一致。唐
君毅、牟宗三持「本質」說，徐復觀則持「殘餘」說。筆者曾將這兩種看法
歸納如下：

　　　對唐、牟二人而言，宗教與人文、超越與內在，在儒家思想之中，是
　　一體之兩面，彼此相即而不可分，然亦具有永恆的張力。但對徐先生
　　而言，儒學的本質顯然是落在人文與內在的一面。他固然不否認儒學
　　原先具有宗教性，但此宗教性在歷史發展的過程中卻逐步為人文精神
　　所轉化、乃至取代。簡言之，對唐、牟二人而言，宗教與人文、超越
　　與內在之間的張力構成儒學的本質；但徐先生卻僅賦予儒家的宗教性
　　一種階段性的歷史意義，而非其本質要素。換言之，對徐先生而言，儒
　　學是不折不扣的人文主義；至於其宗教性，僅是歷史的殘餘而已。[11]

---

[10] Tu Wei-ming: *Centrality and Commonality: An Essay on Chung-Yung*. Honolulu: University of Hawaii Press, 1976；此書後經擴充並改名為：*Centrality and Commonality: An Essay on Confucian Religiousness*. Albany: State University of New York Press, 1989。後者有段德智的中譯本：《論儒學的宗教性——對「中庸」的現代詮釋》，收入郭齊勇、鄭文龍編：《杜維明文集》（武漢：武漢出版社，2002 年），第 3 卷，頁 357-485。

[11] 拙作：〈從康德的「道德宗教」論儒家的宗教性〉，見李明輝、林維杰編：《當代儒家與西方文化：會通與轉化》（臺北：中央研究院中國文哲研究所，2007 年），頁 24-25；亦見哈佛燕京學社編：《儒家傳統與啟蒙心態》（南京：江蘇教育出版社，2005 年），頁 235；李志剛、馮達文編：《從歷史中提取智慧》（成都：四川出版集團巴蜀書社，2005 年），頁 10。關於徐復觀與唐、牟二人對儒家宗教性的不同看法，參閱拙作：〈徐復觀論儒家與宗教〉，收入馮天瑜編：《人文論叢：2006 年卷》（武昌：武漢大學出版社，2007 年），頁 402-412；亦收入本書。

就儒學的實際發展而言，筆者較為贊同唐、牟的「本質」說。因為我們實在很難同意：儒家的「三祭」（祭天地、祭祖先、祭聖賢人物）之禮，以及在《中庸》、《孟子》、《易傳》與日後宋明儒學中有關「天人合一」的所有論述，均只是歷史的「殘餘」。

由於牟宗三將宗教性視為儒學的本質成分，他將儒學稱為「人文教」或「道德宗教」[12]。他進而說明此義：

> 此則即宗教即道德，而為人類建立一「道德的宗教」也。此則既與佛教之以捨離為中心的滅度宗教不同，亦與基督教之以神為中心的救贖宗教不同。在儒家，道德不是停在有限的範圍內，不是如西方者然以道德與宗教為對立之兩階段。道德即通無限。道德行為有限，而道德行為所依據之實體以成其為道德行為者則無限。[13]

「道德宗教」一詞係牟宗三所造，但是康德（Immanuel Kant, 1724-1804）也有「道德宗教」（moralische Religion）之說，其涵義與牟宗三所言極為接近[14]。徐復觀與唐、牟二人均將儒學理解為一種「人文主義」，但其涵義不盡相同。徐復觀所理解的「人文主義」較接近西方人（尤其是在文藝復興時代）所理解的意義，即強調它與宗教間的張力（甚至對立）。反之，唐、牟所理解的「人文主義」則與宗教不隔，甚至預設了宗教性。牟宗三帶有貶抑地將與宗教對立的人文主義稱為「寡頭的人文主義」[15]。

---

[12] 參閱牟宗三：〈人文主義與宗教〉，收入其《生命的學問》（臺北：三民書局，1970年），頁 72-80；牟宗三：《心體與性體》，第 1 冊（臺北：正中書局，1973 年），頁 3-6〔5: 5-8〕。由於三民書局發行人劉振強拒絕授權，《生命的學問》一書未能收入《牟宗三先生全集》。

[13] 牟宗三：《心體與性體》，第 1 冊，頁 6〔5: 8〕。

[14] 參閱拙作：〈從康德的「道德宗教」論儒家的宗教性〉。儘管牟宗三對康德的著作下了極大的功夫，並且翻譯了其三大批判，但他似乎未注意到康德的「道德宗教」之說，否則他在將儒家稱為「道德宗教」時，必然會提及康德。

[15] 筆者曾親耳聽過牟宗三在課堂上使用此詞，但在其著作中似乎未見此詞。

　　從明末清初耶穌會傳教士來華起，「儒家是否為宗教？」這個問題便一再引起爭論。其實，「宗教」一詞在西方亦如「哲學」一詞，具有極其複雜的涵義，而且是在不斷的演變之中。若以西方的「亞伯拉罕宗教」（耶教、伊斯蘭教、猶太教）為標準，儒家並不符合「宗教」的形式條件，因為它既無教會與神職人員，亦不信奉唯一的人格神。筆者在〈從康德的「道德宗教」論儒家的宗教性〉一文中主張：我們若要將儒家視為一種宗教，它只能是康德所謂的「道德宗教」。這種宗教係建立在實踐理性的基礎之上，它既不需要教會，亦不需要來自上帝的啟示與恩寵。在這個脈絡中，康德談到「無形教會」（unsichtbare Kirche）[16]。簡言之，「無形教會」有別於在歷史上實際存在的「有形教會」（sichtbare Kirche）；它其實是一個作為理想的倫理共同體，只要是願意服從上帝的道德立法的人，都屬於這個教會。因此，康德的「道德宗教」與「無形教會」均代表一種超越時空的普遍理想。

　　康德的「道德宗教」與「無形教會」極有助於我們理解儒家的宗教性。作為一種「道德宗教」，儒家可說是一種無宗教形式的宗教。其身分歸屬完全取決於當事人的自我認同，而不依賴具體的皈依儀式。只要是自覺地認同儒家理想的人，均屬於儒家的「無形教會」。表面看來，這種意義的「宗教」似乎欠缺現實的基礎，但它卻有極大的滲透性。一個自覺的儒家信徒可以同時是佛教徒、基督徒或伊斯蘭教徒。因此，身為基督徒的南樂山（Robert Cummings Neville）與白詩朗（John Berthrong）可以自稱為「波斯頓儒家」。但我們實在很難想像：一個基督徒可以同時為伊斯蘭教徒或佛教徒。

　　在中國的帝制時代，本身欠缺「有形教會」的儒家之所以能成為各個領域的主導力量，主要係由於它依托於三項制度：君主專制制度、考試制度與家族制度。到了近代，隨著西力東來，這三項制度上的依托也動搖了。1905年，清廷廢除了隋、唐以來的科舉制度。1911 年的辛亥革命結束了中國長

---

[16] I. Kant: *Die Religion innnerhalb der Grenzen der bloßen Vernunft*, in: *Kant Gesammelte Schriften* (Akademieausgabe), Bd. 6, S. 101.

達兩千多年的君主專制制度。而在中國被迫進入現代化的過程中，傳統的大家族制度也逐漸為現代的小家庭（核心家庭）制度所取代。這些制度上的劇變使儒家在現代社會中成為余英時所謂的「游魂」[17]。在這個脈絡中，余英時特別指出：

> 儒學與基督教不同。基督教在中古時代也曾與許多俗世制度溶為一體，自從經過宗教改革和啟蒙運動的洗禮以後，由於它是有教會組織的宗教，最後終能托身在宗教制度之內。政教分離的結果是基督教與俗世制度之間劃清了界線，然而不必變成遊魂。傳統儒學並無自己的制度或組織，而是以一切社會制度為托身之所。[18]

　　面對儒家的這種困境，並且受到耶教歷史的啟示，康有為（1858-1927）在清末倡議以孔教為國教，尊孔子為教主，並建立孔教會，其目的在於為儒家重新尋求制度上的依託。民國成立之後，他與陳煥章（1880-1933）、嚴復（1854-1921）等知名學者進一步推動孔教運動，並且得到袁世凱（1859-1916）的支持。但是隨著袁世凱「洪憲帝制」的瓦解，孔教運動也終告失敗[19]。

　　無獨有偶，在百餘年之後，蔣慶藉由提倡「王道政治」，也試圖作類似的努力。他主張以儒家的「王道政治」來取代西方的民主政治。在他看來，「王道政治」優於民主政治之處在於：民主政治在政治合法性的問題上僅

---

[17] 參閱余英時的〈現代儒學的困境〉一文。此文為余英時於 1988 年 8 月底在新加坡東亞研究所主辦的「儒學發展的問題及前景」研討會中發表的論文，首先刊載於同年 8 月 29 日的《中國時報‧人間副刊》，其後收入其《中國文化與現代變遷》（臺北：三民書局，1992 年），頁 95-102；亦收入其《現代儒學論》（River Edge/NJ：八方文化企業公司，1996 年），頁 159-164。

[18] 余英時：《中國文化與現代變遷》，頁 100；余英時：《現代儒學論》，頁 163。

[19] 關於康有為的孔教運動，參閱干春松：〈儒家的制度化重建：康有為和孔教會〉，收入其《制度儒學》（上海：上海人民出版社，2006 年），頁 105-186；唐文明：《敷教在寬》（北京：中國人民大學出版社，2012 年）。

強調民意合法性，而王道政治卻是基於「三重合法性」——人心民意的合法性、超越神聖的合法性、歷史文化的合法性——之間的制衡[20]。為此，蔣慶特別設計了一個三院制的議會，以「通儒院」代表超越神聖的合法性，以「庶民院」代表人心民意的合法性，以「國體院」代表歷史文化的合法性，再由議會產生行政系統，對議會負責。在這三院當中，只有「庶民院」是由選舉產生，「通儒院」由推舉與委派產生，「國體院」則由世襲的衍聖公指定[21]。透過「國體院」與「通儒院」之設立，儒教作為國教的地位得以確立。

在《再論政治儒學》一書中，蔣慶進一步提出「儒教憲政」的構想。除了上述的「議會三院制」之外，這個構想還包括「太學監國制」與「虛君共和制」。他將「太學監國制」視為儒教憲政的「監督形式」，而將「虛君共和制」視為儒教憲政的「國體形式」。他反對西方「主權在民」之說，而強調：「『儒教憲政』在義理上的根本特性，可以用一句話來概括，就是『主權在天』。」[22]太學是中國傳統的制度，他根據這個「學治傳統」提出「太學監國制」。根據他的設計，現代的太學具有六項權力，即國家最高監國權、國家最高養士考試權、國家最高禮儀祭祀權、國家最高罷免權、國家最高仲裁權與國家最高維持風教權[23]。他強調：太學因具有這六項權力，它「在『主權』的合法性上亦即在憲政意義上是國家的最高權力機構」[24]。太學由「太學祭酒」與「太學大學士」組成。太學大學士由太學祭酒選拔任命。太學祭酒之產生，先由通儒院與全國儒林推舉三十名儒家學者組成「儒學家委員會」，再由該委員會以無記名方式選出；太學大學士則由國家徵

---

[20] 參閱蔣慶：《生命信仰與王道政治：儒家文化的現代價值》（臺北縣：養正堂文化事業公司，2004 年），頁 299-312。

[21] 參閱同上書，頁 313-317。

[22] 蔣慶：《再論政治儒學》（上海：華東師範大學出版社，2011 年），頁 128。

[23] 同上書，頁 140-151。

[24] 同上書，頁 151。

辟、民間察舉、現代科舉及太學祭酒選拔任命等方式產生[25]。至於「虛君共和制」，則是以衍聖公為「虛君」，代表「國體」，來保證國家精神性、國家歷史性、國家持續性、國家神聖性、國家威嚴性、國家價值性及國家忠誠性[26]。「太學監國制」與「虛君共和制」的設計進一步確立儒教作為國教的地位。

不可否認，儒家宗教化的現象曾出現於某些特定的歷史脈絡之中。例如，宗教學者發現：在中國的民間宗教（如一貫道、鸞堂）當中，儒家認同與儒家經典扮演了極為重要的角色。德國學者柯若樸（Philip Clart）以臺灣的「儒宗神教」為例，提出「民間儒教」之說[27]。臺灣學者鍾雲鶯則將這個概念加以擴展，來探討民間宗教的四個個案（月光老人、王覺一、觀禮堂、救世新教）[28]。然而，這些個案所顯示的，與其說是儒家的宗教化，不如說是儒家對民間宗教的影響與滲透。在印尼，「孔教」雖已有百年的歷史，但近年來在蘇哈托下臺之後，始獲得印尼政府的准許，得以公開活動。「孔教」基本上是以祭祖及家庭倫理為核心。它在印尼之所以成為宗教，實因印尼的特殊環境與印尼政府的宗教政策所致。

在筆者看來，無論是康有為的「孔教運動」，還是蔣慶的「王道政治」，都是不可欲，亦不可求的。因為在中國的現代社會試圖恢復儒學作為國教的地位，正如在西方的現代社會試圖恢復政教合一的制度，無異是要回到中世紀，是時空錯置、不切實際的。此外，在業已「除魅」的現代社會中，這種主張也違背多元主義的原則，只會引發衝突。

德國社會學家盧克曼（Thomas Luckmann）在其《無形的宗教——現代社會中的宗教問題》一書中考察歐洲與美國在經歷工業化以後的宗教現象之

---

[25] 同上書，頁 152。

[26] 同上書，頁 180-188, 203-224。

[27] 參閱柯若樸：〈「民間儒教」概念之試探：以臺灣儒宗神教為例〉，《近代中國史研究通訊》（中央研究院），第 34 期（2002 年 9 月），頁 31-38。

[28] 參閱鍾雲鶯：《清末民初民間儒教對主流儒學的吸收與轉化》（臺北：臺灣大學出版中心，2008 年）。

轉化。他指出：隨著現代社會之日益世俗化，宗教在現代社會並未式微或消失，而是經歷了一番轉化。這項轉化便是宗教之私人化，即以教會制度為基礎的「有形宗教」已逐漸成為一種邊緣現象，取而代之的是以個人虔信（individual religiosity）為基礎的「無形宗教」[29]。他一則寫道：「現代的神聖宇宙之實際社會基礎既不能在教會中，亦不能在國家中，更不能在經濟體制中找到。」[30]再則他寫道：「現代工業社會中的一般個人主要是在『私人領域』中——且因此在其『私人的』經歷中——發現『終極』意義。」[31]

　　2005 年羅馬教廷選出德國樞機主教拉辛格（Joseph Aloisius Ratzinger）為教宗本篤十六世時，德國的《明鏡》（*Der Spiegel*）周刊做了一個專題報導，題為〈教宗回到一個非耶教的國家〉（“Heimkehr des Papstes in ein unchristliches Land”）。眾所周知，包括新舊教在內的耶教是德國人民的主要信仰，何以說德國是一個「非耶教的國家」呢？因為該周刊同時做了一項意見調查，調查德國民眾對於宗教信仰與教會的看法與態度，得到的結論是：「固然有三分之二〔的德國民眾〕相信一個更高的存有者，但是許多人想到的是一個與耶教的上帝不再有關的神。」因此，「大多數德國人的上帝意象與耶教學說的關係不大。」[32]這也佐證了盧克曼的上述觀點。「有形宗教」一方面透過信徒身分的認定來堅定其信仰，另一方面卻加大了人與人之間的界線。儘管九一一事件有其複雜的國際背景，但又何嘗不是種因於伊斯蘭教徒與耶教徒間的長期隔閡與敵對？過去數十年在北愛爾蘭，同屬耶教的新舊教徒卻相互仇視與殺戮，對耶教的博愛精神豈非絕大的諷刺？

　　十八世紀的德國詩人雷辛在其詩劇《智者納坦》（*Nathan der Weise*）

---

[29] 此書最初以英文出版，題為 *The Invisible Religion: The Problem of Religion in Modern Society* (New York: Macmillan, 1967)，其後才有德文版 *Die unsichtbare Religion* (Frankfurt/M.: Suhrkamp, 1991)。覃方明所譯的中文版於 1995 年由香港漢語基督教文化研究所出版。

[30] Luckmann: *The Invisible Religion*, p. 103.

[31] 同上書，頁 109。

[32] “Glauben als Patchwork”, *Der Spiegel*, Nr. 33/15. 8. 2005, S. 138.

中藉由指環的寓言，試圖消弭耶教、伊斯蘭教、猶太教三個「亞伯拉罕宗教」之間的畛域。在該詩劇的第三幕第七場，雷辛藉由一位古代猶太富翁納坦與阿拉伯蘇丹薩拉丁的對話敘述了這個寓言。寓言的內容如下：有一位東方的父親想將其作為傳家之寶且具有神奇力量的一枚指環傳給其三個兒子之一。得到這枚指環的兒子便會成為這個家族的族長。但是這三個兒子都很賢能，他也都很喜歡，而難於取捨。於是他想到一個辦法：他讓工匠另外打造兩枚完全一樣的指環，湊足三個，而將這三枚指環分別傳給這三個兒子。在他去世之後，便產生了一個問題：在這三個兒子當中，誰繼承了「真正的」指環，而該成為族長呢？由於仿製的指環唯妙唯肖，連工匠都無法辨識其真偽，三個兒子為了「誰的指環才是真的指環」而爭論不休。他們便一起上法庭，請法官裁斷，但法官也無法作裁決。最後，法官說：

> 我的忠告是：你們完全接受現狀。如果你們每個人都從父親那裡得到了他的指環，每個人就確信自己的指環是真的。——可能是：父親不再願意容忍一枚指環在其家族中的專制！他的確愛你們三個人，而且同樣地愛，因為他不願為了偏愛一個而委曲其他兩個。——好啦！每個人都要盡力效法父親那種純潔無瑕、毫無偏見的愛！你們每個人都應當競相顯示自己指環上寶石的力量，藉溫厚、藉衷心的和順、藉施惠、藉對上帝的全心委順，來喚起這種力量！當寶石的力量在你們兒孫的兒孫身上表現出來之際，在千萬年之後，我邀請你們重新站在這個審判席前面。屆時將有一位更有智慧的人坐在這個審判席上。[33]

在這個寓言中，三枚指環分別象徵耶教、伊斯蘭教與猶太教。它的寓意是：指環只是宗教的形式，「真正的」宗教應當是它所代表的精神。這使人想到康德的「無形教會」之說。因此，雷辛被視為典型的人文主義者。時至今

---

[33] Gotthold Ephraim Lessing: *Werke* (Darmstadt: Wissenschaftliche Buchgesellschaft, 1971), Bd. 2, S. 279f.；譯文參閱萊辛著，朱雁冰譯：《智者納坦〔研究版〕》（北京：華夏出版社，2011 年），頁 84-85。

日，雷辛的慧識依然不失其意義。在這個意義下，儒家未成為「有形宗教」，或許並非壞事，反而符合多元化的現代社會之需求，為個人提供一套可供選擇的安身立命之道。至於儒家在政治、社會、文化等「外王」的領域中還可能發揮何種角色，則非本文所能討論，需要另外處理[34]。

最近大陸學界出現一股「重建儒教」的呼聲，提倡者包括蔣慶、唐文明、陳明等人[35]。蔣慶的構想在上文已討論過了。唐文明甚至提出「從毛澤東回到康有為」的主張，亦即「重新考慮確立儒教為國家教化的意義及可能性」[36]。陳明則提出儒教作為「公民宗教」（civil religion）的構想[37]。然而揆諸雷辛的慧識及盧克曼的上述理論，蔣慶與唐文明的主張在現代社會中既不可欲，亦不可求。陳明的「儒教之公民宗教說」則是基於較軟性的「宗教」概念，儘管在現代社會仍可能有爭議，但較具可行性。無論如何，筆者雖然樂於見到中國出現各種提倡儒家思想的團體，但懷疑有必要在現代社會將儒家建立為一種以教會為基礎的組織宗教，遑論國教！

　　（原刊於《宗教與哲學》〔北京〕，第 3 輯〔2014 年 1 月〕，頁307-319。）

---

[34] 參閱拙作：〈儒學知識化與現代學術〉，《中國人民大學學報》，2010 年第 6 期，頁 2-7；亦收入本書。

[35] 相關的論文極多，很難一一列舉，但可參考任重、劉明編：《儒教重建：主張與回應》（北京：中國政法大學出版社，2012 年）。

[36] 參閱唐文明：〈政治自覺、教化自覺與中華民族的現代建構〉，收入干春松、陳壁生編：《經學與建國》，第 2 輯（北京：中國人民大學出版社，2013 年），頁 73。

[37] 參閱陳明：〈儒教之公民宗教說〉，收入任重、劉明編：《儒教重建：主張與回應》，頁 15-26；陳宜中：〈公民儒教的進路：陳明先生訪談錄〉，《思想》（臺灣），第 20 期（2012 年 1 月），頁 233-274。「公民宗教」的概念出自美國社會學家貝拉（Robert N. Bellah, 1927-2013）。關於此概念，參閱羅伯特・貝拉著，陳勇譯：〈美國的公民宗教〉，《原道》，第 13 期，頁 123-141；陳勇：〈公民宗教論綜述〉，同上書，頁 77-89。但要特別強調的是：陳明並不贊成蔣慶的「儒教憲政」方案。

儒家與人文主義

　　正如「哲學」、「宗教」等西方語詞一樣，「人文主義」（Humanismus/
humanism/humanisme）一詞在近代隨著中國與西方的大規模交流而傳入中
國。即使在西方，這個語詞也出現得相當晚。此詞首度出現於德國教育學家
尼特哈默爾（Friedrich Immanuel Niethammer, 1766-1848）於 1808 年出版的
《在我們時代的教育課程理論中博愛主義與人文主義之爭論》（*Der Streit
des Philanthropinismus und Humanismus in der Theorie des Erziehungs-
Unterrichts unserer Zeit*）一書中。其後，德國史學家佛伊格特（Georg Voigt,
1827-1891）在其 1859 年出版的《古典的古代之重生，亦名人文主義的第一
世紀》（*Die Wiederbelebung des classischen Alterthums oder das erste
Jahrhundert des Humanismus*）一書中首度將 Humanismus 一詞應用於文藝復
興時代[1]。此外，在十五世紀末期的義大利已出現 umanista 一詞，來指稱教
授古典語言與文學的教師。

　　然而在現代的西方語言中，「人文主義」一詞並無明確的定義，以致其
應用範圍也極不確定。英國史學家布洛克（Alan Bullock）便承認：人文主
義並無一個統一的結構，有時還包含不同的、甚至相互對立的觀點[2]，但他
還是試圖為人文主義提出一個寬鬆的定義。他將西方思想看待人與宇宙的模
式區分為三種：第一種是**超自然的**（supernatural）或**先驗的**（transcendental）
模式，聚焦於上帝，將人視為上帝的創造之一部分；第二種是**自然的或科學**

---

[1]　參閱 C. Menze u.a.: Artikel "Humanismus/Humanität", in: Joachim Ritter/Karlfried Grün-
der (Hg.): *Historisches Wörterbuch der Philosophie* (Basel: Schwabe, 1971-2007), Bd. 3,
Sp. 1217.

[2]　Alan Bullock: *The Humanist Tradition in the West* (New York : W.W. Norton, 1985), p. 9.

的模式，聚焦於自然，將人視為自然秩序的一部分；第三種是人文主義的模式，聚焦於人，從人的經驗出發，來理解人自己、上帝與自然[3]。按照這個定義，古代希臘與希臘化羅馬時期的文化也可說是人文主義的文化。無怪乎有人將人文主義上溯到古羅馬的西塞羅（Marcus Tullius Cicero, 106-43 BCE），甚至上溯到古希臘哲學家普羅塔哥拉斯（Protagoras, 485-415 BCE）的「人是萬物的尺度」之說。

　　對本文的目的而言，我們毋須討論「人文主義」一詞在西方脈絡中的複雜涵義[4]。簡言之，「人文主義」並不是一個學派，而是一個精神方向，它是由於人的自覺而對人的地位之重新肯定。嚴格而言，人文主義是近代西方文化的產物。一般學者在討論「人文主義」時，至少會提到兩個時期：一是十五、十六世紀文藝復興時代的人文主義，二是十八、十九世紀之交德國的人文主義。前者包括佩脫拉克（Francesco Petrarcha, 1304-1374）、薩路塔迪（Coluccio Salutati, 1331-1406）、布魯尼（Leonardo Bruni, 1370-1444）、亞爾貝蒂（Leon Battista Alberti, 1404-1472）、伊拉斯謨斯（Desiderius Erasmus of Rotterdam, 1466?-1536）等人。後者則包括雷辛（Gotthold Ephraim Lessing, 1729-1781）、赫德爾（Johann Gottfried Herder, 1744-1830）、席勒（Friedrich Schiller, 1759-1805）、洪保特（Wilhelm von Humboldt, 1767-1835）、施萊格爾（Friedrich Schlegel, 1772-1829）、歌德（Johann Wolfgang Goethe, 1749-1832）、賀德齡（Friedrich Hölderlin, 1770-1843）等人」。此即泡爾生（Friedrich Paulsen, 1846-1908）所謂的「新人文主義」（Neu-Humanismus）[5]或是呂森（Jörn Rüsen, 1938-）所謂的「古典人文主義」（Klassischer Humanismus）[6]。

---

[3]　同上書，頁 16。

[4]　參閱章可：〈「人文主義」的誕生：一個概念史的研究〉，《中國社會科學輯刊》，總第 32 期（2010 年），頁 142-157。

[5]　參閱 Friedrich Paulsen: *Geschichte des gelehrten Unterrichts auf den deutschen Schulen und Universitäten vom Ausgang des Mittelalters bis zur Gegenwart*. Leipzig: Veit, 1885.

[6]　參閱 Jörn Rüsen: "Klassischer Humanismus – Eine historische Oetsbestimmung", in: idem

屬於啟蒙運動、然亦超克啟蒙運動的康德（Immanuel Kant, 1724-1804）雖然不屬於「古典人文主義」，但是藉由其「道德自律」（moralische Autonomie）、「人作為目的自身」（Mensch als Zweck an sich selbst）、「道德宗教」（moralische Religion）等思想，他卻成為這股思潮的先驅。至於十九世紀以後以各種名義出現的「人文主義」，諸如「實用人文主義」、「技術人文主義」、「民族人文主義」、「現代人文主義」、「實在人文主義」、「社會人文主義」、「人格人文主義」、「社會主義人文主義」、「存在主義人文主義」、「耶教人文主義」[7]，不一而足，由於太過錯綜複雜，筆者無意、也無法在此討論。

在文藝復興時代及十八、十九世紀之交出現的人文主義均表現出對西方古代文化（希臘、羅馬文化）的強烈興趣，並且強調西方古典學對於人格陶冶的重要意義。與此相關聯的是對以耶教為主導的中世紀文化之抗拒。它藉由復興古代文化而重新肯定人的地位，並擺脫中世紀以神為本的耶教文化。因此，西方的人文主義自始便與宗教形成某種緊張、甚至對抗的關係。不過，人文主義思潮也有助於耶教的改革，它不但啟發了宗教改革家馬丁路德（Martin Luther, 1483-1546）的主要助手梅蘭克通（Phillip Melanchthon, 1497-1560），也對耶穌會的教育方式產生了深遠的影響，故有所謂「耶教人文主義」（Christlicher Humanismus）之說。但既然在耶教，人的地位不論如何崇高，依然從屬於神，故「耶教人文主義」之說實有混淆視聽之嫌。不過，它至少顯示：在歷史的發展過程中，人文主義與耶教之間並不全然是對立的關係。

在西方世界，孔子與儒家思想經常與「人文主義」一詞聯繫在一起。究竟是誰首先以「人文主義」來指稱孔子及其學派的思想，已很難確定。但可以確定的是：「人文主義」一詞係於 1920 年代經由以白璧德（Irving

---

(Hg.), *Perspektiven der Humanität. Menschsein im Diskurs der Disziplinen* (Bielefeld: transcript, 2010), S. 273-315.

[7] 參閱 Walter Rüegg: *Humanismus, Studium generale und Studia humanitatis in Deutschland*. Genf: Holle, 1954.

Babbitt, 1865-1933）與穆爾（Paul Elmer More, 1864-1937）為主要代表的美國「新人文主義」（New Humanism）而傳入中國。1910 年代後期開始，在美國哈佛大學任教的白璧德有一批傑出的中國學生，如吳宓（1894-1978）、梅光迪（1890-1945）、陳寅恪（1890-1969）、湯用彤（1893-1964）、胡先驌（1894-1968），並且深刻地影響了他們的思想。

　　眾所周知，1919 年中國爆發了名為「五四運動」的學生運動。其直接導火線是第一次世界大戰的戰勝國在凡爾賽和約中同意將戰敗國德國在中國的殖民地青島割讓給日本，而引發中國學生的大規模抗議。這場政治抗議運動隨即發展成反對中國傳統文化（特別是儒家文化）的「新文化運動」，而出現「打倒孔家店」的激烈口號。這場新文化運動的兩位主要領袖胡適（1891-1962）與陳獨秀（1879-1942）後來分別成為中國自由主義的領導人與中國共產黨的創建者。就在這樣的背景之下，任教於南京東南大學的吳宓、梅光迪、胡先驌、柳詒徵（1880-1956）等人於 1921 年共同籌辦了一份代表文化保守主義的刊物《學衡》（英文名稱為 *The Critical Review*），於次年元月創刊。他們宣揚白璧德的「新人文主義」，藉以與「新文化運動」相抗衡。其後，這批以文學家與史學家為主（植物學家胡先驌是例外）學者便被稱為「學衡派」。

　　1922 年 3 月出刊的《學衡》第 3 期刊登了一篇題為〈白璧德中西人文教育談〉的文章[8]。根據吳宓為此文所撰寫的按語，此文源自白璧德於 1921 年 9 月在美國東部的中國學生年會中之演講。演講的英文原稿刊登於《中國留美學生月報》第 17 卷第 2 期（1921 年 12 月出刊），題為 "Humanistic Education in China and the West"，其後由胡先驌譯為中文，即是此文。在這篇文章中，白璧德盛讚孔子的思想，將他視為東方人文主義的代表，而將亞里士多德視為西方人文主義的代表。他甚至認為：「吾每謂孔子之道有優於吾西方之人文主義者，則因其能認明中庸之道，必先之以克己及知命

---

[8]　此文收入孫尚揚、郭蘭芳編：《國故新知論——學衡派文化論著輯要》（北京：中國廣播電視出版社，1995 年），頁 39-48。

也。」[9]在文章的結尾，白璧德還呼籲：

> 在中國國內各大學，均宜有學者，以孔子之《論語》與亞里士多德倫
> 理學比較講授。而美國各大學，宜聘勝任之中國教員，講授中國歷史
> 及道德哲學等。如此則東西學問家可以聯為一體。[10]

在這篇文章中，胡先驌首度將 humanism 譯為如今被廣泛使用的「人文主義」一詞。這也可能是以「人文主義」指稱孔子思想的第一份中文文獻。在「人文主義」這四個漢字當中，「主義」是 -ism 的翻譯。「人文」二字則出自《易經・賁卦・象傳》：「賁，亨，柔來而文剛，故亨；分剛上而文柔，故小利有攸往。剛柔交錯，天文也；文明以止，人文也。觀乎天文，以察時變；觀乎人文，以化成天下。」在這個脈絡中，「人文」係相對於「天文」而言。徐復觀在〈原人文〉一文中指出：《易傳》中所謂的「人文」係指禮樂之教、禮樂之治而言[11]。Humanism 的另一個譯名是「人本主義」，係吳宓所譯。「人本」意謂「以人為本」。但後來吳宓本人也改用「人文主義」的譯名[12]，故「人文主義」一詞比「人本主義」更為通行。

至於有人將 humanism 譯為「人道主義」，則是混淆了 humanism 與 humanitarianism。白璧德在其《文學與美國的大學》一書第一、二章分別討論「人文主義」與「人道主義」的不同涵義。他指出：「〔……〕將愛與同情提升為至高而具足的原則，而這些原則不需要藉學說與紀律來補充，這多

---

[9] 《學衡》，第 3 期，頁 335。《國故新知論》將這段引文中的「人文主義」誤排為「人道主義」。這個錯誤極為離譜，因為白璧德根本反對「人道主義」（humanitarianism）。

[10] 同上書，頁 336。

[11] 參閱其《中國思想史論集》（臺北：臺灣學生書局，1979 年第 5 版），頁 235-238。

[12] 參閱吳宓：《吳宓自編年譜：一八九四年至一九二五年》（北京：三聯書店，1995 年），頁 233。

半是我們現代的人道主義時代所特有的。」[13]他將「人道主義」區分為「科學的」與「情感的」兩種類型，而以培根（Francis Bacon, 1561-1626）為前者的主要代表，以盧梭（Jean Jacques Rousseau, 1712-1778）為後者的主要代表，並且將兩者均視為自然主義[14]。至於人文主義者，則是「在同情的一個極端與紀律和選擇的一個極端之間游移，並且根據他調停這些極端之情況而相應地人文化」[15]。總而言之，

> 相反於人道主義者，人文主義者感興趣的是個人之圓成，而不是提升全人類之方案；而雖然人文主義者多半考慮到同情，但是他堅持同情必須藉判斷來約束和調節。[16]

幾乎與學衡派同時出現的另一些批判「新文化運動」的學者屬於「現代新儒學」。這些學者不像學衡派一樣，有共同的西方傳承與刊物，而比較近似一個「學圈」（Kreis/circle），而非「學派」（Schule/school）。關於「現代新儒學」一詞所包含的範圍，過去在學界引起了不少爭議，筆者無意重啟爭端。筆者在德文著作《儒家思想在現代中國》[17]一書中介紹了現代新儒家的八位主要代表人物，即梁漱溟（1893-1988）、熊十力（1885-1968）、張君勱（1887-1969）、馮友蘭（1895-1990）、錢穆（1894-1990）、唐君毅（1909-1978）、牟宗三（1909-1995）與徐復觀（1903-1982）。1949 年中國大陸易幟之後，現代新儒家在中國大陸失去了活動的空間。張君勱、錢穆、唐君毅、牟宗三與徐復觀因不願接受中共的統治，而

---

[13] Irving Babbitt: *Literature and the American College* (Washington, D.C.: National Humanities Institute, 1986), p. 76.

[14] 參閱同上書，頁 89ff.。

[15] 同上書，頁 82。

[16] 同上書，頁 75。

[17] Ming-huei Lee: *Der Konfuzianismus im modernen China*. Leipzig: Leipziger Universitätsverlag, 2001.

移居到香港、臺灣及西方，繼續宣揚儒家的學說與價值。此外，1960 年代以後在美國任教的余英時（1930-）、劉述先（1934-2016）與杜維明（1940-）也是將新儒學推向西方學界的關鍵人物。

就肯定人文價值、回歸傳統文化而言，學衡派與現代新儒家同屬於文化保守主義，並且與西方的人文主義頗有親和性。兩者之間的主要差異在於：學衡派的成員以文學家與史學家為主，而現代新儒家的主要代表人物，除了錢穆與徐復觀是史學家之外，其餘都是哲學家。

此外，學衡派明確打出「人文主義」的旗號，而現代新儒家雖不反對將儒家視為一種人文主義，但是特別強調中西人文主義之不同。故後者在討論以儒家為主的中國文化時，寧可以「人文精神」一詞取代「人文主義」。例如，徐復觀在其《中國人性論史：先秦篇》中雖然將先秦儒家思想的發展理解為殷商時代的原始宗教意識逐漸人文化的過程，但又特別強調：

> 中國文化，為人文精神的文化，現時固已成為定論。但此處得先提醒一句，中國的人文精神，在以人為中心的這一點上，固然與西方的人文主義相同；但在內容上，卻相同的很少，而不可輕相比附。[18]

不過，他在〈中國古代人文精神之成長〉一文中也談到「中國的人文主義」，並且強調：

> 中國文化，既不是以神為中心而展開的，也不是以自然為中心而展開的，最早便是以人的自身為中心而完成其發展；因此，中國文化，似乎不妨稱為人文主義的文化。但一提到人文主義，便容易聯想到歐洲十五世紀前後的人文主義。這種聯想，很易使人發生誤解。[19]

---

[18] 徐復觀：《中國人性論史・先秦篇》（臺北：臺灣商務印書館，1969 年），頁 15。

[19] 此文原刊於《民主評論》第 11 卷第 14 期（1960 年 7 月 16 日出刊），後收入黎漢基、李明輝編：《徐復觀雜文補編》第 1 冊：《思想文化卷（上）》（臺北：中央研究院中國文哲研究所，2001 年修訂二版），頁 142-155；這段文字見頁 142。

1960 年代初，他甚至在一場題為〈一個中國人文主義者所了解的當前宗教（基督教）問題〉的演講中自稱為「中國人文主義者」[20]。

　　唐君毅有《人文精神之重建》（1955 年初版）及《中國人文精神之發展》（1958 年初版）二書。後一書的前三章詳細討論中國人文精神與西方人文主義之歷史發展。前一書的第三部是〈中國固有人文精神之闡述〉，第四、五部是〈中西社會人文精神之融通〉。其附錄中有一篇論文題為〈人文主義之名義〉。在這篇論文中，他雖然贊成將 humanism 譯為「人文主義」，但又強調西方的 humanism 與中國的「人文主義」在各自文化中的地位並不相稱：humanism 在西方從未居於主流的地位，而代表中國人文主義的儒家卻始終居於主流的地位[21]。在他看來，西方哲學中的「理想主義」（idealism）——依唐君毅的用語習慣，這顯然是指從康德到黑格爾的德國理念論（Deutscher Idealismus）——最接近中國儒家的人文主義；因此，他建議將中國儒家的人文主義譯為 idealistic humanism 或是 humanistic idealism[22]。

　　在討論西方人文主義之歷史發展時，唐君毅雖然肯定十八、十九世紀之交德國的「新人文主義」能直接把握一個「整全的人格之理念」，但又指出其缺點在於「只具有浪漫性的重美的藝術精神，而非能兼具哲學的批判精神，道德的實踐精神，宗教的信仰精神」[23]。在這個脈絡中，他評論道：

> 由十八世紀至十九世紀之理想主義哲學，則是能補此新人文主義之短的。而康德之哲學，則尤能兼知人之知識的主體，道德的主體，及審美判斷與藝術的創造根原之主體的。然而由康德〔、〕菲希特至黑格

---

[20] 此文原刊於《人生》第 23 卷第 6/7 期（1962 年 2 月 1 日出刊），後收入同上書，頁 156-164。

[21] 唐君毅：《人文精神之重建》（臺北：臺灣學生書局，1974 年），頁 592。

[22] 同上書，頁 593。

[23] 參閱唐君毅：《中國人文精神之發展》（臺北：臺灣學生書局，1974 年），頁 64-65。

耳之哲學，皆未能與新人文主義之思想融為一爐，而其本身雖或被稱
為人文主義，亦是西方哲學中最重視人之理性〔、〕人之精神之哲
學，然他們皆通常被稱亦自稱為理想主義。[24]

由此可知，在唐君毅的心目中，從康德到黑格爾的德國理念論最能與中國儒
家的人文主義相提並論。

　　牟宗三對於人文主義的看法在許多方面均與唐君毅的看法相呼應。牟宗
三曾經發表〈人文主義的基本精神〉、〈人文主義的完成〉、〈人文主義與
宗教〉三篇論文[25]。在〈人文主義的完成〉一文中，他回溯西方人文主義的
發展，分別探討西塞羅時代、文藝復興時代及十八、十九世紀之交德國的人
文主義。在評論十八、十九世紀之交德國的人文主義時，他惋惜這股思潮雖
然與從康德到黑格爾的德國理念論同時發生，也部分受到其影響，但卻無法
繼承其基本綱領，而有所局限。這與唐君毅的上述觀點相互呼應。在這個脈
絡中，牟宗三特別強調：

　　　　宗教的傳統於道德精神文化理想上有其最崇高的啟發力。在現在，我
　　　們既不能如文藝復興時的人文主義與宗教為對立，亦不能如十八、十
　　　九世紀德國的人文主義只停留在浪漫的泛神論上。正宗的宗教精神之
　　　向裡收斂與向上超越中所含的道德宗教之神性感與罪惡感有其人文上
　　　的崇高意義。此時的人文主義須予以綜攝而消融之。這就是接上了宗
　　　教的傳統。我們將不與任何偉大的宗教精神為對立。而任何偉大的宗
　　　教精神，亦將在人文主義的提挈消融中，漸漸消除其偏執，使其逐步
　　　反省其自己以充分調整開拓通達其自己。[26]

---

[24] 同上註。

[25] 前二文收入其《道德的理想主義》（臺北：臺灣學生書局，1978 年）；亦收入《牟
　　宗三先生全集》（臺北：聯經出版事業公司，2003 年），第 9 冊。最後一文見其
　　《生命的學問》（臺北：三民書局，1970 年），頁 72-80。

[26] 牟宗三：《道德的理想主義》，頁 183；《牟宗三先生全集》，第 9 冊，頁 236-237。

　　牟宗三所描述的不與宗教相對立的人文主義並不是所謂的「耶教人文主義」，而是以儒家為標準的。彭國翔在其近著《儒家傳統：宗教與人文主義之間》中將儒家傳統定位於「宗教與人文主義之間」，並且將儒家所代表的人文主義稱為「宗教性的人文主義」，以別於一般的「世俗的人文主義」[27]。這完全符合唐君毅與牟宗三對儒家傳統的看法。

　　在〈人文主義與宗教〉中，牟宗三進一步將儒家界定為「人文教」，並且強調人文主義與人文教之不同。他認為：「人文主義只是說明孔子人文教之思想上的立場，進路或態度。非以人文主義為宗教也。」[28]在這篇論文中，他也將這種「人文教」稱為「道德宗教」。如同唐君毅一樣，他在儒家的「天人合一」思想及三祭（祭天、祖先與聖賢）之禮中肯定儒家的宗教性，但這種宗教性與人文世界不可分。他以此分判儒家與耶教的基本差異：

> 基督教中之上帝，因耶穌一項而成為一崇拜之對象，故與人文世界為隔；而人文教中之實體，則因天、祖、聖賢三項所成之整個系統而成為一有宗教意義之崇敬對象，故與人文世界不隔：此其所以為人文教也，如何不可成一高級圓滿之宗教？唯此所謂宗教不是西方傳統中所意謂之宗教（Religion）而已。[29]

以現代新儒家的用語來說，儒家的宗教性預設內在性與超越性之統一（或者說，內在超越性），而耶教的宗教性則預設兩者之分離。新儒家論天之「內在超越性」，係認為天與作為現實存在的人與自然之間存在一種必然的張力，儘管實際上這種張力可能盡人一生的努力均無法完全消弭，但儒家至少承認在現實世界中完全消弭這種張力的可能性（成聖的可能性），而不必求諸彼岸或天國。因此，儒家的「天」一方面超乎人文世界，另一方面

27　彭國翔：《儒家傳統：宗教與人文主義之間》（北京：北京大學出版社，2007年），頁 10-11。

28　牟宗三：《生命的學問》，頁 73。

29　同上書，頁 76-77。

又不離開人文世界，故是「既超越又內在」，而與耶教的「上帝」是超越
而不內在，適成對比。「內在超越性」的說法在學界引起不少爭論，但因牽
涉過廣，此處只能點到為止[30]。

　　唐君毅與牟宗三對儒家的宗教性之看法為現代新儒家第三代的劉述先與
杜維明所繼承。劉述先一再強調儒家的宗教性[31]。杜維明則藉由對儒家經典
《中庸》的詮釋來凸顯儒家的宗教性[32]。

　　筆者曾在〈徐復觀論儒家與宗教〉一文中指出：關於儒家的宗教性問
題，徐復觀的看法與唐君毅、牟宗三的看法有微妙的區別。為避免枝蔓，此
處不妨直接引述筆者的結論：

> 　　對徐先生而言，先秦儒學的發展是一個人文化的過程，儒學的本質在
> 於以人文精神取代宗教意識。至於在先秦儒學（特別是《論語》）中
> 所出現的原始宗教概念（如「天」、「天道」、「天命」），徐先生
> 或者視之為歷史的殘餘，或者對它們作理性化的詮釋。而秦、漢以後
> 的儒學中所出現之思辨形上學（如周敦頤的〈太極圖說〉）或宗教思

---

[30] 關於這個問題，請參閱拙作：〈儒家思想中的內在性與超越性〉，收入《當代儒學之
自我轉化》（臺北：中央研究院中國文哲研究所，1994 年），頁 129-148；簡體字版
（北京：中國社會科學出版社，2001 年），頁 118-136。亦參閱拙作：〈再論儒家思
想中的「內在超越性」問題〉，收入劉述先編：《第三屆國際漢學會議論文集：中國
思潮與外來文化》（臺北：中央研究院中國文哲研究所，2002 年），頁 223-240；亦
收入《中國儒學》，第 1 輯（北京：商務印書館，2006 年），頁 49-64。

[31] 參閱 Liu Shu-hsien: "The Religious Import of Confucian Philosophy: Its Traditional
Outlook and Contemporary Significance", *Philosophy East & West*, Vol. 21 (1971), pp.
157-175；劉述先：〈由當代西方宗教思想如何面對現代化問題的角度論儒家傳統的
宗教意涵〉，收入劉述先編：《當代儒學論集：傳統與創新》（臺北：中央研究院中
國文哲研究所，1995 年），頁 1-32。

[32] 參閱 Tu Wei-ming: *Centrality and Commonality: An Essay on Confucian Religiousness*.
Albany: State University of New York Press, 1989。此書有段德智的中譯本：《論儒學
的宗教性——對「中庸」的現代詮釋》，收入郭齊勇、鄭文龍編：《杜維明文集》
（武漢：武漢出版社，2002 年），第 3 卷，頁 357-485。

想（如漢儒的「天人感應說」），徐先生一概視為歧出。[33]

借用彭國翔的用語來說，徐復觀所理解的「儒家人文主義」屬於「世俗的人文主義」，而非「宗教性的人文主義」。

然而，在上文提到的〈一個中國人文主義者所了解的當前宗教（基督教）問題〉的演講詞中，徐復觀的說法卻有微妙的調整。這場演講係他任教於臺灣東海大學時面對校牧而發表的，具有宗教對話的性質。他在演講中將性善說視為「中國人文主義」、乃至整個中國文化的特點，並藉此來質疑耶教的原罪說。他表示：

> 中國文化，在兩千年以前，卻早在人類生命的本身，已發現出性質完全不同，方向完全不同的一種深層心理。這個在中國文化之中所發現出來的深層心理，簡單說，就是「性善」。[34]

同時，他將性善說連結到宗教問題上。他說：

> 這種性善的善，保藏在生命的深處。這種深是深到無限的，而超越了自己生理的生命，因而感到這是由天所命。善的擴大，也是擴大到無限，而超越了時間空間的限制，因而感到天人合一，亦即是與神同在。所以性善的性，才是每個人通向神的世界的確實可靠的橋樑；同

---

[33] 拙作：〈徐復觀論儒家與宗教〉，見馮天瑜編：《人文論叢：2006 年卷》（武昌：武漢大學出版社，2007 年），頁 409；亦收入本書。亦參閱拙作：〈從康德的「道德宗教」論儒家的宗教性〉，收入哈佛燕京學社編：《儒家傳統與啟蒙心態》（南京：江蘇教育出版社，2005 年 7 月），頁 228-269；李志剛、馮達文編：《從歷史中提取智慧》（成都：四川出版集團巴蜀書社，2005 年 9 月），頁 1-49；李明輝、林維杰編：《當代儒家與西方文化：會通與轉化》（臺北：中央研究院中國文哲研究所，2007 年 12 月），頁 15-70。

[34] 徐復觀：〈一個中國人文主義者所了解的當前宗教（基督教）問題〉，收入黎漢基、李明輝編：《徐復觀雜文補編》第 1 冊：《思想文化卷（上）》，頁 162。

時，它自身也即是神的世界。[35]

他的結論是：

> 中國的人文主義和西方的人文主義，最大的不同之點，是在中國的人
> 文主義的本質上，在它不受到宗教的排斥時，便沒有和宗教對立的問
> 題。[36]

上述的論調似乎與他的一貫立場有所出入，反而接近於「宗教性的人文主義」。這是否足以否定筆者在〈徐復觀論儒家與宗教〉一文中對徐復觀的相關論點之論斷呢？不然。因為我們要考慮到東海大學是一所基督教大學，而這場演講又是在與耶教對話的脈絡下進行的，故徐復觀特別強調儒家的宗教性應是當時的情境所造成的，不宜作過度的解讀。因此，到了 1980 年，他在回顧 1958 年他與張君勱、唐君毅、牟宗三共同發表的〈為中國文化敬告世界人士宣言〉時依然明確地表示：「我〔……〕認為中國文化原亦有宗教性，也不反對宗教；然從春秋時代起就逐漸從宗教中脫出，在人的生命中紮根，不必回頭走。」[37]這也就不足為奇了。總而言之，徐復觀的「世俗的人文主義」，作為個人觀點，固可自成一說，但作為對儒家傳統的詮釋，恐怕不及唐君毅與牟宗三的「宗教性的人文主義」有說服力。

（原刊於《中國哲學與文化》，第 11 輯〔2014 年 5 月〕，頁 27-38。）

---

[35] 同上註，頁 163。

[36] 同上註，頁 157。

[37] 林鎮國等：〈擎起這把香火——當代思想的俯視〉，收入《徐復觀雜文·續集》（臺北：時報文化出版企業公司，1981 年），頁 408。

中國哲學研究的方法論

中國沒有哲學嗎？
——與費德西先生論「中國哲學」

　　中國有沒有哲學？這個自清末民初以來一再被中國知識分子及國外漢學家提出來的問題最近又被德國漢學家費德西先生（Michael Friedrich）[1]重新提出來。臺灣《當代》雜誌第 65 期（1991 年 9 月出刊）刊出署名「還學文」者的一篇文章〈西方「哲學」陰影下的新儒家——德國漢學家費德西關於新儒學的述評〉，報導了費德西先生對這個問題的看法。筆者特別強調「署名」，是因為從這篇文章本身我們很難判斷：它到底是費德西先生自己的論述？還是還學文先生的轉述？從行文語氣看來，似乎除了開頭的引言之外，其餘均是費德西先生自己的論述。但從文中一些十分離譜的錯誤，又令人不免懷疑：這可能是轉述者的錯誤。譬如，文中提到唐君毅先生的七卷本《中國哲學史基礎》（頁 122），顯然是《中國哲學原論》之誤。又如，文中提到唐先生的最後一本著作《活躍的存在與精神世界》（同頁）顯然是《生命存在與心靈境界》之誤。文中又提到：「在木書中作者〔指唐先生〕試圖建立一種由黑格爾啟發的意識哲學『體系』〔……〕在這個體系中最低階的是一神論〔……〕」（同頁）但事實上，在《生命存在與心靈境界》一

---

[1]　Friedrich 教授自己使用的中文名字為傳敏怡。

書中，一神論並不屬於最低階，而是屬於第七境。我們實在很難相信：費德西先生會犯這樣的錯誤。可是既然我們沒有辦法對此下判斷，筆者只好假定此文基本上代表費德西先生本人的看法，並據此提出評論。因此，以下筆者提到費德西先生的看法時，均以此文為依據。若因轉述者的錯誤而對他有所不公，自非筆者所能負責。

首先要指出的是：這篇文章的標題並不很恰當，因為它事實上檢討了近代中國學術界關於「中國哲學」的看法，並不限於新儒家。因為在當前的中國學術界（包括大陸、臺灣及香港），幾乎無人會把王國維、劉師培、謝无量、胡適、趙紀彬、張岱年等人歸於新儒家之列。當然，這只是個小問題，不難改正。況且費德西先生也花了不少篇幅討論梁漱溟、唐君毅、牟宗三等幾位新儒家代表的觀點。

可是從他對唐、牟兩位先生的論述和批評，筆者實在很懷疑他對他們的思想了解多少。譬如，他對唐先生的了解是這樣的：「唐君毅對於西方傳統相當瞭解，對西方的解釋也較他的前輩為詳實可靠，但主要是對古典和中世紀，他並不熟悉現代哲學。」（頁 122）這是毫無根據的論斷，因為只要對唐先生的思想稍有了解者均知道：他在西方哲學中有獨特心得的是從康德到黑格爾的德國哲學，尤其是黑格爾哲學，而非古代哲學和中古哲學（雖然他對此亦有相當程度的了解）。他的兩鉅冊《哲學概論》幾乎討論到所有西方哲學中的基本問題（亦包括現代西方哲學的問題），而他在其他著作中也經常討論到現代西方哲學的問題。又如費德西先生在文中強調：「牟宗三研究康德，最後卻通過海德格找到了對中國哲學可能性的說明。」（頁 125）他對這種海德格式的思考表示極度的輕蔑：

> 海德格也是回到傳統中尋求，最後在前蘇格拉底時代找到了形而上學的根據。於是他似乎指出了通向彼岸時髦的「人生哲學」的入口：在前哲學的層次上反思哲學。有一點，那些追隨海德格選擇了這個入口的人卻必須明白：那個想欺騙這個哲學傳統的海德格是深知這個傳統的！那些關於「西方」哪些東西在本質上是對的或錯的武斷愚蠢的評

述，不僅暴露出評論者無可救藥的無知，而且表現了既非科學又非哲
學的無知。（頁 125）

這段話的意思似乎是說：海德格這樣一位反西方的西方哲學家已夠差勁了，
但至少他還深知西方傳統；至於牟宗三之流的新儒家，對西方傳統認識有
限，竟然也敢學海德格的樣，對西方哲學品頭論足，不但是愚蠢，簡直膽大
妄為！費德西先生對海德格的輕蔑是否有道理，筆者不敢妄斷。但是牟先生
對海德格的評價如何？我們卻不難從其《智的直覺與中國哲學》一書，尤其
是第廿二章〈基本存有論如何可能？〉中得知。牟先生在此明白地指出：海
德格所期待的基本存有論不可能順著他的思考方式建立起來。故牟先生歸結
道：

> 如是，我們仍須本康德的思路從他所謂「超絕形上學」上建立基本存
> 有論，此實只是一道德的形上學，或寬廣言之，只是一實踐的形上
> 學。海德格的路是思之未透，停止在半途中，兩不著邊的，既掛搭不
> 上現象學，又掛搭不上理想主義底大路。

這已足以證明費德西先生對牟先生的論斷是毫無根據的，也證明他對牟先生
的思想之隔閡。以他這樣的理解程度，我們實在不敢期望他對當代新儒家會
有公正的評價。

　　然而，筆者的主要目的並不是要為當代新儒家辯護，而是要指出：費德
西先生據以否定「中國哲學」的論據大有問題，而且其背後隱含一種長期支
配著西方漢學界的歐洲中心偏見。在這篇文章的開頭有一段文字，很扼要地
總結了全文的分析結果。雖然這段文字可能是還學文先生所寫的，但基本上
還是忠實地反映了全文的主要論點，故我們不妨引述於此，作為討論的依
據：

> 分析的結果表明：（一）、「哲學」作為「西方」文化的產物，其核

　　心是科學和理性；（二）、在這個意義上，並沒有中國哲學；
　　（三）、近代一切闡釋中國哲學的努力，都表現為一種悖謬；一方面
　　這種解釋無一例外地都以西方哲學為尺度，因此所建立的中國哲學就
　　不是純粹中國的，另一方面所有這些解釋卻都宣稱一種獨立於西方傳
　　統的中國哲學。（頁110）

如果我們的問題只是根據一個確定的「哲學」定義來決定：一般人所謂的
「中國哲學」是否合乎這個定義？那麼，這個問題並不難解決。因為我們只
要將這項定義說清楚，剩下的工作便只是確定中國文化中有沒有合乎這項定
義的思想內涵。這基本上只是對事實的確認，不會引起太大的爭議；即使有
爭議，亦可靠相關的資料來解決。在這種情況下討論有沒有「中國哲學」，
基本上只是個用語習慣的問題，因為這完全要看我們採取那個定義。如果有
人一定要根據一項獨特的定義否定「中國哲學」的存在，我們也不必同他爭
辯，因為他有權選擇他自己認為合用的定義；但是他的選擇必然也包含一種
武斷性。

　　因此，筆者要問：費德西先生有何權利要求我們非接受他的「哲學」定
義不可呢？筆者在大學裡講授「哲學概論」的課程時，最頭痛的問題便是
「哲學」的定義問題。姑且不論中國哲學，西方哲學家本身對這個問題就爭
論不休，莫衷一是。按照康德在《純粹理性批判》的〈先驗方法論〉中的看
法，哲學思考不能始於定義，只能終於定義。若其說為然，我們便可以說：
哲學家對「哲學」所下的定義完全由其哲學系統所決定。試想：西方的存在
哲學家與邏輯實徵論者心目中的「哲學」相去何啻千里！其距離可能遠大於
某些中國哲學家（如當代新儒家）與某些德國哲學家（如康德、黑格爾）在
這個問題上的差距。如果我們接受費德西先生的「哲學」定義，將「科學和
理性」視為哲學的核心，那麼幾乎大多數「西方哲學史」的教科書都必須改
寫。因為在西方文化中出現過的各種型態的重意論（voluntarism）、神祕主
義、非理性主義，乃至現代的生命哲學（Lebensphilosophie）、存在哲學都
得摒諸哲學史之外。費德西先生或許會回答道：這些思想並不是西方哲學的

主流。就算它們不是西方哲學的主流，畢竟也是西方哲學的一支，也是西方人在哲學思考上的表現。它們未能形成西方哲學的主流，證明西方哲學有其獨特的型態；但這無礙於有其他型態的哲學出現的可能性。

事實上，無論就內容、範圍、還是問題意識而言，「哲學」在西方都是個不斷變化與發展的概念。因此，哲學與宗教、科學之間的界限也非一成不變，而是與時推移的。舉例來說，西方中古哲學的主要關切在於證成耶教信仰，而現代的西方哲學家卻很少再為這個問題操心。近代西方哲學的主要關切之一是為科學知識定位，但在古代和中古的西方哲學中，這個問題至多只有邊緣性的意義。因此，在西方並不存在一個公認的判準，可以用來決定：那些思想屬於哲學？那些思想不屬於哲學？儘管「哲學」一詞非中國固有的名詞，而是由西方借用到中國的，但這不能證明中國人過去不會作哲學思考。現代中文裡的「理性」一詞也是由西方借來的，但誰敢說中國人過去不會運用理性呢？就算我們接受費德西先生的「哲學」定義，同意「中國沒有哲學」的論斷，我們仍可有意義地問：在中國文化中有沒有相當於「哲學」的思想活動（雖然其表現型態可能不同）？如果有的話，我們何以不能擴大「哲學」的涵義，而將這種不同型態的思想活動也包括在「哲學」的概念中？康德在《實踐理性批判》的〈辯證論〉中追溯「哲學」一詞的古義，發現此詞在古代希臘原是指「智慧學」（Weisheitslehre），亦即關於「最高善」的實踐之學。準此而論，中國傳統哲學恐怕最符合「哲學」的原義。

費德西先生為否定「中國哲學」而提出的論證非常奇特：當他要證明所謂「中國哲學」只是西方人的哲學移植到中國時，他拚命強調當代中國哲學的西方淵源；但是當他要貶抑當代中國哲學家的成就時，他卻又拚命強調這些西方淵源之非正統性。譬如，他在文中說：

> 從王國維到牟宗三是一條漫長、然而又是剛剛開始的道路。這條路以「直觀」和「人生哲學」為標誌，二者在西方哲學中是與「非理性主義」和「唯意志論」聯繫在一起的。「非理性主義」和「唯意志論」是在十九世紀晚期是作為對歐洲哲學內核，即理性和科學的批評而出

現的。（頁 125）

他也批評牟先生說：「〔……〕在改造康德當中牟宗三找到的連接點，恰是一些近代哲學中最有爭議的、人們毋寧敬而遠之的學者及其思想。」（頁124）然而，我們何妨顛倒他的邏輯，這麼想：如果當代的中國哲學家只能從非正統的西方哲學流派擷取資源，來重建中國的傳統哲學，這豈不是正好證明了中國哲學本身有其不同於西方哲學的獨特的發展型態和問題意識？但更不幸的是，費德西先生的論證犯了邏輯上所謂「竊取論點」（petitio principii）的謬誤；因為他在批評當代新儒家的「中國哲學」概念時所憑藉的根據是他自己的「哲學」概念，而當代新儒家所質疑的正是這種「哲學」概念。

其實，「哲學」的定義還不是問題的癥結所在。問題的癥結在於費德西先生在當代中國哲學的發展中所認定的心理背景，如他在文中所指出的：

> 所有這些中國哲學體系的構造共同解釋了「中國哲學」的一種內在動機，即長期以來中國人的歷史文化優越感。經歷了十九世紀以來的歷史發展，這種優越意識就只能通過對傳統的「信仰」來維持了。這樣一種信仰深深植根於中國傳統之中，早在宋代儒學就已見端倪。與此相關的還有中國文化深層的特徵，一種未經反思的文化心理。這種未經反思的信仰如果不是宗教的話，也是一種宗教心理的積澱。（頁121）

這種論調在西方的漢學界早已不新鮮，因為早在五十年代末期，這種心理化約主義的解釋已出現在美國學者李文森（Joseph R. Levenson, 1920-1969）的《儒教中國及其現代命運》（*Confucian China and Its Modern Fate*）一書中。李文森在此書中以中國知識分子對文化認同的心理需要來解釋中國近代思潮的脈動和發展。在他看來，中國近代的思想發展基本上反映了中國知識分子在西方文化的強烈衝擊下所產生的文化自卑心理，以及由此而形成的補

償心理。費德西先生的解釋與此相似,但更為極端,因為他將這種解釋向前延伸到宋代儒學。

　　這類觀點之出現於西方漢學界,實非偶然,其源頭可以追溯到黑格爾的歷史哲學。根據黑格爾在其《歷史哲學講義》一書中的描述,中國文化代表歷史的幼年時期,僅表現實體性,而尚未進入主體性,也就是說,根本尚未進入反省的階段。因此,他認為:「中國民族的性格之特點是:凡是屬於精神的東西——自由的倫理、道德、心靈、內在的宗教、科學和真正的藝術——均遠離他們。」[2]他沒有提到哲學,但顯然中國人也不可能擁有哲學,因為哲學也是精神的表現!眾所周知,他把人類史視為精神發展的歷程,而這個歷程註定要由日耳曼民族來完成。黑格爾一直是筆者很欣賞的哲學家,但筆者實在很難為他這套日耳曼文化優越論提出辯護。不知費德西先生是否同意我援用他的論證方式,將這套理論解釋為日耳曼民族的歷史文化優越感之表現?黑格爾對中國文化的偏見在韋伯(Max Weber, 1864-1920)的社會學理論中以更精緻的方式被保存下來。在韋伯對西方理性主義文化的描述和闡釋中,中國文化主要是作為其對立面而出現。這是將黑格爾的偏見披上了社會學的外衣,而使它顯得更有說服力。這種「黑格爾-韋伯論述」長期以來籠罩著西方(尤其是歐洲)的漢學界,而形成馬若孟(Ramon H. Myers)和墨子刻(Thomas A. Metzger)兩位學者所謂的「漢學的陰影」[3]。但筆者也很欣慰地見到:最近有一位德國漢學家羅哲海先生(Heiner Roetz)在其教授資格論文《軸心時代的儒家倫理學》[4]中對這種論述提出了深入的反省和有力的反駁。

　　筆者無意為中國人過去的文化優越感辯護,但是指出這種心理背景,並

---

[2]　Hegel: *Vorlesungen über die Philosophie der Geschichte*, in: *G.W.F. Hegel: Werke,* (Frankfurt/M.: Suhrkamp, 1969ff., Theorie Werkausgabe), Bd. 12, S. 174.

[3]　馬若孟、墨子刻:〈漢學的陰影:美國現代中國研究近況〉。《食貨月刊》,復刊第10卷第10期(1981年1月),頁28-41;第10卷第11期(1981年2月),頁37-51。

[4]　*Die konfuzianische Ethik der Achsenzeit.* Frankfurt/M.: Suhrkamp, 1992.

無助於我們評估當代各種流派的中國哲學之真理價值。心理背景的分析或許有助於我們了解：何以某種哲學思想在某種社會條件下容易被接受？但無助於我們評估：這種哲學思想是否包含一些真理？我們在一切高度發展的文化中幾乎都可見到這種文化優越感。眾所周知，古代的希臘人自認為高於周遭的其他民族，連柏拉圖、亞里斯多德這些大哲學家都不能免於這種偏見。但是我們畢竟不會因此就抹殺古代希臘哲學的價值。基於同樣的理由，我們也應該把日耳曼民族的文化優越感和德國哲學的價值分別看待。

當代中國哲學家大量使用西方哲學的概念來解釋世界和人生，是無可奈何之事，因為西方的強勢文化已形成其他一切文化必須共同面對而無由規避的挑戰。不僅在哲學的領域，幾乎在所有的文化領域中，都存在著相同的問題。就此情境而說新儒家（甚至整個當代中國哲學）是在「西方哲學陰影下」，還算合乎實情。但費德西先生並不因此就有權說出以下這樣口不擇言的話：

> 同樣愚蠢的還有這種斷言，說有一個與「哲學」不可分割的整體中國文化，能提供給西方許多好的東西，只可惜西方並不真正理解它。這樣的評述只配登在三流小報的副刊上，這樣一種「中國哲學」不過是缺乏反思和自我反思心理準備的一種標誌。（頁 125）

從某一方面來看，當代中國哲學家之處境類似於西方中古初期的教父哲學家之處境。當時的教父哲學家必須面對的主要問題是如何以希臘哲學的概念來詮釋耶教信仰，並且為之定位。當前中國哲學的主要課題之一是藉西方哲學的概念來詮釋中國的傳統思想，以便為之定位。在這種自覺的努力中，中國哲學家對西方哲學的吸收自然是有選擇的，因為他們是以一個主體的身分，依據自己的尺度和判準來學習和吸收西方哲學。費德西先生一方面指摘當代中國哲學家（尤其是新儒家）對西方哲學的吸收有選擇性，另一方面又說他們對中國哲學的解釋「無一例外地都以西方哲學為尺度」，卻忽略了這兩種說法之間的矛盾。筆者認為：當代中國哲學家對西方哲學有選擇的接

受，正是其主體意識的表現；這證明他們不是盲目而毫無反省地接受西方哲學。當代新儒家與西化論者一再爭辯的一項重要論點是：一個文化若缺乏主體意識，就不可能從其他文化真正學到東西。當代中國哲學家自我定位的嘗試是否成功，自然可加以討論和評估（其實，筆者並不認為這些嘗試都很成功）。但如果西方的漢學家不尊重他們作為主體的身分，而以一種心理學的化約來抹殺其一切努力，這是一種無理的傲慢，也暴露出其意識深處所潛藏的種族中心偏見。當費德西先生批評中國人的文化優越感時，我們願意抱著「有則改之，無則加勉」的心情深自反省。但是我們也想善意地提醒他提防來自另一方面的偏見，因為文化優越感畢竟不是中國人的專利！

（原刊於《當代》〔臺北〕，第 66 期〔1991 年 10 月〕，頁 142-149。）

當代中國哲學研究前景

今（2002）年八月我在威海出席了「詮釋學與中國經典詮釋研討會」，九月在武漢出席了「西方哲學東漸百年學術研討會」。這兩個研討會形成了很有趣的對比：出席威海研討會的主要是中國哲學的研究者，他們面對的是如何「詮釋」中國哲學的問題；出席武漢研討會的主要是西方哲學的研究者，他們面對的是如何「理解」西方哲學的問題，但他們也不時碰到如何藉西方哲學的資源來「詮釋」中國哲學的問題。如迦達默爾（Hans-Georg Gadamer, 1900-2002）所指出的，「理解」與「詮釋」是一體之兩面[1]，所以這兩批研究者所面對的其實是一個共同的問題，我們可稱之為「詮釋學的問題」。

根據近年來我們與大陸哲學界交流的經驗，大陸的中國哲學研究面臨一個很嚴重的問題：由於學科畫分的緣故，中國哲學與西方哲學的研究者分屬兩個互不相干的社群；大體而言，前一個社群欠缺西方哲學的訓練，後一個社群則欠缺對中國哲學的興趣。其結果是：中國哲學的研究者只能停留在文獻考證與學術史的層面，很難進入哲學思考的層面。反之，對西方哲學的研究者而言，中國哲學是不相干的；即使有人試圖探討中國哲學的問題，但因欠缺必要的相關知識，而不免有隔靴搔癢、生吞活剝之病。

在臺灣，情況稍微好一點。因為在臺灣的哲學系，中西哲學並未嚴格區分，學生通常必須同時學習中西哲學。但是在中文系與哲學系之間還是存在一種與大陸的情況相類似的困境：中文系出身的人對文獻較為嫻熟，但欠缺

---

[1]　Hans-Georg Gadamer: *Wahrheit und Methode*, in: *Gesammelte Werke*, Bd. 1 (Tübingen: J.C.B. Mohr, 1986), S. 403.

問題意識；哲學系出身的人較具問題意識，但欠缺解讀文獻的能力。套用孔子的話來說，中文系出身的人病在「學而不思」，哲學系出身的人病在「思而不學」，彼此都瞧不起對方。友人謝大寧在其《儒家圓教底再詮釋》一書的〈序言〉中表達了一位出身中文系的中國哲學研究者在這方面的焦慮：「坦白說，這些年來中文學界關於義理詮釋這一課題，早已被哲學界侵吞得不成名堂了，哲學界挾其強勢的知識型態和論證能力，逐步迫使傳統中文學界的義理之學退縮到僅能進行文獻疏理的地步。」[2]

　　但在另一方面，哲學界的情況似乎也好不了多少。其主要困境不在於欠缺必要的相關知識，因為這種欠缺多少可以靠努力去彌補。哲學系出身的學者固然可能有較佳的西方哲學訓練，但當他們運用西方哲學的強勢語言來詮釋中國哲學時，卻往往使中國哲學喪失其特色，乃至主體性。因為從西方哲學的標準來看，是否有「中國哲學」都成問題。1991 年，德國漢學家傅敏怡（Michael Friedrich）在德國杜賓根（Tübingen）的一場研討會中發表了一篇論文，題為〈論中國哲學之創構——現代儒學的一項課題〉（"De Inventione Sinarum Philosophiae. Ein Thema des modernen Konfuzianismus"）[3]。他認為：「哲學」純然是西方文化的產物，在中國傳統文化中並不存在；所謂「中國哲學」是現代中國人接觸西方哲學以後出於補償心理而有的「創構」。他使用 inventio 一詞，從正面意義說，是「創構」，從負面意義說，是「虛構」、「捏造」。這有如美國學者詹啟華（Lionel M. Jensen）於 1997 年出版的 *Manufacturing Confucianism* 一書中申論說：所謂「儒家」一詞是「製造」出來的。傅敏怡此文代表黑格爾以後西方知識分子的主流觀點，當

2　謝大寧：《儒家圓教底再詮釋》（臺北：臺灣學生書局，1996 年），頁 II-III。

3　大陸學者還學文報導了這篇論文的觀點，參閱其〈西方「哲學」陰影下的新儒家——德國漢學家費德西關於新儒學的述評〉，《當代》，第 65 期（1991 年 9 月），頁 110-125。不知何故，事後這篇論文並未正式發表。筆者事後透過德國友人朗宓榭（Michael Lackner）取得這篇論文的德文原稿。經比對之後，筆者發現：還學文的轉述並不忠實。

時筆者曾撰文反駁[4]。

　　進而言之，現代中國學者在利用西方概念來詮釋中國哲學時，往往出現一種所謂「逆格義」的現象[5]。過去中國人吸收佛教思想時，借用儒家或道家的概念來詮釋佛教思想，這是利用本土文化的思想資源來幫助自己了解外來文化。但是現代的「格義」卻是倒過來，利用外來文化的思想資源來幫助自己了解自家文化，所以說是「逆格義」。在這種情況下，中國哲學難免不喪失其主體性。

　　由於上述的問題，近年來在美國漢學界出現了一種所謂「新實用主義的」（neo-pragmatistic）或「脈絡主義的」（contextualistic）論述，要求從方法論的層面檢討過去西方漢學家將西方概念強加於中國哲學的作法。這種論述之所以被稱為「新實用主義的」，是因為它在方法論上有取於皮爾士（Charles S. Peirce, 1839-1914）、詹姆士（William James, 1842-1910）、杜威（John Dewey, 1859-1952）、乃至羅蒂（Richard Rorty, 1931-2007）所代表的實用主義觀點。這種論述之代表有芬加瑞（Herbert Fingarette）、羅思文（Henry Rosemont, Jr.）、葛瑞漢（A.C. Graham）、艾諾（Robert Eno）、陳漢生（Chad Hanson），尤其是郝大維（David L. Hall）與安樂哲（Roger T. Ames）。基本上，「新實用主義論述」可被視為對上述主流觀點的一種反動。這些學者並不否認「中國哲學」的存在，但是特別強調中國哲學的獨特性，甚至認為這種獨特性是中國哲學優越於西方哲學之處。所以，他們極力避免借用西方哲學的概念來詮釋中國哲學。譬如，郝大維與安樂哲反對當代新儒家用「超越性」（transcendence）的概念來詮釋儒家的「道」或「天」。由於不滿意西方漢學家先前的《論語》翻譯，安樂哲與羅思文還共

---

[4]　李明輝：〈中國沒有哲學嗎？——與費德西先生論「中國哲學」〉，《當代》，第66 期（1991 年 10 月），頁 142-149；亦收入本書。

[5]　袁保新雖不曾使用「逆格義」一詞，但他已提到這種現象；參閱其〈再論老子之道的義理定位——兼答劉笑敢教授「關於老子之道的新解釋與新詮釋」〉，《中國文哲研究通訊》，第 7 卷第 2 期（1997 年 6 月），頁 158-159。

同合作，重譯了《論語》[6]。

對於這些西方學者，我抱持相當的同情與敬意，因為他們已擺脫了支配上一代漢學家的「西方中心論」，而從文化多元論的角度來看待中國哲學。他們警告中國哲學的研究者不要將西方哲學的概念與思考模式強加於中國哲學的詮釋之上，的確有一定的針砭作用。但是他們往往推論過當，過分強調中國哲學與西方哲學之差異，這對中國哲學的研究是不利的。這種不利可以從兩方面來說。首先，他們似乎假定：在佛教傳入中國以前存在一種未受到外來文化影響的「真正的」中國哲學，而我們可以試圖還原，或至少接近它。但是從現代詮釋學的觀點來看，這個假定是有問題的。因為在中國經典詮釋的歷史之中，歷代都有學者宣稱要回歸原典，卻往往各是其是，各非其非。尤其在中西文化接觸之後，我們根本不可能完全擺脫西方文化的影響，回歸到「純粹的」中國哲學。以安樂哲與羅思文合譯的《論語》來說，他們使用的文字畢竟還是英文，如何可能完全擺脫西方文化的影響？我曾聽到一位國內學者很自負地說：他在詮釋中國哲學時是「直扣原典，完全不使用西方的概念」。我心想：對不起！你已經使用了一個西方的概念，就是「概念」一詞。只要他們使用的是現代的白話文，他們的情況較諸西方學者，其實也好不了多少。今天可能有人用先秦古文來撰寫論文，詮釋中國古代哲學嗎？

其次，過分強調中國哲學與西方哲學之差異，將使中國哲學喪失哲學之所以為哲學的核心意義。因為哲學知識基本上包含一種普遍性的要求，說中國哲學與西方哲學是不可通約的（incommensurable），即等於說哲學必須放棄普遍性的要求，因而甚至是不可溝通的。這無異是哲學的自殺。郝大維與安樂哲就有這種傾向。他們認為：古代儒家思想中並無道德理論；即使有的話，亦非建立在對道德原則的反省與運用之上，而是建立在美學的直觀之

---

[6] Roger T. Ames/Henry Rosemont, Jr., (trans.): *The Analects of Confucius: A Philosophical Translation*. New York: The Ballantine Publishing Group, 1998.

上。我曾撰文反駁過他們這個論點[7]。

　　在我看來，今天從事中國哲學研究的人幾乎無法避免西方視角的「對照」。這種「對照」一方面預設中西哲學在一個更高的哲學反省之層面上具有溝通的可能性，另一方面又要避免使中國哲學喪失主體性。在此，我舉一個實例來說明這種「對照」的意義。去年我在柏克萊加州大學及史丹福大學訪問，主要是進行儒家思想與社群主義（communitarianism）的比較研究。我特別注意到社群主義者沈岱爾（Michael J. Sandel, 1953-）在其《自由主義與正義之界限》（*Liberalism and the Limits of Justice*）中對自由主義者羅爾斯（John Rawls, 1921-2002）的《正義論》（*A Theory of Justice*）之批判。羅爾斯的自由主義強調「正確優先於善」（the priority of the right over the good），堅持將「正義即公平」（Justice as Fairness）的概念建立在義務論（deontology）的基礎上，認為功利主義不足以證立這個概念。沈岱爾則批判羅爾斯的「義務論自由主義」及其「正確優先於善」的觀點，認為這會導致「先行個體化的主體」（antecedently individuated subject）或是「無牽累的自我」（unencumbered self）之概念，而忽略了自我及其意識是在社會的脈絡中形成的。如果我們從羅爾斯與沈岱爾之爭論來看以孔、孟為代表的儒家主流思想，我們便會看到一幅很奇特的景象：在義務論與「正確優先於善」的觀點方面，儒學與西方當代自由主義同調；但在自我觀方面，它反而較接近社群主義的觀點。在儒家思想當中，我們見到第三種可能的觀點。所以我說：儒家思想是「位於自由主義與社群主義之間」。其實，美國的狄培理（Wm. Theodore de Bary, 1919-2017）教授在其《亞洲價值與人權：一個儒家社群主義的觀點》（*Asian Values and Human Rights: A Confucian Communitarian Perspective*）一書中已經注意到儒家思想的這種特性。在此，我並非簡單地以「格義」（或「逆格義」）方式借用自由主義或社群主義的概念來詮釋儒家思想，而是先以自由主義與社群主義之爭論作為參照座標，將儒家思想定

---

[7]　參閱拙作：〈《論語》「宰我問三年之喪」章中的倫理學問題〉，收入鍾彩鈞編：《傳承與創新：中央研究院中國文哲研究所十周年紀念論文集》（臺北：中央研究院中國文哲研究所，1999年），頁521-542。

位為第三種可能的觀點，再反過來藉由這第三種觀點為自由主義與社群主義之爭論提供另一個可能的思考方向。這種「對照」不但可以展現儒家思想之豐富的現代意義，也可凸顯出西方理論的盲點。只有透過這種「對照」，我們才有可能「重建」（reconstruct）中國傳統哲學，使之具有現代的相干性。

（原刊於華梵大學哲學系編：《「勞思光思想與中國哲學世界化」學術研討會論文集》〔臺北：行政院文化建設委員會，2002 年〕，頁241-245。）

中西比較哲學的方法論省思

　　在今（2003）年 7 月 28 日臺灣大學東亞文明研究中心舉辦的「歷史變遷中的權力與經典詮釋」工作室第一次研討會中出現一個爭議性的問題：「權力」概念是否適於用來分析中國傳統政治？我想接著這場爭論，進一步就哲學研究的範圍來反省比較哲學所牽涉到的方法論問題。

　　現代中國哲學研究的一個明顯特徵是大量使用西方語彙。這種現象有其無可避免的背景。眾所周知，現代化發源於西方，而中國的現代化是一個後發的歷程。因此，儘管現代化不等於西化，但現代化與西化之間有相當程度的重合。以現代漢語來說，其語彙、文法與標點符號均廣泛受到西方文化的影響，而這又深刻地影響到現代研究者詮釋中國傳統哲學的方法與問題意識。除非我們不使用現代漢語，否則我們在詮釋中國哲學時，決無法避免西方文化的影響。因此，我不相信國內某位學者所宣稱的：「我決不使用西方概念來詮釋中國傳統哲學。」因為在這個命題中，至少已出現了兩個西方概念──「概念」與「哲學」。故問題不在於：我們是否使用西方概念？而僅在於：使用多少？如何使用？

　　由於現代學者大量使用西方概念來詮釋中國傳統哲學，故形成一種袁保新所謂的「格義式的中國哲學」[1]。眾所周知，「格義」是魏晉時期佛教開始傳入中土時，佛教僧侶為了幫助中國人理解佛教義理，借用中國本土的概念來詮釋佛教概念，譬如以道家的「無」來詮釋佛教的「空」。現代中國學者的「格義」則反其道而行，借助西方哲學的概念來詮釋中國傳統哲學，或

---

[1]　參閱袁保新：〈知識與智慧──百年來西學東漸對中國哲學的衝擊與影響〉，《世界哲學》（北京），2002 年增刊，頁 257-259 及 337。

許可稱為「逆格義」，以別於魏晉時期的「格義」。但是從西方學者的角度來看，現代中國學者的「逆格義」卻是正向的。因為西方學者也往往借助西方概念來詮釋中國哲學，譬如以西方的「上帝」來詮釋中國的「天」。這足以證明：在兩種文化交流的過程中，「格義」是無法避免的詮釋方法。我們甚至可以毫不誇張地說：所有的雙語字典或辭典都是以「格義」為基礎而編成的。

然而，「格義」之無法避免並不排除「格義」有高下之分。不適當的「格義」會造成誤解與意義扭曲，庸俗馬克思主義的格套（如日丹諾夫以唯心論與唯物論兩條路線的鬥爭來詮釋哲學史）過去對中國大陸的中國哲學研究所造成之束縛與傷害是有目共睹的。職是之故，在中國和西方都有學者反對借用西方概念來詮釋中國傳統文化。黃進興曾批評牟宗三與林毓生借用康德的「自律」概念來詮釋儒家思想[2]。德國學者傅敏怡（Michael Friedrich）等人翻譯張載的《正蒙》[3]，美國學者安樂哲（Roger T. Ames）與郝大維（David Hall）重譯《中庸》[4]，安樂哲與羅思文（Henry Rosemont, Jr.）重譯《論語》[5]，都儘量避免使用西方的哲學概念。這種翻譯的優點是可以避免概念上的附會，缺點則是使譯文的可讀性與可理解性大幅降低。

既然在跨文化研究中，「格義」是無法避免的，我們便有必要探討其方法論的特性。以現代的語彙來說，「格義」即是比較方法。比較方法必然包含兩個表面上相互對立、實則相互補充的特性，即「脈絡化」（contextualization）與「去脈絡化」（de-contextualization）。「去脈絡

---

[2] 參閱黃進興：〈所謂「道德自主性」：以西方觀念解釋中國思想之限制的例證〉，《食貨月刊》第 14 卷第 7/8 期合刊（1984 年 10 月 20 日出刊），後收入其《優入聖域——權力、信仰與正當性》（臺北：允晨文化實業公司，1994 年），頁 3-24。

[3] Michael Friedrich/Michael Lackner/F. Reimann (Übers.): *Chang Tsai: Rechts Auflichten. Cheng-meng.* Hamburg: Felix Meiner, 1996.

[4] Roger T.Ames/David L. Hall: *Focusing the Familiar: A Translation and Philosophical Interpretation of the Zhongyong.* Honolulu: University of Hawaii Press, 2001.

[5] Roger T. Ames/Henry Rosemont, Jr. (trans.): *The Analects of Confucius: A Phlosophical Translation.* New York: The Ballantine Publishing Group, 1998.

化」所以求同，「脈絡化」所以存異。不適當的「格義」之所以會造成誤解與意義扭曲，是因為它忽略了脈絡的差異。譬如，明末以來，西方傳教士以儒家的「天」來詮釋耶教的「上帝」，而在教內與教外引起極大的爭論，便是由於他們忽略了這兩個概念是在極為不同的脈絡背景中出現。就這點而言，上述學者的提醒不無道理。

　　然而，如果我們過度強調脈絡的差異，必然會使概念的比較成為不可能。因為兩個概念之對勘必然要求它們從各自的脈絡抽離出來。進而言之，概念之形成也需要經過「抽象」（abstraction）的過程。所謂「抽象」便是「捨異取同」，也就是「去脈絡化」。最精確的「格義」莫過於雙語字典中的對譯，但即使這種對譯也無法避免「去脈絡化」。譬如，德中字典以中文的「兔子」來解釋德文的 Hase，似乎是精確的對譯，但是這種對譯卻無法避免將這兩個詞從各自的文化脈絡中抽離出來。中國人看到「兔子」一詞，會聯想到嫦娥；德國人看到 Hase 一詞，會聯想到復活節的兔子（Oster-hase）。但是在字典的解釋中，這種文化脈絡的差異很自然地被略去了。不過，我們不會因此就否定字典的功能。這顯示：比較方法的基礎並非精確性，而是類似性。認識了這點，我們才能避免在運用比較方法時不必要的忌諱與不切實際的要求。

　　再者，越是抽象的概念便承載越豐富的意涵，這使得哲學概念之對勘必然帶有某種模糊性，而這種模糊性往往有助於哲學創造。舉個例子來說，康德的「物自身」（Ding an sich）概念究竟何所指，在西方一直是個爭論不休的問題。但這樣一個涵義不清的概念卻為康德以後「德意志理念論」（Deutscher Idealismus）的發展提供了強大的思想動力，許多哲學家藉由改造、重新詮釋或解消這個概念來發展自己的哲學系統[6]。牟宗三先生對於康德「物自身」概念的重新詮釋也屬於這一類的發展。因此，馮耀明批評牟先生將康德的「物自身」、「智的直覺」等概念移植到中國傳統哲學的脈絡

6　參閱 Wilhelm Windelband: *Lehrbuch der Geschichte der Philosophie* (Tübingen: J.C.B. Mohr, 1935), § 41, S. 483ff.

中，認為「把康德的『智的直覺』概念與『現象與物自身』區分移植到中國哲學上來，不但對中西哲學的會通無大助益，更且徒增蹊蹺，一方面陷康德於不（成）義，使其《純粹理性批判》的知識理論在牟先生的修訂後完全破產；另一方面亦使中國哲學三家之義理扭曲，失去三家各別的特色與本義」[7]，乃是一種失焦的批評。因為在中西哲學史中，藉由改造前人的概念來發展自己的哲學系統，是屢見不鮮的事。譬如，康德便藉由重新詮釋柏拉圖的「理型」（Idee）概念、亞里斯多德的「範疇」（Kategorie）、「實體」（Substanz）等概念，而形成其批判哲學的系統。在這種情況下，我們實無理由指摘康德抽離這些概念在柏拉圖、亞里斯多德哲學中的涵義而使用它們。康德在借用柏拉圖的「理型」一詞來表達其「理念」概念時，特別提出以下的辯白：

> 面對我們的語言之豐富財富，思想家往往會為了尋求完全適合其概念的語詞而不知所措；而在欠缺這種語詞時，他既無法真正為他人所理解，甚至也無法為他自己所理解。鑄造新詞是對於在語言中立法的一種過分要求，這很少成功；而在我們著手採取這種無望的手段之前，最好在已不再使用的學術語言中搜尋，看看其中是否存在這個概念及其適當的語詞。如果由於這個語詞底創造者之不謹慎，它在過去的用法變得有點游移不定，那麼確定這個語詞所特有的主要意義（儘管我們當時是否準確地領會了這個意義，仍有疑問），猶勝於只因我們無法讓自己為他人所理解，而致糟蹋了我們的工作。[8]

康德從柏拉圖的「理型」概念中擷取「超越經驗及知性概念（範疇）」與

---

[7]　馮耀明：〈物自身、智的直覺與中國哲學：概念移植的問題〉，見其《「超越內在」的迷思：從分析哲思學觀點看當代新儒學》（香港：中文大學出版社，2003 年），頁 139。

[8]　Immanuel Kant: *Kritik der reinen Vernunft*, hrsg. von Raymund Schmidt (Hamburg: Felix Meiner, 1976), A312/B368f.（A＝1781 年第一版，B＝1787 年第二版）

「源於最高理性」二義。接著，他表示：

> 在此我無意涉入任何文獻研究，以確定這位崇高的哲學家賦予其語詞
> 什麼意義。我只要說明：在日常談話或著作當中，藉由比較一位作者
> 對其對象所表達的思想，我們對他的了解甚至會勝過他對自己的了
> 解，這決非不尋常之事，因為他並未充分地確定其概念，且因此其所
> 言、乃至所思偶而會違背其本意。[9]

換言之，康德在借用前人的語詞時，往往不是根據其原先的意義來使用，而
是根據他自己的哲學思考來重新界定它們。這與其視為對原先概念的「扭
曲」，不如視為一種「創造性的詮釋」，而這種詮釋屬於真正的哲學工作。

　　進而言之，概念的演變與發展也會使其涵義趨於豐富而複雜，而更造成
一種模糊性的印象，但我們不會因此便放棄使用這類概念。以「哲學」一詞
為例，這大概是西方哲學中最不易確定其涵義的概念。在 Joachim Ritter 與
Karlfried Gründer 所編的《哲學之歷史辭典》（*Historisches Wörterbuch der
Philosophie*）中，Philosophie 這一條便佔了 178 頁、356 欄，甚至獨立為
《在其概念之歷史中的哲學》（*Philosophie in der Geschichte ihres Begriffs*）
一書。但西方學者並不會因為其如此豐富而複雜的涵義而放棄使用它。在有
關「中國是否有哲學？」的爭論中，堅持「中國沒有哲學」的一方往往忽略
了「哲學」一詞在西方的演變及其因此而趨於豐富的涵義，而隱約假定「哲
學」是一個靜態的概念，有公認的明確定義。

　　使概念的涵義趨於豐富而複雜的另一個原因是文化間的交流。過去西方
學者所撰寫的「哲學史」僅包含西方哲學，因為他們假定哲學是西方文化的
專利。但羅素（Bertrand Russell, 1872-1970）將其哲學史定名為 *History of
Western Philosophy*，即無異承認哲學並非西方文化所獨有。德國學者 Hans
Joachim Störig 所撰寫的 *Kleine Weltgeschichte der Philosophie* 包括了古代中

9　同上書，A313f./B370。

國與印度的哲學。這顯示西方學者的「哲學」概念因文化交流而有所改變。另一個例子是近代西方的宗教學研究促成其「宗教」概念之擴展。若非先有「宗教」概念之擴展，「儒家是否為宗教」恐怕不會成為一個學術問題。

最後，我們在運用比較方法時，不能忽略「概念」與「語詞」的區別。以上述的「自律」概念為例，這個問題有三個思考層面。首先我們問：在中國傳統哲學中，是否有「自律」一詞？答案是沒有，因為「自律」顯然是個西方的語彙。接著我們可以問：在中國傳統哲學中，是否有「自律」的概念？答案是有，因為孟子的確有「道德的自我立法」的思想。最後，我們要問：孟子如何表達「自律」之義？答案就在「仁義內在」之說。「概念」與「語詞」的區別可以避免一些不必要的爭論。唯有在這個基礎上，對於脈絡差異的考慮才有意義。在此，我們不妨引述安樂哲與郝大維的一段話，作為結論：

> 如果有人像我們一樣，認為語言若要在文化對話中有用，就得保持富有成效的模糊，那麼他可能會發現：要求概念清晰的願望與最令人滿意的文化互動形式背道而馳。畢竟我們歐美人與我們的夥伴共同感受到的社群感，有賴於訴諸「自由」、「正義」、「民主」之類的模糊用語。如果這些用語被規定得過死，它們就只會將在意見與機緣方面無法化解的差異渲染成無法獲勝的爭辯。人們之取得共同接受的意義，較少透過理論性的討論與爭辯，而較多透過實踐的與行為的互動。這種互動依靠語言表達之豐富的模糊性，而非依靠此中任何狹隘的精確性。我們在通篇著作中頌揚「模糊」之價值，旨在將純然「文化間的對談」推進到屬於不同文化的個人間之實際接觸。[10]

從更廣泛的角度來看，跨文化的比較方法也屬於「詮釋」的工作。不論

---

[10] David L. Hall/Roger T. Ames: *Thinking from the Han: Self, Truth, and Transcendence in Chinese and Western Culture* (Albany: State University of New York Press, 1998), p. xiv.

是以今釋古，還是以中釋西，乃至以西釋中，都涉及我們今天所謂的「重建」（reconstruction）。從詮釋學的角度來看，「重建」一詞有兩種涵義：一是「恢復」文本的原來脈絡與意義；二是「開發」文本所具有的意義容量與理論潛力。德國哲學家哈柏瑪斯（Jürgen Habermas, 1929-）在其《論歷史唯物論之重建》一書中解釋說：

> **復原**（Restauration）乃意謂回到此刻已衰敗的最初狀態：但是我對於馬克思與恩格斯的興趣並非教條主義的，亦非歷史考證學的。**復興**（Renaissance）乃意謂更新一種此刻已被拋棄的傳統：馬克思主義不需要復興。在我們這個脈絡當中，**重建**意謂：我們將一套理論拆解，再以新的形式將它重新組合起來，以便更妥善地達成它所設定的目標。對於一套在若干方面需要修正、但其推動潛力（始終）仍未枯竭的理論來說，這是正常的（我認為：對於馬克思主義者而言，也是正常的）處理方式。[11]

哈柏瑪斯自己使用「重建」一詞時，是採取上述的第二種涵義。至於第一種涵義，則是他所謂的「復原」。「重建」的這兩種涵義大體相當於馮友蘭所謂的「照著講」與「接著講」。

　　儘管我們可作此區分，但是這兩種意義的「重建」之間並無明確的界限。以上述康德對柏拉圖「理型」概念的「重建」為例，我們就很難說它一定屬於何種意義的「重建」；或者應當說，它同時包含這兩種意義。第一種意義的「重建」要求脈絡化，第二種意義的「重建」則要求去脈絡化，兩者之間具有一種張力。在我看來，一個好的詮釋應當在這種張力中設法「超越客觀主義與相對主義」[12]。

---

[11] Jürgen Habermas: *Zur Rekonstruktion des Historischen Materialismus* (Frankfurt/M.: Suhrkamp, 1976), S. 9.

[12] Richard Bernstein 有一本書題為 *Beyond Objectivism and Relativism: Science, Hermeneutics, and Praxis.* Philadelphia: University of Pennsylvania Press, 1983.

再論中國哲學的「創構」問題

　　最近在中國大陸的學術界忽然出現所謂「中國哲學的合法性」之問題。這個問題在今日中國大陸的出現自有其特定的時代背景，此處暫不討論。但首先要指出：在這個脈絡下使用「合法性」一詞並不妥當，是混淆了「合法性」（legality）與「正當性」（legitimacy）這兩個不同的概念。因為從實定法（positive law）的觀點來看，只要違背現行法律的行為便不具有「合法性」。但是我們仍可以從自然法（natural law）的觀點來質疑現行法律是否合理，這是「正當性」的問題。因此，當我們問「是否有中國哲學」時，我們提出的其實是「正當性」的問題，而非「合法性」的問題。

　　其次，筆者要強調：這個問題之出現並非始於今日。眾所周知，「哲學」一詞並非中國固有的名詞，通常被視為日本學者西周（1829-1897）所創，因為他在 1870 年出版的《百學連環》中就以漢字將 philosophy 譯為「哲學」[1]。但其實，早在 1859 年日本的落語家三遊亭円朝在其《真景累ヶ淵》中就已使用了「哲學」一詞[2]。此一譯名其後逐漸為中國知識界所接受而通行至今。

　　1903 年，王國維針對張之洞在其〈陳學務摺〉與張百熙在其復奏摺中要求從大學堂中刪除哲學一科，特別發表〈哲學辨惑〉一文，強調哲學之功用，而主張「哲學為中國固有之學」。其理由如下：

---

[1]　西周：《百學連環》，收入《近代日本社會學史叢書》（東京：龍溪書舍，2007年），第 1 卷，頁 145。

[2]　日本大辭典刊行會編：《日本國語大辭典》（東京：小學館，2000-2001 年），第 9冊，頁 655。

> 今之欲廢哲學者,實坐不知哲學為中國固有之學故。今姑舍諸子不
> 論,獨就六經與宋儒之說言之。夫六經與宋儒之說,非著於功令而當
> 時所奉為正學者乎?周子「太極」之說、張子《正蒙》之論、邵子之
> 《皇極經世》,皆深入哲學之問題。此豈獨宋儒之說為然?六經亦有
> 之。《易》之「太極」、《書》之「降衷」、《禮》之〈中庸〉,自
> 說者言之,謂之非虛非寂,得乎?今欲廢哲學,則六經及宋儒皆在所
> 當廢〔……〕[3]

儘管如此,此一語彙之使用仍不時引起質疑。例如,馬一浮(1883-
1967)在回答一位有意到復性書院就學的許君時寫道:

> 在今日所名為人生哲學中,賢者似欲以其所久蓄之思想,建立一種體
> 系,用志不可謂不勤。承虛心下問,自謂於中土先哲義理之學未嘗精
> 研,欲來書院就學,此意誠可嘉。然書院所講習者,要在原本經術,
> 發明自性本具之義理,與今之治哲學者未可同日而語。賢者之好尚在
> 治哲學,若以今日治哲學者一般所持客觀態度,視此為過去時代之一
> 種哲學思想而研究之,恐未必有深益。[4]

據此可知,馬一浮顯然並不認為中國傳統的義理之學是一種「哲學」。又
如,歐陽竟無(1871-1943)於 1923 年在南京高等師院哲學研究會中演講時
提出「佛法非宗教非哲學」之說[5],可見他對「哲學」一詞是否適用於佛

---

3 謝維揚、房鑫亮編:《王國維全集》(杭州:浙江教育出版社/廣州:廣東教育出版
  社,2009 年),第 14 卷,頁 8。按此文原刊於《教育世界》第 55 號(1903 年 7
  月)。

4 《爾雅臺答問》,卷 1,〈答許君〉,見《馬一浮集》(杭州:浙江古籍出版社/浙
  江教育出版社,1996 年),卷 1,頁 527。

5 歐陽竟無:〈佛法非宗教非哲學〉,收入黃夏年編:《歐陽竟無集》(北京:中國社
  會科學出版社,1995 年),頁 1-13。

學，抱持強烈的懷疑。熊十力雖然接受「中國哲學」一詞，但也特別強調中國哲學與西方哲學之不同：「中國哲學有一特別精神，即其為學也，根本注重體認的方法。」[6]牟宗三在 1963 年出版了《中國哲學的特質》一書，其第一講的標題便是「引論：中國有沒有哲學？」他和熊先生一樣，承認中國有哲學，但特別強調其重點與西方哲學不同：中國哲學特重主體性，是以生命為中心[7]。

　　2004 年 7 月，筆者在韓國學中央研究院出席一場由臺灣與韓國學者共同參與的學術研討會，韓國學者韓亨祚在會中發表了一篇題為〈二十世紀與廿一世紀的韓國學：東亞傳統哲學的困境與出路〉的論文。文中提到韓國知識界也面對相同的困惑，而不斷質疑：哲學是什麼？儒教是不是哲學？何謂「東洋哲學」？面對「哲學」這個來自西方的概念，韓國與中國的知識界所面對的是同樣的尷尬處境。

　　為了避免這種因「哲學」一詞的曖昧性而引起的尷尬處境，有些學者寧可用「中國思想史」一詞來取代「中國哲學史」一詞。遠的例子是侯外廬的《中國思想通史》，近的例子是葛兆光的《中國思想史》。葛兆光在其書的〈導論〉中寫道：

　　〔……〕很久以來我一直有一個很頑固的觀念，我覺得用哲學史（History of Philosophy）來描述「中國歷史上各種學問」，如果不對西洋的哲學概念加以修改，嚴格延用西洋哲學現成術語的內涵外延，多少會有些削足適履，如果不對中國的思想與知識進行一些誤讀與曲解，多少會有些圓柄方鑿〔圓鑿方枘〕，所以，中國古代的知識和思

6　熊十力：《十力語要》（收入《熊十力全集》〔武漢：湖北教育出版社，2003年〕，第 4 卷），頁 198。

7　參閱牟宗三：《中國哲學的特質》（收入《牟宗三先生全集》〔臺北：聯經出版事業公司，2003 年〕，第 28 冊，）頁 1-8。

想是否能夠被「哲學史」描述，實在很成問題。[8]

1991 年 6 月，在德國杜賓根（Tübingen）大學有一場關於中國知識分子問題的研討會，漢堡大學教授傅敏怡（Michael Friedrich）在會中發表的一篇論文〈論中國哲學之創構——現代儒學的一項課題〉（"De Inventione Sinarum Philosophiae. Ein Thema des modernen Konfuzianismus"）。不知何故，這篇論文迄今仍未在任何期刊或論文集中刊出。但當時有一位好事的大陸學者還學文在臺灣《當代》雜誌轉述了這篇論文的主要觀點[9]。不幸的是，由於還學文的專業知識與德語能力均明顯不足[10]，她的轉述在相當程度上曲解了傅敏怡的意思。加以《當代》雜誌的編輯自作主張，將原本單純的論文標題〈新儒學百年〉改為帶有貶意的〈西方「哲學」陰影下的新儒家〉，更加深了讀者的誤解。筆者當時並未看到傅文的德文原稿，僅根據還學文的轉述來回應傅敏怡的看法[11]。後來筆者從德國友人朗宓榭（Michael Lackner）那裡得到這篇論文的德文原稿，才更清楚地了解傅敏怡的想法[12]。

撇開還學文及《當代》編輯所造成的誤解不談，傅敏怡此文還是有值得商榷之處。此文開宗明義便提出一個問題：何謂「中國哲學」？這便關聯到過去在中文學界不時引起討論的「中國有沒有哲學？」之問題，以及近來在大陸學界熱烈討論的「中國哲學之合法性（正當性）」問題。傅敏怡基本上

---

[8]　葛兆光：《中國思想史・第一卷：七世紀前中國的知識、思想與信仰世界》（上海：復旦大學出版社，1998 年），頁 5。

[9]　還學文：〈西方「哲學」陰影下的新儒家——德國漢學家費德西關於新儒學的述評〉，《當代》，第 65 期（1991 年 9 月），頁 110-125。

[10]　例如，還女士將唐君毅先生的重要著作《中國哲學原論》（七卷）誤譯為《中國哲學史基礎》，又將其最後一部作《生命存在與心靈境界》誤譯為《活躍的存在與精神世界》，可見她對當代新儒學連起碼的基本知識都不具備。

[11]　拙作：〈中國沒有哲學嗎？——與費德西先生論「中國哲學」〉，《當代》，第 66 期（1991 年 10 月），頁 142-149；亦收入本書。

[12]　關於還學文所造成的誤解，參閱何乏筆：〈當代西方漢學家對「儒學」之哲學詮釋初探〉，收入李明輝、陳瑋芬編：《當代儒學與西方文化：哲學篇》（臺北：中央研究院中國文哲研究所，2004 年），頁 47-49。

認為：哲學是西方文化的產物，非西方的（包括中國的）傳統文化中並無哲學。他引用迦達默爾（Hans-Georg Gadamer, 1900-2002）對「哲學」一詞的看法：

> 實證科學總是以能藉由經驗去控制的知識成就來測定其概念的有效性，在這個意義下，哲學顯然沒有對象。哲學的可疑性便由此開始。〔……〕對於這個問題，唯有西方的哲學傳統能包含一個歷史性的答案。我們只能詢問西方的哲學傳統；因為在其他文化（特別是遠東文化）中所發展出來的關於奧義與智慧之神秘的表述形式與所謂的西方哲學之間終究不存在可以檢驗的關係——特別是因為我們以其名義發問的科學本身是西方的一項發明。[13]

迦達默爾的意思大概是說：西方哲學是在它與實證科學的關係中尋求其定位，而東方的「哲學」（或者不如說，「智慧」）則不具有這種歷史背景，故彼此間並不具有共同的基礎可以相互比較；換言之，彼此之間有「不可通約性」（incommensurability）。在這項前提之下，傅敏怡認為：所謂的「中國哲學」（chinesische Philosophie）並不存在於中國歷史之中，而是近代中國學者在接觸了西方哲學之後「創構」出來的，嚴格而言，應當稱之為「哲學在中國」（Philosophie in China）。

　　接著，傅敏怡檢討清末以來中國知識界（包括王國維、劉師培、謝无量、胡適、梁漱溟、馮友蘭、熊十力、金岳霖）創構「中國哲學」的嘗試。在他看來，這些嘗試都不成功。他如此評論熊十力與馮友蘭的嘗試：

> 在熊十力與馮友蘭的系統規畫中暴露了一切「中國哲學」的內在動機。在這種面對「西方」而自保的嘗試背後，終究存在一個本質上歷

---

[13] Hans-Georg Gadamer: "Begriffsgeschichte als Philosophie", in: idem, *Kleine Schriften* III (Tübingen: J.C.B. Mohr,1972), S. 237. 傅敏怡的引文見原稿，頁 1-2。

> 史性的問題：過去兩千年的歷史是虛度嗎？或者說，「中國」這個歷
> 史類型是一項失敗嗎？這個問題與同其久遠地可查考的對於文化優越
> 性之要求相關聯，而由於十九世紀以來的歷史發展，這種要求其實在
> 心理上還只能藉由「信仰」去維持。但是這種信仰本身已深植於傳統
> 之中，如同例如在宋代以後的理學之現象中所顯示的。然則，這種信
> 仰便屬於文化特徵之最深層，而迄今尚無人在反省中揭露這一層。這
> 種未經反省的信仰如果不可被視為宗教的話，卻可被視為積澱的宗教
> 性。（原稿，頁 19）

對於「中國哲學」之這種心理化約主義的解釋不免令人想起美國學者李文森
（Joseph R. Levenson, 1920-1969）在其《儒教中國及其現代命運》一書[14]中
所提出的看法。在此書中，李文森以中國知識分子對文化認同的心理需要來
解釋中國近代思潮的脈動與發展。在他看來，中國近代思想的發展基本上反
映了中國知識分子在面對西方文化的強烈衝擊時所產生的文化自卑心理，以
及由此而形成的補償心理。

在傅敏怡看來，要到牟宗三，這種創構「中國哲學」的努力才走上關鍵
性的一步，因為他藉由對康德哲學的吸納重建儒學，從而為「中國哲學」取
得了正當性。傅敏怡寫道：

> 在哲學地證成了中國哲學的可能性之後，推動中國哲學便是正當的，
> 因為人們以哲學的方式來詮釋非哲學的文本。但這樣一來，「中國哲
> 學」這個建構便根本改變了，而且進入哲學的「傳承過程」之中。
> （原稿，頁 24）

傅敏怡的意思是說：藉由牟宗三對康德哲學的吸納，中國傳統的非哲學文本

---

[14] Joseph R. Levenson: *Confucian China and Its Modern Fate.* Berkeley: University of California Press, 1958-1965.

始進入西方哲學的「傳承過程」中，並且開始哲學化，這便是「中國哲學」的濫觴。傅敏怡對「中國哲學」的起源之看法不禁令人想起康德對西方古代史的看法。康德在〈在世界公民底觀點下的普遍歷史之理念〉一文中寫道：

> 唯有從開頭就不間斷地延續到我們今天的一群**有知識的公眾**才能確證古史。在此之外，一切均是未知的領域（terra incognita）；而生活在這群公眾以外的民族底歷史只能從他們加入其中的時候開始。就**猶太民族**來說，歷史在托勒密王朝底時代、經由希臘文聖經底翻譯而開始；若無這種翻譯，我們將很難相信他們的**孤立訊息**。從此時（在這個開端已先恰當地被考查出來之時）起，我們才能回頭探究他們的敘述。對其餘所有的民族來說，也是如此。[15]

康德所說的「有知識的公眾」是指已啟蒙的、因而具有歷史意識的知識階層。對他而言，歷史意識始於古代希臘文化。換言之，西方古代的其他民族雖有歷史文獻，但在未經過古代希臘人的歷史意識之洗禮前，嚴格地說，他們並未擁有「歷史」。類似地，對傅敏怡而言，中國人過去雖有哲學文獻，但在未接觸西方哲學並因而開始哲學反省之前，嚴格地說，他們並未擁有「哲學」。

　　表面看來，傅敏怡在文中肯定當代新儒家（特別是牟宗三）建構「中國哲學」之貢獻，但在他的說法背後卻隱約透露出一種「歐洲中心主義」的成見。然而，他不但未自覺到這種成見，反而將話題一轉而寫道：

> 當然，連牟宗三也要挽救他的傳統。他也理所當然地進一步認為：他的「儒學」才是正道。他也理所當然地將中國佛教視為「非正統」。然而，一旦中國哲學不僅意謂民族的辯護學或中國的文化帝國主義，

---

[15] I. Kant: "Idee zu einer allgemeinen Geschichte in weltbürgerlicher Absicht", in: *Kants Gesammelte Schriften* (Akademieausgabe), Bd. 8, S. 29 Anm.；李明輝譯：《康德歷史哲學論文集》（臺北：聯經出版事業公司，2002 年），頁 21，註 10。

人們便不再能回到牟宗三以前的情況了。（原稿，頁 24）

在這篇論文的結尾，傅敏怡更明白表示：

> 最後，只要現代儒學為中國哲學所作的努力是用來正當化對自家傳統
> 的信仰，他就無法與西方產生對話，而必然停留在一種獨白當中。然
> 而，如果這種信仰（它顯然是一種宗教因素）的基礎受到理性的檢
> 驗，現代儒學或許就不再是儒學了。本世紀已極清楚地顯示：一種信
> 仰如何能迅速地為另一種信仰所取代！（原稿，頁 25）

換言之，甚至在牟宗三對「中國哲學」的理性創構中，傅敏怡依然發現一種
非理性的信仰成分，即對中國傳統文化的信仰。

總而言之，傅敏怡堅決否認「中國過去有哲學」的看法。對於持此論調
的人，他提出尖刻的嘲諷：

> 關於「『西方』本質上是什麼或不是什麼」的愚蠢說法不但暴露了不
> 可饒恕的無知，而且還是一種既非科學、亦非哲學的態度。與這種態
> 度不相上下的還有同樣愚蠢的主張，說有一個整體的中國文化及其
> 「哲學」存在，只是儘管這種哲學正好有許多好東西提供給「西
> 方」，卻不為西方所正確理解。我們通常在街頭小報的副刊中讀到這
> 種論調的說法。如此一來，「中國哲學」僅代表無意願反省與自省。
> （原稿，頁 25）

然而，傅敏怡的態度是自相矛盾的：他一方面堅持西方哲學的獨特性與優越
性，另一方面又指摘中國人堅持自家文化的優越性，而要求中國人放下身
段，進入西方哲學的脈絡中同西方對話。須知沒有平等的基礎，就不可能有
真正的對話。

如果「中國有沒有哲學？」的問題僅是「如何界定哲學」的問題，那倒

也簡單。任何人都可以根據他自己所採用的定義來回答這個問題。但這樣一來，無論我們得到什麼答案，都是無關宏旨的，因為這只是個用語習慣的問題。這就如同我們討論「啤酒是不是酒？」一樣。按照中文來理解，啤酒當然是酒。但在英文的通常用法裡，beer 既不是 wine，也不是 liquor。這個問題僅需要稍加釐清即可，並不值得大費周章去討論。

但是從傅敏怡的例子來看，「中國有沒有哲學？」並不僅是個定義問題，而是有其未明言的心理背景，乃至文化霸權的背景。這種背景可以上溯到黑格爾的歷史哲學。黑格爾在其《歷史哲學講義》中以中國文化代表歷史的幼年時期，僅表現出實體性，而尚未進入主體性，換言之，根本尚未進入反省的階段。他大膽地歸結道：「中國民族的性格之特點是：凡是屬於精神的東西──自由的倫理、道德、心靈、內在的宗教、科學和真正的藝術──均遠離他們。」[16]他在此雖然未提到哲學，但顯然認為中國人也不可能擁有哲學，因為哲學也是精神的表現；而且他相信：「依本義而言的哲學始於西方。」[17]

當然，正如在中國反對用「哲學」一詞指稱中國傳統思想的人，並非都是出於對中國傳統思想的貶抑態度（如馬一浮、歐陽竟無），在西方亦非所有反對將「哲學」一詞加諸中國傳統思想的人都是出於西方中心論的偏見。例如，德國學者伯梅（Gernot Böhme, 1937-）便強調：要求在一部《哲學概論》中加入中國哲學與印度哲學，不但不是對歐洲中心論的超克，反而是對它的接納。他對「哲學」的看法與迦達默爾的上述看法很類似。他認為：「哲學」這個概念產生於古代希臘的啟蒙時代，故完全是西方文化的產物。他並不否認在其他的文化中也有類似的對應物，並且認為：後者與西方的哲學具有共同的目標，即智慧。在這個意義下，「哲學是一條通往智慧的特殊道路。這條道路的特殊之處在於知識在此應有的角色，而且這種知識即是科

---

[16] Hegel: *Vorlesungen über die Philosophie der Geschichte*, in: *G.W.F. Hegel: Werke,* (Frankfurt/M.: Suhrkamp, 1969ff., Theorie Werkausgabe), Bd. 12, S. 174.

[17] 同上書，頁 121。

學，或者至少傾向於科學。」[18]換言之，他無意否定東方的思想傳統，只是反對用「哲學」一詞來指稱它們。

姑不論他們的動機為何，傅敏怡與伯梅如此堅決地否定「中國過去有哲學」的說法，並不具有充分的理由。首先，他們忽略了一項微妙但卻重要的區別，此即「作為思想傳統的中國哲學」與「作為學科的中國哲學」之區別。根據這項區別，我們可以肯定中國歷史上確實存在「作為思想傳統的中國哲學」，而同時承認「中國哲學」這門學科是近代的日本人與中國人在西方文化的影響下根據西方哲學的模式建構起來的。傅敏怡所談的「創構」問題應當是就「中國哲學」這門學科在近代的建構而言，但他在行文之間卻往往不自覺地將此問題滑轉為「作為思想傳統的中國哲學」之建構問題。

其次，他們也忽略了一項重要的事實：在西方傳統中，「哲學」並不是一個固定不變的概念。關於「哲學」一詞的複雜涵義，在德國學者 Joachim Ritter 與 Karlfried Gründer 所編的《哲學之歷史辭典》（*Historisches Wörter-buch der Philosophie*）中，Philosophie 這一條便佔了 178 頁、356 欄，甚至獨立為《在其概念之歷史中的哲學》（*Philosophie in der Geschichte ihres Begriffs*）一書。由這部著作所展示的「哲學」一詞之概念史發展，我們可以清楚地見到：迦達默爾對於「哲學」一詞的上述看法基本上僅適用於近代以來的西方哲學史。筆者在回應傅敏怡的論文時便指出：

> 無論就內容、範圍、還是問題意識而言，「哲學」在西方都是個不斷變化與發展的概念。因此，哲學與宗教、科學之間的界限也非一成不變，而是與時推移的。舉例來說，西方中古哲學的主要關切在於證成耶教信仰，而現代的西方哲學家卻很少再為這個問題操心。近代西方哲學的主要關切之一是為科學知識定位，但在古代和中古的西方哲學中，這個問題至多只有邊緣性的意義。因此，在西方並不存在一個公

---

[18] 伯梅對「哲學」的看法見其 *Einführung in die Philosophie. Weltweisheit – Lebensform – Wissenschaft* (Frankfurt/M.: Suhrkamp, 1994), S. 22.

認的判準，可以用來決定：那些思想屬於哲學？那些思想不屬於哲學？儘管「哲學」一詞非中國固有的名詞，而是由西方借用到中國的，但這不能證明中國人過去不會作哲學思考。現代中文裡的「理性」一詞也是由西方借來的，但誰敢說中國人過去不會運用理性呢？[19]

了解了「哲學」一詞在西方傳統中的演變與複雜涵義之後，我們自然會了解：用「哲學」一詞來指稱中國的傳統思想，並非牽強附會。康德在《實踐理性批判》的〈辯證論〉中談到「最高善」的理念時寫道：

> 在實踐方面，亦即，為了我們的理性行為之格律而充分地決定這個理念，便是**智慧學**（Weisheitslehre）；而將智慧學當作**學問**（Wissenschaft）來看，又是依古人所理解的意義而說的「**哲學**」——對古人而言，哲學是對有關「最高善應置於何處」的想法及藉以求得最高善的行為之指引。[20]

康德在這裡所說的「古人」是指希臘化羅馬時期（Hellenistic-Roman period）的哲學家，特別是斯多學派（Stoicism）與伊比鳩魯學派（Epicureanism）。這時期的哲學家一方面繼承古代希臘哲學家將「哲學」視為「愛智」（即對智慧的追求）的觀點，另一方面特別強調哲學作為一種「生活方式」或「生活藝術」的意義。例如，西塞羅（Marcus Tullius Cicero, 106-43 BCE）將哲學視為「生活的指南」（dux vitae）[21]；故對他而言，「哲學的一切教導均與生活有關。」（"Omnia philosophiae praecepta referunter ad vitam."）[22]自二

---

[19] 拙作：〈中國沒有哲學嗎？——與費德西先生論「中國哲學」〉，《當代》，第 66 期，頁 146。

[20] I. Kant: *Kritik der praktischen Vernunft, in: Kants Gesammelte Schriften*, Bd. 5, S. 108.

[21] Cicero: *Tusculan Disputations* (The Loeb Classical Library 141, Cambridge/Mass.: Harvard University Press, 1989), V.5.

[22] Cicero: *De Natura Deorum* (The Loeb Classical Library 268, Cambridge/Mass.: Harvard

十世紀中期開始，這種哲學觀在法國與德國的哲學界有復蘇之勢[23]。法國哲學家阿竇（Peirre Hadot, 1922-）的名著《精神訓練與古代哲學》[24]便屬於這個思潮[25]。此書的英文譯本改名為《作為一種生活方式的哲學：從蘇格拉底到傅柯的精神訓練》[26]，德文譯本改名為《作為生活形式的哲學：古代的精神訓練》[27]，更能顯示它與西方古代的哲學觀之關聯。如果我們採取這項觀點，將「哲學」界定為一種「生活方式」或「生活藝術」，則勢必要承認：中國文化中有長遠而豐富的「哲學」傳統。對於「哲學」一詞的概念史研究實有助於釐清「中國有沒有哲學？」這個問題所包含的思想糾結。

由以上的討論可知：對於「中國過去有沒有哲學？」這個問題提出什麼答案，並非問題的重點之所在，重點在於答案所反映出的心態及其所可能造成的後果。綜合以上所述，堅持「中國過去沒有哲學」的人主要有兩類：一類是抱持西方中心論、因而貶抑中國傳統思想的人，另一類是對中國傳統思想並無成見，但對「哲學」概念抱持近乎本質主義式的理解的人。第一類人的盲點顯而易見，只要將其偏見加以揭露即可[28]。但第二類人亦有其盲點。以「宗教」的概念為例，「宗教」一詞的涵義過去也曾被局限於西方的一神教傳統。但由於近代宗教學研究的進展，「宗教」概念也隨之擴展。時至今日，不但不會有人再質疑印度教、佛教、道教、神道教等非西方的宗

University Press, 1989), I.7. 關於希臘化羅馬時期的哲學觀，參閱 Joachim Ritter/ Karlfried Gründer (Hg.): *Historisches Wörterbuch der Philosophie* (Darmstadt: Wissenschaftliche Buchgesellschaft, 1971-), Bd. 7, S. 592-599.

23　參閱 Wilhelm Schmid: *Philosophie der Lebenskunst. Eine Grundlegung* (Frankfurt/M.: Suhrkamp, 1998), S. 27f.

24　P. Hadot: *Exercices spirituels et philosophie antique*. Paris: Études Augustiniennes, 1981.

25　關於其他的著作，參閱 Wilhelm Schmid: *Philosophie der Lebenskunst. Eine Grundlegung*, S. 462 Anm. 1.

26　P. Hadot: *Philosophy as a Way of Life: Spiritual Exercises from Socrates to Foucault*, Translated by Michael Chase. Oxford: Blackwell, 1995.

27　P. Hadot: *Philosophie als Lebensform. Geistige Übungen in der Antike*. Berlin: Gatza, 1991.

28　其實，有此成見的不獨是西方人，在中國學術界亦不乏其人；尤其是一些研究西方哲學的中國學者，往往在不經意中流露出對中國哲學的不屑。

教是否為「宗教」，甚至「儒家是否為宗教？」也被當作一個學術問題來討論。筆者也曾撰文討論這個問題，而主張：儒家屬於康德所謂的「道德宗教」[29]。同樣地，在目前這個全球化的時代，各種文化的相互交流與滲透幾乎已成為常態，此時再堅持近乎本質主義式的「哲學」概念已無多大的意義。表面看來，這種堅持似乎合乎學術研究所要求的嚴謹態度，其實卻違反了哲學思考所預設的普遍性要求，使哲學局限於特定的文化脈絡中，無異於哲學的慢性自殺。因此，筆者建議將伯梅的觀點修改如下：哲學是通往智慧或真理的道路，西方哲學與中國哲學（乃至印度哲學、阿拉伯哲學等）在歷史上都各自提供了一條特殊的道路；時至今日，在各種文化的相互交往中，不同的哲學傳統正以不同的程度相互影響，而使「哲學」一詞的意涵益形豐富。

　　（原刊於景海峰編：《拾薪集：「中國哲學」建構的當代反思與未來前瞻》〔北京：北京大學出版社，2007 年〕，頁 274-283。）

---

[29] 參閱拙作：〈從康德的「道德宗教」論儒家的宗教性〉，收入哈佛燕京學社編：《儒家傳統與啟蒙心態》（南京：江蘇教育出版社，2005 年），頁 228-269；亦收入李志剛、馮達文編：《從歷史中提取智慧》（成都：四川出版集團巴蜀書社，2005 年），頁 1-49；亦收入李明輝、林維杰編：《當代儒家與西方文化：會通與轉化》（臺北：中央研究院中國文哲研究所，2007 年），頁 15-70。

省思中國哲學研究的危機
——從中國哲學的「正當性問題」談起

　　前（2006）年年底筆者先後在深圳大學出席了「『中國哲學』建構的當代反思與未來前瞻」國際學術研討會，在香港中文大學出席了「中國哲學研究方法論」研討會。前者探討近年來在大陸學術界熱烈討論的「中國哲學的合法性（正當性）問題」。後者顧名思義，是探討中國哲學研究的方法論問題。參加了這兩個研討會之後，筆者發現：與會者在這兩個研討會中的發言內容有高度的重疊。這反映出一個顯而易見、但卻未受到充分注意的事實：由於「中國哲學」這門學科是在西方哲學的參照背景下建構起來的，今日的中國哲學研究根本無法迴避它與西方哲學的關係。

　　隨後於去年元月，筆者出席了國科會哲學學門委託淡江大學舉辦的「中國哲學之教學與研究」論壇，並發表引言。國科會近年來有關專題計畫申請與補助的統計資料顯示：在臺灣的哲學界，中國哲學研究相較於西方哲學研究，正在日益萎縮中。有鑒於此一危機，國科會哲學學門主動規畫了這個論壇，邀請國內與中國哲學之研究與教學相關的學者與研究生出席，共同探討問題的癥結，並謀求解決之道。這個論壇的主題與上述兩場研討會的主題也有高度的重疊，故可以一併加以思考。本文係以筆者在該論壇發表的引言為基礎，加以擴充而成。

　　「中國過去是否有哲學？」這個問題其實並不是一個新問題。在中國，清末以來便不時有人提到這個問題。在西方，自十七世紀的啟蒙運動以來，亦不乏哲學家與漢學家討論這個問題。1949 年以後，在臺灣、香港及西方，這個問題雖未成為熱門議題，但仍不斷有學者對這個問題表示意見。譬

如，在牟宗三先生 1963 年出版的《中國哲學的特質》一書中，第一講便是
〈引論：中國有沒有哲學？〉。在此，他強烈反駁「中國沒有哲學」之說，
但同時強調其重點與西方哲學不同：中國哲學特重主體性，是以生命為中
心。

這個問題之所以出現於二十一世紀初的大陸學界，實非偶然。從 1949
年起，中國大陸經過三十年的自我封閉之後，於 1970 年代末期重新對西方
世界開放。在往後的二十年間，大陸的知識界面對西方文化的直接衝擊，產
生如何自我定位的問題。中國哲學的正當性問題其實便是一個自我定位的問
題。臺灣與香港當然也有自我定位的問題，但由於這兩個社會始終未曾斷絕
與西方世界的聯繫，故可以較從容地面對這個問題，中國哲學的正當性問題
也因而並未成為熱門的議題。

眾所周知，「哲學」一詞並非中國固有的名詞。日本學者西周（1829-
1897）於其 1870 年出版的《百學連環》中首度以漢字將英文的 philosophy
一詞譯為「哲學」[1]，其後為中國知識界所廣泛採納而沿用至今。再者，直
到清末為止，在中國傳統的教育體制中並不存在「哲學」這門學科。即使在
西方，哲學之成為一門學科，也有待於近代大學體制之建立。

在二十世紀初，清廷開始模仿西方，建立現代的教育體制。1902 年清
廷頒布各級學堂之章程，成為「欽定學堂章程」，亦稱「癸卯章程」。1903
年清廷命張之洞會同張百熙、榮慶重新擬定各級學堂章程，而成為「奏定學
堂章程」，於次年頒行。這是中國第一個現代學制。「奏定學堂章程」將哲
學科排除於高等學堂的課程之外，而引起王國維（1877-1927）的批評。他
於 1903 年發表了〈哲學辨惑〉一文，在文中強調：一、哲學非有害之學；
二、哲學非無益之學；三、中國現時研究哲學之必要；四、哲學為中國固有
之學；五、研究西洋哲學之必要。王國維可說是近代中國最早主張將「哲
學」這門學科納入高等教育體制的人。

由於「哲學」一詞及「哲學」這門學科都是到了近代才由西方引進中

---

[1]　見《近代日本社會學史叢書》（東京：龍溪書舍，2007 年），第 1 卷，頁 145。

國，有些西方學者便據此主張：中國的傳統文化中並無哲學，故所謂的「中國哲學」（Chinese philosophy）並不存在於中國歷史之中，而是近代中國學者在接觸了西方哲學之後建構出來的，嚴格而言，應當稱之為「哲學在中國」（philosophy in China）。但是這種主張忽略了一項微妙但卻重要的區別，即是「作為思想傳統的中國哲學」與「作為現代學科的中國哲學」之區別。在討論到「中國過去是否有哲學？」這個問題時，這項區別極為重要，因為它可以消弭若干無謂的爭辯。根據這項區別，我們可以肯定中國歷史上確實存在「作為思想傳統的中國哲學」，而同時承認「中國哲學」這門學科是近代中國人在西方文化的影響之下根據西方哲學的模式建構起來的。

　　釐清了「作為思想傳統的哲學」與「作為現代學科的哲學」之區別之後，我們還是得面對「作為思想傳統的哲學」所包含的複雜涵義。在西方，就其為思想傳統而言，「哲學」這個概念包含一個長期的演變過程，在不同的時期呈現出極為不同的面貌。因此，在西方並不存在一個公認的判準，可以用來決定：那些思想屬於哲學？那些思想不屬於哲學？否定中國過去有哲學的學者經常訴諸一項對比：中國傳統「思想」偏重實踐智慧與道德工夫，而西方「哲學」偏重理論思辨與方法反思。不少西方學者強調這種對比，甚至有些中國學者也附和此說。但這其實是對西方哲學傳統的窄化。

　　針對這種誤解，法國哲學家阿寶（Pierre Hadot, 1922-2010）在其名著《精神訓練與古代哲學》[2]中特別強調在西方古代哲學（希臘、羅馬哲學）中「哲學作為生活方式」的意義。他根據西方古代的哲學文獻極有說服力地證明：在古代西方，哲學主要是一種「生活方式」。他認為：一般人對西方古代哲學的誤解係由於後代的哲學史家將「哲學」與「關於哲學的論述」混為一談，而將「關於哲學的論述」當作「哲學」本身。根據他的解釋，「哲學作為生活方式」之義的失落在中世紀與近代都有其歷史根源：在中世紀，歸因於哲學被工具化而成為神學的婢女；在近代，則歸因於哲學被納入大學體制而學科化。無怪乎他會說：「我現在覺得〔……〕在〔西方〕古代的哲

---

[2]　P. Hadot: *Exercices spirituels et philosophie antique*. Paris: Études Augustiniennes, 1981.

學態度與東方的哲學態度之間確實有驚人的類似之處。」[3]根據阿寶對西方
古代「哲學」概念的重建，即將「哲學」界定為一種「生活方式」，誰能否
定中國過去有長遠而豐富的「哲學」傳統呢？

　　因此，以上兩點（「作為思想傳統的哲學」與「作為現代學科的哲學」
之區別，以及「哲學」在西方的複雜涵義）是我們在思考「中國過去是否有
哲學？」這個問題時不可忽視的事實。王國維的〈哲學辨惑〉一文便顯示出
這種認識。例如，他針對「哲學為中國固有之學」這點解釋說：

> 今之欲廢哲學者，實坐不知哲學為中國固有之學故。今姑舍諸子不
> 論，獨就六經與宋儒之說言之。夫六經與宋儒之說，非著於功令而當
> 時所奉為正學者乎？周子「太極」之說、張子《正蒙》之論、邵子之
> 《皇極經世》，皆深入哲學之問題。此豈獨宋儒之說為然？六經亦有
> 之。《易》之「太極」、《書》之「降衷」、《禮》之〈中庸〉，自
> 說者言之，謂之非虛非寂，得乎？今欲廢哲學，則六經及宋儒皆在所
> 當廢〔……〕。[4]

針對「研究西洋哲學之必要」這點，他又解釋說：

> 〔……〕說者曰：哲學既為中國所固有，則研究中國之哲學足矣，奚
> 以西洋哲學為？此又不然。余非謂西洋哲學之必勝於中國，然吾國古
> 書大率繁散而無紀，殘缺而不完，雖有真理，不易尋繹，以視西洋哲
> 學之系統燦然，步伐嚴整者，其形式上之孰優孰劣，固自不可掩也。
> 且今之言教育學者，將用《論語》、〈學記〉作課本乎？抑將博採西
> 洋之教育學以充之也？於教育學然，於哲學何獨不然？且**欲通中國哲**

3　P. Hadot: *Qu'est-ce que la philosophie antique?* (Paris: Gallimard, 1995), p. 419.

4　謝維揚、房鑫亮編：《王國維全集》（杭州：浙江教育出版社／廣州：廣東教育出版
　　社，2009 年），第 14 卷，頁 8。按此文原刊於《教育世界》第 55 號（1903 年 7
　　月）。

學，又非通西洋之哲學不易明矣。近世中國哲學之不振，其原因雖繁，然古書之難解，未始非其一端也。苟通西洋之哲學以治吾中國之哲學，則其所得當不止此。**異日昌大吾國固有之哲學者，必在深通西洋哲學之人，無疑也。**[5]

在一個世紀之後的今天看來，王國維的這段話依然具有深刻的意義。從這個觀點出發，筆者要指出在中國哲學研究中的兩個錯誤的進路：第一個進路是將中國哲學完全納入西方哲學的概念架構裡，並且從西方哲學的視角來衡斷中國哲學。第二條進路則是反其道而行，將「中國哲學」（或「中國思想」）與西方哲學完全分離，以期保持中國哲學的主體性或特殊性。

第一條進路的缺點顯而易見。過去中國大陸哲學界以庸俗馬克思主義的格套（如日丹諾夫以唯心論與唯物論兩條路線的鬥爭來詮釋哲學史）來詮釋中國哲學，這對中國哲學研究所造成的束縛與傷害是有目共睹的。因此，自1980 年代以後，大陸哲學界已逐漸揚棄了這種研究方法。另一個例子是明末清初的耶穌會傳教士從耶教的觀點來詮釋儒家思想，並評斷中國傳統文化，例如他們以耶教的 Deus 來詮釋中國古籍中的「天」或「上帝」，並判定宋明理學是無神論。臺灣的士林學派對於儒家思想之詮釋基本上仍延續這個方向。

或許是由於這些歷史的教訓，今日在中國大陸與臺灣都有學者強調要避免用西方哲學的概念與框架來詮釋「中國哲學」。為了凸顯中國傳統的獨特性與主體性，有些學者甚至避免使用「哲學」一詞，而寧可以「中國思想」來取代「中國哲學」。他們要重建不受西方哲學所污染的「原汁原味」的中國哲學（或中國思想）。若干西方漢學家的主張也與此相呼應。近年來在美國漢學界極為活躍的「新實用主義論述」（neo-pragmatistic discourse）便屬於此類。其代表人物有芬加瑞（Herbert Fingarette）、羅思文（Henry Rosemont, Jr.）、葛瑞漢（A.C. Graham）、艾諾（Robert Eno）、陳漢生

5　同上書，頁 8-9。

（Chad Hanson），尤其是郝大維（David L. Hall）與安樂哲（Roger T. Ames）等人。這些學者並不否認「中國哲學」的存在，但是他們特別強調中國哲學的獨特性，甚至認為這種獨特性是中國哲學優於西方哲學之處。因此，他們極力避免借用西方哲學的概念來詮釋中國哲學。譬如，郝大維與安樂哲反對當代新儒家用「超越性」（transcendence）這個概念來詮釋儒家的「道」或「天」。由於不滿意中國經典過去的英譯本摻雜了太多的西方概念，安樂哲還與羅思文共同重譯《論語》[6]，與郝大維共同重譯《中庸》[7]。此外，德國學者傅敏怡（Michael Friedrich）等人將張載的《正蒙》譯為德文[8]時，也刻意避免使用西方哲學的術語。

這些學者試圖保存中國哲學（或中國思想）的獨特性或主體性的用心值得肯定。他們警告中國哲學的研究者不要將西方哲學的概念與思想架構強加於中國哲學的詮釋之上，也確有一定的針砭作用。但是他們往往推論過當，過分強調中國哲學與西方哲學在本質上的差異，而陷入了第二條研究進路之錯誤。

第二條研究進路之錯誤在於：第一、就歷史發展而言，所謂「原汁原味的中國哲學」，正如「原汁原味的西方哲學」一樣，都是沒有根據的說法。第二、從現代哲學詮釋學的觀點來看，探求「原汁原味的中國哲學」，正如探求作者的「原意」一樣，都是無意義之舉。第三、在一個全球化的時代，文化間的交流（包括不同語言之間的相互影響）已成為常態，此時猶強調中國哲學的純粹性，乃是時空錯置之舉。第四、哲學思考的本質在於其普遍性要求，將中國哲學局限於特定的文化脈絡中，無異於否定中國哲學的生命，將它「博物館化」，亦將扼殺其未來發展。

---

[6] Roger T. Ames/Henry Rosemont, Jr. (trans.): *The Analects of Confucius: A Philosophical Translation*. New York: The Ballantine Publishing Group, 1998.

[7] Roger T.Ames/David L. Hall: *Focusing the Familiar: A Translation and Philosophical Interpretation of the Zhongyong*. Honolulu: University of Hawaii Press, 2001.

[8] Michael Friedrich/Michael Lackner/F. Reimann (Übers.): *Chang Tsai: Rechts Auflichten. Cheng-meng*. Hamburg: Felix Meiner, 1996.

　　此外，他們往往過分強調西方哲學的獨特性，而忽略了西方哲學最初是在古希臘文化與多種文化（如埃及文化、西亞文化）相互影響的背景下誕生的，以後更不斷地受到其他文化（如羅馬文化、希伯來文化、阿拉伯文化、日爾曼文化）的影響。換言之，所謂「西方哲學」其實包含非常多元、甚至相互衝突的成分，決非鐵板一塊。過分強調「西方哲學」與「中國哲學」之本質差異的人，往往忽略了這項顯而易見的事實。阿寶的上述研究也證實了這項事實。

　　進而言之，如果我們承認：我們今日研究中國哲學的目的在於進一步發展中國哲學，則我們所要追求的並非「純粹的中國哲學」，而是「雜種的中國哲學」。在此我們不妨以「臺灣牛肉麵」為象徵，來說明這種「雜種的中國哲學」。我們都知道：臺灣人原來不吃牛肉，故牛肉麵並非臺灣固有的菜餚。據說，臺灣牛肉麵是來自四川的榮民在左營眷區創造出來的，而在四川則見不到這種牛肉麵。但是今天「臺灣牛肉麵」儼然已成為具有代表性的臺灣美食，臺北市政府每年都舉辦「牛肉麵節」，連香港機場也有「臺灣牛肉麵」的專賣店。「臺灣牛肉麵」象徵「繼承中的開拓」與「交流中的獨創」，這正是我們應該追求的目標。

　　大陸的中國哲學研究目前面臨一個很嚴重的問題：由於過去僵硬的學科畫分，中國哲學與西方哲學的研究者分別屬於兩個彼此不相干的社群；大體而言，前一個社群欠缺西方哲學的訓練，後一個社群則欠缺對中國哲學的興趣與基本知識。其結果是：中國哲學之研究往往只停留在文獻考證與學術史的層面，很難進入哲學思考的層面，面對哲學問題。近年來，有些西方哲學的研究者轉而研究中國哲學，但由於他們多半欠缺關於中國哲學的基本知識，加以有意無意地以西方哲學的優越性為前提，他們對中國哲學的詮釋與評斷都相當粗暴而武斷。最近的例子是武漢大學教授鄧曉芒對傳統中國哲學與當代新儒學的批評。

　　相形之下，臺灣的情況稍微好一點。因為臺灣的哲學系學生通常必須兼學中西哲學。但是在臺灣的中文系與哲學系之間還是存在一個類似的困境：中文系出身的人對文獻較為嫻熟，但欠缺哲學訓練與問題意識；哲學系出身

的人較具哲學訓練與問題意識，但欠缺解讀文獻的能力。友人謝大寧在其
《儒家圓教底再詮釋》一書的〈序言〉中表達了一位出身中文系的中國哲學
研究者在這方面的焦慮：「坦白說，這些年來中文學界關於義理詮釋這一課
題，早已被哲學界侵吞得不成名堂了，哲學界挾其強勢的知識型態和論證能
力，逐步迫使傳統中文學界的義理之學退縮到僅能進行文獻疏理的地步。」
近年來，大陸的哲學界對此問題已有所反省，而謀求補救。有的哲學系（如
廣州中山大學哲學系）已調整課程，要求學生同時修習中西哲學的課程。但
臺灣卻有哲學系反其道而行，將中西哲學分組，實為不智之舉。

（原刊於《思想》，第 9 期〔2008 年 5 月〕，頁 165-173。）

關於「中國哲學之正當性問題」的一個註腳

　　近年來，所謂「中國哲學的合法性問題」忽然成為中國大陸學術界的熱門議題。首先要指出：此處使用「合法性」（legality）一詞並不恰當，應當代之以「正當性」（legitimacy）一詞。這兩個概念的涵義不同，不可混淆。這場討論是由鄭家棟於《中國哲學年鑑》2001 年號所發表的〈「中國哲學」的「合法性」問題〉一文所引發[1]。此後，大陸學術界針對這項議題舉辦了不少大、小型的研討會。還有不少期刊刊載了相關的論文，甚至以「筆談」、「專題討論」等形式進行相關的討論。例如，2003 年 10 月，中國社會科學院哲學研究所中國哲學研究室與首都師範大學哲學與文化研究所共同舉辦了「中國哲學：觀念與學科」國際學術研討會。2006 年 12 月，深圳大學國學研究所與澳洲國立大學亞洲研究院在深圳共同主辦「『中國哲學』建構的當代反思與未來前瞻」國際學術研討會。筆者也出席了這場研討會，並且發表論文〈再論中國哲學的「創構」問題〉[2]。此外，根據筆者手頭的有限資料，《山東社會科學》2002 年第 4 期刊載了〈「中國有無哲學」問題筆談〉，《中國人民大學學報》2003 年第 2 期刊載了〈走出中國哲學的危機，超越合法性問題」專輯〉，《江漢論壇》2003 年第 7 期刊載了〈「中國哲學」的「合法性」反思與「主體性」重構筆談〉，《天津社會科學》2004 年第 1 期刊載了〈「中國哲學學科的建設與發展」筆談〉。此

---

[1] 此文後為《中國社會科學文摘》2002 年第 2 期所轉載。

[2] 此文收入景海峰編：《拾薪集：「中國哲學」建構的當代反思與未來前瞻》（北京：北京大學出版社，2007 年），頁 274-283；亦收入本書。

外，《深圳大學學報》（人文社會科學版）第 24 卷第 1 期（2007 年 1 月）
選刊「『中國哲學』建構的當代反思與未來前瞻」國際學術研討會的部分論
文，《學術月刊》第 39 卷第 3 期（2007 年 3 月）亦刊載了該會部分論文的
節本。

　　中國哲學的正當性問題關聯到另一個問題，即是：中國過去是否有哲
學？因為如果中國過去並無哲學，而哲學是西方文化的產物，則在中國傳統
文化的脈絡中討論「中國哲學」便無正當性。然則，所謂的「中國哲學」其
實是「哲學在中國」，亦即來自西方的哲學在中國之移植，或者說，近代中
國人根據西方的模式所「創構」的哲學。

　　「中國過去是否有哲學？」這個問題其實並不是一個新問題。在中國，
清末以來便不時有人提到這個問題。在西方，自十七世紀的啟蒙運動以來，
亦不乏哲學家與漢學家討論這個問題。1949 年以後，在臺灣、香港及西
方，這個問題雖未成為熱門議題，但仍不斷有學者對這個問題表示意見。
譬如，在牟宗三先生 1963 年出版的《中國哲學的特質》一書中，第一講便
是〈引論：中國有沒有哲學？〉。在此，他強烈反駁「中國沒有哲學」之
說，但同時強調其重點與西方哲學不同：中國哲學特重主體性，是以生命
為中心[3]。1991 年德國漢學家傅敏怡（Michael Friedrich）在一篇題為〈論中
國哲學之創構——現代儒學的一項課題〉（"De Inventione Sinarum Phil-
osophiae. Ein Thema des modernen Konfuzianismus"）的研討會論文中也討論
過這個問題。他認為：所謂的「中國哲學」並不存在於近代以前的中國傳
統文化中，而是近代中國學者在接觸了西方哲學之後「創構」出來的，故
只是「哲學在中國」。這篇論文並未正式發表，但當時有一位大陸學者還學
文在臺灣《當代》雜誌轉述了這篇論文的主要觀點[4]。筆者則根據還學文的

---

[3]　參閱牟宗三：《中國哲學的特質》（收入《牟宗三先生全集》〔臺北：聯經出版事業
　　公司，2003 年〕，第 28 冊），頁 1-8。

[4]　還學文：〈西方「哲學」陰影下的新儒家——德國漢學家費德西關於新儒學的述
　　評〉，《當代》，第 65 期（1991 年 9 月），頁 110-125；收入仲維光、還學文：
　　《意識形態陰影下的知識分子》（Bochum: Brockmeyer, 1994），頁 200-212。「費

轉述，發表了〈中國沒有哲學嗎？——與費德西先生論「中國哲學」〉一文，以回應傅敏怡的說法[5]。其後，法國漢學家兼人類學家杜瑞樂（Joël Thoraval, 1950-2016）也發表了〈中國哲學？——從哲學在中國到「中國」在哲學〉一文[6]。德國漢學家兼哲學家羅哲海（Heiner Roetz）則發表了〈有沒有中國哲學？〉一文，強烈反駁「中國過去沒有哲學」的觀點[7]。這些討論均發生於大陸學界提出「中國哲學的合法性（正當性）問題」之前，可見大陸學界之提出這個問題，具有補課的性質。但是大陸學者在針對這個問題發言時，多半忽略了過去的相關討論，而呈現出明顯的歷史斷裂。

　　這個問題之所以出現於二十一世紀初的大陸學界，實非偶然。從 1949 年起，中國大陸經過三十年的自我封閉之後，於 1970 年代末期重新對西方世界開放。在往後的二十年間，大陸的知識界面對西方文化的直接衝擊，產生如何自我定位的問題。中國哲學的正當性問題其實便是一個自我定位的問題。臺灣與香港當然也有自我定位的問題，但由於這兩個社會始終未曾斷絕與西方世界的聯繫，故可以較從容地面對這個問題，中國哲學的正當性問題也因而並未成為熱門的議題。

　　中國哲學的正當性問題在大陸學界出現之後，也引起了西方漢學家的注意。例如，比利時漢學家戴卡琳（Carine Defoort）先針對這個問題發表了〈到底有沒有「中國哲學」這樣的東西？——一場隱性辯論之論證〉一文[8]。這篇論文引發了愛沙尼亞學者饒德（Rein Raud）的一篇回應論文

德西」是還學文加諸 Michael Friedrich 的中譯名。

[5] 刊於《當代》，第 66 期（1991 年 10 月），頁 142-149；亦收入本書。

[6] Joël Thoraval: "Chinesische Philosophie? Von der Philosophie in China zu 'China' in der Philosophie", *Lettre International*, Nr. 41 (1998), S. 61-67.

[7] Heiner Roetz: "Gibt es eine chinesische Philosophie?", *Information Philosophie*, 2002, Heft 2, S. 20-32. 作者後來將此文改寫為英文稿："Philosophy in China? Notes on a Debate", *Extrême-Orient, Extrême-Occident*, 27 (2005), pp. 49-65.

[8] Carine Defoort: "Is There a Thing as Chinese Philosophy? Arguments of an Implicit Debate", *Philosophy East & West*, Vol. 51, No. 3 (July 2001), pp. 393-413. 此文有楊民、季薇的中譯：〈究竟有無「中國哲學」？〉，《中國哲學史》，2006 年第 2 期，頁 5-16。

〈諸哲學對哲學：維護一個彈性的定義〉[9]。戴卡琳隨之發表〈「中國哲學」是個恰當的名稱嗎？——回應饒德〉一文[10]，答覆其質疑。這場討論以饒德的再度回應而暫告結束[11]。此外，戴卡琳與葛兆光為《當代中國思想》（*Contemporary Chinese Thought*）挑選了一批相關的中文論文，譯成英文，編成「中國哲學的正當性」（"The Legitimacy of Chinese Philosophy"）專輯，刊於該刊第 37 期第 1-3 號（Fall 2005-Spring 2006）。法國學者程艾藍（Anne Cheng）也為《遠西‧遠東》（*Extrême-Orient, Extrême-Occident*）編輯「是否有中國哲學？問題的現狀」（"Y a-t-il une philosophie chinoise? un état de la question"）專輯，刊於該刊第 27 期（2005 年）。

　　既然中國哲學的正當性問題涉及中國人自我定位的問題，它便不免涉及民族情感與文化認同的敏感問題。因此，有不少論者強調：主張「中國過去有哲學」的中國人係出於民族情感，持相反論點的西方人往往是西方中心論者。這種說法雖有部分真實性，但卻過於簡化了真實的情況。否則我們如何解釋西方學界亦有人主張「中國過去有哲學」的觀點（如羅哲海），而中國學界亦有人質疑此一觀點（如馬一浮、歐陽竟無）[12]？還有學者寧可以「中國思想」來取代「中國哲學」一詞，以避免「哲學」一詞可能造成的誤解與爭論（如葛兆光）[13]。分析中國哲學的正當性問題所反映的情感因素與意識形態因素，固然有助於了解相關的說法出現之歷史背景，並據以評價它們，

---

[9] Rein Raud: "Philosophies vs. Philosophy: In Defense of a Flexible Definition", *Philosophy East & West*, Vol. 56, No. 4 (Oct. 2006), pp. 618-625.

[10] Carine Defoort: "Is 'Chinese Philosophy' a Proper Name? A Response to Rein Raud", *Philosophy East & West*, Vol. 56, No. 4 (Oct. 2006), pp. 625-660.

[11] Rein Raud: "Traditions and Tendencies: A Reply to Carine Defoort", *Philosophy East & West*, Vol. 56, No. 4 (Oct. 2006), pp. 661-664.

[12] 《爾雅臺答問》，第 1 冊，〈答許君〉，見《馬一浮集》（杭州：浙江古籍出版社／浙江教育出版社，1996 年），卷 1，頁 527；歐陽竟無：〈佛法非宗教非哲學〉，收入黃夏年編：《歐陽竟無集》（北京：中國社會科學出版社，1995 年），頁 1-13。

[13] 葛兆光：《中國思想史‧第一卷：七世紀前中國的知識、思想與信仰世界》（上海：復旦大學出版社，1998 年），頁 5。

但筆者不打算從這個角度來討論這個問題。在本文中，筆者擬從「哲學」這個概念的涵義出發，對筆者過去的相關論述提出補充說明。

眾所周知，「哲學」一詞並非中國固有的名詞。1859 年，日本的落語家三遊亭円朝在其劇本《真景累ヶ淵》中已使用了漢字「哲學」一詞[14]。其後，日本學者西周（1829-1897）於其 1870 年出版的《百學連環》中以漢字將英文的 philosophy 一詞譯為「哲學」[15]，自二十世紀初逐漸為中國知識界所廣泛採納而通行至今。誠如戴卡琳所言，「那些在傳統上歸屬於諸子的典籍，連同儒家的經書一起，從周代一直到十九世紀，都通過追溯的方式被冠以了『中國哲學』之名」[16]。有一種簡單但卻流行的推論是說：既然「哲學」一詞起源於希臘，而中國人直到近代才從西方引進此詞，這便證明中國傳統文化中並沒有哲學。但這種推論是有問題的，因為一門學問之出現與這門學問之命名是兩回事。例如，西方的「存有論」（ontologia）一詞首度出現於 1613 年德國人葛克倫紐斯（Rudolf Goclenius, 1547-1628）所編的《哲學辭典》（Lexicon philosophicus）[17]，但在古代希臘哲學（如亞里斯多德哲學）中早已有存有論。「哲學」的情況與此類似，但更為複雜，因為「哲學」是西方文化中涵義最複雜的概念之一。

面對「哲學」一詞的複雜涵義，有些學者試圖藉由對比的方式來界定它，譬如將它對比於「智慧」、「宗教」或「科學」。但對比即同時意謂關聯。眾所周知，希臘文 philosophia 的原義即是「對智慧的愛」。而在中世紀，哲學是神學的婢女。還有學者強調哲學與科學的關聯，如德國學者伯梅（Gernot Böhme）便認為：「哲學是一條通往智慧的特殊道路。這條道路的

---

[14] 參閱日本大辭典刊行會編：《日本國語大辭典》（東京：小學館，2000-2001 年），第 9 冊，頁 655。

[15] 見《近代日本社會學史叢書》（東京：龍溪書舍，2007 年），第 1 卷，頁 145。

[16] 戴卡琳：〈究竟有無「中國哲學」？〉，《中國哲學史》，2006 年第 2 期，頁 6〔英文版，頁 395〕。

[17] 參閱 Johannes Hoffmeister (Hg.): *Wörterbuch der philosophischen Begriffe* (Hamburg: Felix Meiner, 1955), S. 443.

特殊之處在於知識在此應有的角色，而且這種知識即是科學，或者至少傾向於科學。」[18]對比的方式有明顯的局限，因為第一、當我們強調哲學與「智慧」、「宗教」、「科學」之對比時，即同時承認它們之間的關聯，故在歷史的脈絡中，其間的界線往往是模糊的、移動的，而非涇渭分明；第二、藉由強調「哲學不是什麼」，我們並無法在「何謂哲學」的問題上得到多少啟示，正如「否定性神學」（negative theology）無法提供多少關於上帝的知識。此外，還有學者建議將「哲學」視為一個具有「家族類似性」（Familienähnlichkeit）的概念[19]。這固然不失為一種權宜之計，因為這可以使「哲學」保持為一個開放的概念，但我們不應滿足於此。

檢視關於中國哲學的正當性問題之討論，筆者發現：對「哲學」一詞採取較嚴格定義的人往往忽略了一項重要的區別，即「作為思想傳統的哲學」與「作為現代學科的哲學」之區別。那些強調所謂「中國哲學」是近代中國人根據西方哲學的模式建構起來，因而主張以「哲學在中國」取代「中國哲學」一詞的人便是如此。當我們談到「希臘哲學」時，我們基本上是將「哲學」視為一個思想傳統。但在當前西方大學的哲學系，「哲學」是一個學科概念，是西方大學自十七世紀以後持續進行的學科分化之產物。以「哲學」這個概念來說，其涵義在十七世紀是極為寬鬆的。因此，萊布尼茲（Gottfried Wilhelm Leibniz, 1646-1716）很自然地談到：

> 有誰曾相信：在地球上有一個民族，在一種更有教養的生活之規則方面，超過我們（我們的確自以為已因教育而完全擁有一切精緻的道德）？但自從我們認識了中國民族之後，如今我們在中國人身上見到這一點。因此，如果我們在手工技巧方面與他們不相上下，而在理論科學方面比他們優越，但在實踐**哲學**的領域當中——我是說：在針對

---

[18] Gernot Böhme: *Einführung in die Philosophie. Weltweisheit – Lebensform – Wissenschaft* (Frankfurt/M.: Suhrkamp, 1994), S. 22.

[19] 戴卡琳：〈究竟有無「中國哲學」？〉，《中國哲學史》，2006 年第 2 期，頁 6〔英文版，頁 407-409〕。

人本身的生活與日常習俗之倫理與政治學說當中——我們確實相形見絀，而承認這點幾乎令我汗顏。[20]

無怪乎其後繼者吳爾夫（Christian Wolff, 1679-1754）會有《論中國人的實踐哲學》（*Oratio de Sinarum philosophia practica*, 1726）之作。到了康德（Immanuel Kant, 1724-1804），他已不再談論「中國哲學」了。但即使如此，「哲學」作為學科概念的涵義依然相對寬鬆。因此，身為哲學教師，康德在柯尼希貝爾格（Königsberg）大學還可以講授物理學、機械學、數學、自然地理、法學、教育學、人類學等課程。這在現代的大學是無法想像之事。過去已有不少學者論及黑格爾對「中國哲學」的否定，直到今天，他的看法仍深深地影響西方人的中國觀[21]。筆者不想再重複類似的討論，而只提出一項事實：即使到了十九、二十世紀之交，「哲學」作為學科概念的涵義還是比今天寬鬆得多。譬如，蔡元培（1868-1940）曾於 1908 至 1911 年間就讀於德國萊比錫大學，上了馮德（Wilhelm Wundt, 1832-1920）的哲學課。但馮德本人也是心理學家，在萊比錫大學建立了世界第一所實驗心理學研究所。由此可見，當時哲學與心理學還有密切的關係，尚未完全分家。

　　1905 年清廷廢止傳統的科舉制度。在此之前，清廷已開始模仿西方，建立現代的教育制度。1902 年清廷頒布各級學堂之章程，成為「欽定學堂章程」，亦稱「癸卯章程」。1903 年清廷命張之洞會同張百熙、榮慶重新擬定各級學堂章程，而成為「奏定學堂章程」，於次年頒行。這是中國第一個現代學制。「奏定學堂章程」將哲學科排除於高等學堂的課程之外，而引起王國維（1877-1927）的批評。他於 1903 年發表了〈哲學辨惑〉一文，在文中強調：一、哲學非有害之學；二、哲學非無益之學；三、中國現時研究

---

[20] Leibniz: Vorwort zu *Novissima Sinica*, in: Adrian Hsia (Hrsg.), *Deutsche Denker über China* (Frankfurt/M.: Insel,1985), S. 11. 黑體字為筆者所標示。

[21] 關於黑格爾對西方人的中國觀之影響，參閱 Heiner Roetz: *Confucian Ethics of the Axial Age* (Albany: State University of New York Press, 1993), pp. 7-22.

哲學之必要；四、哲學為中國固有之學；五、研究西洋哲學之必要[22]。

在筆者看來，在關於中國哲學的正當性問題之討論中，不少爭論係起源於作為「思想傳統」而相對寬鬆且具開放性的「哲學」概念與作為「現代學科」而日趨狹隘的「哲學」概念間的張力。釐清了兩者間的分際，不少爭論便可以得到化解。譬如，許多論者都提到「中國哲學」與「哲學在中國」之區別[23]，我們可以代之以「作為思想傳統的中國哲學」與「作為現代學科的中國哲學」之區別。這樣一來，我們固然可以主張中國歷史上確實存在「作為思想傳統的中國哲學」，但這無礙於同時承認「中國哲學」這門學科是近代中國人根據西方的模式「建構」起來的。進而言之，就「作為現代學科的哲學」而言，在中國的大學裡以回溯的方式將「中國哲學」建立為一門學科，自然有其正當性。

在藉由「作為思想傳統的哲學」與「作為現代學科的哲學」之區別釐清了部分爭論之後，我們還是得面對「作為思想傳統的哲學」所包含的複雜涵義。在西方，就其為思想傳統而言，「哲學」這個概念包含一個長期的演變過程，在不同的時期呈現出極為不同的面貌。否定中國過去有哲學的學者經常訴諸一項對比：中國傳統「思想」偏重實踐智慧與道德工夫，而西方「哲學」偏重理論思辨與方法反思。不少西方學者（如伯梅）強調這種對比，甚至有些中國學者也呼應此說。但這其實是對西方哲學傳統的窄化。

22　謝維揚、房鑫亮編：《王國維全集》（杭州：浙江教育出版社／廣州：廣東教育出版社，2009年），第14卷，頁6-9。按此文原刊於《教育世界》第55號（1903年7月）。

23　除了傅敏怡的上述觀點之外，另請參閱：1) 李翔海：〈20世紀中國哲學的三種基本理論範式述評〉，《河北學刊》，2004年第4期，頁14-17；2) 李翔海：〈「從哲學在中國」到「中國的哲學」──「中國哲學」發展歷程的回顧與展望〉，收入景海峰編：《拾薪集：「中國哲學」建構的當代反思與未來前瞻》（北京：北京大學出版社，2007年），頁307-321；3) 鄭家棟：〈「中國哲學」與「哲學在中國」〉，《哲學動態》，2000年第5期，頁27-30；4) 勞思光：〈「中國哲學」與「哲學在中國」〉，收入勞思光著，劉國英編：《虛境與希望──論當代哲學與文化》（香港：中文大學出版社，2003年），頁25-31。

　　針對這種誤解，法國哲學家阿竇（Pierre Hadot, 1922-2010）在其名著《精神訓練與古代哲學》[24]中特別強調在西方古代哲學（希臘、羅馬哲學）中「哲學作為生活方式」（philosophy as a way of life）的意義。此書的英文譯本題為《作為一種生活方式的哲學：從蘇格拉底到傅柯的精神訓練》[25]，德文譯本題為《作為生活形式的哲學：古代的精神訓練》[26]，更能顯示此義。阿竇根據西方古代的哲學文獻極有說服力地證明：在古代西方，哲學主要是一種「生活方式」。他認為：一般人對西方古代哲學的誤解係由於後代的哲學史家將「哲學」與「關於哲學的論述」（discourse about philosophy）混為一談，而將「關於哲學的論述」當作「哲學」本身。根據他的解釋，「哲學作為生活方式」之義的失落在中世紀與近代都有其歷史根源：在中世紀，歸因於哲學被工具化而成為神學的婢女；在近代，則歸因於哲學被納入大學體制而學科化[27]。

　　康德哲學往往被視為上述狹隘的「哲學」概念之代表，其實他在其「實踐理性優先於思辨理性」的觀點中卻保存了「哲學」在西方古代哲學中的原義。他在《實踐理性批判》的〈辯證論〉中談到「最高善」的理念時寫道：

> 在實踐方面，亦即，為了我們的理性行為之格律而充分地決定這個理念，便是**智慧學**（Weisheitslehre）；而將智慧學當作**學問**（Wissenschaft）來看，又是依古人所理解的意義而說的「**哲學**」——對古人而言，哲學是對有關「最高善應置於何處」的想法及藉以求得最高善

---

[24] P. Hadot: *Exercices spirituels et philosophie antique.* Paris: Études Augustiniennes, 1981.

[25] P. Hadot: *Philosophy as a Way of Life: Spiritual Exercises from Socrates to Foucault.* Translated by Michael Chase. Oxford: Blackwell, 1995.

[26] P. Hadot: *Philosophie als Lebensform. Geistige Übungen in der Antike.* Berlin: Gatza, 1991.

[27] 參閱 P. Hadot: "Philosophy as a Way of Life", in his *Philosophy as a Way of Life: Spiritual Exercises from Socrates to Foucault*, pp. 264-276.

的行為之指引。[28]

康德在這裡所說的「古人」便是指希臘化羅馬時期（Hellenistic-Roman period）的哲學家，特別是斯多亞學派（Stoicism）與伊比鳩魯學派（Epicureanism）。這種看法已由阿寶的研究得到了佐證[29]。無怪乎阿寶會說：「我現在覺得〔……〕在〔西方〕古代的哲學態度與東方的哲學態度之間確實有驚人的類似之處。」[30]根據阿寶對西方古代「哲學」概念的重建，即將「哲學」界定為一種「生活方式」，誰能否定中國過去有長遠而豐富的「哲學」傳統呢？

有些學者（尤其是中國學者）之所以反對將「哲學」一詞應用於中國傳統的思想，是擔心這會使它喪失主體性與獨特性。當然，他們可以繼續使用「經學」、「子學」、「玄學」、「理學」之類的傳統語彙。在清末學術轉型的過程中亦不乏類似的觀點。這種觀點反映於「奏定學堂章程」，即是在大學堂的課程中設有「經學」科，而無「哲學」科。如果我們同意阿寶對於西方古代「哲學」概念的界定，這種主體性的焦慮便可以卸除大半，而轉變為關於「現代的學科體制能否充分掌握傳統的哲學」之省思；而這又不可避免會回到阿寶對於「哲學」與「關於哲學的論述」——或者可以說，第一序與第二序的「哲學」概念——之區分。但這已不是一個「西方與非西方」的問題，而是一個「現代與傳統」的問題。由於人類現代化的歷程始於西方，這兩個在歷史脈絡中雖有關聯、但基本性質不同的問題往往在有意無意間被混為一談。再者，由於中國現代學術體制之建立係仿自西方，現代漢語的學術語言在相當程度內已成為西化的語言。面對這個事實，除非我們拒絕現代學術體制，否則我們實無理由因擔心主體性之喪失而拒絕將「哲學」一詞應

---

28 I. Kant: *Kritik der praktischen Vernunft, in: Kants Gesammelte Schriften* (Akademieausgabe), Bd. 5, S. 108.

29 羅哲海也注意到康德與阿寶對「哲學」古義的理解與強調；參閱其 "Gibt es eine chinesische Philosophie?", op. cit., S. 31f.

30 P. Hadot: *Qu'est-ce que la philosophie antique?* (Paris: Gallimard, 1995), p. 419.

用於中國傳統。這種主體性的焦慮不但有錯置對象之嫌，也是不合時宜的。走筆至此，筆者不得不佩服王國維在百年之前的洞見。差堪告慰的是，在進入二十一世紀的今天，全球化的過程已使得包括西方文化在內的所有人類文化均不可能不受到其他文化的影響。在這種情況下，從流行的「西方」觀點堅持一種僵化的「哲學」概念，同樣是不合時宜的。

（原刊於《國際漢學》，第 18 期〔2009 年 12 月〕，頁 15-23。）

劉述先先生與中西比較哲學

　　近年來留意於儒學發展的人多半都知道所謂的「儒學三期」說。施忠連先生認為：此說最早出於沈有鼎先生在 1937 年元月於南京召開的中國哲學會年會中宣讀之論文〈中國哲學今後的發展〉[1]。但沈先生此文談的是中國文化的分期，而不是儒學的分期[2]。故嚴格而言，首先提出此說的是牟宗三先生。他於 1948 年撰寫了〈江西鉛山鵝湖書院緣起暨章則〉，文中以孔、孟、荀至董仲舒為儒學發展的第一期，宋、明兩代為第二期，今日則進入第三期[3]。其後，他在《政道與治道》1980 年新版序中提到「儒家學術的三個階段」[4]。除了將第一階段延伸到東漢末年之外，其說與前說並無差異。但此說之所以能廣泛流傳，有賴於杜維明先生之提倡。杜先生有〈儒學第三期發展的前景問題〉一文，基本上繼承牟先生之說，而以先秦、兩漢儒學為第一期，宋、元、明、清儒學為第二期，十九世紀中葉以後的儒學為第三期[5]。他並且指出：第三期儒學是回應十九世紀中葉以來西方文化的撞擊與挑戰而形成[6]。當代新儒學之興起可以說是這種回應的結果。因此，我們可

---

[1]　施忠連：《現代新儒學在美國》（瀋陽：遼寧大學出版社，1994 年），頁 145。

[2]　參閱沈有鼎：〈中國哲學今後的開展〉，收入《沈有鼎文集》（北京：人民出版社，1992 年），頁 101-110。

[3]　《牟宗三先生全集》（臺北：聯經出版事業公司，2003 年），第 26 冊，《牟宗三先生未刊遺稿》，頁 13-16。

[4]　《政道與治道》（收入《牟宗三先生全集》，第 10 冊），頁(6)-(19)。

[5]　杜維明：《儒學第三期發展的前景問題》（臺北：聯經出版事業公司，1989 年），頁 306, 310；亦見郭齊勇、鄭文龍編：《杜維明文集》（武漢：武漢出版社，2002 年），第 1 卷，頁 420, 423。

[6]　《儒學第三期發展的前景問題》，頁 310；《杜維明文集》，頁 423。

以說：當代新儒學自始就是在一種跨文化的脈絡下發展。在當代新儒家當中，第一代的熊十力、梁漱溟先生、第二代的錢穆先生、第三代的徐復觀先生雖不以西學見長，但他們的學問依然具有跨文化的視野。

　　當代新儒家第四代的代表人物（如劉述先、杜維明、余英時等人）由於長期在西方大學研讀與教學，他們的思想較諸其前輩，具有更明顯的跨文化視野，自然不足為奇。本文擬以劉述先先生（1934-2016）的思想發展為例，來說明當代新儒學的跨文化特質。劉先生在一本可視為其「思想自傳」（intellectual autobiography）的著作《傳統與現代的探索》中有如下的夫子自道：

> 我的思想由起點開始，目標就是要融通中西的。在我這一代，根本就沒有抗拒向西方學習的問題。〔……〕我的志向既是要融通東西，故此在前期的階段是以學習西方哲學為主，東方哲學的智慧是以默識的方式存放在心裡，但總有一種嚮往，遲早有一天能截長補短，通過一種綜合的方式，重新恢復中國哲學的慧識。[7]

此一早期的傾向明確地決定了他往後哲學發展的方向，也形塑了其哲學思想的特色。

　　劉先生於 1951 至 1958 年間就讀於臺灣大學（包括一年軍訓）。根據其自述，他在這個階段所接觸的西方哲學家有洛克（John Locke, 1632-1704）、柏拉圖（Plato, 427-347 BCE）、亞里斯多德（Aristotle, 384/3-322/1 BCE）、羅素（Bertrand Russell, 1872-1970）、尼采、卡西勒（Ernst Cassirer, 1874-1945）等人，此外還涉獵了邏輯、語意學、分析哲學、實用主義、邏輯實徵論等哲學分支與思潮[8]。其大學畢業論文題為〈關於語意學在哲學上的意義的一個探究〉，係討論邏輯實徵論、實用主義與符號形式哲

7　劉述先：《傳統與現代的探索》（臺北：正中書局，1994 年），頁 34。

8　參閱同上書，頁 31-43。

學三派的理論效果[9]。其碩士論文題為〈卡西勒「符號形式哲學」研究〉。在這個階段，他還翻譯了兩部有關文化哲學的著作，即許懷徹（Albert Schweitzer, 1875-1965）的《文明的衰敗和復興》（*Verfall und Wiederaufbau der Kultur*）與卡西勒的《論人》（*An Essay on Man*）。前者於 1958 年由臺中中央書局出版，後者於 1959 年由東海大學出版。卡西勒的《論人》原先即是用英文撰寫，於 1944 年出版。此書可視為其三冊本的《符號形式的哲學》（*Die Philosophie der symbolischen Formen*）之濃縮本。許懷徹的《文明的衰敗和復興》於 1923 年以德文出版，C.T. Campion 的英譯本亦於同年出版。劉先生係根據英譯本亦出此書。這些譯著顯示他在這個階段學習西方哲學的成果。

　　劉先生於 1958 年在臺灣大學畢業後，隨即到東海大學任教，直到他於 1964 年赴美國南伊利諾大學（以下簡稱「南伊大」）進修為止。在這段期間，他繼續撰寫有關語意學與分析哲學的論文，其後結集成《語意學與真理》一書。此外，他特別注意西方的生命哲學與文化哲學，進行有關柏格森（Henri Bergson, 1859-1941）、史賓格勒（Oswald Spengler, 1880-1936）、克羅齊（Benedetto Croce, 1866-1952）、凱撒林（Hermann Keyserling, 1880-1946）等人的研究[10]。他在文化哲學方面的研究成果即其《文化哲學的試探》一書（臺北：志文出版社，1970 年）。此書主要討論卡西勒與史賓格勒的文化哲學。另外值得一提的是他於 1966 年由臺灣商務印書館出版的《新時代哲學的信念與方法》一書。此書可說是他思考中西比較哲學所得的第一份整體成果。在書中，劉先生根據其文化哲學的觀點對中西哲學與文化進行比較研究，其中甚至有兩章分別討論〈東西哲學的形而上學意境〉（第四章）、〈東西差異心態的比較與評價〉（第六章）。

　　總結來說，在劉先生在臺灣大學就讀與在東海大學任教期間，對其比較哲學的視野影響最大的首推卡西勒的哲學思想。這點可由劉先生本人的如下

---

[9]　同上書，頁 48。此文後收入其《語意學與真理》（臺北：廣文書局，1963 年），頁 1-134。

[10]　劉述先：《傳統與現代的探索》，頁 52-53。

回顧得到證實:

> 我在另一方面則深深地為卡西勒的思想所吸引。新康德派不取黑格爾
> 式的玄想的絕對唯心論哲學,恢復康德哲學的批判精神,恰正與我的
> 氣味相投。卡西勒更進一步發展了他的符號形式哲學,他檢討了相對
> 論與量子論在哲學上的理論效果,用二十世紀的嶄新的方式突出了康
> 德所強調的心靈的創造的力量。他有一整套的知識現象學的視野,還
> 衝破了知識論範圍的限制,而發展了一套更廣大的文化哲學的架構。
> 我覺得這樣的哲學與中國傳統的哲學恰好是互相補充的。中國傳統哲
> 學的慧識是生生不已,如果走反身的道路,就會找到《周易》所謂形
> 而上的道。這個創造性的天道卻與世間不隔,《中庸》所謂「天命之
> 謂性」,內在化到人,即以生生之仁為性。人要發揮這樣的創造性,
> 就要創造文化,有外在客觀的表現,由人文化成的角度看,恰恰可以
> 與卡西勒的符號形式哲學接上。中國傳統哲學缺少創造性在現代的新
> 的表徵,而卡西勒則缺少對於生生的反身的體證。卡西勒的研究使我
> 找到一條線索,由一個新的角度去重新考慮傳統哲學的慧識。[11]

　　1964 年劉先生赴美國南伊大留學,兩年之後便得到了博士學位,其論文題目為《田立克的方法論預設之批判研究》(*A Critical Study of Paul Tillich's Methodological Presuppositions*)。在這段期間內,劉先生主要在兩方面吸收西方哲學:美國哲學與西方宗教哲學。在美國哲學方面,他特別專注於杜威(John Dewey, 1859-1952)與懷德海(Alfred North Whitehead, 1861-1947)的哲學思想[12]。在宗教哲學方面,他接觸到魏曼(Henry Nelson Wieman, 1884-1975)、赫桑(Charles Hartshorne, 1897-2000)與田立克(Paul Tillich, 1886-1965)的神學思想。魏曼是劉先生的博士論文指導教

---

[11] 同上書,頁 40-41。

[12] 懷德海原係英國哲學家,1924 年以後遷居美國,任教於哈佛大學,發表了《歷程與實在》(*Process and Reality*)等重要著作,故亦可視為美國哲學家。

授，也是「經驗神學」（empirical theology）的開創者[13]。赫桑則是「過程神學」（process theology）的開創者。他們兩人的神學思想均受到懷德海的影響。田立克原是德國神學家，1933 年因受納粹黨迫害而遷居美國。其三冊的《系統神學》（*Systematic Theology*）對現代西方神學研究影響極大。

　　透過以上的敘述，我們可以大致了解劉先生在取得博士學位之前涉獵西方哲學與神學的背景。這個背景無疑決定了他往後在中西比較哲學方面的成就。劉先生在這方面的成就是多方面的，很難在一篇論文中詳盡說明。以下筆者將分別從文化哲學與宗教哲學兩方面來說明其成就。

　　先談他在文化哲學方面的成就。如上文所述，在這方面影響他最大的是卡西勒與史賓格勒。劉先生曾說明文化哲學對其哲學研究的意義：

> 哲學聲言能夠從一個普遍超然的立場研討宇宙人生的根本問題，卻永遠容易陷入不自覺的偏狹邊見之中。人是不能夠脫離了他自己生身其內的文化氣氛與思想傳統而思考的，惟有比較文化學的研究容易使我們察覺出，什麼是真正具有普遍性的問題，其他只不過是普遍於某一支特殊文化的偽似普遍之問題而已！文化哲學的研究將提供給我們比較寬廣而清朗無障蔽的視野。[14]

事實上，這段話也說明了比較哲學的意義。故其哲學著作，即使不是直接涉及比較哲學，也顯示出一種比較哲學的視野。

　　在其《文化哲學的試探》的第三章中，劉先生為未來的文化哲學勾勒出一個藍圖。他將「文化」界定為「觀念的表徵」。為了在繁雜的歷史現象中找出基本的文化象徵，我們首先要建立「文化型態學」。在劉先生看來，史賓格勒在《西方的沒落》中所從事的工作便是屬於「文化型態學」的工作。

---

[13] 關於魏曼的思想，請參閱劉先生的〈魏曼與中國哲學〉、〈魏曼教授的思想與人格〉二文，以及他所譯魏曼的〈我的理智發展〉一文，均收入其《文化與哲學的探索》（臺北：臺灣學生書局，1986 年）。

[14] 劉述先：《文化哲學的試探》（臺北：志文出版社，1970 年），頁 212。

但他接著指出：史賓格勒的文化哲學建立在一項錯誤的假設上，即是認為：一切文化的發展均遵循生物學的法則，註定會經過少壯老死的階段，而無法避免其最終衰亡的命運；換言之，人類文化的發展不是直線的進展，而是循環的反覆。這便陷於文化命定論。為了避免文化命定論，劉先生認為我們還需要建立「文化生態學」，以說明文化的型態並非無因而生，而是在不斷的歷史發展中累積形成的狀態。而文化生態學又可分為特殊與普遍兩部分。特殊的文化生態學旨在針對每一特殊文化，探討其千變萬化的文化發展之自然成因與影響，提出具體的歷史解釋；換言之，它是要說明每一文化的特殊性之所以形成之因。反之，普遍的文化生態學則是要從特殊文化的內容抽引出一般性的理論效果，說明其發展所根據的普遍性原理。在劉先生看來，卡西勒在其《符號形式的哲學》中、凱撒林在其《哲學家的旅行日記》中所從事的工作便屬於「普遍的文化生態學」的工作。最後，劉先生將文化哲學的理論工作歸約為三項目標：

> 一方面我們要進行客觀的文化型態學生態學等的研究，找出一種足夠的理論架構來駕馭歷史文化表現的繁雜事實，了解他〔它〕們的義蘊，預料它們的軌跡。另一方面我們又要透過文化哲學的探究來安立整個人生哲學的意義，洗脫掉種種文化的偏見，我們乃終能在一個樸實無華的普遍人生觀念上立足。而後我們才發展出〔……〕文化哲學的第三種重要的工作，在不同的文化觀念中，互相比較參味，找出未來文化哲學理想的根本途徑。[15]

此外，卡西勒的符號形式哲學還為劉先生對《易經》哲學的詮釋提供了有用的資源。劉先生先後撰寫了六篇有關《易經》哲學的論文，其中三篇以中文撰寫，三篇以英文撰寫，其標題與出處分別如下：

劉述先：《由發展觀點看周易思想的神秘符示層面》。新加坡：東亞哲

---

[15]　同上書，頁 223-224。

學研究所，1987 年。

劉述先：〈《周易》思想的「理性／自然符示」〉。臺灣《清華學報》，新 18 卷第 2 期（1988 年 12 月），頁 275-304。

劉述先：〈從發展觀點看《周易》時間哲學與歷史哲學〉。《臺大歷史學報》，第 27 期（2001 年 6 月），頁 1-20；收入其《現代新儒學之省察論集》（臺北：中央研究院中國文哲研究所，2004 年），頁 189-210。

Shu-hsien Liu: "The Use of Analogy and Symbolism in Traditional Chinese Philosophy". *Journal of Chinese Philosophy*, Vol. 1, No. 3/4 (June-Sep. 1974), pp. 313-338.

Shu-hsien Liu: "On the Functional Unity of the Four Dimensions of Thought in the *Book of Changes*". *Journal of Chinese Philosophy*, Vol. 17, No. 3 (September 1990), pp. 275-304.

Shu-hsien Liu: "On the Formation of a Philosophy or Time and History through the *Yijing*". In: Chun-chieh Huang/John B. Henderson, eds., *Notions of Time in Chinese Historical Thinking* (Hong Kong: The Chinese University Press, 2006), pp. 75-94.

《周易》經傳之形成係經過長期的發展過程，其中包含許多複雜的成分，其統一很難得到合理的說明。劉先生在這一系列的論文中，根據卡西勒的「符號形式」概念，別出心裁地將《周易》經傳所涉及的思想區分為「神秘符示」、「理性／自然符示」、「宇宙符示」、「道德／形上符示」四個層面，並且根據其「功能統一」（functional unity）的概念融攝這些不同的層面。這可以說是藉由比較哲學的進路以詮釋經典的絕佳範例。

其次，我們要就宗教哲學方面來討論劉先生的比較哲學。筆者擬就「終極關懷」（ultimate concern）與「內在超越性」（immanent transcendence）這兩個關鍵概念來進行相關的討論。「終極關懷」的概念出自田立克。他在《信仰的動力》一書開宗明義便說道：「信仰是終極地被關涉的狀態：信仰的動力即是人的終極關懷之動力。」（"Faith is the state of being ultimately concerned: the dynamics of faith are the dynamics of man's ultimate concern."）[16]劉先生之所以特別重視這個概念，主要是為了回答長久以來爭論不休的「儒家是否為宗教？」之問題。黑格爾以還，西方人對中國文化有一種成見，即是認為：中國人只重視現實的倫理道德，而缺乏宗教性的超越感情；中國的倫理道德思想只涉及規範外在行為的條文，而忽略精神活動的內在依據。針對這種成見，當代新儒家第二代特別強調儒家的宗教性或宗教精神。例如，1958 年元月唐君毅、牟宗三、張君勱及徐復觀四人共同發表〈為中國文化敬告世界人士宣言〉[17]。這篇〈宣言〉的第五節題為〈中國文化中之倫理道德與宗教精神〉，特別針對這種成見加以澄清。他們雖然承認：中國文化中並無西方那種制度化的宗教與獨立的宗教文化傳統；但這並非意謂：中國民族只重現實的倫理道德，缺乏宗教性的超越感情。在他們看來，這反而可以證明「中國民族之宗教性的超越感情，及宗教精神，因與其所重之倫理道德，同來原於一本之文化，而與其倫理道德之精神，遂合一而不可分」[18]。劉先生繼承此一立場，根據田立克以「終極關懷」來界定宗教或信仰的說法，強調儒家的宗教意涵。1971 年劉先生首度在一篇題為〈儒家哲學的宗教意涵：傳統回顧與當代意義〉的英文論文中闡述此義[19]，以後還在不同的論文中屢屢提及此義[20]。

　　肯定了儒家的宗教性或宗教意涵之後，我們便有理由將儒家傳統與世

---

[16] Paul Tillich: *Dynamics of Faith* (New York: Harper & Row, 1957), p. 1.

[17] 這篇〈宣言〉最初刊載於《民主評論》第 9 卷第 1 期（1958 年 1 月 5 日）及《再生》第 1 卷第 1 期（1958 年 1 月），其後收入《唐君毅全集》（臺北：臺灣學生書局，1991 年），卷 4，易名為〈中國文化與世界〉。

[18] 〈中國文化與世界〉（收入《唐君毅全集》，卷 4），頁 19。

[19] Shu-hsien Liu: "The Religious Import of Confucian Philosophy: Its Traditional Outlook and Contemporary Significance", *Philosophy East and West*, Vol. 21, No. 2 (April 1971), pp. 157-175.

[20] 例如，其〈由當代西方宗教思想如何面對現代化問題的角度論儒家傳統的宗教意涵〉，收入劉述先編：《當代儒學論集：傳統與創新》（臺北：中央研究院中國文哲研究所，1995 年），頁 1-32；亦收入劉述先：《當代中國哲學論：問題篇》（New Jersey：八方文化企業公司，1996 年），頁 81-112。

界各大宗教傳統相比較。劉先生對話的對象主要是西方的耶教（Christianity）。儘管他也曾從當代新儒家的觀點回應伊斯蘭學者納塞（Seyyed Hossein Nasr, 1933- ）的宗教觀點[21]，但這是特例。「內在超越性」的概念便是在儒耶比較與對話的脈絡中出現。此一概念並非劉先生所創，唐君毅、牟宗三兩位先生已使用這個概念來說明儒家思想的特色[22]。劉先生也繼承此一立場，並且在不同的脈絡下撰寫論文，闡發其義。其中較重要的論文有以下幾篇：

劉述先：〈由中國哲學的觀點看耶教的信息〉。收入其《文化與哲學的探索》，臺北：臺灣學生書局，1986 年，頁 177-187。

劉述先：〈當代新儒家可以向基督教學些什麼？〉。收入其《大陸與海外——傳統的反省與轉化》，臺北：允晨文化實業公司，1989年，頁 259-271。

劉述先：〈論宗教的超越與內在〉。《二十一世紀》，第 50 期（1998年 12 月），頁 99-109；亦收入其《儒家思想意涵之現代闡釋論集》，臺北：中央研究院中國文哲研究所，2000 年，頁 157-177。

劉述先：〈超越與內在問題之再省思〉。收入劉述先、林月惠編：《當代儒學與西方文化：宗教篇》，臺北：中央研究院中國文哲研究所，2005 年，頁 11-42。

---

[21] Shu-hsien Liu: "Reflections on Tradition and Modernity: A Response to Seyyed Hossein Nasr from a Neo-Confucian Perspective", in: Lewis E. Hahn et al., eds., *The Philosophy of Seyyed Hossein Nasr* (Chicago and La Salle, Illinois: Open Court, 2001), pp. 253-276；劉述先：〈新儒家與新伊斯蘭教〉，收入劉述先編：《儒家思想與現代世界》（臺北：中央研究院中國文哲研究所，1997 年），頁 255-279。後文亦以〈新儒家與新回教〉之名收入其《當代中國哲學論：問題篇》，頁 113-137。

[22] 參閱拙作：〈儒家思想中的內在性與超越性〉，收入拙著：《當代儒學之自我轉化》（臺北：中央研究院中國文哲研究所，1994 年），頁 129-148；簡體字版《當代儒學的自我轉化》（北京：中國社會科學出版社，2001 年），頁 118-136；亦收入楊祖漢編：《儒學與當今世界》（臺北：文津出版社，1994 年），頁 55-74；並刊於鄭家棟、葉海煙主編：《新儒家評論》，第 1 輯（北京：中國廣播電視出版社，1994 年 8 月），頁 197-215。

Shu-hsien Liu: "The Confucian Approach to the Problem of Transcendence and Immanence". *Philosophy East and West,* Vol. 22, No. 1 (Jan. 1972), pp. 45-52.

劉先生不同意若干西方學者（如 Roger T. Ames 與 David L. Hall）與中國學者（如馮耀明）的觀點，即認為：「超越性」與「內在性」在邏輯不相容，因而「內在超越性」是自相矛盾的概念。劉先生認為：不但在中國文化與印度文化中有「內在超越性」的思想，即使在西方文化中也有類似的思想。在他看來，西方神學中的泛神論（pantheism）即屬於內在超越說[23]；而在魏曼的「經驗神學」與赫桑的「過程神學」中，他也發現向內在超越說趨近的傾向[24]。近年來波士頓大學的兩位神學教授南樂山（Robert Cummings Neville）與白詩朗（John Berthrong）也呼應當代新儒家的內在超越說[25]，而為儒耶對話創造了有利的條件。比較儒家的內在超越型態與耶教的外在超越型態，劉先生認為雙方各有得失，一方之所得即另一方之所失。他承認：儒家的內在超越說容易使儒者的眼光局限於內在的領域，超越的信息不易透顯出來，而不利於成德的努力[26]。但耶教的超越外在型態也有嚴重的問題。劉先生指出：

基督教的上帝表面上可以保持其純粹的超越性，其實不然。因為上帝

---

[23] 參閱劉述先：〈論宗教的超越與內在〉，見其《儒家思想意涵之現代闡釋論集》，頁 172-173。

[24] 參閱劉述先：〈由當代西方宗教思想如何面對現代化問題的角度論儒家傳統的宗教意涵〉，見劉述先編：《當代儒學論集：傳統與創新》，頁 8-11。

[25] 參閱 R.C. Neville: *Behind the Masks of God: An Essay toward Comparative Theology* (Albany: State University of New York Press, 1991), pp. 73-79; R.C. Neville: *Boston Confucianism: Portable Tradition in the Late-Modern World* (Albany: State University of New York Press, 2000), pp.147-165; John Berthrong: *All under Heaven: Transforming Paradigms in Confucian-Christian Dialogue* (Albany: State University of New York Press, 1994), chaps. 4 & 5.

[26] 劉述先：〈論宗教的超越與內在〉，前引書，頁 173-174。

要與人以及世界發生關連，就不能不進入內在的領域而受到這方面條
件的拘限。既然上帝要給與人類指引往往要通過啟示，而被挑選來傳
達上帝信息的先知是內在於此世的人，它們也必須用人的語言才能傳
達超越的信息，那就不可能保持真正純粹的超越性了。[27]

　　近年來，透過與西方神學家——特別是孔漢思（Hans Küng）與史威德
勒（Leonard Swidler）——的合作，劉先生代表儒家傳統參與了草擬「世界
倫理宣言」的計畫。此一計畫起初是由聯合國推動，旨在透過不同宗教傳統
間的對話來尋求普遍的倫理共識。劉先生撰寫了一系列的論文，闡述他參與
此一對話的過程及其對於「世界倫理」的看法，如今已結集成《全球倫理與
宗教對話》（臺北縣：立緒文化事業公司，2001 年）一書。書中第九章題
為〈「理一分殊」的規約原則與道德倫理重建之方向〉。在此，劉先生藉由
對宋儒「理一分殊」原則的重新詮釋，為世界倫理的建構提出規約原則
（regulative principle），以期在文化的特殊性與倫理的普遍要求之間尋求平
衡點。其實，「理一分殊」的原則自始便貫通於劉先生的比較哲學工作。但
是直到 1990 年，他才發表〈「理一分殊」的現代解釋〉一文[28]，正式將此
一原則發展為比較哲學與比較文化的原則。他在文中甚至表示：卡西勒的文
化哲學正是「理一分殊」之詳細的現代闡釋[29]。最後，讓我們引述文中的一
段話，以結束本文，並與讀者共勉：

　　〔……〕正因為道德倫理的重建是實際之事，不可能臨空想出一套東
　　西來強迫人接受，否則就會產生災禍。故此世界倫理只能提供一些寬
　　廣的指令，給予我們一些不完全的指引，其他細節必須針對在地的情
　　況加以補足、完成，並且不斷在修改的過程之中，才能得到較好的效

27　同上註，頁 174。

28　此文原刊於香港《法言》總 17/18 期（1990 年 8 月 10 日），後收入其《理想與現實
　　的糾結》（臺北：臺灣學生書局，1993 年），頁 157-188。

29　劉述先：《理想與現實的糾結》，頁 184。

果。也正因此,沒有一個傳統,包括儒家在內,可以去宰制其他傳統。這些傳統已都是「分殊」的表現,超越的「理一」絕不能由任何傳統所獨佔,而只能是理想嚮往的目標。同時正因為世界倫理是低限度的,它並不限制人去作進一步的追求,或者取消不同傳統、不同文化間的差別。故每個人儘可以站在自己傳統的立場,努力不懈去追求真理,既可以向別人學習,也可以對之提出異議,在辯論中加深對於問題的理解,只是必須秉持一種開放、合理的態度,去聽取別人的意見。[30]

(原刊於李明輝、葉海煙、鄭宗義編:《儒學、文化與宗教:劉述先先生七秩壽慶論文集》〔臺北:臺灣學生書局,2006 年〕,頁 215-224。)

---

[30] 劉述先:《全球倫理與宗教對話》(臺北:立緒文化事業公司,2001 年),頁 222。

儒家思想的現代命運

儒家傳統在現代東亞的命運與前景

　　1988 年，以儒學研究知名的余英時在一篇題為〈現代儒學的困境〉的論文中，將現代儒學比喻為「游魂」[1]。對於認同儒家傳統的余英時而言，這個比喻決非意在嘲諷，而是在描述現代儒學的困境。余英時在文中指出：儒家過去通過制度化而在很大的程度上支配中國傳統文化，但是到了現代，在中國傳統社會全面解體的過程中，中國傳統的政治制度與社會制度先後動搖，「儒學和制度之間的連繫中斷了，制度化的儒學已死亡了。」[2]在這種情況下，儒學失去了可以托身的制度，猶如失去身軀的魂魄，這便是他提出「游魂」之喻的理由。

　　余英時又指出：現代儒學之所以陷入困境，還有一個重要的原因，即是：傳統儒家欠缺自己的制度或組織，而必須托身於既有的政治制度與社會制度。這種情況不同於西方的宗教（如耶教）。西方的耶教在進入現代社會之後，依然可以托身於它自己的教會之中，不致成為游魂；反之，在現代社會中，儒家並無它自己的教會可以托身。勉強說來，現代儒學只能依附於大

---

[1]　此文為余英時於 1988 年 8 月底在新加坡東亞研究所主辦的「儒學發展的問題及前景」研討會中發表的論文，首先刊載於同年 8 月 29 日的《中國時報・人間副刊》，其後收入余英時：《中國文化與現代變遷》（臺北：三民書局，1992 年），頁 95-102；亦收入其《現代儒學論》（River Edge/NJ：八方文化企業公司，1996 年），頁 159-164。

[2]　余英時：《中國文化與現代變遷》，頁 99；余英時：《現代儒學論》，頁 162。

學及零星的儒學社群中。但現代大學著重的是專業化，與傳統儒學重視博雅與通識的趨向不免有所扞格。

　　然則，儒學在未來要走向何處呢？它在現代社會要如何自我定位呢？余英時在這篇論文中並未提出明確的答案。但是他在另一篇論文〈儒家思想與現代人生〉中卻提出了一個初步的答案：「〔……〕儒家的現代出路在於日常人生化，唯有如此儒家似乎才可以避開建制而重新發生精神價值方面的影響力。」[3]他進而指出：王陽明以後的明清儒學已有日常人生化的趨向，這事實上打破了傳統儒家「內聖外王」的理想，以及「聖君賢相」的格局[4]。他的結論是：

> 日常人生化的現代儒家祇能直接在私領域中求其實現，它和公領域之間則是隔一層的關係。這大致類似西方現代政教分離的情況。換句話說，儒家在修身、齊家的層次上仍然可以發揮重要的作用，但相對於治國、平天下而言，儒家祇能以「背景文化」的地位投射間接的影響力。[5]

　　對於余英時的上述看法，筆者基本上並不反對，但是有所保留，主要是因為他忽略了「內聖外王」的傳統思想格局之現代轉化的可能性。但在進一步討論這個問題之前，筆者先順著他的「游魂」說，回顧一下儒家傳統在東亞各地的現代命運。

　　其實，在先秦時代，儒家尚未成為中國的國家意識形態時，也是處於游魂的狀態。儒家的開山祖孔子一生栖栖惶惶，周遊列國，始終不見用，只好退而授徒講學。亞聖孟子的遭遇也類似於此。直到西漢帝國建立之後，儒家才與君主專制制度結合，而取得國家意識形態的地位。這種結合延續到

3　余英時：〈儒家思想與現代人生〉，見其《現代儒學論》，頁173。
4　從某個意義來說，余英時的近著《朱熹的歷史世界──宋代士大夫政治文化的研究》（臺北：允晨文化實業公司，2003年）主要便在以史料證明這項觀點。
5　余英時：〈儒家思想與現代人生〉，前引書，頁178。

1911 年滿清帝國結束為止。除了君主專制制度之外，儒家所憑藉的還有考試制度、教育制度與家族制度。考試制度包括漢代的察舉與徵辟、魏晉的九品中正制，以及唐代以後的科舉制。這種情況延續到 1905 年清廷廢除科舉制為止。教育制度包括歷代中央層級及地方層級的學校，也包括宋代以後的民間書院。這種情況延續到清末西方學制取代傳統學制為止。中國傳統的家族制度在進入現代之後，也逐漸為小家庭制度所取代。

　　在東亞諸國當中，與中國的情形最接近的是韓國。在朝鮮半島的三國時代（大約西元前一世紀至七世紀），高句麗、新羅、百濟已先後採納中國的制度。至高麗時代（917-1392），儒學傳入朝鮮半島，高麗王朝積極模仿中國的政治制度、考試制度與教育制度。隨後的朝鮮王朝（1392-1910）更是全面模仿中國的各種制度，儒學（尤其是朱子學）取得了國家意識形態的地位，直到 1910 年日本併吞韓國為止。

　　自西元四世紀末，百濟博士王仁將《論語》傳入日本之後，儒學逐漸受到日本貴族階層的重視。西元 604 年聖德太子頒布的《十七條憲法》基本上取法於儒家的理想。西元六世紀中葉，孝德天皇推動大化革新，全面模仿中國唐代的制度。西元 702 年，文武天皇頒布《大寶律令》，規定設立大學，講授儒家經典，並採行唐代的貢舉制。在奈良王朝（710-794）及平安王朝（794-1185）前期，包括儒學在內的漢學蓬勃發展。其後，在鎌倉時代（1185-1333）及室町時代（1338-1573），因武人當道，文教廢弛。至江戶時代（1603-1867），儒學復興，幕府採朱子學為官學，為時兩百多年，直到 1867 年明治天皇即位，德川幕府奉還朝政為止。日本與中國最大的差別在於：日本的科舉制度在十一世紀以後便名存實亡了。

　　中國的漢朝政府曾在越南境內設立交趾、九真、日南三郡。在唐代，今越南的中、北部是中國的郡縣，史稱安南。因此，在西元十世紀越南獨立之前，越南的各種制度與中國無異。越南獨立後，歷代王朝依然沿襲中國的制度，設立學校，建立科舉制，以四書、五經為考試範圍。越南的科舉制開創於李朝（1010-1125），經過陳朝（1225-1400），至黎朝（1418-1789）而極盛，至 1919 年廢止。因此，直到 1883 年越南成為法國殖民地為止，至少就

制度面而言，越南可說是一個儒教國家。

從上述對中、日、韓、越四國的簡短歷史回顧，我們可以大致了解余英時「游魂說」的具體意涵，這也是儒家傳統的現代命運。面對這種困境，康有為（1858-1927）在清末倡議立孔教為國教，尊孔子為教主，並模仿西方的耶教，建立孔教會。中華民國成立後，他與陳煥章（1880-1933）、嚴復（1854-1921）等知名學者進一步推動孔教運動，並且得到袁世凱（1859-1916）及其民國政府的支持。但是隨著袁世凱「洪憲帝制」的瓦解，康有為的孔教運動也失敗了[6]。孔教運動之所以失敗，主要由於它違背時代趨勢，企圖在一個已經「除魅」（Entzauberung）的現代社會中恢復儒家的神聖傳統。無怪乎連康有為最親近的弟子梁啟超（1873-1929）也於 1902 年發表〈保教非所以尊孔論〉一文，公開反對孔教運動。

康有為的孔教運動代表一種將儒學制度化的努力。無獨有偶，現今在中國大陸也有一個類似的運動，即蔣慶所提倡的「政治儒學」與「王道政治」。1989 年他在臺灣《鵝湖月刊》發表了〈中國大陸復興儒學的現實意義及其面臨的問題〉一文[7]，大膽地指出「中國大陸當前最大的問題是復興儒學問題」，並宣稱「儒學理應取代馬列主義，恢復其歷史上崇高的地位，成為當今中國大陸代表中華民族民族生命與民族精神的正統思想」。他還撰寫了《政治儒學：當代儒學的轉向、特質與發展》一書，來說明他的構想。依蔣慶之見，孔子的思想包含兩個側面，以後分別發展為「心性儒學」（或稱「生命儒學」）與「政治儒學」（或稱「制度儒學」）兩個傳統：前者由子思、孟子與宋明儒者所繼承；後者源自孔子所作的《春秋》，由荀子、漢代的公羊學與今文經學、隋代的王通與清代的今文經學所繼承[8]。他批評港

6 關於康有為的孔教運動，參閱干春松：〈儒家的制度化重建：康有為和孔教會〉，收入其《制度儒學》（上海：上海人民出版社，2006 年），頁 105-186。

7 此文刊於《鵝湖月刊》，第 170 期（1989 年 8 月），頁 29-38；第 171 期（1989 年 9 月），頁 22-37。

8 蔣慶：《政治儒學：當代儒學的轉向、特質與發展》（臺北縣：養正堂文化事業公司，2003 年），頁 140-143。

臺新儒家只知心性儒學傳統，而不知政治儒學傳統。他還批評港臺新儒家要從儒學開出民主制度，無異於放棄儒學特有的自性與立場而向西方文化靠攏，其實是一種變相的「西化論」[9]。反之，他主張充分利用政治儒學的傳統資源，「創立具有中國特色的政治制度〔……〕具體說來，就是體現禮樂精神、王道理想、大一統智慧、三世學說以及天子一爵等儒家思想的政治制度」[10]。

　　在《生命信仰與王道政治：儒家文化的現代價值》一書中，他更主張以儒家的「王道政治」來取代西方的民主政治。依他的看法，「王道政治」優於民主政治之處在於：民主政治在政治合法性的問題上僅強調民意合法性，而王道政治卻是「三重合法性」——人心民意的合法性、超越神聖的合法性、歷史文化的合法性——制衡的政治[11]。針對這三重合法性，蔣慶設計了一個三院制的議會，以「通儒院」代表超越神聖的合法性，以「庶民院」代表人心民意的合法性，以「國體院」代表歷史文化的合法性，再由議會產生行政系統，對議會負責。在這三院當中，只有「庶民院」是由選舉產生，「通儒院」由推舉與委派產生，「國體院」則由世襲的衍聖公指定[12]。現代民主的選舉制度固然易流於庸俗政治與民粹政治，但「通儒院」與「國體院」的產生方式難道一定可以避免利益交換與個人專斷嗎？更重要的是：筆者實在看不出中國目前有實施這種制度的歷史條件及社會條件；它毋寧是一種空想的烏托邦。在筆者看來，在中國的現代社會試圖恢復儒學作為國家意識形態的地位，有如在西方的現代社會試圖恢復政教合一的理想，都是時空錯置、不切實際的。

　　我們將余英時與蔣慶的觀點加以對比，可以發現：他們均肯定儒家的內聖之學在現代社會的意義與價值，但在外王方面，他們的看法便各趨極端：

---

[9]　同上註，頁 82-83, 174-175。

[10]　同上註，頁 174。

[11]　參閱蔣慶：《生命信仰與王道政治：儒家文化的現代價值》（臺北縣：養正堂文化事業公司，2004 年），頁 299-312。

[12]　參閱同上書，頁 313-317。

蔣慶太過，余英時則不及。余英時在〈儒家思想與日常人生〉一文中引述美國人文主義大師白璧德（Irving Babbitt, 1865-1933）在《民主與領袖》（*Democracy and Leadership*）一書中的看法：孔子之教能夠提供民主領袖所最需要的品質。余英時藉此佐證：「日常生活化的儒家通過間接的方式仍然可以繼續有助於治國、平天下。」[13]這點誠然不錯，但儒學對民主政治還能發揮更多的功能。

在這個脈絡中，我們便可回到「內聖外王」的問題上。「內聖外王」一詞雖然首見於《莊子・天下篇》，但卻很適切地表達了儒學的基本特性。儒家「內聖外王」的理想肯定內聖與外王之關聯性，以及由內聖通往外王的必然性。如果現代儒學真如余英時所言，只成了一套內聖之學，僅能在私領域中求其實現，而在公領域中只有間接的作用，它便喪失了儒學的基本特性。在此，我們可以借用德國哲學家黑格爾（G.W.F. Hegel, 1770-1831）的法哲學用語，將內聖與外王的關係理解為「道德」（Moralität）與「倫理」（Sittlichkeit）的關係。傳統儒家的內聖之學基本上屬於「道德」的範圍。至於黑格爾所說的「倫理」，並不限於政治領域，它涵蓋家庭、市民社會、國家，乃至世界史。當然，筆者並不是說：傳統儒家已有現代意義的市民社會、國家、世界史等，但它們無疑均屬於政治領域。至於家庭，也屬於儒家「外王」的範圍。這證諸《論語・為政篇》第 21 章所載：「或謂孔子曰：『子奚不為政？』子曰：『《書》云："孝乎惟孝，友于兄弟，施於有政。"是亦為政，奚其為為政？』」這樣說來，儒家「外王」所涉及的範圍大體上相當於黑格爾所謂的「倫理」。對黑格爾而言，「道德」不能停留在其自身，而必須過渡到「倫理」，這猶如儒家的「內聖」必須向「外王」開展一樣。

因此，儘管東亞傳統的大家族已轉變為現代的小家庭，但儒家傳統依然可以在現代的小家庭中繼續發揮統合的作用。我們看到：在東亞地區，保存儒家傳統越多的地方（如韓國、臺灣），便越重視祭祖。在新加坡及馬來西

---

[13] 余英時：《現代儒學論》，頁 179。

亞的華人社群中，儒家傳統與祭祖活動密切結合，儒家因而有宗教化的趨勢。在印尼，具有百年歷史、而近年來始獲准公開活動的「孔教」基本上也是以祭祖及家庭倫理為核心。由於印尼在蘇哈托統治期間，長期禁止華文教育，目前五十歲以下的印尼華人幾乎全不會華語，但是透過家族組織及家庭倫理，「孔教」還是頑強地保存了下來。

此外，儒學在教育的領域還能提供「教養」（德文的 Bildung）的資源。這包括中小學教育與大學教育。過去臺灣的國民黨政府將四書列為高中的「中國文化基本教材」課程。儘管這項課程因帶有政治目的而引起學界的批評[14]，但不可否認，它還是有一定的正面作用。筆者就是由於這項課程而對中國文化產生強烈的興趣，可說是這項政策的受惠者。近年來臺灣及中國大陸的民間團體熱烈推動體制外的「兒童讀經」運動，也有類似的功能。在大學教育中，儒家思想可以透過經典閱讀的課程，成為「通識教育」的一環。

此外，在大學的哲學系、中文系、歷史系，儒家思想也已成為專業研究的對象。不時有人質疑這種將儒家思想學科化、專業化、知識化的趨向，認為這會支解儒家思想的完整性，使儒家失去生命。近年來，在中國大陸有關「中國哲學的合法性（正當性）」的討論中，便不時出現這種質疑。平情而論，這種質疑並非全無道理。提出這種質疑者多半將問題的重點置於：**東方傳統思想**（包括儒家思想）的精髓能否在**西方學術體制**中傳承下去？但這是錯置了問題的重點。在筆者看來，問題的重點應在於：包括東西方在內的**傳統**思想是否能在**現代**學術體制中保有其精髓？法國哲學家阿寶（Pierre Hadot, 1922-2010）在其名著《精神訓練與古代哲學》[15]中特別強調西方古代哲學（希臘、羅馬哲學）中「哲學作為一種生活方式」（philosophy as a way of life）的意義。他進而指出：在現代西方的學術體制中，「哲學」的這種古義已經為「關於哲學的論述」（discourse about philosophy）所取代。

14　參閱黃俊傑：〈戰後臺灣文化中的儒家思想：存在形式、內涵與功能〉，收入其《臺灣意識與臺灣文化》（臺北：臺灣大學出版中心，2006 年），頁 201-233。

15　Pierre Hadot: *Exercices spirituels et philosophie antique*. Paris: Études Augustiniennes, 1981.

顯然，東西方的傳統思想都要共同面對現代學術體制專業化與知識化的問題。

　　無可諱言，現代學術體制一方面固然無法保留儒家思想的原始生命，但在另一方面，它卻可以開啟儒家思想的另一面向，即知識化的儒學。知識化的儒學雖然與作為「生命的學問」的儒學隔了一層，但卻可以發展成一套現代意義的倫理學，並且成為文化批判、政治批判與社會批判的理論基礎，這正是所謂「失之東隅，收之桑榆」。以下筆者舉一個例子來說明這種儒家式的政治批判。

　　港臺新儒家（牟宗三、唐君毅、徐復觀、張君勱）曾提出「儒學開出民主」之說。他們主張：中國應採行民主制度，此係基於儒家傳統的「內在要求」。由於筆者已在他處詳細討論過此說的具體內涵[16]，故此處不再贅述。此說既非如蔣慶所言，是向西方文化靠攏，亦非如臺灣的自由主義者（如殷海光）所言，是出於一種自我防衛的心理需要。簡言之，此說包含兩項要點：第一、儒學與君主專制制度的結合係出於歷史的偶然性，在現代的民主政治中，它反而可以更充分地體現其本質。第二、民主制度不能直接從西方移植到中國，而是只能通過傳統儒家文化的內在發展與調適去加以吸納。在過去，自由主義被視為民主政治的理論基礎。但如果社群主義（communitarianism）對自由主義的批判有意義的話，我們就得承認：民主政治的儒家式證成（Confucian justification）是可能的。這便是「儒學開出民主」說的主要理論意涵，也可視為儒家的政治批判之例。在這個意義下，知識化的學院儒學成為傳統儒學的另一種開展，也可視為儒家「外王」的表現。

　　　　　（原刊於《上海師範大學學報》，2010 年第 6 期，頁 23-27。）

16　參閱拙作：〈儒學如何開出民主與科學？〉，收入拙著：《儒學與現代意識》（臺北：臺灣大學出版中心，2016 年，增訂版），頁 1-21。

當代新儒家「儒學開出民主論」的
理論意涵與現實意義

　　1950 年代，港臺新儒家曾提出「儒學開出民主論」。在他們與臺灣自由主義者的辯論之中，此說也成為雙方爭論的焦點之一。對筆者而言，此說的意涵並不複雜難解，但奇怪的是：它卻不斷引起誤解與爭論。多年來，筆者曾針對這些誤解撰寫了一系列的論文[1]，故本文不再重述相關的細節，而是從宏觀的角度申論一些未盡之意。

　　港臺新儒家的「儒學開出民主論」出現於中國反傳統主義瀰漫的知識背景之下，特別是針對臺灣自由主義的立場而提出的。1950 年代，港臺新儒家與臺灣的自由主義者之間爆發了一場思想論戰[2]。概括而言，雙方爭論的焦點主要集中在兩個問題上：(1)中國傳統文化是否妨礙現代科學之發展與民主制度之建立？或者換個方式說，中國要現代化，是否必須先揚棄傳統文化（尤其是儒家傳統）？(2)民主政治是否需要道德基礎？換言之，政治自由是否必須預設道德自由（意志自由）？

　　關於第一個問題，新儒家特別強調：一切文化上的創新必須建立在傳統

---

[1] 這些論文包括〈儒學如何開出民主與科學？〉、〈當前儒家之實踐問題〉、〈論所謂「儒家的泛道德主義」〉、〈歷史與目的〉，均收入拙著《儒學與現代意識》（臺北：臺灣大學出版中心，2016 年，增訂版）；此外還有一篇法文論文 Ming-huei Lee: "Culture et démocratie: réflexions à partir de la polémique entre libéraux taiwanais et néo-confucéens contemporains", *Extrême-Orient, Extrême-Occident*, no. 31 (2009), pp. 33-62.

[2] 關於這場論戰的始末，請參閱拙作：〈徐復觀與殷海光〉，收入拙著：《當代儒學之自我轉化》（臺北：中央研究院中國文哲研究所，1994 年），頁 89-127；簡體字版《當代儒學的自我轉化》（北京：中國社會科學出版社，2001 年），頁 81-117。

文化的基礎之上。他們認為：外來的文化因素是不能直接移植的，而是必須通過自身傳統之內在發展與調適去吸納。自由主義者則認為：中國傳統文化在過去既未發展出科學與民主，其中顯然包含不利於其發展的因素，故欲求中國之現代化，就必須揚棄中國傳統文化（至少揚棄其核心部分，尤其是儒家傳統）。因此，在他們看來，新儒家堅持由儒學「開出」民主與科學，並無現實基礎，只是出於自我防衛之心理需要而已。不但如此，他們甚至認為：由於中國傳統文化產生了君主專制制度，新儒家提倡中國傳統文化，等於是為極權主義張目。

關於第二個問題，新儒家認為：民主政治必須建立在道德理想之基礎上，故政治自由必須預設道德自由。他們固然承認道德界與政治界之分際，但不認為這兩界是不相干的。他們也承認政治自由與道德自由之不同，並且理解單是提倡道德自由，對於民主政治之建立是不足的。但是他們反對截斷道德基礎、單從政治層面上主張自由與人權的自由主義。在他們看來，這種自由主義是無根的，根本不足以對抗以理想為號召的共產主義。

「儒學開出民主論」同時涉及這兩個問題。這項主張明白見諸 1958 年元月由唐君毅、牟宗三、張君勱及徐復觀四人聯名發表的〈為中國文化敬告世界人士宣言〉[3]。這篇〈宣言〉包括十二節，相關的論點見於第八、九節。他們在此承認：「中國文化歷史中，缺乏西方之近代民主制度之建立，與西方之近代的科學，及各種實用技術，致使中國未能真正的現代化工業化。」（頁 35）因此，「中國文化中須接受西方或世界之文化。」（頁 34）但是他們又強調：

---

[3] 此《宣言》原刊於香港《民主評論》第 9 卷第 1 期（1958 年 1 月 5 日）及臺灣《再生》第 1 卷第 1 期（1958 年 1 月），後收入張君勱著，程文熙編：《中西印哲學文集》（臺北：臺灣學生書局，1981 年），下冊，頁 849-904，以及張君勱：《新儒家思想史》（臺北：張君勱先生獎學金基金會，1980 年），頁 375-436（附全文英譯）；亦以〈中國文化與世界〉之名收入《唐君毅全集》卷 4（臺北：臺灣學生書局，1991 年），以及唐君毅：《說中華民族之花果飄零》（臺北：三民書局，1974 年），頁 125-192。以下引用此《宣言》時，直接標示《唐君毅全集》卷 4 之頁碼。

我們不能承認中國之文化思想，沒有民主思想之種子，其政治發展之內在要求，不傾向於民主制度之建立。亦不能承認中國文化是反科學的，自古即輕視科學實用技術的。（頁35）

我們說中國文化依其本身之要求，應當伸展出之文化理想，是要使中國人不僅由其心性之學，以自覺其自我之為一「道德實踐的主體」，同時當求在政治上，能自覺為一「政治的主體」，在自然界，知識界成為「認識的主體」及「實用技術的活動之主體」。（頁34）

因此，中國文化依其本身之要求，必須由「道德實踐的主體」自覺地「開出」「政治的主體」。其理由見於〈宣言〉第九節：

在過去中國之君主制度下，君主固可以德治天下，而人民亦可沐浴於其德化之下，使天下清平。然人民如只沐浴於君主德化之下，則人民仍只是被動的接受德化，人民之道德主體仍未能樹立，而只可說僅君主自樹立其道德主體。然而如僅君主自樹立其道德主體，而不能使人民樹立其道德的主體，則此君主縱為聖君，而其一人之獨聖，此即私「聖」為我有，即非真能成其為聖，亦非真能樹立其道德主體。所以人君若真能樹立其道德的主體，則彼縱能以德化萬民，亦將以此德化萬民之事本身，公諸天下，成為萬民之互相德化。同時亦必將其所居之政治上之位，先公諸天下，為人人所可居之公位。然而肯定政治上之位，皆為人人所可居之公位，同時即肯定人人有平等之政治權利，肯定人人皆平等的為一政治的主體。既肯定人人平等的為一政治的主體，則依人人之公意而制定憲法，以作為共同行使政治權利之運行軌道，即使政治成為民主憲政之政治，乃自然之事。由是而我們可說，從中國歷史文化之重道德主體之樹立，即必當發展為政治上之民主制度，乃能使人真樹立其道德的主體。（頁41-42）

　　他們在不同的場合強調：在君主專制的傳統政治格局中，儒家的「內聖」之學充其量只能建立「聖君賢相」的「德治」格局，這並非其調適上遂的發展。但〈宣言〉中所言，畢竟只是個思想綱領；為它提出完整哲學論證的是牟宗三先生。這些論證主要見諸其《歷史哲學》與《政道與治道》二書中。在《歷史哲學》中，他提出「綜和的盡理之精神」與「分解的盡理之精神」這組概念。在《政道與治道》中，他又提出「理性之運用表現與架構表現」和「理性之內容的表現與外延的表現」兩組概念。這三組概念所要表達的是同一個意思，其背後所依據的也是同一套思想間架[4]。牟先生將這套架構稱為「一心開二門」或「良知（道德主體）之自我坎陷」。

　　筆者曾詳細討論這套間架的涵義[5]，此處無意重述。筆者在此僅引述牟先生論「理性之運用表現與架構表現」的一段話，以概其餘：

> 凡是運用表現都是「攝所歸能」，「攝物歸心」。這二者皆在免去對立：它或者把對象收進自己的主體裡面來，或者把自己投到對象裡面去，成為徹上徹下的絕對。內收則全物在心，外投則全心在物。其實一也。這裡面若強分能所而說一個關係，便是「隸屬關係」（Sub-Ordination）。〔……〕而架構表現則相反。它的底子是對待關係，由對待關係而成一「對列之局」（Co-Ordination）。是以架構表現便以「對列之局」來規定。而架構表現中之「理性」也頓時即失去其人格中德性即具體地說的實踐理性之意義而轉為非道德意義的「觀解理

4　牟先生藉這三組概念來說明中國文化與西方文化所代表的不同觀念形態。在《歷史哲學》中，他提到中國文化中還有一種「綜和的盡氣之精神」，表現為英雄之精神與藝術性之精神，以及政治上「打天下」之精神。在《政道與治道》中，「理性之運用表現與架構表現」和「理性之內容的表現與外延的表現」兩組概念是可以互換的，但第一組概念之使用較為寬泛，第二組概念之使用則偏重於政治領域。

5　參閱拙作：〈論所謂「儒家的泛道德主義」〉，收入拙著：《儒學與現代意識》，頁106-115。

性」或「理論理性」，因而也是屬於知性層上的。[6]

依牟先生之意，儒家的良知屬於理性之運用表現，表現為實踐理性；而民主與科學須預設理性之架構表現，表現為理論理性。以民主政治來說，良知（道德主體）並不直接要求民主政治，而是要先轉為理論理性，然後才能藉由制度性思考建立民主憲政。這個辯證的過程便是所謂的「良知之自我坎陷」。

牟先生認為：中國文化偏重於「理性之運用表現／內容的表現」，西方文化則偏重於「理性之架構表現／外延的表現」，而民主政治之建立與現代科學之發展屬於後者。他藉此說明中國在歷史上未發展出民主政治與現代科學的原因。在另一方面，他又指出：從前者未必無法開展出後者，只是這種開展並非直接的過程，而是間接的辯證過程。在政治的領域，「理性之內容的表現」至多只能建立「仁者德治」的觀念，其不足之處在於：

> 一，可遇而不可求；二，「人存政舉，人亡政息」，不能建立真正的法治；三，只從治者個人一面想，擔負過重，開不出「政治之自性」。由此三點，再加上得天下方面「推薦，天與」一觀念之不能立起，遂迫使我們必須進到「理性之外延的表現」。[7]

當代新儒家的「儒學開出民主論」使他們一方面有別於拒絕現代民主制度的儒家保守派與質疑西方民主制度的「亞洲價值」論者，另一方面又有別於將儒家傳統視為與現代民主制度不相容的西化派（包括大部分中國自由主義者與部分華人耶教徒）。對於拒絕西方民主制度的人而言，這套理論自然是不必要的。例如，以「大陸新儒家」為標榜的蔣慶便主張「創立具有中國

---

[6]　牟宗三：《政道與治道》（臺北：臺灣學生書局，1987 年），頁 52-53；亦見《牟宗三先生全集》（臺北：聯經出版事業公司，2003 年），第 10 冊，頁 58。以下引用牟先生的著作時，以方括號將全集本的冊數及頁碼直接置於原版頁碼之後。

[7]　牟宗三：《政道與治道》，頁 140〔10: 155〕。

特色的政治制度」，而指摘唐、牟、徐、張等人要求從儒學開出民主制度，是放棄儒學特有的自性與立場而向西方文化靠攏，實際上是一種變相的「西化論」[8]。對於主張直接從西方移植民主制度的自由主義者（如殷海光、林毓生、李鴻禧[9]）而言，這套理論無疑也是多餘的。例如，殷海光便將當代新儒家的這類思想視為一套「自我防衛的機制」[10]。有些華人基督徒也特別強調西方耶教對現代民主的貢獻，而將中國之所以未能建立民主制度歸咎於中國傳統文化。對於他們而言，「儒學開出民主論」顯然是荒謬的。

「亞洲價值」的提倡者（如新加坡的李光耀、馬來西亞的馬哈地）提出一個有爭議性的問題：現代西方建立的民主制度是否體現一種普遍價值？唐、牟、徐、張四人均肯定現代西方民主制度的普遍意義，而這種肯定係基於他們（尤其是徐復觀與張君勱）對中國傳統君主專制制度的反省與批判。在他們看來，傳統儒家與君主專制制度之結合是歷史的機緣所造成的。這種結合固然使儒家思想成為主導中國歷史發展的力量，但也使儒家的理想受到嚴重的歪曲，而付出慘痛的代價。在此他們見到現代西方民主制度的普遍意義，因而主張中國的民主化。但是在另一方面，他們深刻體認到：傳統文化是形塑我們的主體（包括個人與文化的主體）之背景，而非如殷海光所言，是可以任意更換的工具，亦非如若干華人耶教徒所期待的，可以全面更替。這項觀點與當代社群主義（communitarianism）關於「自我」的觀點不謀而

8　蔣慶：《政治儒學：當代儒學的轉向、特質與發展》（臺北縣：養正堂文化事業公司，2003 年），頁 82-83, 174-175。

9　李鴻禧曾在一場座談會中表示：日本在明治維新時期也採取類似中國「中學為體，西學為用」的態度，「與儒家文明作藕斷絲連的穿插和溫存」，及至在二次大戰戰敗後引進英美文化，始擺脫儒家文化的包袱，而完成國家整體的現代化。其發言見〈提綱挈領談新儒家與中國現代化〉，《中國論壇》，第 15 卷第 1 期（1982 年 10 月 10 日），頁 36-37。在臺灣戰後的戒嚴期間，李鴻禧以自由主義為標榜，反對中國國民黨政府的戒嚴體制。但在 2000 年民主進步黨取得執政權之後，他卻為該黨的民粹主義大力辯護，擁護貪腐的陳水扁政府，可說完全背棄了自由主義的精神。

10　見殷海光為 1958 年 5 月 1 日出刊的《自由中國》（第 18 卷第 9 期）所撰寫之社論〈跟著五四的腳步前進〉（頁 4）；亦見林正弘主編：《殷海光全集》（臺北：桂冠圖書公司，1990 年），第 11 冊：《政治與社會（上）》，頁 577。

合。因此，新儒家強調：中華民族建立民主制度的過程並非如自由主義者所想像的那樣，只是一個自外加添的過程，而應當是中華民族自覺地以精神主體的身分開展其文化理想的過程。換言之，「民主」的理念固然是普遍的，但其證成（justification）卻可以是特殊的。在這個意義下，「儒學開出民主論」可說是民主政治之一種「儒家式的證成」。

最後，筆者要討論當代新儒家的「儒學開出民主論」在臺灣民主化的過程中所發揮的作用。首先要指出：臺灣的自由派與新儒家的論戰基本上是學術界內部的論戰，對臺灣的現實政治並無直接的影響。這猶如我們很難想像羅爾斯（John Rawls, 1921-2002）的《正義論》（*A Theory of Justice*）對美國的選舉有直接的影響。因此，新儒家的這套理論對臺灣的民主化至多只能有間接的影響。

1949 年甫從中國大陸敗退到臺灣的中國國民黨（以下簡稱「國民黨」）政府宣布臺灣進入戒嚴體制，頒布種種禁令，其中包括禁止成立新政黨。當時除了國民黨之外，只有中國青年黨與中國民主社會黨隨國民黨遷移到臺灣。但這兩個黨的黨員極少，而且得靠國民黨的資助才能維持下去，故被視為「花瓶政黨」。1960 年《自由中國》雜誌的發行人雷震號召包括外省及本土精英在內的反對派籌組新政黨，而遭到國民黨政府的鎮壓，雷震被捕入獄，《自由中國》也因之停刊。這一波組黨運動的失敗使臺灣長期處於國民黨一黨獨大的局面。直到 1986 年以臺灣本土精英為主的反對派不顧戒嚴令，宣布成立民主進步黨（以下簡稱「民進黨」），這種局面才被打破。但這次國民黨並未鎮壓這個新政黨，反而順應民意，於次年宣布結束戒嚴體制，使臺灣真正開始步上民主政治之途。2000 年民進黨在總統大選中獲勝，完成了第一次的政黨輪替，使臺灣進入了以兩大黨為主導的政治局面，臺灣的民主政治邁進了一大步。2008 年國民黨透過選舉重新取得中央政府的執政權，完成了第二次的政黨輪替，臺灣的民主政治得到進一步的鞏固。在民進黨組黨的過程中，由本土精英主導的本土化運動是主要的動力，自由主義則為輔佐的力量。但諷刺的是，隨著民進黨的茁壯，自由派的陣營卻因民粹主義的侵蝕而分裂，進而邊緣化。最後，民粹主義取代了自由主義，自

由主義只剩下微弱的聲音。

相形之下,新儒家的聲音在臺灣民主化的過程中則相對地沉寂。加以他們對中國傳統文化的肯定態度在表面上似乎呼應了國民黨藉由儒家傳統所進行的黨化教育,所以有人指摘新儒家在臺灣民主化的過程中缺席,甚至阻礙了臺灣的民主化。這種指摘其實有失公允。因為新儒家所提倡的民主並非威權式的民主(如我們在新加坡所見到的),而是不折不扣的議會民主。張君勱是 1947 年在南京頒布、而迄今仍在臺灣沿用的「中華民國憲法」之起草人。儘管這部憲法之實施因國民黨政府的戒嚴令而大打折扣,但在本質上仍是不折不扣的民主憲法。1949 年以後,儘管張君勱在名義上仍是中國民主社會黨的主席,但他卻因反對蔣介石的戒嚴政策而長年流寓國外,藉講學宣揚儒家哲學。徐復觀則長期在香港的報刊上撰文,除了批評中國共產黨之外,也不時批評國民黨,而支持臺灣的反對派。後來他的言論得罪了國民黨的官僚,而導致《民主評論》於 1966 年停刊,他自己也離開臺灣,到香港任教。因此,說新儒家在臺灣民主化的過程中缺席,實非公允之論。

自 1911 年的革命結束了中國的帝制之後,儒家傳統喪失了作為國家意識形態的地位,而中國共產黨又進一步以馬克思主義取代儒家傳統的正統地位。但是中國共產黨在 1980 年代初期開始進行開放政策之後,大陸的學界與民間對包括儒家在內的中國傳統文化之興趣迅速恢復,而出現所謂「儒學熱」的現象[11]。在臺灣,儘管民進黨於 2000 年取得政權後,致力於推行「去中國化」的政策,但是臺灣社會依然保存了深厚的中國傳統文化。在這種情況下,我們實在很難想像:在臺灣推行民主化,可以不處理民主政治與中國傳統文化(尤其是儒家傳統)的關係。在這個意義下,「儒家傳統與民主制度如何結合」的問題決不只是心理調適或民族自尊的問題,而是具有重

---

11 參閱拙作:〈解讀當前中國大陸的儒學熱〉,收入李明輝編:《儒家思想在現代東亞:總論篇》(臺北:中央研究院中國文哲研究所,1998 年),頁 81-98。亦參閱 Ming-huei Lee: "Das 'Konfuzianismus-Fieber' im heutigen China", in: Ralf Moritz/Ming-huei Lee (Hrsg.), *Der Konfuzianismus: Ursprünge – Entwicklungen – Perspektiven* (Leipzig: Leipziger Universitätsverlag, 1998), S. 235-248.

大的現實意義。套用德國學者羅哲海（Heiner Roetz）的說法，這屬於一種「重建的調適詮釋學」（reconstructive hermeneutics of accommodation）[12]。社會學家金耀基也有類似的看法，因為他主張：經過重構的儒學可以與民主制度結合起來，成為「民主的儒家」（democratically Confucian），但非「儒家民主」（Confucian democracy）——前者是以民主為主導性因素來搭配儒學，後者是以儒學為主導性因素來搭配民主政治[13]。

再就理論效力而言，新儒家反覆強調民主政治與中國傳統文化之間並無本質的矛盾。這對臺灣的政治精英產生了儘管間接的、但卻難以估計的影響。在臺灣民主化的過程中，並未出現以國情不同為理由而從原則上拒絕西方民主制度的聲音（如「亞洲價值論」）。即使實施戒嚴體制的國民黨政府也只是強調當時臺灣的特殊處境（面對中共的嚴重威脅）不宜於立即全面採行民主制度，而未根本拒絕民主制度。對比於「伊斯蘭基本教義派」（Islamic fundamentalism）對民主制度的抗拒，臺灣在民主化的過程中並未出現革命或大規模的暴力，而兩次的政權輪替也相對地平順。在這一點上，新儒家的穩健政治立場似乎不無貢獻。新儒家的政治觀點或許不會得到臺灣的自由派與本土派政治精英之認同，但是它對國民黨員或親國民黨的政治精英卻有潛移默化的作用，使他們體認到民主化是臺灣必走的道路，而減緩了他們了對民主化的抗拒。如上文所提到，大陸儒家蔣慶主張以儒家取代馬克思主義，反對中國採行西方的民主制度，因為他認為這形同向西方文化投降。在筆者看來，這種「儒家基本教義派」（Confucian fundamentalism）並未出現於臺灣，正可反顯出新儒家對臺灣民主化的無形貢獻。

（原刊於 *Asian Studies* (Ljubljana), Vol. 2, No. 1 [2014], pp. 7-18.）

---

[12] Heiner Roetz: "The 'Dignity within Oneself': Chinese Tradition and Human Rights", in: Karl-Heinz Pohl, ed., *Chinese Thought in a Global Context* (Leiden: Brill, 1999), p. 257.

[13] Ambrose Y. C. King: "Confucianism, Modernity, and Asian Democracy", in: Ron Bontekoe/Marietta Stepaniants, eds., *Justice and Democracy: Cross-Cultural Perspectives* (Honolulu: University of Hawaii Press, 1997), pp. 174f.

「實踐必然性」與「內在要求」
──回應陳瑞麟教授

　　1988 年 12 月筆者在香港法住文化學院主辦的「唐君毅思想國際會議」中宣讀〈儒學如何開出民主與科學？──與林毓生先生商榷〉一文[1]，以回應林毓生的〈新儒家在中國推展民主與科學的理論面臨的困境〉一文[2]。林文係針對當代新儒家唐君毅、牟宗三、張君勱、徐復觀四人於 1958 年聯名發表的〈為中國文化敬告世界人士宣言〉[3]中所提出「儒學開出民主與科學」之說（以下簡稱「開出說」）而發。

　　這篇〈宣言〉共包括十二節，相關的論點主要見於第八、九節。首先，他們在第八節〈中國文化之發展與科學〉中承認：

---

[1] 此文最初刊於臺灣《當代》雜誌，第 34 期（1989 年 2 月），頁 114-125；其後收入霍韜晦編：《唐君毅思想國際會議論文集》（香港：法住出版社，1990 年），第 4 冊，頁 125-140；亦收入拙著：《儒學與現代意識》（臺北：臺灣大學出版中心，2016 年，增訂版），頁 1-21。

[2] 《中國時報・人間副刊》，1988 年 9 月 7/8 日；後易題為〈新儒家在中國推展民主的理論面臨的困境〉，收入其《政治秩序與多元社會》（臺北：聯經出版事業公司，1989 年），頁 337-349。

[3] 原刊於《民主評論》，第 9 卷第 1 期（1958 年 1 月 5 日）及《再生》，第 1 卷第 1 期（1958 年 1 月），後收入張君勱著，程文熙編：《中西印哲學文集》（臺北：臺灣學生書局，1981 年），下冊，頁 849-904，以及張君勱：《新儒家思想史》（臺北：張君勱先生獎學金基金會，1980 年），頁 375-436（附全文英譯）；亦以〈中國文化與世界〉之名收入《唐君毅全集》卷 4（臺北：臺灣學生書局，1991 年），以及唐君毅：《說中華民族之花果飄零》（臺北：三民書局，1974 年），頁 125-192。以下引用此《宣言》時，直接標示《唐君毅全集》卷 4 之頁碼。

〔……〕中國文化歷史中，缺乏西方之近代民主制度之建立，與西方之近代的科學，及各種實用技術，致使中國未能真正的現代化工業化。（頁 35）

因此，他們也承認：「中國文化中須接受西方或世界之文化。」（頁 34）但是，他們反對「只是想由**加添法**來擴大中國文化之理想，而沒有注意到此文化之本身要求向什麼方向伸展其理想之問題」（頁 34）[4]。是故，他們又強調：

我們不能承認中國之文化思想，沒有民主思想之種子，其政治發展之**內在要求**，不傾向於民主制度之建立。亦不能承認中國文化是反科學的，自古即輕視科學實用技術的。（頁 35）

我們說中國文化**依其本身之要求**，應當**伸展出**之文化理想，是要使中國人不僅由其心性之學，以自覺其自我之為一「道德實踐的主體」，同時當求在政治上，能自覺為一「政治的主體」，在自然界，知識界成為「認識的主體」及「實用技術的活動之主體」。這亦就是說中國需要真正的民主建國，亦需要科學與實用技術。（頁 34）

中國今雖尚未能完成其民主建國之事業，然我們卻不能說中國政治發展之**內在要求**，不傾向於民主制度之建立，更不能說中國文化中無民主思想之種子。（頁 39）

以上三段引文中的黑體字均為筆者所使用。所謂「開出說」係在相關的討論中形成的，林毓生在其文中便使用「開出」一詞來概括其義。他指出：「開

---

[4]　黑體字為筆者所標示。

出」一詞是牟宗三常用的詞語[5]。〈宣言〉本身則是使用「伸展出」一詞。其實，在這個問題脈絡中，牟宗三更常使用的是「轉出」一詞（特別是在其《政道與治道》一書中）。〈宣言〉中也有一次使用「轉出」一詞來表達此義（頁 40 第 5 行）。無論使用「開出」、「轉出」，還是「伸展出」，都無所謂。關鍵是要了解：其實義係落在「內在要求」或「依其本身之要求」之說。此說係對比於「加添法」而言，可以說是〈宣言〉中「開出說」的關鍵字眼。

〈宣言〉中所謂的「加添法」不無影射臺灣的自由主義者之意。因為臺灣的自由主義者（如胡適、殷海光、張佛泉）否認中國傳統文化（包括儒家文化）中有現代意義的民主與科學，而主張向西方學習民主與科學。林毓生的上述論文也可說是對「內在要求」說的回應。但林毓生在文中只討論儒學與民主的關係，而忘了討論儒學與科學的關係。或許由於這個緣故，他後來將此文收入其論文集《政治秩序與多元社會》時，便刪去原先標題中的「與科學」三字，以求名實相副。

〈宣言〉在第九節〈中國文化之發展與民主建國〉中列舉出中國文化在思想與制度兩方面的民主「種子」。林毓生在轉述了這些說法之後，評論道：

> 從嚴格的思想意義上看，上述兩點意見並不蘊涵「宣言」中所一再強調的**必然性**；中國傳統文化內在並不必然有要求與發展民主的思想資源。〔……〕上述「宣言」中的兩點意見最多只能說中國傳統文化中蘊涵了一些思想資源，它們與民主思想與價值並不衝突；但它們本身卻並**不必然會從內在要求**民主的發展。[6]

由此可見，林毓生係就「內在要求」來理解「儒學開出民主」的必然性。

5　林毓生：《政治秩序與多元社會》，頁 339。
6　同上書，頁 340。黑體字為筆者所標示。

　　筆者在上述的回應文章中特別指出：林毓生將〈宣言〉中所說的「必然性」或理解為邏輯的必然性，或理解為因果的必然性，其實都是誤解。依筆者的理解，這種必然性是指**實踐的**必然性，而且就道德主體之要求發展民主與科學，並非出之以直接的方式，而是在一辯證的歷程中要求之，這種必然性又可稱為**辯證的必然性**。牟宗三後來藉「良知的自我坎陷」之說來詮釋這種「辯證的必然性」。筆者為「開出說」辯護的策略著重於釐清這種必然性的真正涵義，以凸顯林毓生對其涵義的誤解，從而顯示其批評係無的放矢。其論證過程俱見於該文，此處不再贅述。

　　拙文發表多年，林毓生本人從未回應。不意事隔二十餘年之後，2011年陳瑞麟發表了〈牟宗三「科學開出論」的形上學困難——以儒家思想為本的中國文化可以開出現代科學嗎？〉一文[7]，試圖彌補林毓生當年忽略的問題，而從當代「科學底哲學」（philosophy of science）的角度來質疑「儒學開出現代科學」（以下簡稱「科學開出論」）的必然性。他在文中也提到筆者當年與林毓生商榷的論文，等於是代替林毓生回應了筆者的商榷。陳瑞麟是專研「科學底哲學」卓然有成的學者，而「科學底哲學」並非筆者的專長，故在這方面筆者不能贊一詞。但其論文的牽涉面極廣，他也評論了牟宗三與康德的科學觀。在此首先要強調：牟宗三的「科學開出論」並不是一套「科學底哲學」，其目的並不在於說明科學是什麼。當然，這不能排除牟宗三自己對科學有一套看法。不過，這兩個問題並不屬於同一個層次[8]。本文的討論將聚焦於他對牟宗三的「科學開出論」之質疑，附帶涉及他對牟宗三與康德的科學觀之質疑。

　　陳瑞麟在文中先介紹二十世紀邏輯實證論的科學觀，然後指出：二十世紀八十年代以後，「後孔恩的科學觀」取代了「邏輯實證論的科學觀」。接著，他斷言：「事實上，牟宗三的科學觀基本上也是『邏輯實證論式的』，

7　此文刊於《國立臺灣大學哲學論評》，第 42 期（2011 年 10 月），頁 43-78。

8　陳瑞麟似乎也明白這點，因為他在文中表示：「〔……〕牟宗三（和其他新儒家或後新儒家）似乎從來沒有專門針對『科學是什麼』提出一個完整的答案，當然這並不表示牟宗三沒有他自己的『科學觀』。」（頁 66）

或者更好說是『康德版的邏輯實證論』〔……〕」（頁 66-67）本文不擬詳細討論所謂「邏輯實證論的科學觀」與「後孔恩的科學觀」之細節，而是要質疑他對牟宗三的「科學開出論」與科學觀之理解。陳瑞麟對牟宗三的科學觀提出了不少評論，例如他說：「其實牟宗三對邏輯實證論（經驗論）的理解並不完整，或者說他以羅素來代表邏輯實證論。」（頁 67 註 21）筆者則是要指出：陳瑞麟對牟宗三科學觀的理解並不完整。因為他所根據的著作主要是牟宗三的《現象與物自身》與《中西哲學之會通十四講》。他似乎不知道：要了解牟宗三的科學觀，最主要的參考著作是其《認識心之批判》，其次是其《智的直覺與中國哲學》。這兩本著作甚至未列入其論文的參考文獻中。以如此薄弱的文獻基礎，誰會相信陳瑞麟對牟宗三的科學觀有客觀而完整的理解呢？

　　讓我們回到牟宗三的「科學開出論」。撇開細節問題不談，陳瑞麟對牟宗三此說的主要誤解見於以下一段文字：

> 「實踐的必然性」更精確的說法應是「要實現一實踐目標的必要手段」，亦即「如果要達成儒家的實踐目標，則必然要求開出現代科學」。問題是，(1)「必然性」的客觀意義是「合理設想其它可能性是矛盾的或不可能的」；或者用可能世界的語意學來說是「在所有可能世界都是相同的」。因此，「必然性」蘊涵「唯一」。可是從儒家思想內在要求來發展出現代科學，是唯一的手段嗎？〔……〕其次，(2)這樣的「實踐目標的必然要求」預設「現代科學必然能幫助實現儒家的實踐目標」。但是這個預設是真的嗎？很有可能，現代科學不僅不能幫助儒家實現的〔「的」字為衍文〕其實踐目標，而且還與之相衝突（因為兩者的形上學信念極不相同）。再來，(3)新儒家「實踐的必然要求」其實是因為他們在二十世紀早期的脈絡下判斷，現代科學能夠提供強大的力量給予中國文化復興，以抵抗西方強權與文化的「入侵」（這預設儒家本位主義）。但是，這種「力量」不見得是原始儒家和宋明理學主張的實踐工具。（頁 61-62）

如上文所述，「內在要求」是〈宣言〉中使用的說法，「實踐的必然性」則是筆者借自康德的說法，藉以詮釋「內在要求」的意涵。首先，筆者要強調：所謂「實踐的必然性」係相對於「邏輯的必然性」與「因果的必然性」而言。然而從上一段引文看來，陳瑞麟顯然將「實踐的必然性」理解為「因果的必然性」。因此，我們有必要進一步探討康德所謂「實踐的必然性」之意涵。

其實，在康德的用法當中，「實踐的必然性」一詞是有歧義的。在《道德底形上學之基礎》（以下簡稱《基礎》）第二章，他寫道：

> 今一切令式或是假言地（hypothetisch），或是定言地（kategorisch）
> 發出命令。前者表明一個可能的行為之實踐必然性，而這個行為是達
> 成我們所意願的（或者可能意願的）另一事物之手段。[9]

此處所謂的「實踐必然性」係指假言令式所表示的必然性，亦即目的與手段之間的必然關聯。我們不妨稱之為「實踐必然性」的第一種意義。在這個脈絡中，康德寫道：「若一個行為是促進幸福的手段，則表明這個行為底實踐必然性的假言令式是實然的。」[10]康德依最狹義，將「我們在選擇達到自己最大福祉的手段時的技術」稱為「明哲」（Klugheit）[11]。然而他接著指出：「嚴格而論，明哲底令式決無法下命令，也就是說，無法客觀地表明行為底實踐必然性。」[12]

因此，康德在另一個脈絡中使用「實踐必然性」一詞。他提出定言令式的第三項程式，即通常所謂的「自律底程式」：「不要做任何行為，除非所依據的格律也能自相一致地作為一項普遍法則，且因此僅如此行動，**即意志**

---

[9]　Kant: *Grundlegung zur Metaphysik der Sitten* (以下簡稱 *GMS*), in: *Kants Gesammelte Schriften* (Akademieausgabe, 以下簡稱 *KGS*), Bd. 4, S. 414. 底線為筆者所標示。

[10]　同上註，頁 415。底線為筆者所標示。

[11]　同上註，頁 416。底線為筆者所標示。

[12]　同上註，頁 418。底線為筆者所標示。

能憑其格律同時自視為普遍法則底制定者。」[13]接著他寫道：

> 依這項原則而行動的實踐必然性（亦即義務）決非基於情感、衝動和
> 愛好，而是僅基於有理性者彼此間的關係；在這種關係中，一個有理
> 性者底意志必須始終同時被視為**立法者**，因為不然的話，這個有理性
> 者便無法將有理性者設想為**目的自身**。[14]

顯而易見，這裡所談到的「實踐必然性」並非表示目的與手段之間的關係，
而是定言令式所表達的必然性。我們不妨稱之為「實踐必然性」的第二種意
義。

我們只能藉由經驗去認識目的與手段之間的關係，而對康德來說，道德
法則不能建立在經驗之上。因此，他指出：

> **經驗的原則**完全不適於作為道德法則底根據。因為如果道德法則底根
> 據係得自**人性底特殊構造**或人性所處的偶然情境，則使道德法則應一
> 律適用於所有有理性者的那種普遍性——即因此而被加諸道德法則之
> 無條件的實踐必然性——便喪失了。[15]

康德在「實踐必然性」之前加上「無條件的」這個限定詞，也是為了區別於
假言令式所表示的必然性。對比於「實踐的必然性」，康德將這種建立在經
驗基礎之上的必然性稱為「自然的必然性」（physische Notwendigkeit）[16]。

在《基礎》的第三章，康德討論到道德法則與意志自由的關係時寫道：

> 因此，似乎我們根本只在自由底理念中預設道德法則（即意志本身底

---

[13] 同上註，頁 434。

[14] 同上註。底線為筆者所標示。

[15] 同上註，頁 442。底線為筆者所標示。

[16] Kant: *Kritik der praktischen Vernunft* (以下簡稱 *KpV*), in: *KGS*, Bd. 5, S. 26.

自律之原則），而無法獨自證明其實在性和客觀必然性。而由於我們至少比過去所做到的還更確切地決定了真正的原則，我們在這裡誠然仍有極可觀的收穫；但對於這項原則底有效性及「必須服從它」的<u>實踐必然性</u>，我們並無進一步的了解。[17]

康德的意思是說：「自由」的理念必須預設上文藉「自律底程式」所表達的道德法則，但是這無助於我們進一步了解道德法則之無條件的「實踐必然性」。因為我們若是要將道德法則當作一項知識對象來說明其「實踐必然性」，就得藉由目的與手段的關聯來加以說明。但這樣一來，道德法則就被置於目的與手段所構成的條件系列中，而其「實踐必然性」也不再是無條件的了。在這種情況下，道德法則的「實踐必然性」並未得到解釋（explained），而是被「解釋掉」（explained out）了。

唯有在這個意義下，我們才可以理解康德在《基礎》的〈結語〉中所言：

> 我們對道德底最高原則的推證並無差錯，而是受到一種我們必須加諸一般而言的人類理性之指摘，此即：人類理性無法使一項無條件的實踐法則（定言令式必然也是如此）之絕對必然性可理解。因為我們不能責怪人類理性不願藉一項條件（即藉某種作為基礎的興趣）去做到這點；因為這樣一來，這項法則就不是道德法則（自由底最高法則）了。是以，我們固然不理解道德令式之無條件的<u>實踐必然性</u>，但我們卻理解其**不可理解性**。[18]

簡言之，道德法則之不可理解性並非由於我們的理性之無知，而是由於其無條件的實踐必然性，亦即由於它無法化約為目的與手段的關係。康德有

---

[17] *GMS, KGS*, Bd. 4, S. 449。底線為筆者所標示。

[18] 同上註，頁463。

時也將這種無條件的實踐必然性稱為「道德的必然性」（moralische Not-
wendigkeit）[19]。

　　根據以上所述，康德所謂的「實踐必然性」主要是指道德法則對我們的
強制性或約束性（第二種意義）。然而在《判斷力批判》中，康德還將「實
踐必然性」的概念應用到另一個脈絡中。在該書第 87 節〈論上帝存在之道
德論證〉，康德重提他在《實踐理性批判》中討論過的「最高善」問題。他
指出：道德法則先天地為我們決定了一項終極目的，而且使得追求該項目的
成為我們的責任，這項終極目的即是「藉由自由而可能的在世間的最高
善」；而「最高善」是幸福與道德之一致[20]。接著他寫道：

> 但是根據我們的一切理性能力，我們不可能將道德法則交付於我們之
> 終極目的底這兩項要求設想為僅藉由自然原因而**聯結起來**，並且符合
> 於上述的終極目的之理念。因此，如果除了自然底因果性之外，我們
> 不將任何其他（關於一項手段）的因果性與我們的自由聯結起來，則
> 藉由我們的能力之應用，這樣一項目的底**實踐必然性**之概念與這項目
> 的之達成底**自然可能性**之理論性概念不相協調。
> 是故，我們必須假定世界底一個道德的原因（一個創世者），以便根
> 據道德法則而為我們預設一項終極目的，而且只要後者是必然的，則
> （可以說，依相同的程度，並且根據相同的理由）前者也必然要被假
> 定，亦即有一個上帝存在。[21]

這兩段文字需要略加說明。康德的意思大略如下：「最高善」是道德法則先
天地為我們決定的一項「終極目的」（Endzweck），但是道德法則僅要求
我們**追求**、而非**達成**「最高善」。因為「最高善」之達成意謂使幸福與道德
成比例地聯結起來，而這並非我們人類有限的理性能力所能保證的。如果我

---

[19] *KpV*, *KGS*, Bd. 5, S. 81.

[20] 同上註。

[21] Kant: *Kritik der Urteilskraft*, *KGS*, Bd. 5, S. 450.

們僅憑藉我們的理性能力,根據自然底因果性,而不憑藉任何「其他(關於一項手段)的因果性」(在此暗示上帝的力量之介入),我們便無法使「最高善」的「實踐必然性」在世間得以實現。是故,我們必須假定上帝的存在,才能說明「最高善」的「實踐必然性」。反過來說,只要「最高善」具有「實踐必然性」,我們也必然要假定上帝的存在[22]。

　　當康德談到道德法則的「實踐必然性」與最高善的「實踐必然性」時,其間有一項微妙的區別。一方面,道德法則的要求是在我們的能力範圍之內,符合倫理學中所謂「應當涵蘊能夠」("Ought implies can.")之義[23];在此意義下,道德法則具有「實踐必然性」(第二種意義)。然而在另一方面,「最高善」之達成雖非我們之力所能及,而需要憑藉上帝之介入來保證,但就道德法則要求我們去追求它而言,它依然具有「實踐必然性」。我們不妨將後一意義的「實踐必然性」稱為第三種意義的「實踐必然性」。這兩種意義的「實踐必然性」是相關聯的:第三種意義的「實踐必然性」是從第二種意義的「實踐必然性」衍生出來的。

　　筆者之所以辨析康德所謂的「實踐必然性」之三種意義,是為了說明:當筆者藉「實踐必然性」的概念來說明〈宣言〉所謂「現代科學與民主是儒學的內在要求」之義時,係就「實踐必然性」的第二種與第三種意義而言,而非就其第一種意義而言。因為如上文所述,筆者係相對於「邏輯必然性」與「因果必然性」而使用「實踐必然性」一詞,而既然目的與手段之間的關係也是一種因果關係,則第一種意義的「實踐必然性」可以被涵蓋於「因果必然性」之內。事實上,康德在《判斷力批判》的〈導論〉初稿中寫道:

---

[22]　關於康德構思上帝存在的道德論證之過程,參閱拙作:〈康德的「何謂『在思考中定向』?」及其宗教哲學意涵〉,《國立政治大學哲學學報》,第 29 期(2013 年 1月),頁 155-186。

[23]　例如,康德在《實踐理性批判》中曾強調:「滿足道德底定言命令,永遠是每個人力所能及〔……〕」(*KGS*, Bd. 5, S. 36f.)又如他在〈論俗語所謂:這在理論上可能是正確的,但不適於實踐〉一文中寫道:「人意識到:由於他應當這麼做,他就能夠做到。」(*KGS*, Bd. 8, S. 287)

〔……〕關於我們能視為**實踐**（praktisch）者（就它因此值得被納入
一門實踐哲學而論），有一項重大的、且甚至對學問底討論方式極為
不利的誤解。人們曾以為可將治國之術、國家經濟、家政準則和社交
準則、健康之道，以及心靈和肉體底攝生法均歸諸實踐哲學（何不乾
脆將所有行業和技術均歸入其中？）；因為它們畢竟均包含一套實踐
命題。然而，實踐命題固然在設想方式上有別於理論命題（這些命題
涉及事物底可能性及其決定），但並不因此即在內容上與之有別，而
是唯有探究依乎法則的**自由**的那些實踐命題才與之有別。[24]

「治國之術、國家經濟、家政準則和社交準則、健康之道，以及心靈和肉體
底攝生法」等所包含的實踐命題其實都是假言命題，它們所表達的無非是目
的與手段之間的關係，故康德不將它們歸入實踐哲學之中。反之，唯有「探
究依乎法則的**自由**的那些實踐命題」（亦即關乎道德法則的命題）才真正屬
於實踐哲學。

　　這足以顯示陳瑞麟的根本錯誤之所在：他像林毓生一樣，將「實踐必然
性」誤解為「因果必然性」。**此處一錯，全盤皆錯。**〈宣言〉並非主張：現
代科學與民主是達成儒家價值的唯一手段。在現代的民主理論當中，有關於
「民主制度是否僅具有工具價值？」的辯論。〈宣言〉的簽署者決不會同意
「民主制度僅具有工具價值」之說，而當會同意美國政治學者安德森
（Elizabeth Anderson）的主張：民主制度不僅具有工具價值，而是民主的生
活方式可作為正義的問題而被證明為合理[25]。

　　類似地，〈宣言〉的簽署者固然不會否認現代科學的工具價值（誰能
否認呢？），但其觀點並不會停留於此。美國學者安靖如（Stephen
Angle）在最近發表的一篇論文中為牟宗三的「自我坎陷」之說辯護。儘管

---

[24] Kant: "Erste Einleitung in die Kritik der Urteilskraft", *KGS*, Bd. 20, S. 195f.
[25] 參閱 Elizabeth Anderson: "Democracy: Instrumental vs. Non-Instrumental Value", in: Thomas Christiano/John Christman, eds., *Contemporary Debates in Political Philosophy* (Malden/MA: Blackwell, 2009), pp. 213-227.

他承認牟宗三的「自我坎陷」之說在若干細節上說得不清楚，有時甚至會引起誤解，但他基本上依然認為：「它仍然是一個有力而連貫的理論。對於儒學的未來而言，這一理論至關重要。」[26]其辯護的要點如下：

> 我對於自我坎陷說的中肯的辯護，其關鍵在於：道德倫理價值和那些從自我坎陷的角度得以突顯的價值是彼此密切相關的。也就是說：1.自我坎陷的觀點中內在地包含價值和規範；2.這些價值和規範既受到我們以之為起點的根本道德倫理價值的影響，同時也反過來對那些道德倫理價值發生影響。[27]

安靖如並未像陳瑞麟那樣，將儒家的基本價值與藉由自我坎陷而凸顯的價值（如現代科學與民主）理解為目的與手段之間的關係，從而避開了陳瑞麟所犯的錯誤。安靖如將兩者的關係理解為相互影響的關係，並且強調前者內在地包含後者。這種說法並不算錯，但是還不夠明確。不過，他的說法至少顯示：「科學開出論」與其說是要提出一套「科學底哲學」，以說明科學知識是什麼，不如說是要說明儒家的良知如何面對包括現代科學在內的知識。當然，牟宗三可能有他的科學觀，但是其科學觀與其「自我坎陷」之說並不屬於同一層次。因此，陳瑞麟從「科學底哲學」的觀點來批評「自我坎陷」之說，可說是弄錯了焦點。

康德在《純粹理性批判》第二版〈前言〉中有一句名言：「我必須揚棄知識，以便為信仰取得位置。」[28]必須說明的是：康德在這裡所說的「信

---

26 安靖如：〈牟宗三論自我坎陷：詮釋與辯護〉，《中國儒學》（北京），第 7 輯（2012 年 9 月），頁 470。

27 同上註，頁 478。

28 "Ich Mußte also das **Wissen** aufheben, um zum **Glauben** Platz zu bekommen [...]" 語出 Kant: *Kritik der reinen Vernunft* (以下簡稱 *KrV*), hrsg. von Raymund Schmidt (Hamburg: Felix Meiner, 1976), BXXX. (A＝1781 年第一版，B＝1787 年第二版) 底線為筆者所加。以下引述此書時，直接標註這兩個版本的頁碼。

仰」，並不是指宗教信仰，而是指他所謂的「理性信仰」（Vernunftglaube）
或「道德信仰」（moralischer Glaube）。這句話是康德哲學的總綱領，用
以界定道德與知識的關係，勞思光很恰當地以「窮智見德」一語來表述此
義[29]。康德在此使用「揚棄」（aufheben）一詞，特別值得玩味。德文中的
aufheben 是個很奇妙的字眼，因為它同時包含「取消」、「提升」與「保存」
三義。所以，後來黑格爾用此詞來形容辯證法中的發展過程。中國的黑格爾
研究者結合此詞的第一、二義，將它翻譯為「揚棄」[30]，亦不失為妙譯[31]。
康德的這句話表明：道德與知識（包括科學知識）的關係是一種上下統屬的
辯證關係。這也是牟宗三的「科學開出論」之所本。

　　牟宗三首先在其《王陽明致良知教》（1954 年初版）中提出「良知的
自我坎陷」之說。在該書第三章〈致知疑難〉中他以事親為例，來說明王陽
明「致良知」之義。我們在此不妨引述其中的一段文字，來概括其旨：

〔……〕依陽明，「事親」為一物，實即一行為。在此「行為物」
中，必有「親」一個物為其中之一員。「事親」這個行為物，必帶著
「親」這個知識物。既帶著這個物，則對於這個物自必有一個了當才
行。是以在致良知而成就「事親」這件「行為物」中，必有一套致良
知而成就「知親」這件事為其一副套。「知親」這件事就是一種「知

---

[29]　例如，其〈致唐君毅先生〉云：「康德秉承重智精神之傳統而興，獨能**窮智見德**
〔……〕」（見其《書簡與雜記》〔臺北：時報文化出版企業公司，1987 年〕，頁
216）；又參閱其〈論「窮智見德」〉，收入其《儒學精神與世界文化路向》（臺
北：時報文化出版企業公司，1986 年），頁 226-231。

[30]　例如，張世英主編的《黑格爾辭典》（長春：吉林人民出版社，1991 年）便是採取
這個譯法。

[31]　有人可能會質疑：將 aufheben 譯為「揚棄」，有以黑格爾詮釋康德之嫌。康德的確
未像黑格爾那樣，將此字當作一個專門術語來使用，但此字並非黑格爾所造，它在德
文的用法中原本就包含三義，將它譯為「揚棄」，很難說是以黑格爾詮釋康德。康德
在這句話中使用 aufheben 一詞，除了有「放棄」知識之義外，還有超越知識而「上
升」至道德界之義，譯為「揚棄」，孰曰不宜？

識的行為」。「知親」中的親是這個知識中的對象。知親固然是一種
知識,而要去知親,則亦表示是一種行為。這行為就是成就知識或使
吾獲得知識的行為。既是一種行為,則亦必由吾良知天理之所決定。
良知天理決定去事親,同時亦決定去知親。故云:在致良知而成就
「事親」這件行為物中必有一套致良知而成就「知親」這件事(亦是
一行為物)為其一副套。「知親」這件行為既在成就知識,故「知
親」中的親就是知識中之對象,亦就是「知識物」也。是以副套之致
良知的行為皆是成就知識或獲得知識之行為。在良知天理決定去成就
「知親」這件行為中,良知天理即須同時決定**坎陷**其自身而為了別心
以從事去了別「親」這個「知識物」。就在此副套之致良知行為中,
天心即轉化為了別心。既為了別心,必有了別心之所對。故即在此
時,心與物為二,且為內外。「知親」這件行為為良知天理之所決,
故不能外於良知之天理,故曰心外無物。然在「知親」這件行為中,
要去實質了解「親」這個知識物,則天心轉化為了別心,了別心即與
「親」這個知識物為二為內外。了別心是天心之**坎陷**,而二與內外即
因此**坎陷**而置定。[32]

「了別心」即是牟宗三後來所說的「認識心」。故「天心之坎陷」即是良知
之坎陷為認識心。至於「坎陷」一詞,他後來在《現象與物自身》中論「知
性之辯證的開顯」時特別聲明:這是「黑格爾意義的辯證,非康德意義的辯
證」,並且將「自我坎陷」等同於「自我否定」[33]。儘管黑格爾經常以「否
定」、「否定之否定」等說法來描述精神之辯證發展,但據筆者所知,他自

---

[32] 牟宗三:《王陽明致良知教》(臺北:中央文物供應社,1954 年),頁 35-36。黑體
字為筆者所標示。由於此章其後收入其《從陸象山到劉蕺山》中,《牟宗三先生全
集》(臺北:聯經出版事業公司,2003 年)的編者在《王陽明致良知教》中略去此
章。其文亦見《牟宗三先生全集》,第 8 冊,頁 207-208。以下引用牟宗三的著作
時,以方括號將全集本的冊數及頁碼直置於原版頁碼之後。

[33] 牟宗三:《現象與物自身》(臺北:臺灣學生書局,1975 年),頁 122〔21: 126〕。

己並未直接使用「自我否定」（Selbstnegation）一詞。此詞倒是見諸黑格爾研究的二手資料當中。例如，德國學者夏夫（Julius Schaaf）在其〈自我否定與中介〉一文的開頭便寫道：「自我否定與中介（Vermittlung）是基本概念，黑格爾借助於它們而規畫了其包括且理解上帝、世界與人的一種思辨辯證法之系統。」[34]美國學者杜楷廷（David Elstein）與安靖如為了避免英文讀者的誤解，將「自我坎陷」譯為 self-restriction，而非 self-negation[35]。這種譯法固然較淺白易懂，但卻違背牟宗三自己的意思，也遮蔽了此詞與黑格爾的思想關聯，其得失很值得懷疑[36]。

其後，牟宗三在《歷史哲學》中提出「綜和的盡理之精神」與「分解的盡理之精神」這組概念。在《政道與治道》中，他又提出「理性之運用表現與架構表現」和「理性之內容的表現與外延的表現」兩組概念。這三組概念所要表達的是同一個意思，即「一心開二門」的思想間架與「良知（道德主體）的自我坎陷」之說[37]。

---

[34] Julius Schaaf: "Selbstnegation und Vermittlung", *Perspektiven der Philosophie*, Bd. 11 (1985), S. 129；參閱 Charles Taylor: "Dialektik heute, oder: Struktur der Selbstnegation", in: Dieter Henrich (Hrsg.), *Hegels Wissenschaft der Logik. Formation und Rekonstruktion* (Stuttgart: Klett Cotta, 1986), S. 141-153.

[35] David Elstein: "Mou Zongsan's New Confucian Democracy", *Contemporary Political Philosophy*, Vol. 11, No. 2 (May 2012), p. 198ff.；Stephen Angle: *Contemporary Confucian Political Philosophy* (Cambridge: Polity, 2012), pp. 24ff., 152 footnote 3；安靖如：〈牟宗三論自我坎陷：詮釋與辯護〉，前引書，頁 469。

[36] 然而要注意的是：「自我坎陷」一詞雖然取自「黑格爾意義的辯證」，但是牟宗三在〈超越的分解與辯證的綜和〉一文中特別強調：「要講黑格爾式的辯證的綜和，必須預設康德的超越分解。」（《牟宗三先生晚期文集》，收入《牟宗三先生全集》，第 27 冊，頁 459）換言之，他認為黑格爾的辯證法必須預設康德的系統。

[37] 牟宗三藉這三組概念來說明中國文化與西方文化所代表的不同觀念形態。在《歷史哲學》中，他提到中國文化中還有一種「綜和的盡氣之精神」，表現為英雄之精神與藝術性之精神，以及政治上「打天下」之精神。在《政道與治道》中，「理性之運用表現與架構表現」和「理性之內容的表現與外延的表現」兩組概念是可以互換的，但第一組概念之使用較為寬泛，第二組概念之使用則偏重於政治領域。

筆者曾詳細討論這套間架的涵義[38]，此處無意重述。在此我們不妨引述牟宗三論「理性之運用表現與架構表現」的一段話，以概其餘：

> 凡是運用表現都是「攝所歸能」，「攝物歸心」。這二者皆在免去對立：它或者把對象收進自己的主體裡面來，或者把自己投到對象裡面去，成為徹上徹下的絕對。內收則全物在心，外投則全心在物。其實一也。這裡面若強分能所而說一個關係，便是「隸屬關係」（Sub-Ordination）。〔……〕而架構表現則相反。它的底子是對待關係，由對待關係而成一「對列之局」（Co-Ordination）。是以架構表現便以「對列之局」來規定。而架構表現中之「理性」也頓時即失去其人格中德性即具體地說的實踐理性之意義而轉為非道德意義的「觀解理性」或「理論理性」，因而也是屬於知性層上的。[39]

依牟宗三之意，儒家的良知屬於理性之運用表現，表現為實踐理性；而民主與科學則須預設理性之架構表現，表現為理論理性。以科學知識來說，良知（道德主體）並不直接要求科學知識，而是要先轉為理論理性，然後才能藉由主客對待之架構來建立科學知識。這個辯證的過程便是所謂的「良知的自我坎陷」。這也符合康德所謂「實踐理性優先於思辨理性」之義[40]。

黑格爾藉辯證法來展現精神的發展歷程，但這種發展歷程不是一種在時間中的發生（genetic）過程，故不是一種在因果關係中的發生過程。牟宗三在描述良知的自我坎陷時往往使用「暫」或「暫時」這樣的時間性概念，而使安靖如感到困惑。例如，他在《政道與治道》如此描述理性之運用表現在政治領域中轉為架構表現：「當人們內在於此架構表現中，遂見出政治有其獨立的意義，自成一獨立的境域，而**暫時**脫離了道德，似與道德不相

---

[38] 參閱拙作：〈論所謂「儒家的泛道德主義」〉，收入拙著：《儒學與現代意識》，頁106-115。

[39] 牟宗三：《政道與治道》（臺北：臺灣學生書局，1987 年），頁 52-53〔10: 58〕。

[40] 參閱 KpV, KGS, Bd. 5, S. 119ff.

干。」[41]其實，〈宣言〉中也有類似的說法，例如：

〔……〕中國人不僅當只求自覺成為一道德的主體，以直下貫注於利
用厚生，而為實用活動之主體；更當兼求自覺成為純粹認識之主體。
當其自覺求成為認識之主體時，須能**暫忘**其為道德的主體，及實用活
動之主體。（頁 37）[42]

安靖如認為：「暫時性階段的隱喻是嚴重誤導的。」[43]並強調：「自我坎陷
是我們生活中的一個持久特徵，而非暫時的或階段性的訴求對象。」[44]姑不
論這個隱喻是否會誤導讀者，安靖如對「自我坎陷」的理解無疑是正確的。
但對於熟悉黑格爾的表達方式的人來說，這種誤解是可以避免的。這也顯
示：將「自我坎陷」譯為 self-restriction，是要付出代價的。

　　黑格爾在《哲學百科全書綱要》（*Enzyklopädie der philosophischen
Wissenschaften im Grundrisse*）第三部〈精神哲學〉中將「客觀精神」區分
為「法權」（Recht）、「道德」（Moralität）與「倫理」（Sittlichkeit）三
個環節。其後，他在《法哲學大綱》（*Grundlinien der Philosophie des
Rechts*）中展現「抽象法權」、「道德」與「倫理」三階段的辯證發展。牟
宗三並未完全接受黑格爾的上述架構，因為「良知的自我坎陷」僅相當於由
「道德」到「倫理」的發展。讓我們撇開黑格爾令人望而生畏的表述方式，
而借用賀麟簡單扼要的說明：「自由意志在內心中的實現，就是道德。自由
意志既通過外物，又通過內心，得到充分的現實性，就是倫理。」[45]至於由

---

[41] 牟宗三：《政道與治道》，頁 59〔10: 65〕。黑體字為筆者所標示。

[42] 黑體字為筆者所標示。

[43] 安靖如：〈牟宗三論自我坎陷：詮釋與辯護〉，《中國儒學》（北京），第 7 輯，頁
481；參閱 Stephen Angle: *Contemporary Confucian Political Philosophy*, p. 35.

[44] 同上註。

[45] 賀麟：〈黑格爾著《法哲學原理》一書評述〉，見黑格爾著，賀麟譯：《法哲學原
理》（北京：商務印書館，1995 年），頁 12。

「道德」到「倫理」的發展，賀麟表述如下：

> 只有主觀的道德意志的表現才算是真正的行為。始終貫徹在行為中的
> 就叫做目的，目的要通過一系列的道德行為或階段才能最後達到。當
> 然只有在倫理階段目的才能真正完成。因此在道德這一階段包含一種
> 不斷的要求，包含一種不斷的應然，因而在道德意志與外部世界之間
> 就存在著不斷的緊張狀態和一定的距離。[46]

這段文字簡直可以完全借來說明「良知的自我坎陷」之義。在黑格爾的系統
中，「善」與良知屬於「道德」的階段；至於「倫理」的階段，則包含家
庭、市民社會與國家，以至於世界史。因此，筆者曾借用「道德」與「倫
理」的關係來說明儒家由「內聖」通往「外王」的要求[47]。賀麟在他的表述
中雖然使用了「目的」一詞，但是目的在其客觀化的過程中所經歷的一系列
道德行為或階段並非外在的「手段」，而是其自我實現過程中的「內在環
節」。牟宗三擴大了傳統的「外王」概念，以之涵蓋知識領域與政治領域，
故稱為「新外王」。同樣地，在「良知的自我坎陷」之說當中，現代科學與
民主與其說是良知的「手段」，不如說是良知自我實現的「內在環節」。這
是〈宣言〉強調民主與科學是中國文化的「內在要求」之涵義所在。

　　由以上的討論可知：「良知的自我坎陷」並不是一個經驗意義的發生過
程。但是陳瑞麟在文中卻寫道：

> 〔……〕當他〔牟宗三〕從現象與物自身二分架構來談論「儒家思想
> 開出科學」時，他已經混淆了邏輯實證論對於證成脈絡和發現脈絡的

---

[46] 同上註。

[47] 拙作：〈「內聖外王」問題重探〉，收入周大興編：《理解、詮釋與儒家傳統：展望
篇》（臺北：中央研究院中國文哲研究所，2009 年），頁 81-84；拙作：〈儒家傳統
在現代東亞的命運與前景〉，《上海師範大學學報》，2010 年第 6 期，頁 25-26。後
一文亦收入本書。

區分──因為「開出」（發展出）乃是「發現脈絡」之事。從康德的先驗邏輯範疇、時空範疇、知性綜合範疇以及羅素的外延性原則、原子性原則來談論科學知識的建立，而且要求中國文化透過這些先驗知性範疇或邏輯原則來「開出」科學，乃是把證成脈絡的原則誤當成發現脈絡的原則了。（頁 67-68）

首先要指出：這段文字的措辭充分顯示陳瑞麟對康德哲學的隔閡。因為在康德哲學中，時間與空間並不是範疇，故所謂「時空範疇」是不恰當的說法。又對康德而言，範疇是純粹知性概念。陳瑞麟所謂的「先驗邏輯範疇」與「知性綜合範疇」究竟是一回事還是兩回事？它們與純粹知性概念是什麼關係？從中完全看不出一位研究「科學底哲學」的學者應有之嚴謹態度。這也顯示了他對康德哲學僅有常識性的理解，遠遠不及於牟宗三對康德哲學的深入理解。但更嚴重的是：陳瑞麟誤認為「『開出』（發展出）乃是『發現脈絡』之事」。因此，「把證成脈絡的原則誤當成發現脈絡的原則」的並非牟宗三，反倒是陳瑞麟自己。

　　走筆至此，已足以顯示陳瑞麟對「科學開出論」的批評是失焦的。但筆者還想附帶評論一下他對於康德的科學觀之批評。陳瑞麟為現代科學提出一套非康德的形上學架構，即所謂「主客平行架構」。他在文中解釋道：

所謂「主客平行架構」是指存在一個主體與主體的內在世界，也存在一個外於主體的客體世界。不管主體是否是一個獨立的心靈實體（心物平行論）或者只是物質世界的一環（唯物論），都無礙於主體和客體的平行關係（而非從屬關係）。進一步如前述，主體有兩個功能：道德功能和認識功能，道德功能規範主體與其它主體的關係，認識功能認識客體世界，因此道德與知識也是平行的。這個主客平行架構和道德與知識平行架構已經發展出現代科學，具有「已實現性」。（頁 62-63）

陳瑞麟認為：這是「現代科學產生的哲學條件」（頁 73）。他所謂的「主客平行架構」其實包含兩個不相隸屬的架構：一是主體與客體的平行架構，二是道德與知識的平行架構。前者涉及知識（包括科學知識）成立的哲學基礎，後者卻涉及「如何定位價值（特別是道德價值）與知識的關係」。前者或許屬於「科學底哲學」的問題領域，但後者卻超出了這個領域，而屬於另一層次的問題。陳瑞麟將後一架構加入「主客平行架構」之中，顯然是針對康德的「實踐理性優先於思辨理性」之說與牟宗三的「兩層存有論」。撇開「主客平行架構」的理論能否成立不談，若只是說：主體與客體的平行架構是「現代科學產生的哲學條件」，我們至少還可以理解；但是說：道德與知識的平行架構是「現代科學產生的哲學條件」，就令人有不知所云之感。這兩種平行架構如何納入一個「主客平行架構」之中，而成為「現代科學產生的哲學條件」呢？陳瑞麟實在欠我們一個說明。

現代的科技倫理學一再究問：科學知識與價值領域的關係為何？科學家在進行研究時負有道德責任嗎？為此，德國哲學家約納斯（Hans Jonas, 1903-1993）發展了一套「責任倫理學」[48]。在現代科學家當中實不乏具有強烈道德感者（例如愛因斯坦），他們未必會接受「道德與知識的平行架構」，反而可能會接受康德的「實踐理性優先於思辨理性」之說。陳瑞麟又說：「在理論和事實上，康德的形上學架構並不是為了發展出現代科學而提出的，相反地，是先有現代科學的發展，才有康德的形上學構思〔……〕」（頁 64）他所謂的「主客平行架構」又何嘗不是如此呢？其實，「科學底哲學」的一切主張都是理論回溯的結果，在這個意義下，都是「後見之明」。否則，你不妨問李遠哲，他是否知道所謂的「主客平行架構」？

陳瑞麟強烈地質疑康德「現象與物自身」二分的架構能說明科學知識成立的條件。他在文中寫道：

---

[48] 參閱其 *Das Prinzip Verantwortung: Versuch einer Ethik für die technologische Zivilisation.* Frankfurt/M.: Insel,1979; *Technik, Medizin und Ethik. Zur Praxis des Prinzips Verantwortung.* Frankfurt/M.: Suhrkamp, 1985.

總之，六七十年代興起的科學哲學論辯，在證成的脈絡上也拒絕了邏輯實證論的「觀察與理論的二分法」——也相當於拒絕了康德式的「現象與物自身的二分架構」。（頁72）

但在文中的另一處他又寫道：

> 然而，現代科學的種種理論必然在方法論上需要一個獨立於人類主體的<u>物自身</u>世界，而且科學理論必須對此世界作範疇設定或許諾才得以被提出，也就是說科學理論必定要預設<u>事實領域</u>的**超越經驗的存有論範疇系統——亦即一種方法學的實在論立場**。（頁69）[49]

筆者的質疑有兩點：首先，在康德哲學中，「物自身」係相對於「現象」而言，而既然依陳瑞麟的說法，現代的科學理論拒絕「現象與物自身」的區分，如何還會承認「一個獨立於人類主體的<u>物自身</u>世界」呢？其次，依陳瑞麟所說，現代的科學理論係在「事實領域」預設「一種方法學的實在論立場」，何以他的「主客平行架構」又涵蓋了道德與知識的關係，而涉及價值領域呢？這些相互矛盾的說法該如何解釋呢？當然，在陳瑞麟所描述的「後孔恩科學觀」中，第四點便是：「事實與價值（含道德實踐）並沒有截然二分，因此科學判斷是高度價值相關。」（頁66）而且他支持「一種事實判斷與價值判斷在實踐上相互依賴的互動論」（頁66註19）。然而，強調事實判斷與價值判斷的相關性並不等於否定兩者的區別，否則他何以還要特別強調「事實領域」呢？無論康德、牟宗三，還是約納斯，都不會否認事實判斷與價值判斷的相關性，而將兩者截然二分，但事實判斷畢竟還是不等於價值判斷。

　　然而，這仍未觸及陳瑞麟的批評重點。依陳瑞麟的說法，在「後孔恩科學觀」中，「科學意義不是純粹由經驗提供」，「事實領域的存有論範疇

---

[49] 底線為筆者所標示。

（即存有論設定或許諾〔ontological posit or commitment〕）反而是科學的
必要成分」（頁66）。他解釋道：

> 這個觀點主張「經驗和觀察命題的意義」並不只是單純由感官經驗
> （或現象）來提供，而總是預設了理論背後的存有論範疇——它們也
> 提供意義給經驗和觀察命題。也就是說，對於科學命題和判斷之**證
> 成**，要依賴於科學命題和判斷的**意義**，可是，科學命題和判斷的意
> 義，並不單純地依賴於經驗，而是要依賴於**超越經驗的**科學理論（蘊
> 涵一套存有論範疇，也就是依賴於某套特定的事實存有論）。換言
> 之，**「理論存有物」要有獨立於經驗現象的意義，在形上學範圍內
> 必須有先驗的知識意義（但當然不是先驗地被證成）**。（頁71-72）

我們不妨將此一架構稱為「經驗－理論存有物」的架構，或是「經驗－先
驗」的架構。

陳瑞麟認為：康德的「現象與物自身」的架構不符合這個「經驗－理論
存有物」的架構。因為：

> 〔……〕康德式的架構會主張對於外物的存有論設定必不是或不可及
> 於「物自身」，這些設定如果沒有現象的基礎，就無知識意義，因為
> 此架構堅持只有現象界才具可知性和可及性。如果物自身是不可知和
> 不可及的話，就無法決定科學理論命題的意義。（頁70）

但是他也想到：康德式的架構或許也能容許在現象界中設定科學的存有論範
疇。不過，他立刻就否定了這種可能性。他寫道：

> 一個可能的辯護方式是把「理論存有物」在形上學範圍內歸屬給「現
> 象界」，而不是歸屬給「物自身」。但是這樣一來，把「理論存有
> 物」化約到經驗上，就變成「把現象化約到現象上」，這是什麼意

思？這又要如何解釋「理論存有物」與經驗現象的異質性？以及「理論存有物」的先驗性？而且一旦化約有困難，「理論存有物」又要如何被歸屬給現象？（頁72）

最後，他進一步將批評的焦點轉向牟宗三，因為牟宗三將「物自身」理解為「一個價值意味的概念，而不是一個事實概念」[50]。陳瑞麟寫道：

> 但是，牟宗三的康德式架構卻把「物自身界」理解為道德王國，因此他的事實領域就只剩下現象界，再也不能要求任何超出現象外的事實領域的「存有論範疇」；同時他要求這個架構能開出現代科學，等於是跨出「證成脈絡」到「發現脈絡」，這是一個理論上無法成立的要求，所以他的「科學開出論」不僅面對康德架構所面對的困難，還加上自己系統內在難以克服的困難。（頁72）

我之所以不嫌辭費地引述陳瑞麟的說法，是希望不要曲解他的立場，而對他做到基本的公平。

上面引述的最後四段文字涉及康德哲學中最引起爭議的「物自身」概念。筆者曾發表〈牟宗三哲學中的「物自身」概念〉一文[51]，詳細討論這個概念在康德哲學中的涵義，以及牟宗三對此一概念的詮釋。此處無法詳述，有興趣的讀者可自行參閱。一般學者了解康德的「物自身」概念，主要是根據其《純粹理性批判》，特別是其中的〈先驗感性論〉與〈先驗分析論〉。據此，一般學者往往將「物自身」理解為我們必須在「現象」背後預設之不可知的依據；由於它不可知，它只是一個「界限概念」（A254f./B310f.）。我們不妨稱之為「物自身的**知識論**意涵」。

---

[50] 牟宗三：《現象與物自身》（臺北：臺灣學生書局，1975 年），頁 7〔21：7〕。

[51] 收入拙著：《當代儒學之自我轉化》（臺北：中央研究院中國文哲研究所，2013 年修訂版），頁 23-52；簡體字版《當代儒學的自我轉化》（北京：中國社會科學出版社，2001 年），頁 20-47。

然而，在〈先驗辯證論〉中，「物自身」概念的意涵卻有了微妙的轉變。康德為了化解「自由」與「自然底必然性」之背反，將前者歸諸物自身，將後者歸諸現象。此外，他根據「物自身」與「現象」的雙重觀點來區分人的「智思性格」（intelligibler Charakter）與「經驗性格」（empirischer Charakter），以保住人的道德責任（A538ff./B566ff.）。這便使「物自身」概念取得倫理學的意涵。後來在《基礎》一書中，康德為了說明「自由」的積極意義，根據「物自身」與「現象」的雙重觀點來區分人的雙重身分，並將人的道德主體理解為作為「物自身」的自我。在知識論的脈絡中，康德將「智思世界」（intelligible Welt/mundus intelligibilis）等同於物自身的世界。但是在《基礎》第二章的一處，他卻將「智思世界」直接等同於「有理性者底世界」，亦即「目的王國」（Reich der Zwecke）[52]。我們不妨稱之為「物自身的**倫理學**意涵」。這也顯示：「物自身」概念的究竟義不在於其知識論意涵，而在於其倫理學意涵。

因此，牟宗三將「物自身」理解為「一個價值意味的概念，而不是一個事實概念」，並非他強加於康德的，而是在康德哲學發展的內在理路中有跡可循。在這個意義下，牟宗三對「物自身」概念的重新詮釋是對康德哲學立場的順成。這不僅是牟宗三個人的看法。新康德學派的卡西勒（Ernst Cassirer, 1874-1945）和以撰寫《從康德到黑格爾》（*Von Kant bis Hegel*）而知名的克隆納（Richard Kroner, 1884-1974）都有類似的看法。卡西勒說：「**倫理學**才使物自身的概念之真正根源及其所指向的目標完全清晰地凸顯出來。」[53]克隆納則指出：

> 此處所探討的概念〔「物自身」概念〕之真實意義決非知識論的。它是以自然與自由間的倫理學對比為依據，並且由這個道德根源擷取其力量。〔……〕物自身的客觀性並非展現為一個新的知識對象之客觀

---

[52] *GMS, KGS*, Bd. 4, S. 438.

[53] Ernst Cassirer: *Das Erkenntnisproblem in der Philosophie und Wissenschaft der neueren Zeit*, Bd. 2 (Darmstadt: Wissenschaftliche Buchgesellschaft, 1974), S. 759.

性，而是展現為義務之客觀性——意志的對象。[54]

這些說法都與牟宗三的看法不謀而合，可見牟宗三的看法有其一定的理據。

牟宗三將「物自身」理解為一個價值意味的概念，除了可以化解將它理解為一個事實概念而可能陷入的理論糾葛之外[55]，對於解決本文的問題還有一項額外的好處：它不但未在康德的理論困難之外，增加了額外的困難，反而使問題單純化。因為如果物自身被視為一個價值領域，現象便是唯一的知識領域，而科學也屬於這個領域，因而也不存在混淆「證成脈絡」與「發現脈絡」的問題。如陳瑞麟所指出的，康德在現象界中主張「經驗實在論」。所謂「經驗實在論」，簡言之，即是在現象界中承認外物與外在世界之真實存在。因此，康德也可以在現象界中區分「經驗」與「理論存有物」，而容納「經驗－先驗」的架構。事實上，在康德的「經驗實在論」中，時間、空間、範疇、基於範疇的「純粹知性原理」（包括因果律），以及理念，便構成「理論存有物」。在康德的知識論系統中，這些「理論存有物」均屬於「先驗的」（transzendental）領域。在康德的用法裡，「先驗的」意謂：無待於經驗，又同時是經驗底可能性之依據。此詞不同於「超越的」（transzendent）一詞，後者指涉的才是物自身的領域。儘管在康德意義下的「理論存有物」可能與陳瑞麟所設想的不同，但陳瑞麟至少不能否定康德的知識論也可以在現象界中容納一個「經驗－先驗」的架構。英國知名的康德專家佩通（Herbert James Paton, 1887-1969）詮釋《純粹理性批判》的名著便稱為《康德的經驗底形上學》（*Kant's Metaphysic of Experience*）。「經驗底形上學」一詞便預設一個包含經驗及其形上學預設的雙重架構，何嘗有「把現象化約到現象上」的問題？

最後要提到，陳瑞麟所謂的「後孔恩科學觀」還包含一項特點：

54　Richard Kroner: *Kant's Weltanschauung*, trans. by John E. Smith (Chicago: The University of Chicago Press, 1956), pp. 92f.

55　參閱拙著：《當代儒學之自我轉化》，頁 32-48；簡體版，頁 29-44。

> 科學的產生的確與心理認知、社會物質環境和文化形態密切相關：特
> 定形態的文化會產生特定形態的科學。例如中國傳統文化產生中國傳
> 統科學；古代希臘文化產生古代西方科學；現代西方文化產生現代西
> 方科學。（頁 66）

他並據此推斷：

> 〔……〕發展現代科學其實是基於一個特定時空脈絡（一個可能世
> 界）的要求，如果時空脈絡轉變，現代科學甚至有可能不再是「要
> 求」（例如當中國強大之後，其文化可能反而「要求」發展中國式的
> 科學，而不是「西方現代科學」）。（頁 62）

筆者對「科學底哲學」的發展所知很有限，但是不免好奇：如果陳瑞麟所言
不虛，那麼未來可能出現的「中國式現代科學」會呈現出什麼面貌呢？是建
立在「陰陽五行」的原則之上呢？還是建立在其他原則之上呢？

　　在中國傳統科學當中，迄今仍為中國社會所保留的，大概僅剩下中醫。
但在現代社會中，傳統中醫與現代西醫的關係始終是個爭論不休、懸而未決
的問題。筆者既不懂傳統中醫，也不懂現代西醫，實在無資格為傳統中醫與
現代西醫的關係定位。眾所周知，傳統中醫預設了一套「陰陽五行」的原
則。我們該如何為「陰陽五行」的原則在現代科學中定位呢？筆者在此引述
李淳玲的觀點供陳瑞麟及讀者參考。李淳玲的背景相當特殊。她原是牟宗三
的弟子，在其指導下於國立臺灣大學哲學研究所取得碩士學位後赴美國習
醫，成為有證照的針灸醫師。在行醫之餘，她不忘研習康德哲學，而著有
《康德哲學問題的當代思索》一書。此書有〈從康德的認識論探討傳統中醫
在二十一世紀可能的走向〉及〈從康德哲學看「傳統中醫」作為「哲學」與
作為「科學」的兩面向〉二文，根據康德的知識論為傳統中醫定位[56]。康德

---

[56] 她還有兩篇尚未正式出版的會議論文〈中醫作為學問之理論詮釋與運用：以針灸之臨

區分純粹理性之「構造原則」（konstitutives Prinzip）與「軌約原則」（regulatives Prinzip）[57]。根據這項區分，李淳玲認為：傳統中醫依據「陰陽五行」理論所建立的學說是透過「類比」原則而發展，而「類比」原則只是「軌約原則」，而非「構造原則」[58]；反之，現代（西方）醫學基本上卻是「以數學、物理學、化學這些依循直覺與機械因果的構造原則開拓的，具有經驗實在的物質基礎」[59]。她又指出：傳統中醫必須由「哲學中醫」轉化為「科學中醫」，此時它所根據的原則不能再是「陰陽五行」理論，而必須是「定性定量」的範疇化過程[60]。她進而指出：傳統中醫的經驗實踐已累積了不少這一類「定性定量」的經驗知識，例如針灸學度量穴位的人身尺寸、中藥方劑學度量劑量的錢兩分毫，甚至陰陽五行本身的數量化，而傳統中醫當中這些屬於經驗科學的部分可以成為未來開拓「科學中醫」的基礎，並成為普世醫學的一部分[61]。但在另一方面，她又強調：如果我們希望從「整體性」與「生命全體」的觀點來談一套關於身心關係的特殊學問，它只能屬於「哲學中醫」的層面，僅具有軌約原則的作用，而不能被當作一門科學醫學或病理學來看待[62]。最後，她歸結道：

> 傳統中醫有一套「辨症」的方法，卻從來沒有發展出一套「病理學」；說穿了是向來的中醫沒有走進科學的範圍，並不是中國人另外有一套醫學科學的緣故。[63]

床運用為例〉與〈重解「陰陽五行」〉，也涉及此一問題。

[57] *KrV*, A508ff./B536ff.

[58] 李淳玲：《康德哲學問題的當代思索》（嘉義：南華大學社會學研究所，2004年），頁 201。

[59] 同上書，頁 214。

[60] 同上書，頁 257。

[61] 同上書，頁 257-258。

[62] 同上書，頁 258。

[63] 同上註。

這個結論否定了未來中醫成為有別於現代西醫的另一套醫學系統之可能性，或許值得參考。李淳玲的現身說法也佐證了藉康德哲學來為傳統中醫與現代科學定位的理論效力。

　　長期以來，筆者被視為牟宗三思想（包括「良知的自我坎陷」之說）的辯護者，但論者常忽略筆者的辯護策略之重點。對於新儒家的「開出說」及牟宗三的「良知的自我坎陷」之說，筆者係持開放的態度，而非視為唯一有理論效力的主張。但有效批評的前提是：批評者必須準確而相應地理解他所批評的主張。筆者對林毓生與陳瑞麟的回應均著重於指出：他們誤解了「開出說」與「良知的自我坎陷」之說的真實意涵，故其批評不免也成了「無的放矢」。

　　（原刊於鄭宗義、林月惠編：《全球與本土之間的哲學探索——劉述先先生八秩壽慶論文集》〔臺北：臺灣學生書局，2014 年〕，頁171-198。）

儒學知識化與現代學術

　　近二十年來，儒學在中國大陸有復興之勢，各大學紛紛設立儒學研究所或國學院，有關儒家的專業著作與通俗讀物大量出版，加上在國外廣設的孔子學院，儼然形成一股儒學復興之勢。但是在這一片蓬勃的現象之下，並非沒有隱憂。最大的問題是儒學在現代社會中的定位問題依然混沌不明。誠如這次研討會的主題「儒學：學術、信仰和修養」所揭示的，儒學在傳統社會中同時包含知識系統、信仰系統與個人修身之道三個面向。

　　就傳統儒學作為知識系統的功能而言，它不但包含一套完整的世界觀，也包含安排社會秩序與政治秩序的設計。此外，這套世界觀雖不直接包含一套科技系統，但對各種科技卻有間接的規制（regulative）作用，例如陰陽五行的概念系統之於傳統中醫。然而，不可否認的是：即使在傳統社會，儒學與科技之間也已經分化。早在先秦時代，孔子就已蒙受「四體不勤，五穀不分」之譏（《論語·微子》第 7 章）。他也承認自己「不如老農」、「不如老圃」（《論語·子路》第 4 章）。孟子也以「勞心者治人，勞力者治於人；治於人者食人，治人者食於人」的分工原則來定位儒者的社會功能。黃仁宇在其名著《萬曆十五年》中於詳述了明代中葉的政治景象之後，對作為知識系統的傳統儒學在功能上有時而窮的困境作了如下的概括：

　　　　當一個人口眾多的國家，各人行動全憑儒家簡單粗淺而又無法固定的原則所限制，而法律又缺乏創造性，則其社會發展的程度，必然受到限制。即便是宗旨善良，也不能輔助技術之不足。1587 年，是為萬曆十五年，歲次丁亥，表面上似乎是四海昇平，無事可記，實際上我

們的大明帝國卻已經走到了它發展的盡頭。[1]

就此而言，清初儒者所強調的「一事不知，儒者之恥」，只是對明末王學的反動所提出的浮誇之論。

其次，就傳統儒學作為信仰系統的功能而言，此處所說的主要不是指宗教信仰，而是指價值（包括道德價值）信仰。「信仰」係相對於「知識」（涉及實然）而言，涉及理想界（應然）。傳統儒家所說的「道」、「德性之知」、「良知天理」等，便屬於這個領域。有人說：傳統儒學（譬如朱子學）與西方哲學（尤其是近代西方哲學）不同之處在於前者並不預設實然與應然的區別。這其實是不值一駁的濫調。因為如果傳統儒家不預設實然與應然的區別，知識系統與信仰系統便是一回事，朱子也不會說：「千五百年之間〔……〕堯、舜、三王、周公、孔子所傳之道未嘗一日得行於天地之間也。」[2]

最後，就傳統儒學作為個人修身之道而言，這便是所謂的「內聖」之學。這包括倫理學與工夫論。這無疑是傳統儒學特擅勝場的部分。但對於現代社會而言，傳統儒家的倫理學有一項不足之處，如梁啟超在一百多年前所指出：「吾中國道德之發達，不可謂不早。雖然，偏於私德，而公德殆闕如。」[3]

然而，在進入了高度專業分化的現代社會之後，儒學是否還能保存這三方面的功能呢？如果能，要以什麼方式保存呢？近年來大陸各大學紛紛設立儒學研究所或國學院，而引發了「儒學」與「國學」的定位問題。不少人質疑：「儒學」或「國學」是否可成為一門現代意義的學科？支持設立儒學研究所或國學院的人往往強調傳統學術「文史哲不分家」的優點，以凸顯現代學術體制因分科而造成的局限。

---

[1] 黃仁宇：《萬曆十五年》（臺北：食貨出版社，1985 年），頁 254。

[2] 〈答陳同甫〉，《晦庵先生朱文公文集》，卷 36，收入朱傑人等編：《朱子全書》（上海：上海古籍出版社／合肥：安徽教育出版社，2002 年），第 12 冊，頁 1583。

[3] 梁啟超：〈新民說〉，第 5 節，收入張品興編：《梁啟超全集》（北京：北京出版社，1999 年），第 2 冊，頁 660。

此外，在前幾年有關「中國哲學的合法性（正當性）」之爭論中，也有不少人反對「中國哲學」的說法，而代之以「中國學術」或「中國思想」。他們的理由是：哲學是西方學術體制的產物，將中國傳統學術（包括儒學）套入西方學術體制，將使它喪失生命力，扭曲其精神。因此，有人（如黃玉順）提出「生活儒學」的概念，藉以凸顯儒學的精神。

在近年來有關當代新儒學的討論中，也經常出現一種論調，指摘當代新儒家（尤其是牟宗三與唐君毅）將儒學知識化、哲學化，使儒學脫離生命，而喪失了活力。在臺灣的大學及研究機構從事儒學研究的人經常要面對來自兩個相反方向的質疑：他們一方面要面對「儒學是否有資格進入現代學術」的質疑，另一方面要面對「儒學是否應當進入現代學術」的質疑。以下我們分別討論這兩方面的質疑。

第一種質疑可以遠溯至五四新文化運動（1919 年）及稍後的「科學與人生觀論戰」（1923 年）。在那個科學主義（scientism）掛帥的年代，儒學因不符合狹隘的科學判準而被摒除於現代學術的範圍之外。這明顯見諸中央研究院的發展史。眾所周知，由於胡適與傅斯年的影響，中央研究院的人文研究長期籠罩於科學主義與實證主義的典範之下，儒學因而長期被排除於學術研究之外。針對這點，徐復觀於 1968 年發表〈給中央研究院王院長世杰先生的一封公開信〉，呼籲「中央研究院應成立中國思想史研究所，以蘇醒中國文化的靈魂。使孔、孟、程、朱、陸、王、能與『北京人』、『上洞老人』，同樣地在自己國家的最高學術機構中，分佔一席之地」[4]。直到1989 年中央研究院成立中國文哲研究所，這項偏失才稍有改善。但是我們於 1993 年開始推動「當代儒學主題研究計畫」時，依然受到何炳棣院士的公開反對，可見儒學命運之多舛。

然而，在推動這項研究計畫的過程中，我們卻受到來自另一方向的質疑與批評。批評者多半是儒家傳統的認同者，有些人甚至出身新儒家的陣營。他們認為：將儒學研究納入現代的學術體制，將儒學知識化，甚至哲學化，

---

[4] 《徐復觀文存》（臺北：臺灣學生書局，1991 年），頁 260。

會使儒家傳統異化。因此，有些人試圖在學院體制外從事民間講學，如設立民間書院、推動兒童讀經等。還有些人有鑒於宗教力量的強大，而主張將儒學宗教化。有人進而排斥學院中的儒學研究，質疑將儒學哲學化的詮釋進路，甚至譏之為「現代的餖飣考據之學」，是「難能而不可貴」。

　　這種趨勢無疑也有其直接的歷史淵源，此即民初以來的書院運動。民初以來，新儒家的若干代表人物對傳統書院情有獨鍾。抗戰以前，梁漱溟曾在山東鄒平創辦鄉村建設研究院，推動鄉村建設。抗戰期間，馬一浮於四川樂山創辦復性書院，張君勱於雲南大理創辦民族文化書院，梁漱溟於四川重慶創辦勉仁書院。這些書院之設立代表二十世紀上半葉儒家學者試圖在現代學術體制之外延續傳統書院制度的努力。

　　張君勱曾留學德國耶拿（Jena）大學，對西方的學術體制並不陌生，也能欣賞其優點，決非抱殘守缺的保守派。但他何以仍要創辦民族文化書院呢？其答案見諸他所親撰的〈民族文化書院緣起〉一文。在這篇文章中，他首先肯定歐洲現代文化在學術與政治社會方面的優越性，並歸結道：「吾人處於今日，惟有坦白承認歐洲文化之優良，而大開心胸以招來之。俾歐洲文化之移植，成為吾族虛弱之補劑，因此促進吾族新文化之興起。此乃學術上政治上至顯之途轍，大勢所趨，誰能逆流而抗之乎？」[5]

　　在這項前提之下，他為民族文化書院之設立提出了四項理由：第一、在大學之上更設書院一級，讓大學畢業生有深造的機會，類似歐美大學以外的研究所與學會。第二、書院中的教學法重在因人施教與師生問答，師生間有密切的互動，可以彌補大學教育之不足，並維繫學統。第三、西方大學的目標在發達理智，增進智識，而將個人道德之修養諉諸宗教、家庭與社會，而宋、明之書院注重修養省察，足以轉移風氣。第四、西方的大學偏重理智之造詣，中國的書院則德智並重，甚至側重於德，此有利於學術研究[6]。由此可見，張君勱並無意否定西方現代的大學體制，而只是想藉書院來彌補其不

5　張君勱著，程文熙編：《中西印哲學文集》（臺北：臺灣學生書局，1981 年），下冊，頁 1422。

6　以上四點，參閱同上書，頁 1423-1424。

足之處。

至於其研究工作，則分為四系：經子學、史學、社會科學與哲學。經子學即傳統的經學與子學，可見張君勱有意在現代學術體制之中保留傳統的學術系統。此外，值得注意的是他對哲學的重視：

> 從各種分門之科學，上溯於其淵源之地，則知哲學與科學原理，實為一切歸宿之處。惟專治哲學之人，乃知哲學所給予人類思想上與行動上刺激力之偉大。**今後欲求吾國學術之發展，不能不瞭解西方哲學，並求吾國自身哲學之建立。**其附哲學之各科，亦應同時研究。[7]

儒學是中國傳統學術的主流。其定位之所以成為問題，直接原因無疑是由於中國於清末廢除了科舉制度，並且引進西方現代的學術體制。1902 年清廷頒布各級學堂之章程，此即「欽定學堂章程」，亦稱「癸卯章程」。次年清廷命張之洞會同張百熙、榮慶重新擬定各級學堂章程，成為「奏定學堂章程」，而於次年頒行。這是中國第一個現代學制。1905 年清廷廢止科舉，現代學制正式取代了傳統學制。但是中國最初的現代學制仍具有明顯的過渡色彩，例如「奏定學堂章程」在高等學堂的課程中保留經學科，而排除哲學科。為此，王國維特地於 1903 年發表了〈哲學辨惑〉一文，並在文中強調：一、哲學非有害之學；二、哲學非無益之學；三、中國現時研究哲學之必要；四、哲學為中國固有之學；五、研究西洋哲學之必要[8]。這與張君勱在〈民族文化書院緣起〉中特別強調哲學的重要性，前後呼應。

如果我們因此而認為：儒學之所以會出現定位問題，完全是由於**中國**學術與**西方**體制之間的扞格，則是只知其一，而不知其二。筆者要強調的是：這個問題在本質上其實是「**傳統**學術如何被納入**現代**體制」的問題。無論

---

[7]　同上書，頁 1431。黑體為筆者所加。

[8]　謝維揚、房鑫亮編：《王國維全集》（杭州：浙江教育出版社／廣州：廣東教育出版社，2009 年），第 14 卷，頁 6-9。按此文原刊於《教育世界》第 55 號（1903 年 7月）。

是中國傳統文化,還是西方傳統文化,都要面對現代轉化的問題。上文引述了黃仁宇對於明代政治困境的描述,其中顯示儒學作為知識系統的功能在明代已面臨有時而窮的窘境。黃仁宇在其大歷史論述中將這種困境歸因於傳統儒學無法為其官僚提供「在數字上管理」的統治技術。儘管所謂「現代」(modern)或「現代性」(modernity)的定義是個爭論不休的問題,黃仁宇以「能在數字上管理」來界定現代經濟,尚不失為一個簡明可行的定義。自清代中葉以後,中國被迫進入西方國家所建立的現代經濟體制之中,教育學術體制焉能不隨之而改變?由於傳統的科舉制度無法因應現代化的要求,它為西方所建立的現代教育制度所取代,也是勢所必至的。因此,在討論儒學的現代定位問題之前,我們必須先確定:在現代西方的教育制度之外,我們是否還有其他的選項?就筆者所知,我們目前還看不到其他的可能選項。確定了這點之後,我們所面對的便是傳統儒學在現代社會中「重新定位」(re-orientation)的問題。

西方的大學雖然可以上溯到十二世紀,但是現代型態的大學體制大約奠基於十八世紀的啟蒙時期。十八世紀的歐洲大學通常有四個學院(或學科),即神學院、法學院、醫學院與哲學院:前三者稱為「高級學院(學科)」,哲學院稱為「低級學院(學科)」。這三者之所以稱為「高級學院(學科)」,係由於它們是為了政府的目的而設,有其特定的功能(培養教士、司法人員及醫生),並且受到政府的監督。反之,哲學院並無特定的功能,故稱為「低級學院(學科)」。

在這四門學科當中,在歷史功能方面可以與儒學相提並論的無疑是神學。神學在西方大學中的存在是個頗為獨特的現象。它不但是西方大學起源之初就存在的學科,時至今日,許多歐洲大學還有神學系,甚至還分為天主教神學系與基督教神學系。其實,在現代的西方大學,神學的學術定位始終是個問題。多年前德國出版了一部論文集,題為《聯結於教會還是自律?——社會論述中的神學》[9]。這部論文集顯示:神學作為一門大學學科的身

---

[9]　Albert Franz (Hrsg.): *Bindung an die Kirche oder Autonomie? Theologie im gesellschaft-*

分在西方日益受到質疑，而徘徊於「服務於教會還是獨立於教會」的定位問題。但只要神學院原初的功能（培養教士）依然存在，則神學的社會基礎暫時還不至於瓦解。

反觀儒學，則其命運大不相同。傳統儒學的功能與地位係以東亞傳統的教育體制（科舉制度、書院制度）與政治體制（君主專制制度）為基礎。當這些基礎不復存在時，儒學就難免成為余英時所謂的「游魂」[10]。在這種情況下，儒學如何重新定位呢？在此，哲學在西方大學中的定位值得參考。如上文所述，哲學在西方大學之所以被稱為「低級學科」，是因為它不具有特定的社會功能。康德曾有《學科之爭論》（*Der Streit der Fakultäten*）一書，討論哲學與三門「高級學科」的關係。在他看來，哲學無特定的功能，這反而是其優點之所在：「由於哲學學科必須擔保它會接受、甚或只是容許的學說之**真理**，就此而言，它就得被認為自由的，並且僅服從理性之立法，而不服從政府之立法。」[11]因此，哲學具有一種「無用之用」，即監督並批判三門高級學科[12]。在這個意義下，哲學反倒應當是真正的「高級學科」。故康德寫道：

> 以此方式，有朝一日可能會到達一個地步：最後的成為最初的（低級學科成為高級學科），這固然不是在權力之掌握當中，但卻是在對掌權者（政府）的建議當中，而政府將在哲學學科之自由，以及該學科由此獲得的解悟中，比在它自己的絕對權威中，找到達成其目的更佳手段。[13]

---

lichen Diskurs. Freiburg i. Br.: Herder, 1999.

[10] 參閱余英時：〈現代儒學的困境〉，收入其《中國文化與現代變遷》（臺北：三民書局，1992 年），頁 95-102；亦收入其《現代儒學論》（River Edge/NJ：八方文化企業公司，1996 年），頁 159-164。

[11] Kant: *Der Streit der Fakultäten, in: Kants gesammelte Schriften* (Akademieausgabe), Bd. 7, S. 27.

[12] 同上註，頁 28。

[13] 同上註，頁 35。

　　即使在過去，儒學也沒有一個教會組織，這點與西方的神學不同。在失去了制度上的依託之後，儒學便有可能像西方的哲學一樣，成為一門自由的學科，而發揮其批判的功能。清末以來，不時有人主張將儒家宗教化，使儒家取得類乎「國教」的地位，遠者有康有為，近者有蔣慶。然而，在歷史條件已全然改變的情況下，這種主張無異是要讓歷史倒回到中世紀，只是一種時空錯置的幻想而已。但若要讓儒學發揮批判的功能，它就必須學術化、知識化，而非宗教化。

　　筆者承認：儒學必須為其知識化付出一定的代價。這是許多人之所以反對儒家知識化的理由。但筆者要強調：並非只有儒學要面對這個問題，現代西方哲學也面臨類似的問題。我們不妨舉個實例來說明。現代西方的學院哲學有一股懷舊之風。自二十世紀中期開始，在法國與德國的哲學界有一股趨勢，特別強調「哲學」在古代希臘、羅馬作為一種「生活方式」或「生活藝術」的古義。法國哲學家阿寶（Peirre Hadot, 1922-2010）的名著《精神訓練與古代哲學》[14]是最著名的例子[15]。根據他的看法，「哲學」古義之失落部

---

[14]　P. Hadot: *Exercices spirituels et philosophie antique*. Paris: Études Augustiniennes, 1981；此書有 Michael Chase 的英譯本：*Philosophy as a Way of Life: Spiritual Exercises from Socrates to Foucault*. Oxford: Blackwell, 1995.

[15]　其他的著作還有：

1) Wilhelm Schmid: *Auf der Suche nach einer neuen Lebenskunst. Die Frage nach dem Grund und die Neubegründung der Ethik bei Foucault*. Frankfurt/M.: Suhrkamp, 1992.

2) Wilhelm Schmid: *Philosophie der Lebenskunst. Eine Grundlegung.* Frankfurt/M.: Suhrkamp, 1998.

3) Wilhelm Schmid: *Schönes Leben? Einführung in die Lebenskunst*. Frankfurt/M.: Suhrkamp, 2000.

4) Wilhelm Schmid: *Mit sich selbst befreundet sein. Von der Lebenskunst im Umgang mit sich selbst*. Frankfurt/M.: Suhrkamp, 2004.

5) Wilhelm Schmid: *Ökologischer Lebenskunst. Was jeder einzelne für das Leben auf dem Planeten tun kann*. Frankfurt/M.: Suhrkamp, 2008.

6) Wilhelm Schmid: *Die Liebe atmen lassen*. Berlin: Suhrkamp, 2013.

7) Wilhelm Schmid: *Dem Leben Sinn geben. Von der Lebenskunst im Umgang mit Anderen und der Welt*. Berlin: Suhrkamp, 2013.

分可歸因於：近代以來，哲學被納入大學體制之後，哲學史家將「哲學」與「關於哲學的論述」（discourse about philosophy）——或者換個方式說，第一序與第二序的「哲學」——混為一談，而將「關於哲學的論述」當作「哲學」本身[16]。對於「哲學」古義的這種失落感頗類乎儒家知識化所引起的失落感。

　　然而，所有的事情都有兩面：一方之所失，可能是另一方之所得。當現代大學失落了第一序的「哲學」，使哲學不再與生活有直接聯繫之際，它卻在第二序的「哲學」中取得了批判的位置。余英時雖然不承認自己是新儒家，但他對儒家價值的認同是不容懷疑的。他在〈儒家思想與現代人生〉一文中指出：「〔……〕儒家的現代出路在於日常人生化，唯有如此〔，〕儒家似乎才可以避開建制而重新發生精神價值方面的影響力。」[17]他進而說明「日常人生化」之義：

---

8) Christoph Horn: *Antike Lebenskunst. Glück und Moral von Sokrates bis zu den Neuplatonikern*. München: C.H. Beck, 1998.

9) Otfried Höffe: *Lebenskunst und Moral, oder macht Tugend glücklich?* München: C.H. Beck, 2007.

10) Ferdinand Fellmann: *Philosophie der Lebenskunst. Zur Einführung*. Hamburg: Junius, 2009.

11) Wolfgang Kersting/Claus Langbehn (Hrsg.): *Kritik der Lebenskunst*. Frankfurt/M.: Suhrkamp, 2007.

12) Ralf Konersmann (Hrsg.): *Das Leben denken – Die Kultur denken*, Bd. 1: Leben. Freiburg i. Br.: Karl Alber, 2007.

13) Sabine Meck: *Vom guten Leben. Eine Geschichte des Glücks*. Darmstadt: Wissenschaftliche Buchgesellschaft, 2003.

14) Annemarie Pieper: *Glückssache. Die Kunst gut zu leben*. 2. Aufl., München: DTV, 2004.

[16] 參閱 P. Hadot: "Philosophy as a Way of Life", in his *Philosophy as a Way of Life: Spiritual Exercises from Socrates to Foucault*, pp. 264-276.

[17] 余英時：〈儒家思想與現代人生〉，收入其《現代儒學論》（River Edge/NJ：八方文化企業公司，1996 年），頁 173。

> 日常人生化的現代儒家祇能直接在私領域中求其實現,它和公領域之
> 間則是隔一層的關係。這大致類似西方現代政教分離的情況。換句話
> 說,儒家在修身、齊家的層次上仍然可以發揮重要的作用,但相對於
> 治國、平天下而言,儒家祇能以「背景文化」的地位投射間接的影響
> 力。[18]

在另一篇論文中,他也有類似的看法:

> 在討論儒家價值的現代意義時,我早已放棄了「內聖外王」的架構。
> 我認為儒學在私領域仍然可以發揮直接的效用,這是〈大學〉所謂
> 「修身、齊家」。至於「治國、平天下」,則屬於公領域,已非儒家
> 所能獨擅,其影響祇能是間接的。[19]

因此,對余英時而言,儒家在現代社會中只能在私領域裡繼續作為個人
修身之道,而在公領域裡只能退隱於背景而間接發揮作用。的確,傳統儒家
的內聖之學包含一個合理的核心,即使在現代社會,依然不失其價值。這也
是那些反對將儒學知識化的人所肯定的。儘管筆者和余英時一樣,承認儒家
在現代社會的私領域裡依然可以發揮重要的作用,但我們不能停留於此。撇
開「內聖外王」這個容易引起爭議的說法,我們至少可以肯定:儒家之所以
為儒家,正在於它不僅停留於私領域,而必然要求進入公領域裡,所謂「己
欲立而立人,己欲達而達人」。我們實在很難想像:一個自限於私領域的人
還能自命為儒者。

然而,在一個價值多元化、學術高度分工的現代社會,儒學如何在公領
域中發揮其批判功能呢?在筆者看來,儒學的知識化與學術化恐怕是不得不
然的選擇。但這決非意謂:儒學要像中國帝制時代那樣,全面安排政治秩序

---

[18] 同上書,頁 178。

[19] 余英時:《宋明理學與政治文化》(臺北:允晨文化實業公司,2004 年),頁 390。

與社會秩序，重新取得「國教」（或國家意識型態）的地位——如蔣慶所期望的。因為現代社會的一項主要特徵便是價值的多元化，沒有任何思想或宗教可以要求獨尊的地位。面對那些對儒學懷抱強烈鄉愁的人，筆者要強調：這不過是讓儒學回到先秦時代的地位，回到儒家與諸子百家爭鳴的時代，回到儒學尚未與現實政治體制結合的「游魂」階段。

進而言之，儒學的知識化與學術化包含兩層意義：就積極意義而言，儒學研究必須學科化，而成為各門學科（如文學、史學、哲學、社會學、政治學、宗教學等）的研究對象，或是與這些學科相結合。就消極意義而言，儒學必須承認自己在知識領域中的局限，尊重其他學科的獨立性。這兩層意義乃是一體之兩面。

筆者當然知道：目前在兩岸的學術界都有不少學者呼籲在現代學術分科的體制中保留或恢復中國傳統學術的完整性，突破西方學術體制而建立「儒學」、「國學」或「經學」等學科，以期出現「文史哲不分家」的「通儒」。他們批判現代學術分科體制中知識狹隘化的弊病，有一定的道理。其實，西方的學術界也有類似的省思，而試圖藉由學科整合或通識教育來矯正這種弊病，但這依然未脫離現代的學術體制。在一個知識日益膨脹與分化的現代社會裡，以分工為基礎、以知識為導向的現代學術體制有其一定的合理性，在可預見的將來，我們似乎沒有其他的選項。只要這個基本事實不改變，「突破西方（現代）學術體制」的呼籲便只能是一種立意良善的願望而已。

對於那些推動民間講學、兒童讀經，並試圖將儒家價值落實於人倫日用之間的人，筆者深懷敬意，也樂觀其成。但是筆者也要強調：這條「生活儒學」的道路不應與「學院儒學」的道路相對立，而應當是相輔相成的。至於作為信仰系統的儒學，一方面可以成為學術研究（特別是哲學研究）的對象，一方面可以保留於私領域，像宗教信仰一樣，成為個人抉擇之事。但這兩面必須有所區分，離則雙美，合則兩敗。反對儒學學術化的「生活儒學」很容易走上反智的道路（通常藉由宗教化），而導致兩敗俱傷。筆者已在臺灣若干推動中國傳統文化的民間團體中發現這種隱憂。

　　在現代的學術體制中，學術化之後的儒學還能發揮什麼功能呢？筆者在此提出兩點建議。首先，儒學在各級學校教育中可以提供「教養」（即德文的 Bildung）的資源，成為文化傳承的一部分。而在大學教育中，儒家思想可以藉由經典閱讀的課程，成為「通識教育」的一環。其次，傳統儒家特擅勝場的內聖之學可以轉化為現代意義的倫理學；若再結合其外王之學，可以發展出一套文化批判、政治批判與社會批判的理論。有人可能會懷疑：傳統思想如何可能在現代社會發揮批判的功能呢？我們只消想想現代西方倫理學與政治學的討論不斷回到古代希臘哲學家（如亞里斯多德）的議題，便可以釋疑。因此，對筆者而言，現代儒學的問題並非太過學術化，而是學術化不足。現代新儒家的前輩在這方面已盡了他們的時代使命，而有了重大的貢獻，並有待於我們在這個基礎上繼續努力。

　　　　（原刊於《中國人民大學學報》，2010 年第 6 期，頁 2-7。）

評論臺灣近來有關
「中華文化基本教材」的爭議

　　2011 年 10 月 22 及 23 兩日，臺灣哲學學會在臺北舉辦該年度會員大會暨學術研討會。除了由會員發表學術論文之外，主辦單位還特別安排一場「四書納入高中必選教材是否合宜？」的哲學論壇，邀請多位學者擔任引言人。筆者原先答應擔任正方的引言人，但後來發現會期與筆者赴江西白鹿洞書院出席「哲學與時代：朱子學國際學術研討會」的時間衝突。於是筆者拜託同為正方引言人的謝大寧為筆者轉達兩點意見。在會前，反方的引言人祝平次與陳瑞麟已提供了書面意見，傳給其他引言人參考。謝大寧、范雲、卓翠鑾與謝世民則在會議現場陳述主張，並回應問題。杜保瑞與蔡家和則是在閱讀過論壇的記錄之後，於會後提出書面意見。此外，在現場還有十位聽眾發言。聯經出版事業公司的《思想》將這些書面稿及發言記錄編輯起來，以〈必須讀《四書》？——又一次爭議〉為題，刊登於該刊第 21 期（2012 年 5 月出刊）。

　　筆者於事後讀到上述的書面稿及發言記錄之後，坦白講，感到非常失望，也對《思想》主編錢永祥表達了自己的失望。筆者的失望不僅是由於反方意見一面倒地壓過正方意見，更由於反方意見充斥著各種私人情感與政治意識形態的糾結，以及似是而非的「食洋不化」之論。筆者不禁懷疑：不少發言人對儒家的理解是否依然停留在百餘年前的五四時代？

　　所謂「又一次爭議」，係相對於 1983 年有關「中國文化基本教材」的爭議而言。中國國民黨退守臺灣之後，針對中國共產黨的反傳統政策，以中華文化的正統代表自居。在這個背景下，中華民國教育部從 1962 年起將

《論語》、《孟子》列入「中國文化基本教材」，規定為高級中學的必修課程。直到 1982 年為止，教育部並未編訂統一的教本，而只有不同的審訂本。1968 至 1971 年筆者就讀於臺北市建國高級中學時，使用的便是其中一個教本（可能是正中書局版）。這個教本只是《論語》、《孟子》原文的節選，編者再根據朱熹的《四書集註》加上簡單的註釋而已，並未有明顯的政治化色彩。之所以採用節選的方式，一方面是由於上課時間的限制，另一方面也是由於《四書》的若干章節已脫離了時代。如今回想起來，筆者是這項政策的受惠者，因為它引發了筆者對中國文化的強烈興趣。筆者對這個課程特別感興趣，不但讀完了整本教本，還自己閱讀了朱熹的《四書集註》。連《論語・鄉黨篇》（它在教本中被全部刪去）這麼枯燥的章節，我都讀得津津有味。

　　這個政策實施多年，並未引起爭議。不意到了 1983 年，教育部為這個課程新編了一個教本。這個教本是以陳立夫的《四書道貫》為詮釋基礎，並加上《大學》與《中庸》。由於這個版本所根據的僅是陳立夫的一家之言，並且在註釋中大量加入國民黨的政治意識型態，它立即引起了學生的反感與學術界的批判。連以提倡中國文化為宗旨的《鵝湖月刊》都跳出來批判這個新教本。自 1984 年 4 月起，該刊先後刊載了王邦雄、卜問天（林安梧）、邱財貴（王才貴）、楊祖漢、鄭志明、伍壽民等人的批評文章之外，該刊更於 1987 年 12 月 12 日舉辦了一場「現行高級中學中國文化基本教材檢討」座談會，廣泛邀請大學教授（如蔡仁厚、吳文星、李豐楙、陳伯璋、龔鵬程、傅武光、楊儒賓）與高中國文教師檢討新版的「中國文化基本教材」教本[1]。同年 10 月 18 日《國文天地》也在總編輯傅武光的籌畫下舉辦了一場「高中中國文化基本教材的檢討」座談會，邀請大學中文系教授與高中國文

---

[1]　會議記錄見林家民、林弓義記錄：〈現行高級中學中國文化基本教材檢討座談會〉，刊於《鵝湖月刊》，第 151 期（1988 年 1 月），頁 1-30。關於新版「中國文化基本教材」教本的內容及臺灣學界對它的批判，參閱黃俊傑：〈戰後臺灣的儒家思想：存在形式、內涵與功能〉，收入李明輝編：《儒家思想在現代東亞：總論篇》（臺北：中央研究院中國文哲研究所，1998 年），頁 155-194。

教師出席[2]。由於爭議太大，次年該教本便為國立編譯館新編的版本所取代。1999 年以後，臺灣的高中教科書開放由民間書商編纂，不再由政府機構編纂。

　　2000 年民進黨取得執政權的初期，仍然維持「中國文化基本教材」的課程。直到 2005 年，民進黨政府廢除「中國文化基本教材」課程，改為「論孟選讀」，與「小說選讀」、「區域文學選讀」、「語文表達及應用」並列為一學年的選修課程。2008 年國民黨重新執政之後，於 2010 年又恢復此一課程，改稱為「中華文化基本教材」[3]，包括《論語》一學年、《孟子》、《大學》和《中庸》一學年，每週一小時，不單獨列入大學入學升學考試科目。「中華文化基本教材」與「生命教育」並列為六門選修課程中必選的兩門課程。這便是第二次爭議的起因[4]。

　　現在回到臺灣哲學學會的辯論。我將辯論中持反對意見者分為兩類：第一類是在內容方面否定或質疑儒家思想在今天的價值；第二類是在形式方面質疑決策過程的合理性或合法性。第二類人可能肯定（至少不質疑）儒家思想的價值。反之，贊成此項政策者也可能同意（至少部分同意）第二類反對者的質疑。第一類反對者，依激烈的程度排列，包括祝平次、范雲與陳瑞麟。

　　筆者最不想討論的是祝平次的論點。因為他的論調會使人誤以為他是五四時代的憤青，而非目前在大學裡研究並教授儒學的學者。他像在會中發言

---

[2] 會議記錄見陳益源記錄：〈高中中國文化基本教材的檢討〉座談記錄〉，刊於《國文天地》，第 3 卷第 7 期（1987 年 12 月），頁 16-27。

[3] 「中華文化基本教材」與「中國文化基本教材」雖然只有一字之差，但在臺灣目前的政治背景下卻有極為不同的政治意涵。因為「中國」一詞被等同於「中華人民共和國」，而「中華」一詞則被當作較為廣泛的文化概念來使用。連肯定中國文化（不！中華文化）的馬英九政府都有此忌諱，可見目前在臺灣提倡儒學的人所面對的是何等詭譎而複雜的情境！

[4] 關於臺灣高中「中國文化基本教材」教科書的演變史，請參考陳怡樺：《高中「中國文化基本教材」編纂沿革研究》（臺北：國立臺灣師範大學國文學系碩士論文，2011 年）。

的若干學者一樣,似乎是陳立夫版《中國文化基本教材》的受害者。在他的眼中,儒家思想正是魯迅筆下的「吃人的禮教」。他反對儒家思想的理由包括:(1)儒家的禁慾主義是反人性的,無法解決青少年的性慾問題;(2)儒家思想是反民主的,對臺灣民主政治的發展毫無貢獻;(3)儒家倫理學是一種「極端人格倫理學」,只重視自我,而忽略了外在情境與制度;(4)提倡儒學的人(包括孔子、孟子、子思、曾子、朱熹、王陽明,乃至蔣介石)都是虛偽的人。針對這些論點,會中也有人加以反駁,故不勞筆者多費心神來討論。筆者只要強調:如果他的論點能成立的話,百餘年來的儒學研究可說都繳了白卷。

以上述的第一點來說,祝平次將理學家所說的「存天理,去人欲」理解成一種壓抑自然人性(所謂「食色性也」)的「極端的道德主義」[5]。其實,理學家所說的「人欲」並非泛指所有自然慾望,而是特指違背天理的慾望;因此,正常的食色之性並不在「人欲」的範圍之內[6]。又如他說:「當代新儒家強調的宋明理學,只強調個人內在的主觀道德,也就輕忽了制度倫理性的重要性。」(頁 248)但任何人只要讀過余英時於 2003 年出版的《朱熹的歷史世界》,就知道這種說法的片面性。這些都是宋明理學的基本常識,而研究宋明理學的祝平次竟然不知道(或故意忽視),夫復何言!

由於牟宗三與勞思光藉康德哲學來詮釋儒家思想,祝平次也引述麥金太爾(Alasdair MacIntyre, 1929-)的觀點來批判康德哲學。例如,祝平次說:「道德╱倫理行為做為一種社會活動的面向,在康德的道德形上學系統還是

5　〈必須讀《四書》?——又一次爭議〉,刊於《思想》,第 21 期,頁 240。以下引述《思想》中的相關言論時,均直接將頁碼附於引文之後,而不另加腳註。

6　「存天理,去人欲」是宋明儒者的基本共識,但往往因望文生義而受到誤解。關於這個問題,請參閱拙作:〈朱子對「道心」、「人心」的詮釋〉,刊於《鵝湖月刊》,第 387 期(2007 年 9 月),頁 11-21;第 388 期(2007 年 10 月),頁 11-16;亦刊於《湖南大學學報》,第 22 卷第 1 期(2008 年 1 月),頁 19-27;《廈門大學國學研究院集刊》,第 1 輯(北京:中華書局,2008 年 11 月),頁 259-276;蔡振豐編:《東亞朱子學的詮釋與發展》(臺北:臺灣大學出版中心,2009 年 7 月),頁 75-110。

比較不受到強調和重視，這也引來很多的批評。」（頁 247）他似乎不知道康德有一整套的法政哲學，甚至成為羅爾斯（John Rawls）的自由主義之思想資源。康德晚年所著的《道德底形上學》（*Metaphysik der Sitten*）之第一部《法權論之形上學根基》就包含一套法哲學，討論諸如財產權、人格權、家庭、婚姻關係、國際法、世界公民權等，第二部《德行論之形上學根基》則聚焦於麥金太爾所強調的「德行」（Tugend/virtue）概念，涉及人與自己、他人，乃至動物、環境的關係[7]。祝平次這種道聽塗說的片面之辭實不值識者一駁。

　　然而，最駭人聽聞的是他的如下一段言論：

> 開放後的新中國則把它〔指儒家思想〕當做國家軟實力，打著孔丘的招牌廣設孔子學院，試圖影響全球的中國論述。但也還沒頭腦不清楚到把它引進到教育系統；畢竟，共產黨在〈東方紅〉裡的豪氣還是在的。這種豪氣，簡單來講就是破除舊傳統儒家士人的菁英文化，而訴諸大眾的力量。不用說，這在中國的歷史上是豪舉，而且是一個成功的豪舉。這只要證諸共產黨成功之後所重述的中國史就可以知道。（頁 245）

祝平次似乎不知道大陸的若干大學（如武漢大學、中山大學、復旦大學、山東大學、山東師範大學、山東工商學院、杭州師範大學、浙江科技學院）已將儒家經典納入通識教育的教材。當大陸學界的有識之士正在反省文革時期反傳統的錯誤與慘痛教訓，而力圖回歸中國傳統文化時，一位以研究並教授儒學為業的臺灣學者竟然發出這種文革論調，委實令人感到時空錯亂與精神錯亂！

　　范雲則質疑「讀《四書》有助於品格提升」的觀點（頁 277）。她從女

7　康德原著、李明輝譯註：《道德底形上學》（臺北：聯經出版事業公司，2015 年）。關於康德的法政哲學還可參閱筆者譯註的《康德歷史哲學論文集》（臺北：聯經出版事業公司，2013 年，增訂版）。

性主義的觀點強調：讀《四書》不如讀《女書》（頁 278-279）。她坦承：她高中時所讀的正是《四書道貫》版的《中國文化基本教材》（頁 278）。

陳瑞麟在題為「儒殤」的發言稿中略帶感傷地回顧他過去接受國民黨黨化教育的痛苦經驗。因此，他懷疑教育部推動「中華文化基本教材」的政策是「『中華文化、儒家思想、民族主義、黨國意識型態』四合一結構的復辟，是出於政治動機而非教育動機」（頁 256）。他特別強調民主的價值，甚至說：「生活在民主制度與社會下的一般人民，其道德品格是人類歷史上水準最高的一群。」（頁 262）對他而言，「即使儒家思想沒有與現代不相容，也無法成為民主社會和文化的基石」（頁 255）。相較於祝平次，他並未完全否定儒家思想的價值。他說：「身為一個哲學教授，儒家哲學對我來說，是一個有缺陷的思想和信仰體系（當然，沒有思想體系是完美的，因為沒有人是完美的）。這並不代表它全無價值，但是它的價值也不能太過高估。」（頁 258）

令人詫異的是：筆者雖然在會場缺席，陳瑞麟在事後的書面回應中卻僅憑謝大寧在現場轉述筆者的兩段不完整的意見（而非筆者的著作），將筆者的論證形式簡化如下：

> 社群主義是民主的，而且比自由主義的民主好。
> 社群主義主張國家得以介入文化議題。
> 儒家是亞洲社群主義，四書是儒家經典。
> 反對者如祝、陳、謝、范等是自由主義立場。
> 因此，國家推出高中四書必選政策是正當的。（頁 328）

再據以反駁筆者。從陳瑞麟的歸納，讀者很容易誤以為筆者一面倒地偏向社群主義。其實，筆者的真正觀點是：傳統儒家與當代新儒家都是依違於社群主義與（羅爾斯式的）自由主義之間[8]。一位研究「科學底哲學」的學者豈

8　參閱拙作：〈儒學、義務論與社群主義〉、〈徐復觀與社群主義〉，均收入拙著：

可如此輕率而不實事求是？這距離德國哲學家哈伯瑪斯（Jürgen Habermas）所謂的「理想的言談情境」何啻千里！

　　至於第二類的反對者，即質疑決策過程的合理性或合法性者，在肯定與否定儒家思想者之間有部分的重疊。筆者將這類的反對意見歸納為以下幾點：

一、反對者擔心將「中華文化基本教材」列入高中課程，會加重學生的負擔，或排擠其他的課程。

二、反對者強調儒家是一種宗教，將「中華文化基本教材」列入高中必選課程，有違現代國家所依循的「政教分離」原則。

三、反對者或許並不否定儒家思想的價值，但強調將「中華文化基本教材」列入高中必選課程，有違自由主義所強調的「政府中立性」原則。若將它改為選修，有些人則會贊成。

　　在以上的兩類反對意見當中，筆者不擬多談第一類反對意見，因為關於儒家思想之價值的討論在學界實已汗牛充棟，想得到的正反意見都有人提過，實毋須在此贅述。至於有人質疑讀《四書》是否有助於品格提升，如范雲說：「作為一個社會學者，我相當懷疑，有沒有什麼經驗的證據可以知道，現在的人品格淪喪是因為不讀《四書》？如果我們的中學生讀了《四書》，是不是有助於品格的提升？」（頁 277）這個問題也沒有多大的意義，因為它可以用來質疑任何教育政策。舉個極端的例子來說，挪威的民主教育是臺灣不少自由派學者所稱羨的，但它怎麼會產生像布列維克這類極端仇視外來移民而濫殺無辜，事後甚至毫無悔意的殺人魔呢？人類歷史上似乎尚未出現任何道德教育或宗教教育能保證人不會犯罪，除非是基於強力的意識形態控制，如甘陽有一次談到他在 1960 年代初「學雷鋒」運動時的親身感受：「至今仍能憶起當時那種巨大的道德感召力，當時幾乎已達『滿街是聖人』的氣象。」[9]

《儒家視野下的政治思想》（臺北：臺灣大學出版中心，2005 年；簡體字版：北京：北京大學出版社，2005 年）。

[9]　甘陽：《我們在創造傳統》（臺北：聯經出版事業公司，1989 年），頁 16。

　　至於第二類反對意見中的第一點，筆者也不擬討論，因為它是每一個課程都會碰到的質疑。例如，歷史教師總覺得歷史課程是不可或缺的，數學教師也覺得數學課程是一切科學教育的基礎，這種辯論註定不會有結果。

　　至於第二點，謝世民與陳瑞麟與都強調儒家是一種宗教。謝世民引述了當代新儒家論儒家宗教性的言論，來證明儒家是一種宗教。據此，他強調：

> 根據「政教分離」原則，教育部不可以要求高中學生或任何階段的學生必選《聖經》或是《壇經》。同理，如果《四書》作為儒教的經典，其地位就像《聖經》或《壇經》一樣，那麼，教育部也不可以要求高中生必選《四書》。當然，儒家的信仰者也許會辯解說，《四書》並不是宗教的聖典、儒教不是宗教。但是從基督徒和佛教徒的立場而言，如果政教分離是大家都必須遵守的原則，那麼，在高中課程設計的層次上，《四書》其實就像《聖經》和《壇經》。（頁286）

陳瑞麟則說：

> 儒家是一個信仰，但是信仰不能越界成為民主社會高中教育的「文化基本教材」，正如佛經、聖經、古蘭經、道德經不能成為高中教材一樣。請不必再為儒家思想不是宗教辯護——雖然從教主、聖徒、護教者、經典、信徒、教團各個判準來看，儒家都是不折不扣的宗教，但我不想在這兒糾纏，就算儒家不是宗教吧！即使不是宗教，它仍然是一個信仰體系，最重要的是，現代社會的儒家信徒已經很少了。（頁258-259）

　　關於「儒家是否為宗教」的問題，近年來兩岸學術界的討論所累積之文獻也已汗牛充棟，謝、陳兩人恐怕未多注意。的確，牟宗三曾將儒家稱為「人文教」，唐君毅與杜維明也一再強調儒家的宗教性。筆者也主張：如果

說儒家是宗教，它只能是康德意義的「道德宗教」[10]。筆者曾開玩笑打個比喻說：問「儒家是否為宗教」，就像問「啤酒是不是酒」一樣，端看你如何界定「宗教」而可能有不同的答案。但無論我們如何理解儒家，我們至少無法否認一項事實：在中國歷史上，儒家從未建立一個教會與一個神職團體。這是儒家與一般宗教根本不同的地方。陳瑞麟說：「現代社會的儒家信徒已經很少了。」筆者要問：他是根據什麼標準來認定儒家信徒的身分？一般宗教徒的身分可以根據皈依的儀式（如受洗）來認定，但我們如何認定儒家信徒的身分呢？根據他是否讀過儒家經典嗎？據我所知，臺灣的一貫道是推動兒童讀經運動的重要力量，它的信徒也是儒家的信徒嗎？反之，許多不識字的人透過地方戲曲或家庭教育的薰陶而體現出儒家的價值與行為方式（如孝親、祭祖），他們算不算儒家呢？再舉個極端的例子：我的同事林月惠是虔誠的天主教徒，但她肯定儒家的價值，願意奉獻心力，為教育部編纂《中華文化基本教材》，她算不算儒家信徒呢？打個比喻來說，儒家類似於可以跨政黨的柔性政黨（如臺灣的新黨），可以同時具有跨越宗教教派的身分。多年前我參觀過南投中臺禪寺所設立的普臺小學，在校園裡就見到儒家聖賢的塑像。或許在臺灣的知識界，在主觀上願意承認自己是儒家信徒的人的確不多，但儒家在臺灣民間的滲透力量決非陳瑞麟等人所能想像。否則，我們就很難理解王才貴的兒童讀經運動在臺灣民間所引起的廣大迴響。

「政教合一」一詞譯自英文的 Caesaropapism。顧名思義，Caesaropapism 意謂凱撒與教皇的合一，也就是政治權威與宗教權威的合一。這個概念預設強大的教會之存在。中國的儒家既無教會，如何會有「政教合一」或「政教分離」的問題呢？依筆者之見，將「政教合一」的概念抽離於西方的具體脈絡，來談中國文化或當今臺灣的「政教合一」問題，乃是「食

10　參閱拙作：〈從康德的「道德宗教」論儒家的宗教性〉，收入哈佛燕京學社編：《儒家傳統與啟蒙心態》（南京：江蘇教育出版社，2005 年），頁 228-269；亦收入李志剛、馮達文編：《從歷史中提取智慧》（成都：四川出版集團巴蜀書社，2005 年），頁 1-49；亦收入李明輝、林維杰編：《當代儒家與西方文化：會通與轉化》（臺北：中央研究院中國文哲研究所，2007 年），頁 15-70。

洋不化」的假議題。不久前張灝發表的〈政教一元還是政教二元？傳統儒家思想中的政教關係〉一文[11]，便屬於此類。在今天的西方世界，「政教分離」的原則雖已成為共識，但在伊斯蘭世界，依然是爭議不休的問題。例如，現今伊朗的伊斯蘭共和國便是建立在「政教合一」的原則之上。埃及在「茉莉花革命」之後的動亂，主要也是由於「政教合一」原則與「政教分離」原則的衝突。在中國歷史上，洪秀全的太平天國或許是「政教合一」的唯一例子，但是他的拜上帝教則是模仿西方的基督教。蔣慶所設計的「儒教憲政」無疑也屬於「政教合一」的型態，但它尚只停留在空想的階段。既然臺灣沒有「政教合一」的問題，指摘教育部將「中華文化基本教材」列入高中必選課程，有違現代國家的「政教分離」原則，便是「食洋不化」的假議題。

如果「政教分離」的指摘是個假議題，「政府中立性」的問題則較值得考慮。的確，「政府中立性」是現代自由主義的基本原則，但這項原則在當代西方政治哲學中也是爭議不斷的問題。本文也不可能詳細討論這些爭議。從社群主義（communitarianism）的角度來看，「政府中立性」的原則若非不切實際，就是自欺欺人。任何政府（包括民主政府在內）不可能沒有教育政策，而其教育政策不可能沒有具體內容，不是這種內容，就是那種內容，不可能完全中立。即使一個政府完全遵循自由主義的原則，它至少必須預設某些基本價值，例如美國自由主義哲學家馬塞多（Stephen Macedo）所謂的「自由的德行」（liberal virtues）[12]。馬塞多此說本來是要回應社群主義者對自由主義的批評，但反而坐實了社群主義的指摘：自由主義在價值上並非

11　刊於《思想》，第 20 期（2012 年 2 月），頁 111-143。

12　參閱 Stephen Macedo: *Liberal Virtues: Citizenship, Virtue, and Community in Liberal Constitutionalism.* Oxford: Clarendon Press, 1990. 此書有馬萬利的中譯本：《自由主義美德：自由主義憲政中的公民身分、德性與社群》（南京：鳳凰出版傳媒集團／譯林出版社，2010 年）。但因其譯文太過自由，故本文不予採用，而僅將中譯本的頁碼附於原版頁碼之後。

完全中立、無所預設。他甚至承認自由主義中立性的虛幻[13]。自由主義者可能辯解說：這些德行所代表的價值是自由社會得以維持的底限。但對於一個不認同自由主義的人（譬如伊斯蘭基本教義派）而言，他會認為這個政府是中立的嗎？因此，我們不如面對現實，老實承認：每個政府都不可避免基於其特殊的歷史經驗與社會脈絡而在教育政策上提倡某些特定的價值。例如，今日的德國雖然是個公認的民主國家，但你在書店買不到希特勒的《我的奮鬥》[14]。按照臺灣自由派的觀點，這豈非違反了「政府中立性」的原則？

在這一點上，馬塞多有一段話特別值得我們深思。他說：

> 自律源於對一個多元而寬容的文化所共享之價值與規範的理解。熟悉一個傳統或一套社會常規與一個人的個體性之發展之間並無緊張關係。自律並不是發現自我當中的個體性之一個深邃、固定的內核之事，它是一種積極批判的與反思的方式，以運行於一個多元文化的複雜母體當中，並且使這種文化的資源成為一個人自己的資源。文化的與社會的資源在受到自由的政治規範與態度的框限時，就不是對自律的威脅，而是探索的機緣。[15]

這可視為自由主義在回應社群主義與傳統主義的批判時對它們的靠攏。

當然，筆者並非完全同意國民黨過去推行「中國文化基本教材」的目的與手段。然而，在經過兩度政黨輪替後的臺灣，還有人基於自己過去的經驗，擔心馬英九政府推動「中華文化基本教材」課程是「『中華文化、儒家思想、民族主義、黨國意識型態』四合一結構的復辟」，實在未免言過其

---

[13] 參閱同上書，頁 260-263〔246-248〕。

[14] 參閱江靜玲：〈民粹抬頭希特勒自傳登暢銷書〉，2014 年 1 月 13 日《中國時報》A16 版。

[15] 同上書，頁 270〔255〕。其實，徐復觀也表達過類似的想法，參閱其〈為什麼要反對自由主義？〉，收入其《學術與政治之間》（臺北：臺灣學生書局，1980 年），頁 459。

實，也使得理性的對話（這是馬塞多所強調的「自由的德行」之一）很難進行下去。其實，除了謝大寧與筆者之外，在會中也有人（如蔡錦昌、李文心、黃麗娟）公開表示：他們在高中時讀《四書》，覺得很受用。

在論壇的發言者當中，也有不少人（包括謝世民與陳瑞麟在內）可以接受將「中華文化基本教材」列為選修課程。這似乎是一個可以考慮的方向。其實，在 1980 年代，新加坡教育部便曾將儒家思想與基督教、伊斯蘭教、興都教、佛教、世界宗教並列為中學必修科目「宗教／道德教育」的選項，並為此成立東亞哲學研究所，邀請國際知名的儒家學者來設計課程與教材[16]。其實，筆者也不反對將佛教經典（例如《六祖壇經》）與道家經典（例如《老子》、《莊子》）列入「中華文化基本教材」的選項。只是這樣一來，基督徒也可能要求將《聖經》列入，伊斯蘭教徒則要求將《可蘭經》列入，其他學科的教師更會抱怨其上課時數受到排擠，以致治絲益棼。筆者目前的心情是：如果我們肯定經典的價值，在每周一小時的有限時間內，先將儒家經典（即使只是《論語》、《孟子》也好）列入課程吧！

為什麼優先選擇儒家經典呢？今天我們當然不可能回到獨尊儒術的時代。牟宗三在 1952 年的孔子誕辰紀念日曾發表了〈祀孔與讀經〉一文，闡明讀經的意義，迄今猶有參考的價值。他在文中強調兩點：第一、儒家學術含有文制的意義；第二、一個民族與社會必須有文制，以維持人民的現實生活。因此，他強調：「儒學不能看成是個人的思想理論，孔孟不能看成是諸子百家之一。」[17]什麼是文制呢？牟宗三解釋說：

> 凡是文制都是表示現實生活上的一個常軌；有普遍性，有一般性。民主政治是政治生活的一個常軌，所以民主政治也是今日的一個文制。

---

[16] 參閱蘇新鋈：〈儒家思想近十五年來在新加坡的流傳〉，收入李明輝編：《儒家思想在現代東亞：總論篇》（臺北：中央研究院中國文哲研究所，1998 年），頁 255-325。

[17] 牟宗三：《生命的學問》（臺北：三民書局，1970 年），頁 101。由於三民書局發行人劉振強拒絕授權，此書未能收入《牟宗三先生全集》中，令人深感遺憾。

西方除科學外，惟賴有民主政治與宗教這兩個文制，才能維持他們生活的常軌。宗教是政治生活外的日常生活中的一個文制。這不能由民主政治來代替，也不能由科學來代替的（科學不是一個文制）。我們也不能拿西方的宗教來代替。耶穌教不能移植到中國的民族性裡而成為日常生活中的一個文制（理由我這裡不必說），我們還得根據我們的文化傳統及聖人來建立文制，作為我們日常生活的方式。文制有普遍性與一般性，這是從社會上一般人民日常生活來作想。不是單獨對某一部分人作想。也不要單從自己的立場作想。[18]

一個社會為什麼需要文制呢？牟宗三解釋說：

因為人不能都在或總在自覺中過生活，總得有一個不自覺或超自覺的東西作憑依。這就是莊子所說的人相忘於道術，魚相忘於江湖。相忘就是超自覺，不自覺。不自覺其所憑依之江湖之可貴，而得養其天年，潤其生命。若是離開這個不自覺的憑依，而處在陸地上，相煦以沫，意識中時時在自覺奮鬥，則其痛苦可知，其生命亦快完了。客觀文制之於生活亦然。[19]

儒家沒有教會與神職團體，也沒有明確的身分認定，故今人常有「儒門淡薄」之嘆。但是它的這種特性反而使它有強大的滲透性與跨越性，而符合文制的意義。

　　反之，最近大陸學界出現一股「重建儒教」的呼聲，提倡者包括蔣慶、唐文明、陳明等人[20]。蔣慶的「儒教憲政」構想是一例。唐文明甚至提出

---

[18] 同上書，頁 102。

[19] 同上書，頁 104-105。

[20] 相關的論文極多，很難一一列舉，但可參考任重、劉明編：《儒教重建：主張與回應》（北京：中國政法大學出版社，2012 年）。

「從毛澤東回到康有為」的主張[21]。為了降低儒教的排他性，突出其共法的意義，陳明則提出儒教作為「公民宗教」（civil religion）的構想[22]。最近筆者讀到陳明的〈儒教三典論略說〉[23]，以及姚中秋（秋風）的兩篇論文〈一個文教，多種宗教〉[24]與〈儒家非宗教論〉[25]。陳明的論文旨在根據《易傳》、《中庸》和《大學》三部經典提出了一個以天為中心的儒家神學系統：《易經》言天道，《中庸》論性命，《大學》說踐履。姚中秋則反覆申論：儒家是文教，而非宗教。所謂「文教」當是文明教化之義。姚中秋在〈一個文教，多種宗教〉中說：「共同體之文，也即，中國這個文明與政治共同體透過儒家之教而在人際之間形成穩定的健全關係，在此關係中，人們大體上獲得身心安寧。這就是文明。」[26]這與牟宗三所說的「文制」之義不謀而合，也類乎德文裡的 Bildung 一詞。日本人將 Bildung 譯為「教養」，而在大學裡設教養學部（相當於我們的通識教育科），即採此義。姚中秋在寫給筆者的電子郵件中寫道：

> 我本人始終不同意公民宗教之說。看到陳明兄這篇文章，更為擔心。
> 公民宗教說在中國出現了與美國的反向運動：美國是本有清教，對其

---

[21]　參閱唐文明：〈政治自覺、教化自覺與中華民族的現代建構〉，收入干春松、陳壁生編：《經學與建國》，第 2 輯（北京：中國人民大學出版社，2013 年），頁 73-76。

[22]　參閱陳明：〈儒教之公民宗教說〉，收入任重、劉明編：《儒教重建：主張與回應》，頁 15-26；陳宜中：〈公民儒教的進路：陳明先生訪談錄〉，《思想》（臺灣），第 20 期（2012 年 1 月），頁 233-274。「公民宗教」的概念出自美國社會學家貝拉（Robert N. Bellah, 1927-2013）。關於此概念，參閱羅伯特‧貝拉著，陳勇譯：〈美國的公民宗教〉，《原道》，第 13 期（2006 年），頁 123-141；陳勇：〈公民宗教論綜述〉，同上書，頁 77-89。但要特別強調的是：陳明並不贊成蔣慶的「儒教憲政」方案。

[23]　刊於《天府新論》，2013 年第 5 期，頁 27-34。

[24]　刊於《天府新論》，2014 年第 1 期，頁 34-41。

[25]　刊於《同濟大學學報（哲學社會科學版）》，第 24 卷第 4 期（2013 年 8 月），頁 72-82。

[26]　《天府新論》，2014 年第 1 期，頁 37。

> 國家精神有重大影響，而為了公共化，而抽離其神的意味，將其倫理化。陳明兄的努力正好相反，似乎要坐實儒家之為宗教，而竭力將儒家宗教化，為此而尋找儒家之神靈。蔣慶先生的努力與此相同。這種努力本來的理論根基不穩，同時，效果也糟糕。在初期或許有助於儒家復興，但很快就會妨礙。因為，儒家向來以教育為根本，如果宗教化，儒家還有可能進入教育體系？

這段話說得合情入理，實深得我心。

因此，筆者同意謝大寧的看法，將「中華文化基本教材」的課程定位為經典教育，而非民族精神教育或品格教育或語文教育——雖然它可能為後二者帶來附帶的效果。至於民族精神教育，雖然在《中華民國憲法》第 158 條載明：「教育文化，應發展國民之**民族精神**、自治精神、國民道德、健全體格與科學及生活智能。」但在國家認同成為問題的今日臺灣，這點可能也有爭議。當然筆者不能代表教育部的看法，而只能為自己的看法負責。

筆者託謝大寧在會中轉述筆者曾在拙文〈儒家傳統與東亞的現代化——從李光耀與彭定康關於「亞洲價值」的爭論談起〉引述過的兩位西方學者之觀點[27]。美國學者狄培理（William Theodore de Bary, 1919-）於 1997 年 6 月在新加坡「儒學與世界文明國際學術會議」上發表了〈儒家思想與社群主義〉一文。他在文中提到：在近年來有關「亞洲價值」的爭論中出現一種以「亞洲社群主義」來對比「西方個人主義」的趨勢，而儒家思想往往被引為「亞洲社群主義」的代表。他承認：就儒家思想中欠缺一種「完全獨立而自主的個人」之概念而言，儒家思想中的確有社群主義的傳統。但是他反對將儒家的社群主義傳統理解為一種重群體而輕個人的集體主義傳統[28]。事實上，儒家的社群主義傳統是在承認個人與群體相互依待的前提下肯定個人的

---

[27] 參閱拙著：《儒家視野下的政治思想》，頁 218-220。

[28] Wm. Theodore de Bary: "Confucianism and Communitarianism"，見陳榮照編：《儒學與世界文明》（新加坡國立大學中文系／八方文化企業公司，2003 年），頁 919-921。

尊嚴。他將儒家的這種立場稱為「人格主義」（personalism），以別於現代西方自由主義的「個人主義」（individualism）[29]。請讀者注意：狄培理所說的「人格主義」與祝平次所謂的「極端人格倫理學」並非一回事。

德國學者卜松山（Karl-Heinz Pohl）也注意到：在對於「自我」的看法方面，儒家與西方社群主義的觀點有合轍之處。他說：

> 如果我們從現代人類原子觀的意義上將「個人」理解為一個自治的實體，作為其標誌，這個實體具有對同等對象自由選擇的能力和權利以及不受限制地實現自我的潛力，那麼，我們在儒家學說中則找不到與現代西方個性觀念之對等之處。但我們發現在儒家思想中個人其實是站在所有社會和道德考慮的最前端。儒家的自我不是一個「無負荷之自我」，而比較確切地說，是由它所身處的並賴以形成其個性的社會機制及社會關係來定義的。同時，它也被視為一種傳遞公共利益之觀念的敘述連續性——即「活傳統」——的一部分。[30]

「無負荷之自我」（unencumbered self）是沈岱爾（Michael Sandel）批評自由主義的自我觀之用語[31]。

筆者之所以引述這兩位西方學者的觀點，不過是要說明：民主的自由社會不一定要建立在個人主義的基礎上，反而必須承認每個個人都是在某一社會中形成他的自我，誠如社群主義者泰勒（Charles Taylor, 1931-）所說：

---

[29] 參閱狄百瑞：〈「亞洲價值」與儒家之人格主義〉，收入國際儒學聯合會編：《國際儒學研究》，第6輯（北京：中國社會科學出版社，1999年2月），頁6-19。

[30] 卜松山：〈社群主義與儒家思想——尋求共同的倫理基礎〉，收入其《與中國作跨文化對話》（北京：中華書局，2003年），頁61-62；Karl-Heinz Pohl: "Communitarianism and Confucianism – In Search of Common Moral Ground", in: idem, ed., *Chinese Thought in a Global Context: A Dialogue between Chinese & Western Philosophical Approaches* (Leiden: Brill, 1999), pp. 274f.

[31] 參閱其 "The Procedural Republic and the Unencumbered Self", *Political Theory*, Vol. 12 (1984), pp. 81-96.

「一個人唯有在其他的自我當中才是一個自我。一個自我決無法被描述，除非參照環繞它的那些自我。」[32]而每個社會都有其傳統，故社群主義者（如泰勒與麥金太爾）都強調傳統的意義。祝平次在發言稿中引述麥金太爾的說法來批判儒家的倫理學（頁 247），卻不提麥金太爾對傳統的重視。麥金太爾在其《德行之後》（*After Virtue*）一書中嚴厲指摘西方現代的個人主義（在他看來，這是當代自由主義之基礎）無視於傳統之意義，忽略了我們每個人都是某一傳統之承載者，而將傳統與理性對立起來[33]。這種指摘完全適用於祝平次、陳瑞麟、范雲等以啟蒙者自居的自由派。他們似乎自以為居於人類歷史的高峰，是前無古人、空前絕後的[34]。經典教育的目的，正是要讓學生認識其作為歷史存有者的地位，以打破這種「啟蒙的傲慢」。

　　2011 年 12 月廣州中山大學舉辦了一場「兩岸三地《四書》教學研討會」。筆者在網路上看到《社會觀察》特約記者吳銘的相關報導。他轉述了該校人文高等研究院／博雅學院院長甘陽的看法如下：

> 甘陽在會議一開始即提出了基本而核心的問題：《四書》的學問和思想究竟有多高明，對今天能形成多大的挑戰？如果我們認為儒學講的只是民主、人權，那麼，學習儒學還有什麼價值？此次會議之前不久，甘陽在國家博物館發表了題為〈啟蒙與迷信，或，「反啟蒙」在中國的缺席〉的演講，認為啟蒙在破除迷信的同時往往也在創造自己的新的迷信，因此，「反啟蒙」必須被看成是啟蒙本身不可或缺的重要部分，有助於啟蒙的健康發展，沒有「反啟蒙」的制約，啟蒙就無

---

[32] 見其 *Sources of the Self* (Cambridge/Mass.: Harvard University Press, 1989), p. 35.

[33] 參閱 *After Virtue* (Notre Dame: University of Notre Dame Press, 1984), pp. 221-223.

[34] 例如，祝平次說：「現在的一個小學生，可能在奴隸問題、性別問題兩方面都比亞里斯多德、孔丘、孟軻來得進步，這當然不是說它〔他〕們比亞里斯多德、孔丘、孟軻來得聰明、偉大，而是拜制度之賜；但即使是拜制度之賜，我們還是應該肯定它〔他〕們的性別視野、平等觀比亞里斯多德、孔丘〔、〕孟軻來得高明。」（頁252）

法克服自己造成的新的迷信，必然會走向「啟蒙的走火入魔」。

這是甘陽在博雅學院推動中西經典教育的基本構想，可說是其現身說法。他的想法與筆者的看法不謀而合，也可視為對祝平次等人的回應。

當然，筆者的意思（或許甘陽也會同意）並不是說：我們必須將古代經典神聖化，完全不加批判地接納它們的所有內容。古代經典中的若干內容已不適於現代世界，這自不待言。對現代人而言，古代經典是既熟悉又陌生的東西：熟悉，是因為它們反映出形塑我們的自我之文化背景；陌生，是因為它們距離我們的時代已遠。但即使這種陌生感，亦有助於打破現代人的「啟蒙的傲慢」，而平衡其視野之局限，因為歷史上的「他者」正可成為現代人的啟蒙反思之觸媒。即使我們面對古代經典中的不合理思想（如父權思想）時，我們也不當只是以現代人的進步自喜，而當反思人類理性在歷史洪流中逐步的艱困發展。當代新儒家經常強調「返本以開新」，無非就是這個意思。

會中有人反對將《大學》、《中庸》納入「中華文化基本教材」課程，認為其義理對高中生、甚至高中老師都太深奧。對於這點，筆者並不堅持，因為當年筆者所讀的《中國文化基本教材》也不包含《大學》、《中庸》。的確，《中庸》首章三句「天命之謂性，率性之謂道，修道之謂教」，即使是歷代大儒，也要用一輩子的生命來印證。但筆者要強調：不要低估高中生的理解能力與批判能力。沈清楷在會中提到法國高中生要修哲學課程（頁291-292）。如果高中生能讀哲學，我們有何理由假定他們對古代經典毫無理解能力、乃至批判能力？須知理解有不同的層次，誠如朱熹在《四書章句‧論語序說》中引程頤的話說：「讀《論語》，有讀了全然無事者；有讀了後其中得一兩句喜者；有讀了後知好之者；有讀了後直有不知手之舞之、足之蹈之者。」又說：「頤自十七八讀《論語》，當時已曉文義。讀之愈久，但覺意味深長。」筆者目前對《四書》的理解，較諸高中時對《四書》的理解，自然不可同日而語。筆者並不完全贊同王才貴只重背誦、不重理解的兒童讀經教育，但不可否認的是：經典的薰習是理解經典的前提。如果我

們不給年輕人接受經典薰習的機會，又何怪他們會陷入「啟蒙的傲慢」？根據筆者多年來在大學的教學經驗，這是目前臺灣年輕人的通病，部分年輕人的自我意識過度膨脹，總自以為是正義的化身，而失去了聆聽他者的能力。

　　近年來筆者頻繁地到大陸講學、交流，對大陸的社會有較直接而切身的觀察機會。不可諱言，今日大陸的社會有信任感喪失與規範意識薄弱的嚴重危機，這無疑是文革的後遺症，是傳統斷裂的後果。大陸的有識之士，甚至不少共產黨員，也看到了這點，而致力於恢復傳統文化。相形之下，臺灣社會何其幸運，並未經過傳統的斷裂！韓寒訪問臺灣後，發出感慨說：臺灣最美的風景是人。這雖是溢美之辭，但可以解讀為：臺灣社會由於未經過傳統的斷裂，而保存了較為正常的人性與人際關係。國民黨在臺灣推行「中華文化復興運動」，雖有其明顯的政治動機，但無形中也為臺灣的傳統文化（包括儒家思想在內）保存了生機與活力。臺灣的民主化進程與兩度政黨輪替之相對順利，與臺灣社會的這種正常體質不無關係。大陸恢復祭孔，廣設孔子學院，也應作如是觀。連蒙古人與滿洲人以異族入主中國，也以儒家經典取士。畢竟儒家傳統並非國民黨所得而私，亦非共產黨所得而私。無怪乎擔任教育部「中華文化基本教材」編審委員的戴璉璋教授面對各種反對意見時，在報紙上投書，感慨地說：「臺灣前輩在『生於憂患〔，〕死於安樂』激勵下，辛勤耕耘〔，〕栽植大樹，而今躺在蔭下納涼的人，卻說相關的經典是現代科舉的牢籠！」[35]

　　　　（原刊於《思想》，第 25 期〔2014 年 5 月〕，頁 267-289。）

---

[35] 戴璉璋：〈當儒學成了被鄙棄的意識形態……〉，刊於 2011 年 7 月 12 日《聯合報》A15 版／民意論壇。

附　錄

一、李明輝簡介

　　德國波昂（Bonn）大學哲學博士。曾任國立臺灣大學哲學系客座副教授、中國文化大學哲學系副教授、廣州中山大學長江講座教授。現任中央研究院中國文哲研究所特聘研究員、國立臺灣大學國家發展研究所合聘教授。主要著作有《儒家與康德》（1990）、《儒學與現代意識》（1990）、《康德倫理學與孟子道德思考之重建》（1994）、《當代儒學之自我轉化》（1994）、《孟子重探》（2001）、《四端與七情──關於道德情感的比較哲學探討》（2005）、《儒家視野下的政治思想》（2005）、《康德倫理學發展中的道德情感問題》（德文，1994）、《儒家思想在現代中國》（德文，2001）、《儒家人文主義──跨文化脈絡》（德文，2013）、《儒學：其根源與全球意義》（英文，2017）。譯作有 Hans Michael Baumgartner 的《康德「純粹理性批判」導讀》（1988）、康德的《通靈者之夢》（1989）、《道德底形上學之基礎》（1990）、《康德歷史哲學論文集》（2013 增訂版）、《未來形上學之序論》（2008）及《道德底形上學》（2015）。

二、李明輝新儒學研究論著目錄

一、專書

1. 《儒家與康德》。臺北：聯經出版事業公司，1990 年。韓文版：譯者金基柱、李基薰，首爾：Yemoonseowon，2012 年。

2. 《儒學與現代意識》。臺北：文津出版社，1991 年。增訂版：臺北：臺灣大學出版中心，2016 年。

3. 《康德倫理學與孟子道德思考之重建》。臺北：中央研究院中國文哲研究所，1994 年。

4. 《當代儒學之自我轉化》。臺北：中央研究院中國文哲研究所，1994 年。簡體字版：《當代儒學的自我轉化》，北京：中國社會科學出版社，2001 年。韓文版：譯者李敬煥，首爾：全南大學出版部，2013 年。

5. 《孟子重探》。臺北：聯經出版事業公司，2001 年。

6. *Der Konfuzianismus im modernen China*. Leipzig: Leipziger Universitäts-verlag, 2001.

7. 《四端與七情——關於道德情感的比較哲學探討》。臺北：臺灣大學出版中心，2005 年。簡體字版：上海：華東師範大學出版社，2008 年。

8. 《儒家視野下的政治思想》。臺北：臺灣大學出版中心，2005 年。簡體字版：北京：北京大學出版社，2005 年。越南文版：河內：河內國家大學，2014 年。

9. *Konfuzianischer Humanismus. Transkulturelle Kontexte*. Bielefeld: tran-script, 2013.

10. *Confucianism: Its Roots and Global Significanc*. Edited by David Jones, Honolulu: University of Hawai'i Press, 2017.

二、期刊論文：

1. 〈朱子的倫理學可歸入自律倫理學嗎？〉。《鵝湖學誌》，第 4 期

（1990 年 6 月），頁 129-135；收入李瑞全：《當代新儒學之哲學開拓》（臺北：文津出版社，1993 年），頁 226-233。

2. 〈中國沒有哲學嗎？——與費德西先生論「中國哲學」〉。《當代》，第 66 期（1991 年 10 月），頁 142-149。

3. 〈學術辯論與意識形態鬥爭——敬答方克立教授〉。《當代》，第 90 期（1993 年 10 月），頁 140-149。

4. 〈略論牟宗三先生的康德學〉。《中國文哲研究通訊》，第 5 卷第 2 期（1995 年 6 月），頁 184-193。

5. "Mou Tsung-san und Kants Philosophie. Ein Beispiel für die Kant-Rezeption in China". *Asiatische Studien*, 50. Jg. (1996), S. 85-92.

6. 〈牟宗三先生的哲學詮釋中之方法論問題〉。《中國文哲研究集刊》，第 8 期（1996 年 3 月），頁 175-196；亦刊於《北京大學研究生學志》，1999 年第 1 期，頁 28-36；並收入李明輝編：《牟宗三先生與中國哲學之重建》（臺北：文津出版社，1996 年），頁 21-37。

7. 〈張東蓀對康德倫理學的理解〉。《哲學研究》（北京），1999 年增刊，頁 53-56。

8. 〈中西比較哲學的方法論省思〉。《東亞文明研究通訊》，第 3 期（2004 年 4 月），頁 30-34；亦刊於《中國哲學史》，2006 年第 2 期，頁 17-20。

9. 〈關於「海洋儒學」與「法政主體」的省思〉。《當代》，第 228 期（2006 年 8 月），頁 60-73；收入中山大學西學東漸文獻館主編：《西學東漸研究》，第 1 輯（北京：商務印書館，2008 年），頁 200-215；亦收入林維杰編：《文本詮釋與社會實踐：蔣年豐教授逝世十週年紀念論文集》（臺北：臺灣學生書局，2008 年），頁 1-25。

10. 〈省思中國哲學研究的危機——從中國哲學的「正當性問題」談起〉。《思想》，第 9 期（2008 年 5 月），頁 165-173。

11. 〈牟宗三先生與中西比較哲學〉。《中國詮釋學》，第 6 輯（濟南：山東人民出版社，2009 年 5 月），頁 86-97。

12. 〈如何繼承牟宗三的思想遺產？〉。《思想》，第 13 期（2009 年 10 月），頁 191-203。

13. "Culture et démocratie: réflexions à partir de la polémique entre libéraux taiwanais et néo-confucéens contemporains". *Extrême-Orient, Extrême-Occident*, n° 31 (2009), pp. 33-62; also in: *Acta Asiatica Varsoviensia*, No. 24 (Warsaw 2011), pp. 65-88.

14. 〈關於「中國哲學之正當性問題」的一個註腳〉。《國際漢學》，第 18 期（2009 年 12 月），頁 15-23。

15. 〈儒學知識化與現代學術〉。《中國人民大學學報》，2010 年第 6 期，頁 2-7。

16. 〈儒家傳統在現代東亞的命運與前景〉。《上海師範大學學報》，2010 年第 6 期，頁 23-27。

17. 〈朱子學的全球化意義〉。《朱子文化》，2012 年第 2 期，頁 4-6。

18. 〈儒家、康德與德行倫理學〉。《哲學研究》（北京），2012 年第 10 期，頁 111-117；收入林維杰編：《近代中西思想交流中的西學東漸》（臺北：中央研究院中國文哲研究所，2016 年），頁 9-26。

19. 〈儒家人文主義與宗教〉。《宗教與哲學》，第 3 輯（2014 年 1 月），頁 307-319。

20. 〈儒家與人文主義〉。《中國哲學與文化》，第 11 輯（2014 年 5 月），頁 27-38。

21. 〈當代新儒家「儒學開出民主論」的理論意涵與現實意義〉。*Asian Studies* (Ljubljana), Vol. 2, No. 1 (2014), pp. 7-18.

22. 〈評論臺灣近來有關「中華文化基本教材」的爭議〉。《思想》，第 25 期（2014 年 5 月），頁 267-289。

23. "Kritische Bemerkungen zum Problem der Legitimität chinesischer Philosophie". *Bochumer Jahrbuch zur Ostasienforschung*, Bd. 38 (2015), S. 103-114.

24. 〈牟宗三與「生命的學問」〉。《深圳大學學報》（人文社會科學

版），第 32 卷第 2 期（2015 年 3 月），頁 56-59；亦收入景海峰編：《經典、經學與儒家思想的現代詮釋》（北京：人民出版社，2015年），頁 417-423。

25. 〈再論儒家、康德倫理學與德行倫理學——評唐文明的《隱秘的顛覆》〉。《臺灣東亞文明研究學刊》，第 12 卷第 2 期（2015 年 12月），頁 327-349；收入陳瑋芬編：《近代東西思想交流中的跨文化現象》（臺北：中央研究院中國文哲研究所，2018 年），頁 281-311。

26. 〈牟宗三誤解了康德的「道德情感」概念嗎？——與方旭東教授商榷〉。《現代哲學》（廣州），2016 年第 2 期，頁 29-35；亦收入景海峰編：《儒學的歷史敘述與當代重構》（北京：人民出版社，2016年），頁 536-548。

27. 〈康德的「物自身」概念何以有價值意涵？——為牟宗三的詮釋進一解〉。《雲南大學學報》（社會科學版），第 17 卷第 2 期（2018 年 3月），頁 53-62；《國學學刊》，2018 年第 1 期，頁 64-73。

三、專書論文：

1. 〈儒家思想與科技問題——從韋伯觀點出發的省思〉。收入劉述先編：《儒家思想與現代世界》（臺北：中央研究院中國文哲研究所，1997年），頁 57-82。

2. 〈解讀當前中國大陸的儒學熱〉。收入李明輝編：《儒家思想在現代東亞：總論篇》（臺北：中央研究院中國文哲研究所，1998 年），頁 81-98。

3. 〈《論語》「宰我問三年之喪」章中的倫理學問題〉。收入鍾彩鈞編：《傳承與創新：中央研究院中國文哲研究所十周年紀念論文集》（臺北：中央研究院中國文哲研究所，1999 年），頁 521-542；亦刊於《復旦哲學評論》，第 2 輯（上海：上海辭書出版社，2005 年 9 月），頁 35-50。

4. 〈再論儒家思想中的「內在超越性」問題〉。收入劉述先編：《第三屆國際漢學會議論文集：中國思潮與外來文化》（臺北：中央研究院中國文哲研究所，2002 年），頁 223-240；亦收入《中國儒學》，第 1 輯

（北京：商務印書館，2006 年），頁 49-64。

5.　〈當代中國哲學研究前景〉。收入華梵大學哲學系編：《「勞思光思想
　　與中國哲學世界化」學術研討會論文集》（臺北：行政院文化建設委員
　　會，2002 年），頁 241-245。

6.　〈從康德的「道德宗教」論儒家的宗教性〉。收入哈佛燕京學社編：
　　《儒家傳統與啟蒙心態》（南京：江蘇教育出版社，2005 年），頁
　　228-269；亦收入李志剛、馮達文編：《從歷史中提取智慧》（成都：
　　四川出版集團巴蜀書社，2005 年），頁 1-49；亦收入李明輝、林維杰
　　編：《當代儒家與西方文化：會通與轉化》（臺北：中央研究院中國文
　　哲研究所，2007 年），頁 15-70。

7.　〈劉述先先生與中西比較哲學〉。收入李明輝、葉海煙、鄭宗義編：
　　《儒學、文化與宗教：劉述先先生七秩壽慶論文集》（臺北：臺灣學生
　　書局，2006 年），頁 215-224。

8.　〈徐復觀論儒家與宗教〉。收入馮天瑜編：《人文論叢：2006 年卷》
　　（武昌：武漢大學出版社，2007 年），頁 402-412。

9.　〈再論中國哲學的「創構」問題〉。收入景海峰編：《拾薪集：「中國
　　哲學」建構的當代反思與未來前瞻》（北京：北京大學出版社，2002
　　年），頁 274-283。

10.　〈康德論「通常的人類知性」——兼與杜維明先生的「體知」說相比
　　較〉。收入陳少明編：《體知與人文學》（北京：華夏出版社，2008
　　年），頁 214-227。

11.　〈為什麼要研讀經典？——以《論語》為例〉。收入王偉勇編：《人文
　　經典與創意開發》（臺北：里仁書局，2011 年），頁 107-129。

12.　〈朱子思想與現代政治倫理〉。收入陳來編：《哲學與時代——朱子學
　　國際學術研討會》（上海：華東師範大學出版社，2012 年），頁 43-
　　48。

13.　〈「實踐必然性」與「內在要求」——回應陳瑞麟教授〉。收入鄭宗
　　義、林月惠編：《全球與本土之間的哲學探索——劉述先先生八秩壽慶

論文集》（臺北：臺灣學生書局，2014 年），頁 171-198。

14. "Studies of Chinese Philosophy from a Transcultural Perspective: Contextualization and Decontextualization". In: Sor-hoon Tan (ed.): *The Bloomsbury Research Handbook of Chinese Philosophy Methodologies* (London/New York: Bloomsbury, 2016), pp. 115-124.

15. "Building Democracy: The Theory and Practice of Contemporary New Confucianism". In: Tze-ki Hon & Kristin Stapleton (eds.), *Confucianism for the Cotemporary World: Global Order, Political Plurality, and Social Action* (Albany: State University of New York Press, 2017), pp. 81-90.

國家圖書館出版品預行編目資料

李明輝新儒學論文精選集

李明輝著. – 初版. – 臺北市：臺灣學生，2020.05
面；公分. – (當代新儒學叢書)
ISBN 978-957-15-1828-2 (平裝)

1. 新儒學 2. 文集

128.07   109007029

李明輝新儒學論文精選集

主　編　者　郭齊勇、高柏園
著　作　者　李明輝
出　版　者　臺灣學生書局有限公司
發　行　人　楊雲龍
發　行　所　臺灣學生書局有限公司
地　　　址　臺北市和平東路一段 75 巷 11 號
劃　撥　帳　號　00024668
電　　　話　(02)23928185
傳　　　眞　(02)23928105
E－m a i l　student.book@msa.hinet.net
網　　　址　www.studentbook.com.tw
登記證字號　行政院新聞局局版北市業字第玖捌壹號
定　　　價　新臺幣六〇〇元
出 版 日 期　二〇二〇年五月初版
I S B N　978-957-15-1828-2